井筒俊彦の東洋哲学

澤井義次・鎌田繁［編］

慶應義塾大学出版会

はじめに

今日、井筒俊彦（一九一四―一九九三年）が、国の内外において、これまでになく注目されている。井筒はイスラーム研究・東洋思想の分野に大きな業績を残した碩学である。処女作『アラビア思想史』（一九四一年）をはじめ、『神秘哲学（ギリシアの部）』（一九四九年）や『ロシア的人間』（一九五三年）など若い頃から広い目配りで宗教や哲学を論じており、当時、読者は決して多くはなかったであろうが、識者の注目するところであった。井筒は一九六〇年代以後、慶應義塾大学からカナダのモントリオールにあるマギル大学へと研究の場を移すが、当時のわが国では、井筒は『コーラン』（岩波文庫、一九五七―一九五八年）のアラビア語原典からの最初の邦訳者として一般には知られていた。

他方、クルアーンの翻訳の頃から、井筒は自分の主要な研究を英語で発表するようになった。言語哲学の方法論を『言語と呪術』（原題 *Language and Magic: Studies in the Magical Function of Speech*, 1956）として出版し、この著書の公刊が、その後の彼の人生に重要な意味をもつことになったのは注目すべき点である。この著書が海外の研究者の目にとまり、井筒が世界に羽ばたくきっかけとなったからである。その後、イスラームの分野における井筒の研究はクルアーンの意味論的研究と神秘主義的思想の研究に焦点が絞られる。彼は『意味の構造――コーランにおける宗教道徳概念の分析』（原題 *The Structure of the Ethical Terms in the Koran: A Study in Semantics*, 1959）、

『クルアーンにおける神と人間』(原題 *God and Man in the Koran: Semantics of the Koranic Weltanschauung*, 1964)や『イスラーム神学における信の構造』(原題 *The Concept of Belief in Islamic Theology*, 1965)などを著し、自ら編み出した意味論的な技法によってイスラームの意味世界を分析した。それらの著書の中で、彼はたとえば、クルアーンのテクストが開示するイスラームの意味世界を、イスラーム前のアラブの世界観と対比して明晰に分析し叙述したのである。この方向の研究はさらに進み、『スーフィズムと老荘思想』(原題 *A Comparative Study of the Key Philosophical Concepts in Sufism and Taoism*, 1966–1967)では一宗教の壁を越えた比較対照へ向かった。

毎年、夏の終わりにスイスのマッジョーレ湖畔で開催されたエラノス会議に、一九六七年以降、井筒は講師として招かれるようになった。東アジアの哲学思想を中心にここで全一二回の講演をおこなったが、その講演をとおして、晩年の「東洋哲学」を構想していった。井筒は晩年、著作を再び日本語で次々と発表するようになったが、それは一九七九年、滞在していたイランからイスラーム革命の動乱を避けて帰国して以後のことであった。語学の才能に恵まれていた井筒は、東洋と西洋における数多くの言語に通じ、それぞれの原典に基づいてイスラームばかりでなく、ユダヤ、インド、仏教、中国の儒家・老荘思想、さらに日本の思想や現代哲学にまで、実に広範囲な哲学思想を自在に論究した。そのなかで井筒は独自の意味論的手法によって、数多くの東洋思想のテクストを読み解いていったのである。そうした意味論的な「読み」を積み重ねることによって、彼は「東洋哲学」の構築をめざして行ったと言えるであろう。井筒は、意味論的に東洋の哲学思想の伝統に根ざす「存在」すなわち「意識」の構造を明らかにし、さらに新たな哲学的思惟の基盤としての「東洋哲学」を展開しようと試みたのである。

本書は、国の内外で活躍する一三名の宗教研究者が、井筒の「東洋哲学」構想をめぐって、各自の専門領域から批判的に探究した比較宗教学的な論考を収録しており、大きく三部に分かれる。第I部では、ユダヤ思想やキリスト教思想さらにイスラーム思想というセム系の宗教思想に焦点を当てながら、井筒「東洋哲学」のもつ問題性を検討している。第Ⅱ部では、中国や日本の思想の観点から、井筒が説いた「東洋哲学」がもつ特質を明らかにしようとするものである。第Ⅲ部では、「東洋哲学」の今後の展開可能性を示唆する論考を収録している。
井筒の残した仕事は、世の偉大な業績が常にそうであるように、決して完璧な構造をもつものではない。多くの人々が参与し展開していくことによって形作っていくのが井筒の「東洋哲学」の構想であろう。そうした意味で、ここに集められたさまざまな論考がこれからの井筒「東洋哲学」の展開、それがいかなる方向であれ、その重要な第一歩となることを願っている。

編　者

井筒俊彦の東洋哲学　目次

第Ⅰ部　セム系宗教思想と「東洋哲学」——イスラーム、ユダヤ教、キリスト教

第一章　「東洋哲学」とイスラーム研究※

鎌田　繁

一　はじめに

井筒俊彦の処女作は『アラビア思想史――回教神学と回教哲学』（博文館、一九四一年）であり、井筒のイスラーム研究は彼の学問全体と分かちがたく結びついている。本稿では井筒の「東洋哲学」と彼のイスラーム研究との関わりについて考えたい。井筒はイブン・アラビーについての小論(1)や『神秘哲学（ギリシアの部）』（光の書房、一九四九年）の著作があることからも分かるように、若いころから神秘主義についての強い関心をもっていた(2)。この関心は後年開花する「東洋哲学」的研究とつながるものであり、井筒の「東洋哲学」が彼自身に深く根ざした思索であることは言を俟たない。またイスラームの神秘思想の研究もまたこの「東洋哲学」の一環を為す営為であることも容易に理解できる。そのなかで、彼のクルアーン研究はどこか異質なものが感じられ、彼の仕事のなかでどのような位置を与えればいいのか、悩まされた。もちろん、学者は思ったことはなんでもやればいいのであり、そんなことに思い悩む必要はない、というのもひとつの考え方ではある。私の勝手な思い悩みでしかないであろうが、ここ数年、井筒のクルアーン研究と神秘哲学研究とをひと繋がりに理解できないだろうかと考えてきており、以下がこの問題についての現時点でのひとつの解答になるかもしれない。

井筒俊彦の業績はその研究対象が多岐にわたり、利用するテキストの言語も多様で、ひとりの人間がそれ全体を自在に論評するのは簡単ではない。またその思索の発表が日本語と英語とに分かれ、外国語の不得手な日本の知識人にはその全体を自由に見渡すのは容易ではない。英語の著作を読むことのない日本の読者と、日本語を読めない外国の読者では、井筒の理解にも違いがあるように思う。

日本では、イスラーム学者として知られてはいるものの、異なる文化のさまざまな言語のテキストを自由に操る比較思想、比較哲学の大家というイメージが強いように思うが、クルアーン研究で名をなしたイスラーム学者という面が英語圏を主とする国外では強いように思う。とくに、アラビア語、ペルシア語、トルコ語などのイスラーム圏の言語にも井筒のクルアーン研究書は翻訳[3]されていることもあり、井筒のイスラーム学者としての知名度はイスラーム圏でも高いといえるだろう。東アジアの哲学や思想を中心に講演を行ったエラノス会議の講演録[4]やイスラーム神秘主義と老荘思想の比較研究[5]など、彼の比較思想的著作の認知度は限定的なものであるように思う。そこまではいわないとしても、彼のクルアーン研究を読む人で比較思想的著作を読む人は少なく、また逆も少ないのではないだろうか。その意味で井筒の仕事の全体を見ようという読者は英語圏においても、日本の国内においても案外多くはないように思う。

二　ジャーヒリーヤからクルアーンへ

井筒は最初期の著作では方法論的な問題にとくに言及していないが、自らの研究を意味論的研究と明白に規定し、論考を公にするのは『言語と呪術』（英文初版 *Language and Magic* 一九五六年、翻訳近刊予定）からであり、意味論という方法を終生自らの研究の方法とした。エラノス会議での講演に際して、会議の主催者側から井筒の専門分野の記述について哲学的意味論という名称を提示され、自分の考えていることを的確に表していると、以後しばしばそれを用いていた[6]。

井筒が考えている意味論とはどのようなものか、彼自身は『クルアーンにおける神と人間』で以下のように述べている。

〔…〕私が理解する限りでの意味論とは、或る言語のキー・タームを、その言語を会話や思考の道具としてだけでなく、より一層重要な、周りを囲む世界を概念化し解釈する道具として用いるひとびとの世界観（Weltanschauung）を概念的に把握することへ最終的に至るために、分析的に研究することである。このように意味論が理解されたならば、それは、或る類の Weltanschauungslehre, 即ち、或る言語を共有するひとびとのもつ、歴史上で重要な或る特定の時期における世界観の本性と構造の研究であって、その研究はそうしたひとびとがみずから産み出し、その言語のキー・ワードにまで結実させた主要な文化的概念を方法論的に分析することで遂行される[7]。

単なる意思疎通の道具としての言葉ではなく、自分を取り囲む世界を言語がどのように解釈して概念的に捉えているかを明らかにすることがねらいであり、それによって特定の地域、時代の世界観を取り出すのである。そのために、その言語の重要なキー・タームを分析することが基本的な操作となる。アラビア語で書かれているクルアーンは、イスラームという宗教の根幹を形成し、イスラーム固有の何かがあるとすれば、それはクルアーンのなかに示されると考えることができるだろう。井筒のクルアーン研究は、イスラームという宗教的世界観を示すクルアーンの言葉を、イスラーム以前のアラブ社会で使われていたアラビア語、すなわち、当時の人々のものの考え方を反映していると考えられるアラビア語詩、その言葉との対比を通して、クルアーンから引き出されるイスラームの世界観を提示した研究である。

井筒が詳細に跡づけている kufr/kāfir の語で例示してみよう。この語はイスラームの用語としては不信仰（名詞）／不信仰者（能動分詞）という意味で普通は使われる。しかし、この語は前イスラーム時代（この時代はイスラームの立場から「無知」の意を語根にもつジャーヒリーヤ時代と呼ばれる）からその文化的脈絡のなかで意味を与えられていた。kufr の基本的意味の文献学的に知りうる限りでは「覆う」であると思われる。そして恩恵の授受に関する文脈では、この語は「知っておりながら、受けた恩恵を覆う、すなわち無視する」。従って、「恩に感じない」ことを意味するようになる。[8]

たとえば、フザイル族のアジュラーン・ブン・フライドの詩では、

fa-in tashkurūnī tashkurū liya niʻmatan ＊ wa-in takfurūnī lā ukallifkumū shukrī ［ṭawīl］[9]

「お前たちが私に感謝をするのならば、（これが正しい態度であり、）私のした好意に対してお前たちは感謝しなさい。またもしお前たちが私に恩知らずな態度をとる（takfurūnī）のなら、私はお前たちに私に感謝することを強いたりしない。」（好きなようにしなさい。お前たちは人非人だ。）

また、サラマ・ブン・フルシュブ Salama b. al-Khurshub の詩では、

fa-athni ʻalayhā bi-lladhī hiya ahluhu ＊ wa-lā takfuranhā lā falāḥa li-kāfiri ［ṭawīl］[10]

この詩はその尋常ならざる駿足によって死の危険から男の命を助けた雌馬について歌った詩であり、「(雌馬が) 値するもの (、すなわち、賞讃) でそれ (雌馬) を賞讃せよ。お前はそれに対して恩知らずであって (takfuranhā) はいけない。恩知らずの者 (kāfir) には成功はない。」

そして、アンタラの詩の一部では、

fa-lā takfuri n-nuʿmā[11]
「好意に対し恩知らずであって (takfur) はいけない。」

kafara という語は、shakara (感謝する) の反対語として、「感謝しない」、「与えられた恩恵に感謝の念を示さない」という意味をもち、これは基本的意味である。ムスリムのアラブであれ、キリスト教徒のアラブであれ、イスラーム以前であれ、イスラーム期であれ、アラビア語ではつねにこの基本的意味は使われる。しかし、これだけの意味ではなく、この語は神の啓示に取り込まれ、信仰の内容に関わる重要な意味をもつようになる。絶対的な神、人間に恩恵を与える神、このような神観念の圧倒的なイスラームという文脈のなかで、「感謝しない」は単なる「感謝をしない」ではなく、人間にあらゆる生きるすべを与えている、神の圧倒的な恩恵に対して感謝をしない、という特殊な意味をになうようになるのである。

「だからわれを念じなさい。そうすればわれもあなたがたに就いて考慮するであろう。われに感謝し (ushkurū lī)、恩を忘れてはならない (lā takfurūni)。」(「雌牛」第二章第一五二節[12])

ここではkufrは感謝と対比されており、神に対して恩を忘れることはいけないという。ジャーヒリーヤ的忘恩の基本構造は維持しているが、神の圧倒的な恵みに対して感謝しないことがkufrの意味になっている。

我々が自然現象としてしか感じないものも神の印（神のアーヤ）として理解すること、人間に対する神からの好意として受け取ること。このようにイスラームは神への感謝を教える。人間は究極的に本質的に神に依存していることを深く思うことを教えられる。この、神への絶対的依存の意識が神への信仰の第一歩になる。ここでkafaraの意味も感謝しないという元来の意味から（イーマーン「信」の否定としての）不信仰という意味に近づいていく。ムハンマドの晩年の啓示では、もはやshakaraの反対語としてのkafaraではなく、むしろāmanaの反対語としてもちいられる場合が出てくる。

啓典の民の多くは、あなたがたが信仰（īmān）を受け入れた後でも、不信仰者（kuffār, pl. of kāfir）に戻そうと望んでいる。真理がかれらに明らかにされているにも拘らず、自分自身の嫉妬心からこう望むのである。〔…〕（「雌牛」第二章第一〇九節[13]）

ここではkufrは元来の意味である忘恩という意味を後退させ、īmānと対比して用いられており、そこから、イーマーンに対立する意味、すなわち不信仰の意味をもっていることが明らかになる。

以後、神学や政治の分野でこの語、能動分詞形カーフィルは重要な役割を果たすようになる[14]。カーフィルは不信仰者として、ムスリムの枠組みの外に置かれ、クルアーンの文脈では信仰者と単純に対立するものであったが、その後神学の展開にあたって、基本的なイスラームの信条を受け入れている者に対して、特定の立場からはカーフィルという語で指示されるような人々が生まれる。信仰者として「大罪を犯した者（murtakib al-kabā'ir）」はカーフィルである、というように信仰自体に段階が考えられ、ムスリムの内部にカーフィルという語が使われるようになる。すなわち、ムスリムたちのあいだでの議論、論争でカーフィルという表現が使われるようになる、ということになり、意味が異教徒（infidel）、不信仰者（unbeliever）から、異端者（heretic）、間違った信仰者（wrong believer）となるのである[15]。

ジャーヒリーヤ時代にはアラブはひとつの世界観をもっていたが、イスラームを受容することでその世界観は異なる様相を示すようになる。その変容の契機は、神が人間をその圧倒的な力によって支配している、というイスラームの神観念の導入である。ジャーヒリーヤ時代においては受けた恩に感謝しないというだけの意味、忘恩という意味であった語にあっても、神が圧倒的に現前する新しい文脈のなかでは、とくに神に対する忘恩という意味が前面に出るようになる。そこから神に感謝しないということは、信仰と対立する神への不信仰の意味をもつようになるのである。

このように kufr の意味の変化を通して分かるのは、そこには圧倒的な力をもつ神という表象が新たに出現したことであり、ジャーヒリーヤ的世界観がイスラームの世界観に大きく変化したことを言葉の意味の変化から論証したといえよう。井筒のクルアーンについての意味論的研究は、アラビア語というひとつの言語を使用しながらも、大きな宗教的転換を経て、ある時代の文化が、別の特徴をもつ時代の文化に変容してゆく様態を明らかにした、ということができるだろう。

三　イスラーム神秘哲学研究

井筒はクルアーン研究でイスラーム研究者としての評価を確立したが、この後はイブン・アラビー[16]やサブザワーリー[17]などの神秘哲学に研究を集中し、またインド、中国、日本などのアジアの伝統的思想、哲学についての研究を進めた。クルアーンについては、その後、イランのイスラーム革命を避けて、一九七九年に日本に戻ってくるまではとくに新しい仕事はしていない。

イスラームの思想であれば預言者論、とくにシーア派であればイマーム論などが大きな役割を果たす議論であるが、井筒が関心をもったのは主に存在論的な形而上学であった。それも神秘主義的な実在体験に根ざす思想である。イスラームの思想史のなかでいえば、イブン・アラビーによって大きなうねりとなって神秘主義を塗り替えた存在一性論の理論、そしてさらにそれを哲学的に彫琢したモッラー・サドラー[18]やサブザワーリーの哲学が、井筒がもっとも関心を寄せたものといえるだろう。

神秘哲学研究にあって、井筒はあらためて意味論的方法を説明してはいないように思うが、東西両洋の哲学的な相互理解のためには諸哲学の「メタ哲学」を展開することが必要であるとし、その実践的第一歩として「各々の哲学体系がもつ鍵概念の構造を注意深く意味論的に分析すること[19]」をあげている。これは哲学思想テキストを言葉の微妙なひだをもゆるがせにしないでその言葉の意味を取り出す手法として井筒の血肉と化した読書の技法といえよう。

我々は無数の様々な「もの」によって取り囲まれている。たとえば窓の外に一本の木が生えている。その状況を描いて「木がある」ということができる。目の前に机が置いてあれば、「机がある」ということができる。このように我々の周囲にあるすべてのものにたいして、「〇〇がある」ということができる。しかし、我々は通常の意識ではこの「ある（存在）」をそれだけで純粋に捉えることはできない。つねに「何かの存在」としてしか捉えることができない。井筒の取り上げるイスラームの神秘哲学者たちは、このような常識的な理解を反転させ、存在そのものはいかなる限定も受けない無分節のものとして実在すると断言する。そして、その純粋存在は主観客観の区別もないので対象的に捉えることはできず、直観的に自覚するしかないとする。世界には唯一の実在として存在がいかなる限定も受けずに遍満しており、その存在の流動が時と場所によって様々な濃淡遅速の違いを現出し、それがさまざまな「もの」として形を取っている。

イブン・アラビーはいかなる限定も受けないために認識の対象にもならない実在そのものが神的自己顕現によって具体的な個物の集成としての世界となって現れるといい、さまざまな比喩を用いてその様態を語る。またモッラー・サドラーやサブザワーリーは存在と本質という哲学的概念を用いて、存在の本源性という考えを構築し、存在のみが実在であり、さまざまなものが互いに異なっていることを示す本質（何性）は実在としての意味をまったくもたないと考える。

神秘思想研究に示された井筒の思想的関心は、無限定な把握不可能な実在から、互いに異なる意味をもつ限定された存在者の集合としての世界がどのようにして顕現するのか、にある。クルアーン研究の場合には、ジャーヒリーヤの意味世界というひとつの具体的な意味の体系が変容してクルアーンの言語体系に見られるイスラームの意味世界というもうひとつ別の具体的な意味の体系に置き換わったことを論じている。神秘哲学にあって井筒が言わんとするのは、ひとつの意味の体系から別の体系への変化ではなく、意味のない無意味の領域から意味の体系がどのように生まれてくるか、という点である。クルアーン研究における意味論は有の次元から別の有の次元への転換を考えるものであり、神秘哲学研究における意味論は無の次元から有の次元への転換（むしろ生成、顕現）を考えようとしたものといえるだろう。

テキスト理解の方法としては同じ意味論ではあるが、このふたつの領域での研究の姿には大きな違いが見られる。井筒は『意味の構造』を牧野信也が一九七二年に翻訳出版した後、中央公論社版著作集（一九九二年）の刊行に際して、加筆を行っている。その新たに加筆された部分で、井筒は以下のように述べている。

> 世界は意味分節によって現起する。あらゆる事物事象は人間の主体的な意味分節の具体的現れである。
> それでは、意味分節の作用を受ける以前の状態は、一体、どうなっているのか。一切の意味分節の以前。

世界にはただの一物もない。世界そのものも存在しない。それは、一体、何であるのか。何でないのか。世界が現起する以前、まだどこにも何者も現在していない時の状態――それは大乗佛教の「空」とか「無」とかいう観念にかかわる形而上学的・存在論的大問題であって、本書の展開する論議の彼方にある。[20]

この井筒の言葉は初期のクルアーン研究を晩年の神秘哲学研究あるいは「東洋哲学」の立場から振り返っているものであり、その時点での主要な関心が「空」とか「無」とかの形而上学的・存在論的問題にあり、「本書の展開する論議」であるクルアーン研究からは遠いものであるという。とはいえ、意味分節を通して世界が顕現するという井筒の世界を見る眼、すなわち意味論的アプローチの基本は変わらず、あるテキスト（ジャーヒリーヤ詩、あるいはクルアーン）の現状を分析するのと、意味分節の始原、「無」が「有」に転換するポイントを分析の焦点とするのとの相違といえるだろう。

井筒のイスラーム神秘哲学の研究は井筒が「東洋哲学」として構想した、ある種の比較哲学の体系にそのまま組み込むことのできる仕事であるが、井筒のイスラーム研究で大きな位置を占め、人によってはもっとも高く評価するクルアーン研究は、彼の「東洋哲学」のなかにそのまま組み込むことは難しいと思われる。上に引いたように、『意味の構造』で展開しているクルアーン研究には、形而上学的な側面は見られないからである。

四　クルアーン研究と「東洋哲学」の接点

二冊の英文著作を著した後、国外での研究生活を終え日本に活動の場を移すまで、井筒はクルアーンについてまとまった議論を残していない。帰国後、『コーランを読む』（岩波書店、一九八三年）という書物を著した。先に紹介した英文著作のような専門的なクルアーン研究書ではなく、日本語の公開講演を文字起こししたタイプのもので、そのためにかえって、いいたいことを自由に語ることができたということかもしれない[21]。

本書で井筒はクルアーンのレトリカルな構造という考えを提示する[22]。それによれば、クルアーンのテキストは三つのスタイルのレベルからなる。すなわち、①リアリスティック（現実的）、②イマジナル、③ナラティブあるいはレジェンダリー（伝説的）。それらは人間の意識構造の表層から深層へむかう異なる段階に対応している。第一のレベルである現実的スタイルは歴史的事実の記述のなかにまず現れる。このスタイルは毎日の生活の表層的な意識によって生み出される。たとえば、クルアーン第三章第一五二節は最初期の戦闘でイスラーム史において重要な意義をもつバドルの戦い（六二四年）、ウフドの戦い（六二五年）に関連させている。

本当にあなたがたが、神の許しの下に、敵を撃破した時、かれはあなたがたへの約束を果たされた〔↓バドルの戦い〕。だがかれが、あなたがたの好むもの（戦利品）を見せられた後、しりごみするようになり、事に当って争いはじめ、ついに命令に背くようになった。あなたがたの中には、現世を欲する者もあり、また来世を欲する者もある。そこでかれは試みのために、あなたがたを敵から退却させられた〔↓ウフドの戦い〕。だがかれは、もうあなたがたを許された。神は信者たちには、慈悲深くあられる。（「イムラーン一家」第三章第一五二節）[23]

第二に人の描写であり、たとえば、第四章第一四一―一四三節（とくに第一四二―一四三節）は偽善者（ムナーフィクーン）を描いている。

誠に偽信者は、神を欺むこうとするが、かれはかえってかれらを欺むかれる。かれらが礼拝に立つ時は、物憂げに立ち、人に見せるためで、ほとんど神を念じない。

あれやこれやと心が動いて、こちらへでもなくまたあちらへでもない。本当に神が迷うに任せられる者には、あなたはかれのために決して道を見いだしてやれない。（「婦人」第四章第一四二―一四三節）

第三は法や規則に関するもので、この類は非常に多い。たとえば、離婚と再婚について述べている第二章二二九節、相続について述べている第四章第一一―一二節、など。

離婚（の申し渡し）は、二度まで許される。その後は公平な待遇で同居（復縁）させるか、あるいは親切にして別れなさい。あなたがたはかの女に与えた、何ものも取り戻すことは出来ない。もっとも両人が、神の定められた掟を守り得ないことを恐れる場合は別である。もしあなたがた両人が、神の定められた掟を守り得ないことを恐れるならば、かの女がその（自由を得る）ために償い金を与えても、両人とも罪にはならない。これは神の掟である。それ故これに背いてはならない。凡そ神の掟を犯す者こそ不義の徒である。

（「雌牛」第二章第二二九節）

神はあなたがたの子女に就いてこう命じられる。男児には、女児の二人分と同額。もし女児のみ二人以上のときは遺産の三分の二を受ける。もし女児一人の時は、二分の一を受ける。またその両親は、かれに遺児のある場合、それぞれ遺産の六分の一を受ける。もし遺児がなく、両親がその相続者である場合は、母親はその三分の一を受ける。またもしかれに兄弟がある場合は、母親は六分の一を受ける。（いずれの場合も）その遺言したものと、債務を清算した残り（の分配）である。あなたがたは自分の父母と自分の子女との、どちらがあなたがたにとって、より益があるかを知らない。（これは）神の掟である。本当に神は全知にして英明であられる。（「婦人」第四章第一一節）

第二のレベル、「イマジナル」は深層意識によって生み出されるイメージのあふれるスタイルである。フランスのイスラーム学者アンリ・コルバンの語によれば「創造的想像力」（imagination créatrice）が働き、異常な非現実的なイメージが生み出される場に関わる。井筒はしばしばシャーマニズムに言及するが、そこでシャーマンは自分の恍惚的体験のなかの異常なイメージを語る。シャーマンは深層意識の働きを通して通常見ることのできない世界についての知識を獲得する。シャーマンや神秘家を特徴づける、イマジナルなレベルでの言葉のスタイルはかれらの深層意識から湧き出る。

現実的な仕方で使われる語は意味とともに現実の世界で対応するもの（referent）をもつが、イマジナルな仕方で使われる語は意味しかもたず、現実の世界には対応するものがない。たとえば、通常「犬」という語は、牧羊、番犬さらには愛玩などさまざまな働きをする人間に飼われる動物を意味するが、そのような「犬」として具体的に飼われており、「犬」という意味を体現している実際のものが存在している。それに対してイマジナルな形で見られる「犬」は、実際に路上にいる犬の姿をとらず、足が一〇本あろうと、眼が三つあろうと、舌がふたつにわかれていようが、なんらかのかたちで「犬」の意味を含むものであれば、どんな姿でもとることができるだろう。現実の世界に対応するものがないとすれば、自由に想像を働かせることになる。

深層意識がイマジナルなレベルで生み出すさまざまな、しばしば怖ろしいイメージは、この世界ではその現実的な対応物をもたない異様な印象を与える。例として、井筒はクルアーンの第一〇一章、第八一章をあげる。

第一〇一章「恐れ戦く章」（アル・カーリア）は以下のように語られている。

恐れ戦く日（最後の審判）［どんどんと戸を叩く、］
恐れ戦く日とは何か。［何事ぞ、戸を叩く。］
恐れ戦く日が、何であるかをあなたに理解させるものは何か。［戸を叩く音、そも何事ぞとは何で知る。］
（それは）人間が飛散する蛾のようになる日。
また山々が、梳かれた羊毛のようになる（日である）。
それで、かれの秤が（善行で）重い者は、
幸福で満ち足りて暮らすであろう。
だが秤の軽い者は、
奈落が、かれの里であろう。
それが何であるかを、あなたに理解させるものは何か。
（それは）焦熱（地獄）の火。
（「恐れ戦く章」第一〇一節第一―一一節、［　］内は井筒訳）

「恐れ戦く日」と訳されているal-qāri'aという語は、扉などを耳をつんざくほどにがんがんと叩き、恐怖感を与えるような音を出すことを意味するとされる。最後の審判における裁きの恐ろしさを暗示するものであり、そこからこの語は最後の審判を意味することになる。多くの翻訳ではこのqāri'aという語に「恐れ戦く日」のような訳を与えているが、このような意味の取り方はすでに合理的な説明の過程を経ており、井筒はその過程の前の、いわば原初的な意味を捉えようとして「どんどんと戸を叩く」というような訳を与えたのである。

第八一章「包み隠す章」（アッ・タクウィール）は以下のように言う。

太陽が包み隠される時、
諸星が落ちる時、
山々が散る時、
孕んで一〇ケ月の雌駱駝が等閑にされる時、
様々な野獣が（恐怖の余り）群をなし集まる時、
大洋が沸きたち、溢れる時、
それぞれの魂が（肉体と）組み合わされる時、
生き埋められていた（女児が）
どんな罪で殺されたかと問われる時、
（天の）帳簿が、開かれる時、
天が剥ぎ取られる時、
獄火が炎を上げさせられる時、
楽園が近付く時、
（その時）凡ての魂は、先に行った（善悪）の所業を知るであろう。
（「包み隠す章」第八一章第一―一四節）

日中の太陽は地上を照らし暖めるものであり、それが包み隠されてしまうこと、天上で輝く星が地に落ちてしまうこと、がっしりと屹立した山が木っ端みじんになること、子をはらんだ貴重な雌ラクダを人々が見向きもしなくなること、このような尋常には起こりえないことが起きること、これは現実の世界にはあり得ない（と通常は考えられるような）ことであり、現実に対応するものがないような意味、イマジナルなレベルから語られているのである。

第三のレベルはナラティヴあるいはレジェンダリーなもの。井筒はこのレベルに物語的（ストーリー・テリング）という表現も用いている。この次元では、物語はその題材を何か実際に起こったこと、歴史的な事件から得ているが、語り手はその題材を歴史的な事実としては語ることはなく、時間、空間の限定を受けない、メタ・ヒストリーの場でその物語を展開する。すなわち、本来の通常の文脈と異なる別の文脈のなかで、語の意味を理解することである。クルアーンでは多くの題材がヘブライ語聖書の物語と共通する。たとえば、第一二章のユースフの物語は、ヘブライ語聖書のひとりの人物（ヨセフ）の歴史的な物語りが、部族の歴史という点を希薄にして、神に従う理想的な預言者の物語として語られる。[24]

井筒以前にも、クルアーン研究の専門家はクルアーンのテキストに見られる異なるスタイルを指摘している。そのスタイルの違いに着目して、時期を区分し、預言者ムハンマドの閲歴に対応させ、彼が活動した場所の違いでマッカ期、マディーナ期、はじめのマッカ期はさらに三期にわけるなど、その変化を時間軸に沿うかたちで説明した。[25]井筒はこのような啓示の時期区分のためにスタイルに着目したわけではなく、あくまでも人間の意識構造との聯関でクルアーンのスタイルを見ている。結果的にイマジナルと特徴づけられるスタイルの啓示群が歴史的に初期の啓示に位置づけられることにもなるが、井筒のユニークな点は、クルアーンのテキストの異なるスタイルを、人間の意識の深浅の異なるレベルにそれぞれ対応させている点である。[26]

ここで井筒は具体的なテキストを扱っているので、イマジナルな次元までしか見ることはしないが、イマジナルな意識は外的に対応する「もの」のない意味の世界であり、通常の意識（表層的意識）と比べて意味分節の程度がゆるんでいる。この、分節化のゆるんだ、限定の度合いの低い実在の様態をさらに深めていくと、意味分節の消えた、無限定、無規程の実在（絶対的存在、無）の領域につながることが想定できるだろう。このような意味の深みへ向かう方向でクルアーンのテキストを捉えてみようという試みが、『コーランを読む』で示唆されているのである。

彼はクルアーンのテキストにおけるスタイルの違いを人間の意識の構造の上で説明する。井筒は神秘哲学において多層的な意識と多層的な実在の対応ということをもっとも強調する。井筒のこの洞察の観点から見ると、クルアーンの三つのレベルからなるレトリカルな構造は、彼自身がこれまで行ってきたクルアーンの意味論的研究と彼の神秘哲学の理解との接合であるといえるだろう。別の言い方をすれば、神秘哲学の研究のなかで井筒が展開した人間意識の構造の理論を、クルアーンのテキストに読み込む試みなのである。

五　結び

どのようなものであっても、それ自体で固定的な意味をもつのではなく、さまざまな意味の相互関係（同義、反意など）のネットワークのなかで意味が現れる。そのネットワークの構造自体が変容すると、たとえば神の在り方に圧倒的な強さが与えられたりすると、関連する用語の意味もそれに応じて変化する。このような意味論的観点から、初期の英文で発表されたクルアーン研究はジャーヒリーヤ時代からイスラームの時代への世界観の転換をある程度、時間軸に沿う形で提示していた。そこでの意味論的研究は、ジャーヒリーヤ時代の言語利用から析出する世界観と、クルアーンの言語利用から析出する世界観とを対比して歴史的変容を見る、という方法であり、あるひとつの世界観から別の姿をとる世界観への変化を考えるものであった。それに対して神秘哲学の研究は、異なる思想家をとりあげてはいるが、彼らの世界観を歴史的に跡づけるというようなアプローチには見えない。むしろ、無限定、無規定の実在から存在の意味分節のプロセスを通してどのように分節化した世界が顕現してくるかという点に問題意識を集中させている。絶対的存在、あるいは「無」、そこからどのようにこの世界が現れてくるのか、というこの世界の根源への探求ともいえるだろう。

どのようなものもそれ自体でその固有の意味をもつのではなく、意味のネットワークのなかではじめて意味をもつのだという意味論的思考法は、井筒にとっては単なる言語現象を説明するだけのものではない。ひとつの世界が生まれるということは、無限定な実在のかたまりであるものが、互いに異なる意味をもつことで限定を受けた、個物の集合の世界として描き出される事態であり、世界の生成を説明する論理を導き出すものでもあり、意味論的世界観と呼ぶことができるであろう。

これは先のクルアーン研究との対比でいえば、無限定の存在様態、無の世界、から分節化された現実の世界への転換を意味論的読解の手法によって明らかにすること、あるいは、「無」からひとつの世界が現れ出ること、「無」あるいはゼロの世界観から（すなわち、何もないところから）ひとつの世界観への変化（世界観の生成）、といっていいだろう。

このように井筒の意味論的研究は、方法としては一貫している。ある世界観からある世界観への変容を見ようとしたのが彼のクルアーン研究であり、意味の変化の根源を目指して、ゼロの世界から何らかの世界観の誕生を見ようとしたのが神秘哲学の研究である。井筒の初期のクルアーン研究とイスラーム神秘哲学の研究は、このように意味論的研究のふたつの型として見ることができる。しかし、後年の井筒のクルアーン研究は、初期の研究と異り神秘哲学研究に見られる形而上学的側面へのつながりを見ようとしている。

神から言葉を受けるという預言は、シャーマンの活動とも連関し、現実の世界を超えた領域、あるいは人間意識の深層、とつながり、異次元の世界からの知識を受け入れることを意味する。人間意識の浅い層では意味と現実の世界がきちんと対応しており、明確に限定を受けた意味からなる領域である。他方人間意識の深層に対応するメッセージでは、現実に対応するものをもたない意味が浮遊するなど、クルアーンのテキストのなかの、意識の深層や世界の多層性と対応するものに着目する。神秘哲学の研究にあっては、無限定の実在から明確に限定を受けた世界の顕現に至る道筋がひとつの世界観の思想として理論的に記述されるが、『コーランを読む』では異なる章節を適宜引用することで、そのなかに見られるクルアーンのもつ多層的意味の構造、とりわけ、その深層意識的状況を解明する。これらの、人間意識の深浅の構造に対応するさまざまなクルアーン中のテキスト群は、いわば雑然としていながらも、実在の無限定の相から限定された相へと至る道筋にさまざまに配置された存在の様態を示していると考えられるのではないか。クルアーンのなかに見られる深層意識的状況を指摘することによって、井筒は「無」の状況から構造化された存在世界の立ち上がりを見る神秘哲学と同質のものを、クルアーンのテキストのなかに見ようとしたのだといえるだろう。このように考えることができるならば、『コーランを読む』において、井筒は初期のクルアーン研究と井筒「東洋哲学」の中核に位置するイスラーム神秘哲学との融合、あるいはクルアーンの「東洋哲学」的解明を実践したといえるであろう。

注

※本論考は二〇一七年三月二三日にカタールの Hamad Bin Khalifa University で開催された Contributions of the Japanese Scholar Toshihiko Izutsu to Islamic Studies というシンポジウムで発表した"Toshihiko Izutsu and his Islamic studies as reflected in his Japanese and English sources"を基にして大幅に書き改めたものである。

（1）「回教神秘主義哲学者　イブヌ・ル・アラビーの存在論」『哲学』二五・二六、一九四四年六月（『全集』第一巻、一七二―一九三頁）。

（2）議論の重複もあるが、井筒の神秘主義的思索については筆者は以下で触れている。"The Place of Mullā Ṣadrā's *Kitāb al-Mashā'ir* in Izutsu's Philosophy" *Intellectual Discourse*, International Islamic University Malaysia, Vol. 17, No. 2 (2009), pp. 159–172.

「解題」井筒俊彦『アラビア哲学——回教哲学』慶應義塾大学出版会、二〇一一年、二四七—二六四頁。

「『存在認識の道』——井筒東洋哲学を支えるもの」『井筒俊彦とイスラーム——回想と書評』坂本勉・松原秀一編、慶應義塾大学出版会、二〇一二年、三七九—三八八頁。

（3）井筒のクルアーン研究の代表的著作は以下の二点である。

1）*The Structure of the Ethical Terms in the Koran: A Study of Semantics*, Tokyo: Keio Institute of Philological Studies, 1959［改訂版 *Ethico-Religious Concepts in the Qur'ān*, McGill University Press, 1966］（日本語訳『意味の構造——コーランにおける宗教道徳概念の分析』牧野信也訳、一九七二年（『全集』第十一巻所収））。

2）*God and Man in the Koran: Semantics of the Koranic Weltanschauung*, Tokyo: Keio Institute of Cultural and Linguistic Studies, 1964［新版 Keio University Press, 2015］（日本語訳『クルアーンにおける神と人間——クルアーンの世界観と意味論』鎌田繁監訳、仁子寿晴訳、慶應義塾大学出版会、二〇一七年）。

各国語訳については『井筒俊彦全集』別巻の著作目録一五〇—一五三頁参照。これらのクルアーン研究を方法的にも、内容的にも継続するかたちで初期の神学を主に論じる *The Concept of Belief in Islamic Theology: A Semantic Analysis of Īmān and Islām*, Tokyo: Keio Institute of Cultural and Linguistic Studies, 1965（日本語訳『イスラーム神学における信の構造』鎌田繁監訳、仁子寿晴・橋爪烈訳、慶應義塾大学出版会、二〇一八年）がある。

（4）エラノス会議の講演録は毎年の会議録は出版されていたが、井筒の講演をまとめて収録したものは、*The Structure of Oriental Philosophy: Collected Papers of the Eranos Conference*, 2 vols., Tokyo: Keio University Press, 2008 までなく、いくつかの論文を集めたものが *Toward a Philosophy of Zen Buddhism*, Tehran: Imperial Iranian Academy of Philosophy, 1977（日本語訳『禅仏教の哲学に向けて』野平宗弘訳、ぷねうま舎、二〇一四年）などで刊行されていた。

（5）*A Comparative Study of the Key Philosophical Concepts in Sufism and Taoism: Ibn 'Arabī and Lao-tzŭ, Chuang-tzŭ*, 2 vols., Keio Institute of Cultural and Linguistic Studies, 1966–1967［改訂版 *Sufism and Taoism: A Comparative Study of Key Philosophical Concepts*, Iwanami Shoten, 1983］.

（6）「哲学的意味論」『慶應義塾大学言語文化研究所所報』一九六七年六月（『全集』第四巻、一三二—一三四頁）参照。自ら

の学問について、西脇順三郎の影響下に言語についての意味論的研究に進み、さらに「哲学的意味論に深入りし」たとも述べている。「西脇先生と言語学と私」一九八三年七月（『全集』第八巻、七二頁）。

（7）『クルアーンにおける神と人間』七―八頁。（*God and Man*, p. 3）

（8）『意味の構造』（『全集』第十一巻、一六〇頁）。

（9）*God and Man*, p. 241（『クルアーンにおける神と人間』三三二頁）。

（10）*God and Man*, p. 242（『クルアーンにおける神と人間』三三二―三三三頁）。

（11）*God and Man*, p. 242（『クルアーンにおける神と人間』三三三頁）。

（12）『意味の構造』（『全集』第十一巻、一六三頁）参照。訳文は日本ムスリム協会訳。

（13）『意味の構造』（『全集』第十一巻、一六九―一七〇頁）参照。訳文は日本ムスリム協会訳によるが、本文と整合性をとるため、不信心を不信仰者と改めた。

（14）*God and Man*, p. 15（『クルアーンにおける神と人間』二一―二二頁）。

（15）*The Concept of Belief in Islamic Theology*, Tokyo: Keio University Press, 2016, pp. 7–11（日本語訳『イスラーム神学における信の構造』二〇一八年、一二―一七頁）。

　全体として *God and Man*, chap. II（『クルアーンにおける神と人間』第二章）参照。

（16）イブン・アラビー（一二四〇年没）はイスラームの神秘主義の流れに最大の影響を及ぼした神秘家であり、井筒の *A Comparative Study of the Key Philosophical Concepts in Sufism and Taoism* のイブン・アラビーの思想の分析は現在の、イブン・アラビー研究の盛行のひとつの足がかりとなった。

（17）サブザワーリー（一八七八または八一年没）はイラン・カージャール朝期の神秘哲学者であり、モッラー・サドラーの学統を引く。井筒の『存在の概念と実在性』（鎌田繁監訳・仁子寿晴訳、慶應義塾大学出版会、二〇一七年）所収の「サブザワーリー形而上学の根本構造」がもっとも明快に彼の哲学および彼に至る哲学の流れを説いている。

（18）モッラー・サドラー（一六四〇年没）はイラン・サファヴィー朝期の神秘哲学者であり、イブン・アラビーや照明哲学のスフラワルディーの影響下に存在の実在の体験に根ざした哲学を打ち立てた。井筒の翻訳・解説になる『存在認識の道』岩波書店、一九七八年（『井筒俊彦著作集』第一〇巻所収、一九九三年）がある。
（19）『存在の概念と実在性』五七頁（*The Concept and Reality of Existence*, The Keio Institute of Cultural and Linguistic Studies, 1971, p. 36）。
（20）『意味の構造』（『全集』第十一巻、一七頁）。傍線は引用者による。
（21）イスラーム学者としての井筒に重点をおきながら、本書については竹下政孝が以下で的確な紹介を行っている。Takeshita, Masataka, "Japanese Works of Toshihiko Izutsu with Special Reference to *Reading the Koran*,"『日本中東学会年報』Vol. 2, 1987, pp. 491–505.
（22）『コーランを読む』第五講（『全集』第七巻、四〇四―四五一頁）。
（23）ムスリム協会訳『クルアーン』のアッラーという訳語は神とした。以下の引用でも同様。
（24）ユースフ（ヨセフ）はイスラームの理解では預言者のひとりであり、創世記に出てくるその他のイスラエルの族長たちもクルアーンのなかではイエス同様に預言者として理解されている。クルアーン第六章第八四―八六節に名前を出されている者たちは皆預言者であると考えられている。
（25）Theodor Nöldeke, *Geschichte des Qorans*, Hildesheim, 1981 (1909), pp. 58–234.
（26）ユングの深層心理学の影響をここで見ることができるかもしれないが、おそらくそれを持ち出す以前に、井筒の場合であれば仏教の唯識論を引き合いに出すべきであろう。

第二章　井筒俊彦とカトリックの霊性

若松　英輔

一　キリスト教との出会い

中学時代、井筒俊彦は青山学院附属の中等部に通った。この学校は、正門に大きな一八世紀の宗教者ジョン・ウェスレーの銅像があるように、キリスト教プロテスタント・メソジスト派の霊性に基づく教育がなされている。朝には礼拝の時間があって、生徒は信仰のいかんにかかわらず、その列に並ばなくてはならなかった。

いつもと変わらず教師による聖書朗読、祈禱が行われる。特別なことがあったわけではないのだが、その日に限って、その儀礼が「特別に偽善的な感じがした」と井筒はのちに語っている。すると「何とも言えない不快感におそわれて、とうとう胸が悪くなって吐いて」（「文学と思想の深層」『全集』第八巻、三二六頁）しまう。

少し体調がすぐれず戻してしまったというのではない。朝、食べた物をすべて、前方の生徒の背中に「全部引っかけた」。その「生徒の霜ふり制服の色まで今でも鮮明に思い出す」（同上、三二七頁）というほどの吐瀉だった。当時のことを井筒は、遠藤周作との対談「文学と思想の深層」（『全集』第八巻、三二七頁）でさらにこう語っている。

もう我慢できなくなって。前に立っている生徒の霜ふり制服の色まで今でも鮮明に思い出すんですが、朝食べてきたものをそれに全部引っかけちゃった。それで大騒ぎになってしまって、表に連れ出されて医務室で看護されて家に帰ったという有様でした。ところが、妙なことに、それをやってから、礼拝嫌いがケロッと治ってしまったんですね。それどころか、なかなか面白いものだ、なんて感じるようにすらなってきたんですから不思議ですね。結局、キリスト教が好きになったというわけではないけれども、中学を終わるまでとにかく興味をもってキリスト教との付き合いを続けることになりました。

あとになって考えてみると、あれは私の生涯の方向を決定した重要なことだったと思うのです。

嘔吐という現象から井筒のキリスト教嫌いを象徴するように思われがちだが、起こった事実はむしろ正反対のことだった。このことを機に井筒は、垂線を描くようにキリスト教に接近していく。

ただそれはキリスト者になる、という方向ではなかった。井筒は宗派の境域を一気に超え、何ものかによってキリスト教的霊性の場に導かれていくことになる。

学校で配られた『聖書』だったのかもしれない。ある日、井筒は何の気なく「福音書」のページをめくっていると偶然、「ヨハネによる福音書」の冒頭の一節に遭遇する。そこにはこう記されていた。

太始にコトバがあった。コトバは神のもとにあった。というより、コトバは神であったのだ。ありとあらゆるものがこれによって成り、およそ成り出でたもののうち、ただひとつもこれによらずに成り出でたもの

はなかった。（「言語哲学としての真言」『全集』第八巻、四四四頁）

訳文は後年の井筒によるもので、当時流布していた日本語訳『新約聖書』にこの文字があるわけではない。この記述は「言語哲学としての真言」と題する講演録にある。だが、ここで記されている「コトバ」は、彼の哲学の最重要の鍵語になる。その原型を若き日の彼は、あの嘔吐体験のあとに「ヨハネによる福音書」に体験的に発見したのだった。

もちろん、「コトバ」という彼独自の哲学的表現を見出すのはずっとのちのことである。しかし、その哲学的変遷を考えるとき、名状しがたい意味の顕われに、キリスト教の聖典において出会っていることは看過してはならない。

事実、彼の生涯の前半期——一九五九年、カナダに留学する以前まで——においてキリスト教、ことにカトリックの霊性はきわめて重要な意味をもつ。先の「コトバ」を、「ヨハネによる福音書」の一節との邂逅について井筒が、後年になっても熱を帯びた言葉で残していることもその衝撃を物語っている。

驚きとも感激ともつかぬ、実に異様な気分に圧倒されたことを、私はおぼえております。「コトバは神であった」。何という不思議なことだろう、と私は思いました。もちろん、その頃の私には、意味はわかりませんでした。しかし、意味不明のままに、しかも何となく底知れぬ深みを湛えた神秘的な言表として、この一文は、その後も永く消し難い余韻を私の心の奥に残したのでございます。（「言語哲学としての真言」『全集』第八巻、四四四頁）

数多い彼の著作においても「コトバ」の原経験をこれほど率直に語った例はない。井筒がいう「コトバ」とは言語を含みつつ、色、音、香り、かたち、あるいは沈黙すらも包み込む、うごめく意味そのものである。

画家にとって色はコトバであり、音楽家にとってそれは旋律であり、彫刻家にはかたちが「コトバ」になる。別な言い方をすれば、色と線を「コトバ」と出来る者を画家と呼ぶべきなのかもしれない。

「神」は「コトバ」として存在している。あるいは、コトバという存在のちからそのものが「神」である、と井筒は考えている。

先の講演が行われたのは一九八四年、七〇歳のときで、聴衆は高野山に集まった真言宗の僧たちだった。このとき彼は、空海におけるコトバの形而上学の深層を語ろうとしていた。言語的世界の深奥である「コトバ」の世界において、宗教は宗派という衣を脱いで、異なる色をした霊性として共鳴と共振を生み、多にして一なるものを顕現させることが出来るのではないか、と考えていた。

宗教の彼方に霊性的地平を看取すること、その種は若き井筒の心中に蒔かれていた。種まく人となったのは彼の父、井筒信太郎である。物心ついたときから井筒は、「東洋的無」という雰囲気につつまれ、禅籍の素読、座禅に加え、父親独自の行法を教え込まれるという修道生活のなかで育まれた。父信太郎こそ、井筒の前に顕われた最初の、そしておそらくはもっとも深い影響を残した霊性の教師だった。このころの日々について、彼は、自らの行においても妥協を許さない壮絶な父親の姿と共に、『神秘哲学』の序文でふれている。

青山学院中等部への進学を決めたのは父親である。先に見たように彼はそこが、ウェスレーという、聖霊に満たされたイギリス人の霊性に導かれる学校であることを知っていた。自らが陶冶した若い精神に、五年間――中高一貫教育の期間だが、実際には飛び級で四年間の在学で卒業する――にもたらされるだろう影響も考慮されただろう。

父親の選びは間違っていなかったのかもしれない。これまで見て来たような心身を貫く異和の経験を経て、彼の精神は創造的変貌を経て、父親から自立し、自らの霊性の道を歩くことになる。ルドルフ・オットーがいう

「ヌミノーゼ」を想起させるキリスト教との邂逅がなければ、井筒は一人の言語的秀才で留まっていたかもしれない。

青山学院卒業のあと、井筒は慶應義塾大学に進む。この時代に彼は『旧約聖書』を読むために小辻節三にヘブライ語を学び、内村鑑三の弟子で、のちに旧約学の大家となる関根正雄と出会い、古代ギリシア語を共に学ぶという経験をする。

そこで彼を待っていたのは当然、古代ギリシア哲学の叡知である。これらの経験ののち、彼は『コーラン』に出会い、イスラームの霊性へと導かれていった。ヘブライ、ギリシア、イスラームの順に彼がその思想世界を経験して行った事実は無視できない。さらにいえば、キリスト教との出会いがなければ、ユダヤ思想、ギリシア哲学と出会うこともなく、さらにイスラームと邂逅することもなかった。誤解を恐れずにいえば「ヨハネによる福音書」の言葉によって井筒が出会ったのは、キリスト教の神ではない。宗教の世界を超えたところにいる「生ける神」だったのである。

二　吉満義彦との交点

先に見た遠藤との対談で井筒は、カトリックの哲学者吉満義彦の著作を、その師である岩下壮一と共によく読んだと語っている（『全集』第八巻、三四九頁）。吉満は、文字通りの意味で遠藤の師だった。吉満はいち早く遠藤に文学的才覚を発見し、遠藤を堀辰雄に紹介する。このとき、遠藤の心に、文学者としての火が灯った。

現代で吉満の著作を読む人は少ないが、その先駆性と独創性は再評価されてよい。吉満は、病のため四一歳で逝かなければならなかった。もし、あと一〇年生き延びることができれば、吉満と井筒のあいだには、哲学的意味において新しい時代を切り開くような交流が生まれただろうことは、二人の業績を瞥見するだけで容易に想像できる。単なる仮定の話ではなく、吉満が交流を深めていた神父たちと井筒は、後年交流を持つのである（「『愛のロゴスとパトス』訳者序」『全集』第四巻、五二―五四頁）。

著作活動においても吉満は、井筒にとっての先行者だった。彼は井筒が『神秘哲学』を著す以前に文化の東西の壁を超えるものとして神秘哲学を語り、井筒に先んじてイスラーム神秘主義を論じた。遠藤との対談で井筒は、吉満をめぐって次のように語っている。

遠藤　私たち当時キリスト教の学生が影響を受けた思想家は、岩下壮一、それから吉満義彦先生ですね。
井筒　そうです、私もこのお二人の著書はよく読みました。
遠藤　岩下先生はともかく、吉満先生は私は同じキリスト教の学生寮のなかでご一緒に生活をさせていただいたり、いろいろ直接お教えをいただいたり、お話を承っていました。ご存じのようにジャック・マリタンのお弟子さんでして〔…〕
（「文学と思想の深層」『全集』第八巻、三四九頁）

吉満義彦は、一九〇四年、鹿児島県徳之島に生まれている。戦前を代表する哲学者の一人であり、司祭職にあった人物をのぞけば、日本における最初のキリスト教哲学者といってよい人物だった。彼は徳之島でプロテスタントの洗礼を受けている。

大学進学にあたって上京、内村鑑三の門を叩くが、内村本人ではなく、その周辺にいた人々の態度への疑念が湧き、距離を置くようになる。そうしたときに岩下壮一に出会いカトリックへの入信を決意、そして遠藤の言葉にあったように岩下の仲立ちがあってフランスへ留学、ジャック・マリタンに師事することになった。帰国後、思想界だけでなく、文芸の世界でも発言し、カトリック総合文芸誌「創造」を創刊するなどして、ある時期、日本におけるカトリック・ルネサンスともいうべき潮流を作った。

文学者に友人も多い。堀辰雄、渡辺一夫、小林秀雄もその一人である。戦時中の座談会「近代の超克」に小林、中村光夫、河上徹太郎、西谷啓治、下村寅太郎らとともに参加している。

一九四三年末から病床での生活を強いられ、一九四五年一〇月に亡くなった。先にも述べたように、四一歳で逝った吉満には、主著と呼ぶべき本はない。それを準備しているときに亡くなったのだった。だが、彼の一巻選集が編まれるとすれば「神秘主義と二十世紀思想」、「神秘主義の形而上学」、この二つの論考が外れることはないだろう。ここに吉満は井筒と深く交わる。

一九四三年に発表された「神秘主義の形而上学」で吉満は、イスラーム神秘主義スーフィズムの巨人アル・ハッラージュを論じた。井筒が「アラビア哲学」でハッラージュにふれたのは、それから五年後のことである。井筒の『アラビア思想史』は吉満が「神秘主義の形而上学」を書いた二年前に出版されているが、ここで井筒はイスラーム神秘主義を論じるには至っていない。また、日本人によって最初に書かれた、このイスラーム神学・哲学史研究を、吉満が手に取った可能性も否定はできない。

「神秘主義の形而上学」で吉満は、新プラトン主義の大成者プロティノスをはじめパタンジャリのヨーガ、シャンカラに代表されるインド神秘思想、ハッラージュとスーフィズム、十字架のヨハネに至るキリスト教神秘主義を歴史的に、またあるときは共時的に論究した。井筒が『神秘哲学』で最も多くの頁を割いたのは「プロティノスの神秘主義」である。パタンジャリ、シャンカラなど古代インド思想が、長い間、井筒の関心の対象だったことは『意識と本質』や彼のエリアーデ論に明らかである。井筒は『神秘哲学』の続編として十字架のヨハネに関する論考を準備していた（「『神秘哲学』新版前書き」『全集』第五巻、一七一頁）。

このように関心の対象は驚くほどに一致している。しかし、二人の関心対象の一致以上にさらに重要なのは「神秘主義」に対する彼らの根本的な態度である。「神秘主義と二十世紀思想」の冒頭で吉満は、「神秘主義」の定義不可能性に言及する。定義ばかりかそれを言明することすらできないという。同質の言葉は井筒の『神秘哲学』にも散見することができる。

「神秘主義の形而上学」(『吉満義彦全集』第四巻)で、吉満が中核的主題として論究したのは「ミスティク」――吉満義彦がいう「ミスティク」は、井筒俊彦が『神秘哲学』でいう「神秘家」あるいは「神秘道」と同義である――における主体という問題だった。「真のミスティクは観念的自我の自己観想ではなく、あくまでも我々の精神(魂)の源泉者自らの実在を定立する実在体験(認識)でなければならず、そこに又所造的精神性の最高の愛の験証が」なくてはならない、と吉満はいう。真実の神秘体験とは、人間が人間を知る経験ではなく、魂の源泉者すなわち超越者自らが自身の存在を明らかにする出来事でなくてはならない。また、それが出来事と呼ぶべき事象であれば、至高愛の横溢を伴わずにはいない、と吉満は考えている。

『神秘哲学』の第一章は「自然神秘主義の主体」と題されている。「人間が、神を体験するのではなくて、寧ろ神が自らを体験する」と井筒は書いている。神秘体験は人間の経験である以前に、神が世に顕現する出来事である、このことから目を離してはならないというのである。彼にとって真の問題は神秘を経験している人間になるのではない。人間を通じて顕われる「神」にある。

また、吉満は「最深の神秘的人間はまた最深の行動的人間である」(「神秘主義の形而上学」)と語っている。神秘家は行い、あるいは「生」という「コトバ」によってそれを表現する。同じ言葉が井筒俊彦の『神秘哲学』にあっても驚かない。それればかりかその根本問題に直結している。プラトンを論じながら井筒は、哲学者の実践をめぐって熾烈な言葉を残している。

イデア観照が彼にとって如何ほど幸福であろうとも、彼は此の超越的世界に何時までも静止滞存することは許されない。存在究竟の秘奥を窮めた後、再び俗界に還り来って同胞のために奉仕すべき神聖なる義務が彼には負わされている。喧騒の巷を遁れ、寂莫たる孤独の高峯上にひとり超然として「一者」の観照にふけることによってではなく、敢て、隠逸の山を下り、身を俗事に挺して世人のために尽瘁することによってのみ、プラトン的哲人の人格は完成するのである。（『神秘哲学』初版、六二頁、慶應義塾大学出版会、二〇一〇年）

「神聖なる義務」こそ哲学者の使命にほかならない。むしろ、この「義務」の自覚のないところに哲学と呼ぶべきものは存在し得ない、というのだろう。神秘哲学を知の行為としてではなく、生の営為として、また、瞬間的出来事はなく、生涯を通じて持続的実践として捉えているところにおいても二人は強く共振する。二人の交点は、哲学、神学上だけではなかった。人をめぐっても接近する。後年、井筒が学問的な態度において強く影響を受けたルイ・マシニョンは、ジャック・マリタンが主催していたムードンのサロンに参加していた。フランス留学時代、吉満はこの人物に会っているのである。

三　ルイ・マシニョンとイスラーム神秘主義

ルイ・マシニョンは、一八八三年フランス、ヴァル゠ド゠マルヌに生まれる。彼は、イスラーム神秘主義、ことにアル・ハッラージュ研究において先駆的役割を担い、全四巻の大著『アル・ハッラージュの受難――イスラームの神秘家と殉教』と題する近代イスラーム思想研究を代表する巨大な業績を残した。

若き日に父親の知人だった作家J・K・ユイスマンス、沙漠の修道士シャルル・ド・フーコーに出会い、強く影響を受けた。信仰者としては敬虔なカトリック教徒であり、晩年にはカトリック・メルキト派の司祭になっている。イスラームとの対話において、第二バチカン公会議でも指針に大きく影響を与え、一九六二年に亡くなっている。

直観と洞察の知見をもちながら実証的に論じるマシニョンの研究態度は、井筒に大きな影響を与えた。井筒はこの先人の学問をめぐって次のような熱情あふれる言葉を残している。

ハッラージュを論じる時のマッスィニョン。あれはもう我々が常識的に考える「学問」などというものではない。全人間的「変融」体験の極において「アナ・ル・ハック」（我こそは神）と、己れの死を賭して叫んだ、あるいは叫ばざるをえなかった西暦十世紀のスーフィーと、二十世紀の真只中でそれを〝じか〟に受けとめる、マッスィニョンという魁奇な一精神との実存的邂逅の生きた記録、でそれはある。それが尽きせぬ興味を惹き起し、たんなる学問を遥かに越えた不思議な世界に我々を誘う。（「『イスラーム神秘主義におけるペルソナの理念』序詞」『全集』第六巻、四二四頁）

「たんなる学問を遥かに越えた不思議な世界」への導きを準備すること、それは井筒にとっての「学問」の役割だった。晩年といっていい時節になって井筒は、それまでの沈黙を破るように、自らに強く影響を与えた人物について語り始めたのだった。西脇順三郎、大川周明、除村《よけむら》吉太郎、アブド・ラシド・イブラヒム、ムーサー・ジャールッラーハといった実際に交わったひとびとだけではない。サルトルからの影響をめぐって直接的に語ったのもこの頃である。マシニョンもその一人だった。だが、特定の学者に対し井筒がこれほど熱い文章を書いた例はない。

イスラームにおいて最初にして、最高の神秘哲学者イブン・アラビーもその一人である。一九六七年に上巻が刊行された英文の主著『スーフィズムと老荘思想』（*Sufism and Taoism*）において彼はこの人物と老荘思想を比較・統合的に論じた。

のちに井筒は、ハッラージュこそ、イブン・アラビーの登場を準備したと述べているが、この類比の関係は、マシニョンと井筒俊彦にも当てはまる。マシニョンの精神を、もっとも正統的に継承したのは、アンリ・コルバンをはじめとしたフランス宗教哲学界の弟子たちではなく、極東の国に生まれた井筒だったのかもしれない。哲学は知的理解に留まらず、危機にある世界を強く支え、時代を生き抜くために、ときに変革を迫る実践的営為でなくてはならないという認識において、二人は深く一致している。マシニョンはコレージュ・ド・フランスの教授であり、当代一流の学者だったが、ガンディーを崇敬する活動家でもあった。マシニョンは「バダリヤ」(Badaliya)というイスラームとキリスト教の架橋たるべき運動体を創設し、多くの時間をその実践に捧げた。ジャック・デリダは「バダリヤ」の活動に思想家マシニョンの核を見出している。マシニョンの生涯は、井筒が語った「神秘家」の理想を照らし出しているようにすら感じる。

『神秘哲学』において井筒は、「神秘家」と世にいう神秘主義者の境涯を論じ分けている。彼が「神秘家」と書くときそれは、単なる神秘的体験を経た者のことではない。恍惚に留まる人間を、彼は真実の「神秘家」だとは認めない。神秘家とは求道において無私を貫き、「神」体験を経たのちは、自らの身を世界に捧げつくす実践的人間の呼称である。

マシニョンはエラノス会議にも出席している。その弟子でもあったコルバン、そして井筒にとってもエラノスのその思想を大きく育む契機となった。エラノス会議というとき、それは毎年八月にスイスのマジョーレ湖畔で行われた集いを指すが、彼らにとって重要だったのは、それを包み込む精神性「エラノス精神」というべきものだった。コルバンは、「エラノスの『時』」(『エラノスへの招待――回想と資料』桂芳樹ほか訳、平凡社、一九九五年)と題する一文を書き、エラノスは単なる会議ではないから「エラノス会議」ではなく、ただ「エラノス」と記すべきだと述べている。

エラノスは、東西の霊性的統合を目的としていた。ユングの意向が強く反映されていたエラノスでは、政治的発言の禁止が暗黙の規定になっていた。マシニョンはそれを破り、以後、参加ができなくなる。

マシニョンがはじめてエラノスに参加したのは第五回の一九三七年、それ以降、断続的に一九五五年まで参加を続けた、エラノス勃興期と隆盛期のはじめを象徴する重要な人物の一人だった。

ユダヤ教、キリスト教、イスラームに貫通する超越的実在を「アブラハムの神」といい、そこに歴史的連環を見る人がいる。マシニョンの「神」体験も、そうした絶対者に直結するものだった。「神」はマシニョンの前に、ハッラージュという異教徒の神秘家を通じて現れた。

マシニョンがハッラージュを知ったのは、フランス政府の考古学の調査でバクダッドへと赴いたときだった。このとき彼はイスラームの霊性に深い関心があったのではない。むしろ、ハッラージュと彼を現地で迎えたムスリムの人々が、彼の進む道を大きく変えた。イスラーム神秘主義への開眼が、そのままマシニョンにとってカトリシズムへの復帰的回心につながっているのは偶然ではない。他者を真摯に知ろうとするとき、かえって人間は己れの深みを知る。マシニョンには、この逆説的な出来事こそ、真実の「宗教」体験となったのである。

自己の信仰を貫くために、他者のそれを否定する必要はない。信仰とは自己を知る始まりではなく、むしろ他者理解の基盤である、これはマシニョンの深い確信だった。同質のことは井筒の生涯においても生起している。井筒は、キリスト教という「異教」によって内なる東洋の深みを照らされたのである。

四　翻訳書『愛のロゴスとパトス』の意味

翻訳者としての井筒俊彦の業績は、論考の作者としての彼とは別個に論じるに値する。『コーラン』『ルーミー語録』モッラー・サドラーの『存在認識への道』がその代表作だが、そこにもう一つ、マーティン・ダーシーの『愛のロゴスとパトス』(*The Mind and Heart of Love*)を加えることができる。この本をのぞいてはすべて、宗教的――それもイスラームの――古典だが、『愛のロゴスとパトス』は、キリスト教カトリックの司祭によって書かれた同時代の哲学書だった。井筒は、著者に直接会い、自ら翻訳を申し出るのである。このことだけでも彼がいかに強くダーシーの思想に惹かれているかが分かる。

マーティン・ダーシーは、現代カトリック界を代表する神学者であるだけでなく、独自の思想を展開した哲学者であり、宗教者としてはカトリック教会のなかで、最大規模の修道会のひとつイエズス会のイギリス管区長の重責を担う人物でもあった。

一九五三年、ダーシーが知的交流委員会の招きで来日したとき、井筒は彼に会っている。翻訳をめぐる会話もこのときに交わされた。井筒はダーシーの帰国後もその血脈を継ぐイエズス会の司祭ヨゼフ・ロゲンドルフ神父と交わりを深めている。『愛のロゴスとパトス』は、一九五七年に三辺文子との共訳として刊行された。

この著作は題名にあるように「愛」をめぐる思想書である。この本が書かれる以前、愛をめぐって二つの大作が出た。スウェーデンではニューグレンによって『アガペーとエロース』が、フランスではドニ・ド・ルージュモンの『愛について』が刊行された。ダーシーは自身の著作の冒頭に、この二著が提示した問題を引き受け、書いた、と宣言する。

ニューグレンは、ルター派を代表する神学者である。彼はアガペーとエロスを対比し、前者を崇高なる神の愛であるとし、後者は、人間が神をもとめる欲求ではあるが、そこには常に、自我の迷路に迷い込む危険が伴うと述べた。

ルージュモンは、「愛」を教会の独占物から解放しなくてはならないと考えた。それは彼にとって自身の理念ではなく、現実だった。『愛について』で彼は、ヨーロッパでは教会の教義を超えたさまざまな「愛」が醸成され、なかでも情熱愛、「パッション」は、エロスやアガペーという、二項対立的な視座とは別な位相において人間を支配しているという愛の歴史を語った。

『愛のロゴスとパトス』は、愛の変遷を論じた思想書であるよりも、愛という存在の根本原理を追求した「非常に野心的な存在論の試み」（『全集』第四巻、五三頁）であると井筒はいう。ダーシーは愛の種類を論じる先行の研究を引き受けつつも、そのパラダイムに変革をもたらそうとする。愛は、人間のある状態を示すのではなく、超越者の働きそのものだとダーシーは考えた。エロスは、アガペーと対立しない。エロスはアガペーに内在するというのである。ダーシーの著作は次の一文で終わる。

アガペの中にニューグレンの要求するすべてが存している。神はすべてである。〔…〕「エロスの武装を解け、長い一日の仕事は終わった。アガペのうちにこそ、平安と永遠の生命があるのだ」。

エロスとして発生し、アガペに収斂する「愛」の軌跡、それは後述するように井筒が『神秘哲学』の第三部で論じるはずだった根本問題にほかならない。この訳書は彼の書かれざる主著の一端をうかがい知るものとして読むこともできる。

この訳書が出るまで井筒俊彦は、クローデル論、聖ベルナール論を書くなどキリスト教思想に接近する一時期をもつ。しかし、この訳書の刊行以後キリスト教思想を探究することをひとたび止め、その範囲を彼がいう「東洋」思想へと転換していく。しかし、存在の原理としての「愛」を論じるという姿勢は、対象の変化とは別に彼の主著『意識と本質』まで、直線的に引き継がれているのである。

『神秘哲学』には「ギリシア哲学の部」という副題があるのだが続編はない。発刊当時は続編の出版が決まっていて、広告まで準備されていた。第二部「ユダヤ・ヘブライ思想の部」、第三部はキリスト教神秘主義と続き、各巻千枚、三部完結の予定だった。

当時の心境を井筒は次のように述べている。

あまりにもきびしい東洋的精神主義の瀰漫した家庭の雰囲気に反抗しようという気持ちもあったのか、東洋よりも西洋にはるかに魅力を感じ、とりわけ古代ギリシアの哲学や文学には感激し切っていた。それだけならまだしも、ギリシアの神秘主義はそれ自体では完結せず、キリスト教に入って本当の展開を示し、スペインのカルメル会的愛の神秘主義、特に十字架のヨハネにおいて発展の絶頂に達する、というような、きわめて偏頗な想念に憑かれていたのだった。(「『神秘哲学』新版前書き」『全集』第六巻、一七一頁)

古代ギリシアの哲人やイブン・アラビーやスフラワルディーといったイスラームの神秘家との交わりは文献上からも容易に確認できるが、ベルナール、十字架のヨハネといったキリスト教の神秘家に捧げた愛情もそれに劣らない。プロティノス以降、真実の意味でプラトンの後継者となったのは、プロクロスをはじめとする新プラトン主義者ではなく、むしろ、キリスト教の教父アウグスティヌスだと彼はいう。『神秘哲学』初版の序文にも「古代ギリシアの観照精神はプロティノスに於て最終にして最大なる結実に達した(中略)プロティノス精神の真の継承者はプロクロスでもイアンブリコスでもなくして、聖アウグスティヌスその人である」(『全集』第二巻、二三四頁)と書いている。

なかでも注目するべきは「神秘主義のエロス的形態——聖ベルナール論」である。ベルナール——より精確にはクレルヴォーのベルナルドゥス——は生前、教皇を含む全カトリック教会に甚大な影響力をもった司祭であり、最高の神学者である。その評価は没後数百年を経た今も変わらない。ベルナールに向かう彼の態度は、イブン・アラビーを論じるときのそれに勝るとも劣らず熾烈である。また、次に引く術語の用い方から見ても『神秘哲学』第三部の一部だと考えてよい。ここで井筒は自身の神観を如実に表す一節を記している。

議論好きな神学者等は茲でもまた、自分達の些々たる人間的智恵の区別を神そのものの中にまで持ち込んで来た。あたかも彼等の学問にとって重大な価値を有する差異区分が、神自らにとっても当然重大な意義を持つかのように。併し乍ら、ギリシアの神とヘブライの神の区別は神そのものの区別ではなくして実は人間の区別なのであった。神の側に差異があるのではなく、神に対する人間の態度に根本的な差異があるのだ。

（「神秘主義のエロス的形態」『全集』第二巻、五七四頁）

ここに、畢竟どの宗教の「神」も同じだという、狭義の宗教多元主義に類する概説を見てはならない。むしろ、認めるべきは、井筒の実存的経験の相だ。「神秘主義のエロス的形態」と二つのクローデル論（「詩と宗教的実存」「クローデルの詩的存在論」）、さらには、初期のイスラーム論にちりばめられた発言を確認すれば、彼のキリスト教への関心の深さと確かさを確認することができるだろう。

このベルナール論は「未完」だった。井筒はのちにふれるつもりだったのかもしれないが、ベルナールを論じるなら、この時代のイスラームとの衝突に言及しないわけにはいかない。彼こそキリスト教会の聖地奪還運動、十字軍の遠征に最も影響力をもった人物でもあった。この問題に呼応するようにこの論考を書き、しばらくすると井筒は、『コーラン』の翻訳をはじめとしてイスラームの霊性へとその哲学探究の場を移すのだった。

この節の終わりに一つ、これまで十分に論じられていない論点を挙げておきたい。それは井筒俊彦と作家須賀敦子の思想的接点である。一見すると、二人にはほとんど接点がないように見える。だが、カトリックから開かれていく霊性的地平を考えるとき、幾つかの重要な交点がある。

ダーシーの書が、ルージュモンの問いを発展的に継承したものであるのは先にみた。ルージュモンの哲学の根底にあるのは、哲学者エマニュエル・ムーニエによって提唱された人格主義である。すべての人には、宗派的宗教、あるいは思想の奥にある「人格」が宿っているとムーニエは語る。人間は人格《ペルソナ》を付された者として、等しく聖なる存在である、信じる宗教、列する思想によって、盲目的に断罪されてはならない、キリスト教に反意を表明する人にも、聖性の実現は十分に可能である、とムーニエは考えた。宗教・思想の優位ではなく、人格の優位を説いた。

当時、ムーニエが主宰した雑誌「エスプリ」は言論と信条の自由を求める人々によって強く支持された。彼は異教者、無神論者、マルキスト、アナキストたちと身を削って対話を続けた。彼の思想に強く影響されたのが、作家の須賀敦子である。

先にマシニョンにふれた際に、シャルル・ド・フーコーにも言及したが、若き日の須賀にとってフーコーは霊性の英雄というべき人物だったのである。また、二人がともに鈴木大拙、さらにカトリック司祭であり思想家だったトマス・マートンにも深く関心を寄せていたことも記憶されてよい。井筒は『意識と本質』でマートンに言及し、須賀は若き日にマートンの著作を翻訳しているのである。

霊性の哲学を基軸にした須賀と井筒の思想的接近という論点は、現代日本における哲学と文学のあわいにあって、充分に論究されてこなかった領域があることも明らかにするだろう。哲学的問題は、哲学者によってのみ論じられるとは限らない。もちろん、文学的問題も然りである。

五　越知保夫をめぐって

『愛のロゴスとパトス』は世界でも広く読まれ、日本でも良き読者を獲得した。しかし、井上洋治やヨゼフ・ロゲンドルフといったカトリック司祭は別にして、ダーシーの著作を論じた者はほとんどいない。そうしたなかで批評家の越知保夫は、五〇枚を超える論考「『あれかこれか』と『あれもこれも』――ダーシーの『愛のロゴスとパトス』を読む」を書いていた。この作品は題名から想起されるように、書評の範疇に属するものではない。

ダーシーの思想を基軸に、日本人が、キリスト教とその異端における愛を実存的に論じた最初の批評となっている。

おそらく井筒は、越知の作品を知らなかった。一九六一年、井筒が留学中に越知は四九歳で亡くなる。越知は吉満の弟子である。もし、越知と井筒に交点があったら、と想像せずにはいられないほど、二人の間には豊かな可能性が内包されている。また、越知は、先にみたムーニエの著作の訳者でもあり、須賀と井筒の間にあるものを考えるとき、重要な媒介者となる。

「愛」は、越知保夫にとっても根本問題だった。彼の代表作「好色と花」もまた越知による「愛」論だった。彼がいう「好色」はエロスであるとともに、アガペに変貌する種子にほかならない。ここで「花」が象徴するのは世界に存在する万物である。万物は「愛」によって存在する、と越知は感じている。ただ、その「愛」とは現代に流布しているような人間的なそれではない。彼が考える「愛」はいつも超越者を淵源とする。

同質のことを考えたのが、井筒が愛し、また深く論じたイブン・アラビーだった。彼は超越的絶対者を「神」とはいわずあえて「存在」と呼ぶ。「存在」は「存在者」を、自己展開的に分節する。「存在」は自らが母胎となり、絶えることなく創造を続ける。そこから生まれ出たものが「存在者」である。花が存在するといってはならない。「存在」が「花」するのであると彼はいう。また、このイスラームの神秘哲学者は、万物を在らしめているはたらきを「慈愛の息吹」という言葉で表現する。彼もまた、「愛」の存在論を説くのである。

越知は「存在」と「存在者」を明瞭に感じ分け、論じ分け得た、近代日本では稀なる批評家だった。彼の「存在」観にカトリシズムあるいは中世哲学が影響していることはもちろんだが、それに勝るとも劣らず、彼の世界観を決定しているのは小林秀雄である。小林秀雄論で越知は「在る」ことの神秘を次のように述べている。

「在る」ということは、常に我々を驚かすものである。単なる物にすぎないものが、たとえば道とか樹木とか家屋とかが突然その存在の固有の相で、言いかえればそのものがそのようにあるということ自体で不意に我々に話しかけてくることがある。その時、その道その樹木その家屋はプレザンスである。それは存在し、かかるものとして現前する。そしてその固有の持続の中に我々をひき入れる。（「小林秀雄の『近代絵画』における『自然』」『新版　小林秀雄――越知保夫全作品』八一頁）

「在る」ものはすべて何らかのコトバによって語りかける。それを媒介する者こそ超越者にほかならない。『『あれかこれか』と『あれもこれも』』を含む越知の全ての作品と、彼について書かれた文献も併録した『新版　小林秀雄――越知保夫全作品』（慶應義塾大学出版会、二〇一六年）が刊行されている。そこには彼のクローデル論がある。井筒もまた、二つのクローデル論を書いている。越知はそこで真実の実在である「霊」に触れ、井筒は永遠を論じた。クローデルが逝く二年前の一九五三年、井筒は自身の中核命題の先行者の相貌を発見し、「クローデルの詩的存在論」を書き、そこに詩人哲学者とも呼ぶべき者の使命を次のように語った。

彼〔クローデル〕はランボオと共に近代人中の近代人でありながら、ダンテと共に中世詩人であり、アイスキュロスと共にギリシア詩人なのである。彼は真に創造的人間であるが、彼の創造の源泉は歴史というものが始まる以前の、幽邃な形而上学的地下の深みにひそんでいる。そして、この根源的原初性こそ、実は神そのものの原初性に他ならなかったのである。万有の奥底なる永劫の源泉から湧き上がりつつ、彼の舌を通すことによって人間の言葉として化して行く不思議なものの声を、クロオデルは神の声としてはっきり意識している。かくして詩人は宇宙創造の大業に参与し、神の摂理の協力者となる。（「詩と宗教的実存――クロオデル論」『全集』第二巻、七頁）

詩人は「コトバ」によって超越者のはたらきの器となり、その「摂理の協力者となる」。このあと、井筒は同質のことを哲学において模索する道を探ることになる。ここで井筒が行おうとしたことを越知は、『古今和歌集』の歌人をめぐって論究しようとしていた。越知にとって『古今和歌集』の歌人たちは、現代の表現でいえば詩人であるとともに哲学者だった。これに強く共振する実感を井筒ももっていた。

最晩年に行われた司馬遼太郎との対談「二十世紀末の闇と光」で井筒は、「多元的な言語世界のなかに日本語があって、日本語もわりあいおもしろいなと、最近お思いになっているとうかがいましたが」という司馬からの問いに「実におもしろい」といいこう続けた。

最近ばっかりじゃないんです。私は、元来は新古今が好きで、古今、新古今の思想的構造の意味論的研究を専門にやろうと思ったことさえあるくらいですから、日本語はすごく好きなんです。ただ、ほかにやることがあまりに多いものだから（笑）、ついほかのことをやってきただけで、究極的には私はやっぱり日本に帰るだろうと思いますね。（『全集』第十巻、六三五頁）

イランから帰国後、井筒の哲学に強く反応したのは、いわゆる哲学の世界に生きる人ばかりではなかった。そこに遠藤周作や高橋たか子のような文学者、それもカトリックと深い関係のある文学者がいたことは偶然ではないのだろう。もし、越知が井筒を知ることがあったら、と考えるのは空想とばかりもいえず、近代日本における未見の哲学的問いに接近する道程であるようにも思われる。

第三章　近代ユダヤ教正統主義におけるコスモスとアンチコスモス

市川　裕

一　考察に至る動機

井筒俊彦は一九八六年一二月に天理を初訪問したとき、天理大学での国際学会で「コスモスとアンチコスモス」をテーマにして、自らの東洋思想への理解を提示した。東洋思想は、思想の根源にアンチコスモスを置く点で西欧哲学と好対照をなすという大胆なテーゼが明解に提示され、その典型として、老荘思想やインドのシャンカラの思想とともにイスラーム神秘哲学を挙げている。(1) ここに筆者の興味は惹きつけられた。ユダヤ教のカバラー神秘思想には、イブン・アラビーのイスラーム神秘哲学と同様の構造が認められるように思われるからである。(2) 古典的カバラー思想は、人格的一神教を無限の神エイン・ソフの顕現であるとしたうえで、セフィロート理論によって新プラトン主義の流出論を取り込んでいる。そしてさらにイツハク・ルーリアにおいては、創造論の最初に「ツィムツーム」、即ち神の自己収縮という観念が置かれて、創造の器の破壊（シュビーラー）、さらにはその修復である「ティクーン」によって創造が完成するという理論が確立された。すでに原初の創造の時点で、「コスモス」としての完成とは程遠い状況が想定され、人類史は、あたかも創造の完成に向かって、「コスモス」と「アンチコスモス」とが闘争を繰り広げる舞台であるかのような様相を呈している。

しかし、イスラーム神秘哲学がイスラーム世界において確固とした地位を維持してきたのと比べると、ユダヤ神秘主義、とりわけカバラーの知的営為は、ユダヤ啓蒙思想家によって「呪術の巣窟」という厳しい批判に晒されたように、[3]ユダヤ教の正統的地位とはかけ離れた扱いを受けてきた。ユダヤ神秘思想がユダヤ思想世界において果たした役割については、ゲルショム・ショーレム以来、学問的な問いが深められて評価が大きく変わりつつあるとしても、それだけでは十分とは言えない。正統派ユダヤ教がこれを自らの思想構造に組み込んでいたことが実証されなければ、ユダヤ思想の主流を巻き込んだアンチコスモス論を展開することはできない。戒律遵守を根本とするユダヤ教正統主義において、一神教の世界創造と律法の啓示は、ある意味で存在論・認識論の根本に位置付けられるが、果たしてアンチコスモス的発想の入る余地はあるのだろうか。本稿はこのような問題意識に動かされて構想された。

1　井筒におけるコスモスとアンチコスモス

ここで予め用語の説明をしておく。井筒において、コスモスは意味論的に根源的な概念、近代宗教学のいわゆる「ヌーメン的空間」に起源をもつ「有意味的存在秩序」と規定される。[4]「カオス」は、調和に満ちた有意味性の空間が現出する以前の、秩序付けられていない原初の空間、あるいは無定形で浮動的な存在の原初的在り方と定義される。これに対して、「アンチコスモス」とは、カオスが、時の経過とともにコスモスを外側から取り巻き、隙あらば侵入してこれを破壊しようとする敵意に満ちた力としての性格を帯びる。この否定的・破壊的エネルギーに変貌した「カオス」を「アンチコスモス」と呼ぶ。[5]

「コスモス」は「アンチコスモス」の侵入に対して自らを防御するための規範的構造を内包しており、それが「ノモス」であるとされる。既存の法秩序がコスモスの安定的な秩序を支えていると理解されている[6]。西洋哲学史上でアンチコスモスが本格的に活躍するのは、大体ニーチェから後のこととされるが[7]、これと比較して東洋思想の主流は、昔から伝統的にアンチコスモス的（存在解体的）立場を取ってきた。これが、井筒東洋思想の核心ともいえる識見である。

老荘思想の代表的なイマージュである胡蝶の夢と並んで、イスラームのスーフィズムで代表的な哲学者であるイブン・アラビーのアンチコスモス的世界観は次の点に見出されるという。『叡智の台座』において、「この世界は幻想であって、真の意味で実在する者ではない。これを存在幻想という」とされ、あなた自身が存在幻想であるばかりか、あなたがあなたの主体とは区別された客体的対象であると考えているものも、実はことごとく存在幻想であるという[8]。

2　ユダヤ教正統主義のどの著作を取り上げるべきか

ユダヤ教正統主義を考察するに当たり、代表的な世界観を表明する人物の著作を取り上げて、井筒の問いを引き継いで考察してみたいのだが、どういう著作を取り上げればよいであろうか。そもそもユダヤ教正統主義とはなんであろうか。正統主義が確立されるのは、実は近代に入ってからである。ユダヤ教の伝統が近代に激しく浸食され、さまざまな革新的思想と制度が名乗りを上げた。それに対抗して伝統を擁護し維持する立場が現われ、それを正統主義としてひとくくりに呼ぶことになった。律法は神の啓示であるという立場を基本とする以外は、実は多様な思想と制度を包摂するものである[9]。

そうした歴史的経緯を考慮に入れるとき、リトアニアのユダヤ教が、一八世紀に始まるタルムード学の刷新と一九世紀初期から伝統的教育制度を一新する改革を遂行したことによって正統主義を確立したことに鑑みて、リトアニアのユダヤ教世界から輩出した宗教者の思想と活動の中に現われたものを、第一に近代ユダヤ正統主義の典型と考えてみたい。正統主義は、変革を志す革新的集団と違って、抽象的な綱領を掲げることが少ないということもあって、それさえ読めば主義主張が判明する類の代表的著作を挙げることが難しい。最初に思い浮かんだ著作は、二〇世紀にアメリカで活躍したジョセフ・ソロヴェイチク（Joseph Soloveichik, 1903生）の『ハラハー的人間』[10]である。この人は、リトアニアの著名なラビの家系を継承する大思想家で、合衆国で最も多くの正統派ラビを叙任したことでも有名で、人望並ぶものなき人物と目されている。この著作は、確かに正統派ユダヤ教の真髄を描いているとしても、西欧思想を多く取り入れて宗教哲学に造詣が深いことを示しており、科学的思考や宗教的人間（ホモ・レリギオースス）と対比して、ハラハー的人間の概念化と取り組んだものである。したがって、マイモニデスの思想的立場を継承する面を強く持っている。そのとき私の中で、正統主義の代表としてこの著作のみを扱うことにためらいが生じた。

ためらいの理由を理解してもらうために、ここでユダヤ教思想史についての前提となることをいくつか挙げて、ユダヤ思想における複雑な背景に留意したい。

①ユダヤ教のカバラー神秘思想には、イスラームのイブン・アラビーの存在一性論と同様に、自己滅却後に起こる形而上学と思しき思想的営為が存在する。しかし、カバラー思想はマイモニデスによって厳しく排斥された。

②カバラー思想は近世東欧のハシディズムによって思想内容の多くが継承されてきたが、東欧正統主義はハシディズムの活動を異端として厳しく対立した。その先頭に立ったのがヴィルナのガオンである。

③しかし、ヴィルナのガオンはカバラー思想全体を排斥したわけではなく、むしろ哲学的営為を排除し、ゾーハルなどの古典的なカバラー文献に依拠して、ユダヤ神秘主義的な人間観、世界観をハシディズムと共有した。

④ヴィルナのガオンの弟子、ラビ・ハイームは、ハシディズムのルバヴィッチ派とも和解し、神秘思想を展開してタルムード学の学習制度を刷新し、その後の正統主義は哲学的視点もハシディズムの系統もともに含み込む多様性に富む思想を創出していく。

このように、ユダヤ思想の歴史を通覧すると、正統主義とカバラーと哲学の微妙な三者関係が見え隠れする。中世イスラーム圏の哲学者マイモニデスは、アリストテレス哲学を受容してハラハーを体系化する一方で、ユダヤ教の伝統的な形而上学に依拠したカバラー思想を徹底的に廃棄し、天界飛翔の霊的思索を形而上学に、天地創造物語の霊的思索を自然学にそれぞれ読み替えて、ギリシア哲学的に換骨奪胎したことはつとに有名である[11]。ところが、一八世紀後半にユダヤ教正統派のタルムード学を現代に蘇生させた立役者ヴィルナのガオンは、カバラー思想の代表的傑作であるゾーハルをも自己の思想構造に注入する一方で、哲学的営為を潔癖に拒絶しているのである。その弟子のヴォロジンのラビ・ハイームも、自己の思想を披歴した著作『ネフェシュ・ハハイーム』(*Nefesh Ha-Hayyim*) において、カバラー思想を忌避することなくゾーハルから盛んに引用している。彼は、その思想の実践をヴォロジンの小都市に設立したイェシヴァにおいて実践し、そこに有意な若者が参集して一大牙城となるに至って、近代東欧ユダヤ教正統主義が確立を見る。

ヴィルナのガオンとその弟子のラビ・ハイームが近代正統派ユダヤ教の基盤となるタルムード教育で大改革を成し遂げたこと、かれらの思想においてカバラーがある一定の意義をもったことが知られていることに鑑みて、ヴォロジンのラビ・ハイームの著作『ネフェシュ・ハハイーム』(一八二四年) を取り上げ、その世界観にコスモスとアンチコスモスの世界観が反映しているか否かを解明していきたい。その思想は、井筒が考えるアンチコスモス的な構造を持っているのか。ここが筆者にとっての問題の焦点となる。

二　ユダヤ教正統主義における人間と唯一神との関係

ヴォロジンのラビ・ハイームの著作『ネフェシュ・ハハイーム』は全体が五部で構成されていて、各部は「門」（シャアル）の名称を用いて全部で四つの門と「断章」（ペラキーム）という名の一群の論考が、第三と第四の門の間に挿入されている。各門に表題はない。各門の中は章（ペレク）に分かれているが、やはり表題はない。理解を助けるために、以下、各章ごとに筆者による表題を付した[12]。

本稿においては、二つの課題を掲げる。一つは、この著述において、人間はいかなる存在と考えられているかを知ること、具体的には、人間と創造主とのかかわり、人間と宇宙全体とのかかわりを知ることである。これについては、著作の第一門の章別に内容を紹介しながら、この節で考察する。他の一つは、戒律の実践と内的集中（意図）との関係を知ることである。この主題は次の第三節で考察する。

①「神の形」における「形」について（第一門第一章[13]）

主著の冒頭は、人間の創造についての理解から始まる。『神は自分の形に似せて人間を造った』（「創世記」第一章第二七節）という創世記冒頭の句の解釈である。神の形、ヘブライ語で「ツェレム・エロヒーム」という言葉の意味が取り上げられる。「ツェレム」という言葉には、内面性の深さがあり、世界の高みにある事柄に由来するものであり、『ゾーハル』の内的秘密の事柄の多くを包摂するとされる。しかし、字義通りの意味を重視した初期註解者たちは、この言葉を平易な意味で捉え、「形に似せて」というのは「何であれ何かにどこか似ている」ことと理解した。

②「神の形」における「神」（第一門第二章[14]）

「神の形」という表現を厳密に理解しようとすると、「どこか神に似ている」という意味になるとしても、なぜよりによって「神」という語を用いたのかが問われる。神（エロヒーム）という言葉は「教師」（More）を意味するが、「誉むべき御名をもつ神」に用いるときは、「すべてのものの諸力の持ち主」の意となる。それは、四列『アルバアー・トゥリーム』の「オーラハ・ハイーム」（生活様式）に説明されているとおりという。

「神（エロヒーム）の形」と呼ばれるからには、その意味するところは人間の尺度とは異なるということである。人間の場合には、例えば、樹木から建物を作るといっても、自分の力で樹木を創造し発明するわけではなく、既に造られた木々を取ってきて順序立てて建築し、自分の意志に従って並べ終わったなら、そのものから離れ建物が出来上がるという意味になる。しかし、神の場合には、世界を創造したときのように、万物を無から創造し、万物の存続はひとえに神が自らの意志に従って力とあふれるばかりの光を絶えず新たに注入することに依存する。神の意志が一瞬たりとも被造物から離れ去るならば、万物は一瞬たりとも存立しえない。その瞬間に、すべては無に帰し、混沌に至る。

四文字の誉むべき御名をもつ神が、「エロヒーム、即ち、すべてのものの諸力の持ち主」と呼ばれるのは、神が、すべての世界に存在する物の個別の力の全てを所有しており、それらに神の力と威力をあらゆる瞬間に注いでおり、すべては神に依存し、神は自らの意志に従ってそれらを変化させ秩序付けることを意味する。

③人間の創造（第一門第三章[15]）

人間の創造においても、神はこのようにして人間を創造し、無量の諸力と諸世界に対して人間を君臨させ、人間の手にそれらを委ねた。それゆえ、人間は自らの行為の個別の運動によって、その語り、その思い、そしてその行動様式の全てによって、それらの万象を従わせ運用する。善に向かってであれ、その逆に向かってであれ。

あってはならないが、その逆に向かって、とは、彼のよからぬ行いと語りと思いによって、多くの諸力を破壊する。天上の聖なる諸世界をも、測りがたいほどに。もしくは諸世界を暗くして諸世界の光と聖性を小さくし、これに対抗して不浄の獄に力を補填する。

これを補うべく、その後に、ラビ文献と『ゾーハル』から、イスラエルが神の意志を行うときは天上界に力を補填し、イスラエルが神の意志に逆らうときには、天上界の力を奪うことの証言が置かれている。

④人間の力（第一門第四章[16]）

「人間の法（Torat Ha-Adam）」とはこれである。イスラエルに属する人はだれであれ、心でこう言ってはならない。「私は何者なのだ。私の力はどれほどなのか。程度の低い自分の行いによって、この世で大事なことなど何もできはしない」と。さらに『ゾーハル』を引用して、その理由を明らかにする。

誉むべき聖なる御方は、人間を造ったとき、天上世界の貴い例に倣って人間をつくり、人間の体の真ん中にその力と威力を置き、そこに心が宿るようにした。誉むべき聖なる御方は、それと同じ方法で世界を一つの体として造り、その真ん中に世界の威力である心が宿り、すべては心に依存するようにしたという。その世界の心とは、エルサレムの至聖所であり、そこが聖地と世界の中心であるという。人間の心が迷って、不浄な思い、姦淫の思いが浮かぶとき、彼は、天上の聖なる世界の至聖所のなかに、売春婦という熱情の印を招き入れ、天上の至聖所に穢れの諸力を増大させ悪の「別世界」（Sitra Ahara）を増大させる。その悪の威力は、ティトスが地上の神殿の至聖所で売春を行わせたときとは比べものにならないほど大きい。

⑤神の意志（第一門第五章[17]）

誉むべき御名をもつ神の意志に浮かび上がった思いとは、下界の人間を天上の諸世界の頂上に君臨させ、人間によってそれらが統御されるようにすることである。人間の鼻に「生きた魂」（Nishmat Hayyim）が吹き込まれたとき、それは諸世界よりも高く、またそれらの奥深くにあるものであり、そのとき、『人間は生きる命（Nefesh Hayya）となった』（「創世記」第二章第七節）のであり、それは諸世界に対しての意味で言われたのである。我らのラビ、ハイム・ヴィタルも「聖なる門」の第三部第二門において、「人間の魂」（ネシャマー）とはそれら全てにおける内なるものである、と語る。

⑥神の意志・続き（第一門第六章[18]）

この論点はさらに説明が必要であるとして、論述が続く。人間が諸世界にとってまぎれもない命であるという意味は、人間の身体の中に与えられ付着された人間の魂のように、魂が何かをすれば、それは身体という道具によってのみ行うことができ、まさにその瞬間に身体もまたそれを行っているというのとは違うのであり、実際これはそういうことを意味しているのではない。

ここでは、『ゾーハル』からの引用によって、人間の創造の神秘性が明らかにされる。誉むべき聖なる御方は、人間をつくったとき、天上世界の天なる秘密の諸形姿と地上世界の地上の秘密の諸形姿の全てを人間の中に整え、それらすべては人間に彫り込まれたのであり、人間は神の似姿で立つのである。それは『神は人間をその形に似せて造った』と書かれているとおりである。よくよく参究せよと促す。そして再び『ゾーハル』が引用されて、トーラーの戒律が神の身体に配置される。トーラーの命令の全ては、天の聖なる王にあって統一されており、あるものは王の頭に、あるものは王の身体に、またあるものは王の両手にそれぞれ配される。

こうして、トーラーの命令の全ては天上界の秘密の諸部分でありその四肢である。それらが一つに結合するときそれら全ては一つの秘密へと上昇する。そしてさらに、戒律と神の御名との関係が総括される。トーラーの六一三の戒律はこの御名に含まれ、それらは天上天下の全秘密の原理である。それらすべては、部位であり四肢であって、それらによって信仰の秘密が示される。トーラーの戒律の秘密を観察せず注視しない者は四肢がどのように天上世界の秘密を構築しているかを知らないし、理解することができない。

人間が営むべき御名をもつ造り主の意志を行い、身体のどれかの部分に対応する主の戒律の一つを実行するとき、修復する力は、天上界でその戒律に対応する箇所の力に作用し、それを修復し、それを高みに引き上げ、あるいはその聖性に更なる光と聖性を付与する。その力は、人間の行いの方法と価値に従って、神の高貴な意欲と意志から発する。その人が戒律を実行したとき、その人の真摯さの大きさと思いの純粋さに従って、天上界でその戒律に対応する段階の価値に照らして行いそのものに更なる善が付与されると、そこから聖なる命が引き出され、戒律を実行した人間の力に増し加えられる。

⑦神の意志・続き（第一門第七章）[19]

人間が無量の諸世界の「命」であり「生きた魂」と呼ばれる所以は、人間の体の中に実際に魂が与えられ付着したことを指すのではない。諸力と諸世界とメルカヴァーの諸秩序の動きのすべて――それらの修復、それらの建設と破壊――は、地上の人間の諸行為によって喚起される事柄にほかならない。人間にのみ選択の判断が与えられて、自分が欲する方向に、自分だけでなく諸世界をも導くことができる。人間は悪をなしうるが、それでも修復の可能性が残される。

⑧概要

人間と世界、とりわけ天上の諸世界とには対応が見られ、明確な観念が表明されていることが判明したが、そのつながりはここでは明かされず、人間の理解力を超えた秘密として把握されている。冒頭にすでにその秘密の原理は『ゾーハル』の著作の中心部分であることが示唆されている。これは「エイン・ソフ」とセフィロート理論を含意するのであろう。しかし、ラビ・ハイームはそこへ踏み込まない。それを知ることは、戒律を実践するユダヤ教徒にとって優先順位は高くないのである。また、ルーリアの「ツィムツーム」の観念には言及がない。

　ハシディズムとの違いが顕著にみられるのは、人間の側の営みである。ハシディズムがヴィルナのガオンによって異端を宣告されたのは、戒律の実践に替えて、指導者に対する「献身」（ドゥヴェクート）を第一の義務としたことによる。また、祈りにおける「精神集中」（カヴァナー）を極度に重視したことであった[20]。これに対して、ラビ・ハイームは、六一三の戒律がもつ宇宙的意義を鮮明に提示して、正統主義における最重要事項が何であるかを明示している。この説明には、明らかにカバラーの神秘思想が用いられている。即ち、人間がトーラーの六一三のいずれかの戒律を実行すると、それに対応する天上の秘密の世界の部分に光と聖性が増し加えられ、そこから、その行為を行った人へと力が発散する。六一三の戒律は全てが一つに統一されると全世界の心を構成し、イスラエルの民の戒律実践を待つのである。人間は選択の自由を持つため、戒律の正しい実践とそれに伴う精神集中が選択されれば、天上諸世界の聖性と天下の諸世界の善が増大するが、悪行によって聖性と善は減殺する。しかし、悪を悔い改める道が残されている。

　ラビ・ハイームが戒律の実践を最大に重視していることは明らかだが、それに伴う精神集中にも配慮がなされている。しかし、あくまで実践が第一に重要であることが示される。この点は、「ハシディズム」との微妙だが重大な相違点であった。したがって、次の課題として、戒律の実践と精神集中との関係についての考察が不可欠となる。

三　自我滅却の精神態度に向けた戒律の学習と実践

精神集中は、神に対する精神態度であるため、内容はラビ・ユダヤ教においてすこぶる重要である。タルムード以来の重要な観念として、「トーラー・リシュマー」、即ち、トーラーをそれ自身のために学び尊重するという態度が語り続けられてきた。しかし、「トーラー・リシュマー」の精神態度とは、神を畏れることと神を愛することの両方の精神態度が一つになったところでしか、現成しない。それは、人間の世俗的現世的なあらゆる欲望や願望が滅却された、まさに空あるいは無我の精神状態でなければならないことを意味する。とすれば、この観念は日常的恒常的に到達することは実際不可能に近い。それを承知で、ラビたちはタルムードの昔から、この観念をことあるごとに銘記してきた。中世のマイモニデスがそれを継承し[21]、ラビ・ハイームがこの著作において詳細に論じている。この点に関しては、「ハシディズム」も例外ではなかった。したがって、ラビ・ハイームは同じ精神態度を追求するにしても、どこで「ハシディズム」がまちがっているのか、戒律の学習と実践において、いかにしてこの精神態度を達成するかに腐心していたはずで、著作の中にそれを読み取ることが本節の課題となる。

ヴォロジンのラビ・ハイームの著作『ネフェシュ・ハイーム』の「断章」(ペラキーム)はまさにこの問いを論じた箇所と考えられる[22]。順に内容を吟味する。

①慢心を諌めること(「断章」第一章[23])

ラビ・ハイームは、冒頭で教えの目的を明言する。「これまで指導してきたことは、あなたが信頼を置いて歩める道を教えてきたのであって、これに沿って学んでいけば、あなたは少しずつ着実に段階を上昇していくことができる。そして、心が清まり、得るものを得て、それが習慣として身についてゆくであろう。これらの全ての段階を歩む鍛錬の中で、あなたはトーラーの営みにおいても、戒律の実践においても、心の清らかさの上に清らかさを、そして、主なる神への畏怖と愛とを、増し加えていく」と。トーラーの学習と実践とは、魂の純粋さを目指すものであり、ついには、神への畏怖と愛という両立した精神態度——これこそが「トーラー・リシュマー」の態度――が約束されているのである。

しかし、それを阻むものがあり、心して警戒せねばならない。それが、慢心である。最初は全然気づかずにすぎるかもしれないが、ほんのわずかでも慢心や自己優越感が湧いたなら、徹底して自己を抑制せよ、と忠告する。ここでは、箴言の『主が厭うものとは、すべての心の高ぶり』（「箴言」第一六章第五節）が引用される。さらに、タルムードからいくつかの引用が続く。「高慢はあたかも自分の心にバーマー（異教の祭壇）を立て、異教の神を祀り、主の足を押しのけるようなものだ」「それは、父親の宮殿から父親を追放する者。異教礼拝を行い、主に逆らい、姦淫の罪を犯すようなものだ」「もしその者が賢者であるなら、智慧がその者を去っていくのは必定だ」。

②高慢の心が湧く原因としての他人との比較（「断章」第二章[24]）

次に警戒されるのが、人と比較して高慢の心が湧くことであり、これに対する諫めが語られる。他人を見ていると、主なる神に仕える営みを穢れなき思いで実行していない人、あるいは、「献身の心」（ドゥヴェクート）で戒律を実践していない人がいる。ましてや、「トーラー・リシュマー」ではない態度でトーラーに携わっている人を見れば、その人たちを軽んじる心が生じるであろう。しかし、これは罪であると。

確かに、主なる神の務めにおいて心を純粋にすることは、戒律のためであって、妨げとするためではない。しかし、神の戒律を実行するにあたって、それが必ずしも献身の心で実行されていなくとも、それでも神に仕える人と呼ばれるのであり、その人も主なる神によって愛されるのであるとする。それゆえ、「トーラー・リシュマーではないトーラーの学習者」を軽蔑する者は、すでにトーラーの栄光を貶め、神を冒涜する者である。たとえ「トーラー・リシュマーではなくトーラーに携わる者」であっても、「すべてのユダヤ人は彼に敬意をもって接する義務があるのだ」という。さらに言葉を継いで、「不純な動機でトーラーに励む者であっても、神の眼には貴い」と続く。そして、「リシュマーであるが、叱責する人」より「リシュマーではないが、謙遜な人」の方が優れている、という比較論まで登場する。

結論として、タルムードの賢者ラヴ（Rav 三世紀）の教えが引用される。「トーラー・リシュマー」の精神態度でなくとも、トーラーと戒律に励みなさい。人は、「トーラー・リシュマーではない精神態度」の中から、「トーラー・リシュマーの精神態度」へと至るからである。

③トーラー学習の要諦（「断章」第三章[25]）

「リシュマー」への段階を目指して学習を始めた者が、即座に「リシュマー」に至ることはほとんど不可能である。「リシュマー」ではなくトーラーにいそしむことは、「リシュマー」への階梯を歩むためのしかるべき道であって、それゆえにその人は神に愛されているのである。だれであれ、いきなり、最高の目標に達する者はいない。それは地上から二階に、梯子段もなく上ることなどできないのと同様である。

これに次いで、タルムードの引用によって、学問の要諦が根拠を与えられる。「トーラーと戒律に励む者は、たとえリシュマーではなくても、常に励むべきである」。これは、ペサヒーム篇50ｂによる。「高慢の心が起こっても、トーラーの学習から離れてはならない」という戒めに続いて、「不純な動機でトーラーと戒律に励む者」を侮辱する者の末路は「来る世に分がない」ことである、という教えが語られる。この類の人は、エピクロス派（快楽主義者）に等しいのだという。

なぜこれほどまでに厳しく指導するかというと、それは、究極的には、トーラーを学習し実践する指導者の不在は、神の民の死を意味するからであるということが結論部で語られる。いかに優れた賢者であったとしても、はじめから「トーラー・リシュマー」の精神態度で神のトーラーと戒律に対することはほとんど不可能であるとすれば、トーラーに身を捧げようとする人の志を摘み取ってしまうような侮蔑の眼差しは、ユダヤ教のトーラーの死滅を招来することになりかねないという危惧があるのだ。

④トーラーの実践と精神集中（「断章」第四章[26]）

トーラーの実行において、「カヴァナー」、即ち雑念を排して精神を集中すること、が極めて大切であることは論を俟たない。しかし、「トーラー・リシュマー」という精神態度が高い理想であるのと同様、カヴァナーを求めすぎると戒律の実行より大事と思われかねない。その点がここで問われている。ラビ・ハイームは、悪しき衝動の問題としてこれを提起する。内なる悪しき衝動に惑わされてはならないという。注意を要するのは、この衝動が良き衝動のふりをして現われることである。こう人にささやく声がする。「思いの純粋さこそが肝要だ。何があっても、これを第一とせよ。そうでなければ、戒律を実行しても何にもならない」と。しかし、悪しき衝動にこう言わせてはならないという。なぜか。

なぜなら、人は、戒律の実行よりも思いの正しさや心の純粋さのことばかりに囚われてしまい、時間に厳しい戒律の実行においてさえ、時間のことより心の純粋さを優先して、ついには時間が過ぎても許されると思いこむまでになってしまうからである。これでは、本末転倒になるのである。ここで事例として、過ぎ越し祭の晩餐で、オリーブ大のマッツァ（種なしパン）を食べる戒律が取り上げられる。この戒律を実行するためには内的集中がないとだめだと思って、いつまでも実行を遅らせてついには夜が明けてしまうということになれば、これは害をなすのであり、精神集中は忌み嫌うべきものになると。

⑤祈りにおける行いと思いの優先順位（「断章」第五章[27]）

前章を受けて、行いと思いの優先順位が明確に語られる。即ち、思いの純粋さは行いに付随するものである。思いの純粋さに深く囚われて戒律の実行を疎かにすると、その者は共同体から断たれてしかるべきであると判定される。そして、この問題が祈りにおいて展開される。

祈りの句を心に思い描くだけでは義務を果たしていないとして、祈りの意義が解説される。祈りとは、諸世界の修復であり、地上から天に向かって、内面性が上昇を遂げることであるという。それは、人間の「命」(Nefesh)がその人の「霊」(Ruah)に密着し結合すること、そしてその人の霊がその人の「魂」(Neshamah)に密着し結合を遂げることであり、それらの相互の結合は正に祈りの言葉が口から発せられる間に生起する。命と霊と魂とは人間の心を構成する諸部分であり、これらが相互に結合する時に、人間の心は最大の力を発揮する。それがまさに、内的純粋さ、精神集中の完成された状態を意味する。

この後で、ラビ・ハイームは『ゾーハル』を引用して祈りにおいて何が生起しているかを論ずる。祈りは、四つの要素によって実行されるという。それは、「思い」(Mahashavah)と「意欲」(Ratson)、「声」(Kol)と「語り」(Dibbur)である。この四つが一体となって結合すると、完全さが生じ、天への合一が果たされる。これら四つの要素は祈りにおいて地上と天上世界とを結びつける働きをする。これら四つの要素は結合して一つの「メルカヴァー」(天の御車、即ち天上の神の玉座)となって、その上に神の霊が宿るという。

こうして、心と祈りのカバラー的理論を説いた後、実践上の注意が述べられる。人が心で思っていること、心で見ていることは、それが人の唇から外へ出るまでは、実践を構成していない。ゆえに、祈りと願いは、言葉を口から発しなければならないのである。言葉が発せられるまでは、その人の祈りは祈りではなく、彼の願いは願いではない。言葉が唇から外へ出るとき、言葉は空気を裂いて天へ上り、天ではそれを捕まえて、聖なる冠と一体化させるのであると。

⑥行いと思いの威力としての修復(「断章」第六章[28])

人間の思いと行いについて、再び取り上げられる。人の思いは上に上り、天上の諸世界の高貴な御名の頂に至る。もし、人が戒律の実行の時に、思いと内的集中の純粋さを伴っていれば、その行いは、天のはるかな高みの諸世界で修復の働きを成し遂げることができよう。但し、我々にあっては、思いは本質ではないことは、既に述べた通りである。こう述べた後で、『ゾーハル』から行いと思いに関する教えが引用される。それによれば、行いに思いが伴っていれば、咎はなく、行いに思いが伴っていなくても、咎はないが、その者は、「リシュマー」で神の意志を行い、その際に思いを集中した人としてはみなされない、という但し書きがついている。

⑦再び、悪の衝動への対処（「断章」第七章[29]）

先に第四章で、悪しき衝動が良き衝動を装って人を惑わすことについての注意喚起があったが、ここでさらにそうした悪しき衝動の事例が追加される。ここでも内的衝動が変装して、人を惑わしこうささやく。「主の務めの本質は、天のためだけに行われるものであるから、罪や咎もまたそれが天のために何かを修復するために為されるのであれば、それもまた戒律（ミツヴァ）とみなされよう」。さらにまた、別のささやきも加わる。「あなたは、トーラーが与えられる以前のイスラエルの父祖たちや初期の義人たちの足跡を歩むように命じられているのではないか。彼らのすべての行いと語りと思い、そしてこの世界における彼らの事跡は、天のためにのみ、そしてすべて神への密着と思いの純粋さにおいて成し遂げられたのだ。そして、彼らの思いと行いは、いつであれ、何をするのであれ、どういうやりかたであれ、常に天に向けられており、後に法となる固定され整理された行為と命令に従ったのではなかった」と。

これらは、ユダヤ教のトーラーと戒律は決して絶対的なものではないという主張である。イスラエルには、シナイ山でモーセに啓示される以前にも、立派な父祖や義人がいたのだから、彼らの思いと行いに従って歩むべきであって、その場合には、トーラーで罪とされていることも天のためであれば許されているし、命じられてさえいるのだということになる。

これに対して、ラビ・ハイームは、こう答える。トーラーの啓示以前には、父祖たちはその高貴な精神的資質ゆえに、神の意にかなった行いが可能だったが、天啓以後にあっては、既にトーラーは地上にあり、これを一つたりとも変更してはならぬと。

⑧内的衝動を阻む方法（「断章」第八章[30]）

「断章」の最終章は、前章を受けて、さらなる内的衝動の事例とその誘惑を阻止する方法が扱われている。ここでは、他の人間との関係が扱われ、内的衝動が他の人間に対して平気で罪を犯すように惑わすことを警戒している。悪の衝動は人をこう惑わす。「人間の務めとは天の高みに対する畏怖を達することである。だから人は誰でもその目と心を日々このことにのみ注ぐべきである。人間たちに対して罪や恥の恐れを抱くことは程度の低いもののなかでも最低のもので、あなたの心からそれを根絶するのがふさわしい。そうすれば高貴なるものへの畏怖はいやがうえにも高まるであろう」と。この誘惑に惑わされると、あなたの心は、人間どもに対して罪を犯し恥ずべきことを為すことの恐れこそ、人間の過ちであると定めるであろう。そして、あなたは過ちから逃れるように、その恐れから逃れ続けよう。そうして、ついに、あなたは、高貴なるものへの畏怖が十分にないときに、悪事から遠ざからなくてもよいという衝動の網に囚われの身となるに至るだろう。

こうして、人が悪事を犯したとき、もしだれかにその悪事を注意され叱責されたことにより、人間に対する恐れを抱いたとすれば、それは神に対する畏怖ではなく、単なる外見的な恐怖であるとして、悪事を犯したことに対する罪の意識を抱かせないようにする。では、この罠といかに戦ったらよいのか。

ラビ・ハイームは、タルムードからラビ・ヨハナン・ベン・ザッカイ（Rabbi Johanan ben Zakkai 一世紀）が弟子たちに説いて語った教えを引用してこう語る。「すでに古の賢者たちがこう我々に教えてくれた。天への怖れが、人間への怖れほどに、あなたたちの上にあるように」と。そして、タルムードのキドゥシーン篇の最後で、誰よりも偉大で敬虔なるラヴ・アムラムの身に起こったことを通して、教えを伝えている。ラヴ・アムラムが突然過ちを犯しそうになったとき、人間たちから恥辱を受けることへの恐れがあったおかげで、悪しき衝動の網から自分の身を救い出すことがかなったのだが、それは、誉むべき御名の造物主の戒律に違背しないためであったのだ。そして、聖にして誉むべき御方もまた義なる人々の尊厳を惜しまれたので、主の正しい道を教えるべく、この出来事をタルムードの中に定め置かれたのである、と論じた。

ここで取り上げられた逸話とは、敬虔なる者（Hasid）と呼ばれたラヴ・アムラムで、バビロニアの指導者であったが、公衆の面前で自分の弱点を公表するという試練を受けたときのことである。他の賢者たちが、お前のせいで我々が辱められるといって非難すると、彼は果敢に、「あなた方は、アムラム家のゆえにこの世で辱められることの方が、来る世で辱められるよりもましである」といったとされる[31]。

これを受けて、最後は、タルムードの賢者の教えを引いて、次のように結ばれる。「汝の心を賢者たちの知識に結び付けなさい。彼らは既に我々にこう教えた。戒律の実行はその時間に従って、そのすべての詳細な事柄において為されることこそが、本体であり、これは法であって違背してはならない。そして良き思いの純粋さが行為に伴うようにせよ。そうすれば、あなたは確信をもって歩むであろう。このいずれもがあなたによって実現する。ミシュナが教えた通りである。人の実践が智慧に勝っている者はすべて、その智慧も聖にして清浄、かつ神への献身において実現すると。賢者たちは、人の実践が智慧に勝っている者はすべてその智慧も実現するとして、その者を、葉はわずかで根がたくさん張られた木に喩え、この世の風が四方から吹いても、その木をその場所から動かすことはできないといったが、この喩えは些細なことであろうか。よくよく参究せよ」。

こうして、最後はラビ文献で締めくくられているが、本著作には『ゾーハル』をはじめとして、随所に神秘的世界観が取り入れられており、東欧ユダヤ教の正統主義の基盤に、カバラー思想が深く根付いていることが了解される。そのうえで、天の諸世界の聖性と善を増すためには、ユダヤ人による戒律の実践が不可欠であることが懇切に説かれ、しかも、ユダヤ人の精神集中は大事ではあるがそれは戒律の実行にとって代わるのではなく、あくまで戒律の実践に付随して評価されるべきものであるという基本的原則が表明された。

四　考察と結論

1　創造された世界はアンチコスモス的であるか

ラビ・ハイームの教えを見てきて、二つの点で、明らかになったことを示したい。一つは、所与の世界が、確かに唯一神の創造した世界なのであるが、それはどこかニュートラルな世界という印象を受けるという点である。一般に、コスモスの具体例として引き合いに出される聖書の創世記冒頭の言葉、はじめに地は混とんとしており、神の発語によって創造がなされて秩序が確立するという物語は、井筒の講演でも例示されているにもかかわらず[32]、本家本元であるはずのユダヤ教正統主義の思想においては、必ずしもそうとは言えないということである。事実、創世記の記述を追っていけば、唯一神が創造して、良しと認めた世界秩序は、幼いころから悪いことばかりを考える習性の人間がはびこって創造世界で支配力をふるう中で、その邪で不純な思いが世界を悪しきものに変えてしまった。そのために、世界の生物は洪水で滅びかけてさえいる。イスラエルの民にトーラーが授けられたのは、まさに神の意志を実行する人間としての期待からであって、ユダヤ教はこの線で聖書を把握してきたとさえいうことができる。そういう意味で、創造された世界は、人間の所業によって善にも悪にも変化するものという理解がなされている。そこにユダヤ教徒によって律法と戒律が実行されることの持つ威力が、ラビ・ハイームによって描かれたのが本書であった。

しかし、こうした創造世界の理解は、近代正統主義に始まったことではなく、タルムードのラビたちの思想以来、連綿とユダヤ思想の底流を形成してきたといってよいのではないか。中世哲学はやや異例であるが、中世のカバラーがセフィロート論によって無限の神エイン・ソフから神的エネルギーが流出する過程を理論化して、世界が善にも悪にも変化する可能性を明らかにした。ルーリアのカバラーに至っては、創造過程そのものに悪の存在を前提し、神的善が神的悪から分離する過程を、神の自己収縮「ツィムツーム」の概念で説明する思想的営為であった。しかし、そのいずれもが前提していることは、ユダヤの民のトーラーの実践によって、世界がコスモスとして安定し繁栄することなのである。唯一神がユダヤの民を選び出して、啓示を与え、その法に従わせること、これがラビ・ユダヤ教の基本的な契約思想、トーラーの理論なのである。この意味でなら、思想の根源にアンチコスモスを置くという井筒の東洋思想理解にユダヤ教正統主義の思想を加えることができる。人間を抜きにした創造世界はニュートラルであるが、人類が支配する地上世界は悪がはびこるアンチコスモス的世界であり、そこにユダヤ人は生を享けて神の栄光を満たそうとして格闘するというイメージである。

この点で補足をすると、当初、考察対象に挙げたJ・ソロヴェイチクの著作の中に、「ハラハー」の世界と現実の齟齬に関する指摘があった。「ハラハーの諸概念が現実世界の諸現象と一致しない時、彼は決してがっかりしない。彼が深く欲しているのは、ハラハーなるものの実現ではない。そうではなく、この理想的構築物なるものがシナイ山で彼に与えられたこと、そして、それが永遠に存続することである」[33]。ここでいう「彼」とは、ハラハー的人間なのである。その内容は、ここでの結論と一致することは明らかである。

それでは、ユダヤ教正統主義に、現実世界をすべて幻想とする観念は存在するのだろうか。創造の諸秩序についての考察では、この意味での「アンチコスモス」はユダヤ教の正統思想には見いだせないように思われる。

2　人間の認識は幻想にすぎないのか

ここから第二点に入りたい。本論の第三節で扱った人間の悪性とその克服に関する問題である。タルムードのユダヤ賢者以来、ユダヤ教の正統思想にはトーラーと戒律を実践する上で、人間が備えるべき精神態度として、「トーラー・リシュマー」という教えが厳然として維持されてきた。人がトーラーと戒律を学び実行するのは、その人が唯一神を畏怖し、かつ愛するというただそれだけの理由によるという態度である。それを実際に実現できた人は歴史上きわめて少ないのもまた事実である。したがって、「リシュマー」の態度は、人が究極的に達成できる境地ではあっても、いきなりそれを実現することは期待されていない。そのことは、タルムードの賢者から中世のマイモニデスを経て、ラビ・ハイームの教説に至るまで了解されている。そのうえで、ラビ・ハイームは、「リシュマー」の態度を明確な目標に設定し、それに至る段階を示して、初心者が確実にその道をたどって絶えまぬ努力を行うことを強く求めている。その意味で、彼は、「トーラー・リシュマー」の理念をかつてないほどに高く価値付けた。(34)

その障害となるさまざまな誘惑が、詳細に指摘されて、人が過ちを犯さないよう細心の注意を払うよう命じている。本論で見た通り、慢心が頭をもたげることへの注意喚起、とりわけ、他人のふりを見て思い上がることへの警戒感が見て取れる。初心者は、この世の名声や人からの評判を気にして、トーラーを学び実践するところから始めて良いのである。むしろそれが普通であり、そこから学問が深まり実践が身に付くにつれて、階段を一歩一歩上がっていくように、「リシュマー」の高みへと昇っていく。ラビ・ユダヤ教はそのように子弟を教育し集団を維持してきたのであり、今後もそうして進んでいくほかないのだ。

慢心への警戒と並んで、それ以上に強調されていたのが、悪しき衝動が良き衝動のふりをして人を過ちに導く誘惑への警戒であった。これは、神学的には、「トーラーの実践」と「カヴァナー(精神集中)」という二つの価値の優先順位の問題であり、現実世界では、正統主義対ハシディズムという二つの宗教勢力の理念における対立を背景として論じられたものであることはまちがいない。カバラーは伝統的にカヴァナーを重視し、ゾーハル、ルーリア、そしてハシディズムは、祈りにおけるカヴァナーに極めて重大な価値を置いたことは周知の事柄である。これに対して、ラビ・ハイームは、外見的な戒律実行よりも内面を重視することは過ちであると明言して、ユダヤ教正統主義の本質を確認しているのである。

最後に残された問題は、本論の最初の問いに戻る事柄である。また、本論の第三節のはじめで、「リシュマー」

の態度は仏教でいう空あるいは無と類比できる概念ではないか、という問題提起をしたが、まさにその問いである。「リシュマー」の精神態度とは、諸々の社会的な名利を断念したところに生ずる態度と考えられる。その際に、仏教や老荘思想では、人間の認識作用そのものを幻想として、あるいは夢と見なすところまで徹底しているが、果たしてユダヤ教正統主義でもそういう把握がされているだろうか。

ユダヤ教は、言葉の宗教である聖書から、神は言葉によって意思を伝えるという根本的な思想を継承している。そして、世界は、言葉による創造によって生起したと認めている。これは、前半で見た通りである。カバラーはメシア出現の暁にはトーラーの廃棄を認めるが、ラビ・ユダヤ教はそれを絶対に認めない。そしてトーラーの実践においては、「リシュマー」ではない精神態度から「リシュマー」への精神態度への転換あるいは移行は漸次的であり、両者の精神態度間に絶対他の関係はない。「リシュマー」ではない精神態度から出発することは当然であるという立場である。ここから明らかなことは、所与の被造物世界は幻想では全くないということである。その意味では、ラビ・ユダヤ教正統主義は、現世肯定であって、現世を超えたところに理想世界を求めることはないし、この現世においてトーラーを実践することに意味があるのであって、いかなる意味でも現世逃避的ではない。ここで再び、ラビ・ソロヴェイチクの言葉を引用しよう。「ハラハー的人間があくまで目指すのは、この世において永遠の命を獲得すること」である。それは、ハラハーの戒律を実践することの意味で言われている。そして、「この世界でたった一時間のトーラーとミツヴォートの学びをすることの方が、一生の間、来る世に生きることよりも好ましい」（「アヴォート」第四章第一七節）というミシュナ・アヴォート篇の格言を肯定的に引用しているのである。[35] その意味で、ユダヤ教正統主義は、思想の根源にアンチコスモスを置く老荘思想やイブン・アラビーの存在一性論とは異なり、アンチコスモス的ではないと結論付けることができる。

注

（1）「コスモスとアンチコスモス」（『全集』第九巻）。なお、天理大学での講演の題名は、「コスモスとアンティ・コスモス」という表記が使用されているが、ここでは、全集で採用された題名に倣った。また、全集で用いられたイスラーム哲学者の表記「イブヌ・ル・アラビー」ではなく、イブン・アラビーを使用した。
（2）ユダヤ神秘主義とイスラーム神秘哲学との共通性については、井筒俊彦『超越のことば――イスラーム・ユダヤ哲学における神と人』（岩波書店、一九九一年）、および市川裕によるその書評論文「『超越のことば』――自我滅却の形而上学の行方」（坂本勉・松原秀一編『井筒俊彦とイスラーム』慶應義塾大学出版会、二〇一二年、四一五―四二四頁）を参照。ユダヤ神秘主義思想の歴史の流れについては、ヨセフ・ダン「ユダヤ神秘主義――歴史的概観」（『岩波講座東洋思想　ユダヤ思想2』市川裕訳、岩波書店、一九八九年）から入ることを薦める。
（3）ユダヤ教礼拝に関するI・エルボーゲンの観点について、拙著『ユダヤ教の精神構造』（東京大学出版会、二〇〇四年、一七七―一八二頁）参照。
（4）「コスモスとアンチコスモス」（『全集』第九巻、二九四頁）。
（5）同書、二九五頁。
（6）同書、三一九頁および三二三頁。
（7）同書、三二五頁。
（8）同書、三三一頁。
（9）西欧近代では、改革あるいは進歩派に対抗する運動として登場するが、東欧では、ハシディズムの異端的運動への対抗として名乗りをあげる。簡単な歴史については、拙著『ユダヤ教の歴史』（山川出版社、二〇〇九年）等を参照。
（10）Rabbi Joseph B. Soloveitchik, *Ish Ha-Halakhah*, New York, 1944. その英語訳は *Halakhic Man*, Philadelphia 1983 である。
（11）ハラハーとカバラーに対するマイモニデスの立場に関しては、拙論「井筒俊彦とユダヤ思想――哲学者マイモニデスをめぐって」（『慶應義塾大学　言語文化研究所紀要』四六、二〇一五年三月、四九―六九頁。その主眼は、ハラハーは人間の完全性の達成にとって最高の法体系であり、そのことを哲学によって証明することであった。

（12）利用した二つのテキストは、Rabbi Hayyim Volozhiner, *Nefesh ha-Hayyim*, ed. Issachar Dov Rubin, Bnei Brak, 5749, 1988/89. *Nefesh Ha-Hayyim*, Torah ve-Hayyim Publishing, Bnei Brak, Kislev, 5764, 2003.

（13）前掲書 *Nefesh ha-Hayyim*, ed. Issachar Dov Rubin, pp. 1–2. 各章は短くて、一—五頁に収まるものが多い。以下、I. D. Bubin 編の著作の頁数を記す。

（14）*Ibid.* pp. 2–4.

（15）*Ibid.* pp. 4–5.

（16）*Ibid.* pp. 6–11.

（17）*Ibid.* pp. 11–14.

（18）*Ibid.* pp. 14–25.

（19）*Ibid.* pp. 25–27.

（20）ハシディズムの理論と実践については、手島佑郎『ユダヤ教の霊性——ハシディズムのこころ』（教文館、二〇〇九年）、および、市川裕による書評（『ユダヤ・イスラエル研究』二四、二〇一〇年、六二—六六頁）を参照。正統主義とハシディズムがカバラーの世界観を共有することはその共通の語彙からも知られよう。

（21）マイモニデスにおける「トーラー・リシュマー」の意義については、拙論「井筒俊彦とユダヤ思想——哲学者マイモニデスをめぐって」六五—六六頁を参照。

（22）この点は、イスラエルのベングリオン大学教授のJ・メイール氏の指摘に負っている。二〇一五年一〇月に科学研究費（基盤A、課題番号25244016、研究代表者、京都大学勝又直也准教授「ユダヤ学史と原典資料の複合研究」の分担研究者として）により氏を東京大学へ招聘し、一九世紀東欧正統主義とハシディズムの思想的葛藤について三日間にわたる連続講義を実施したが、その中で、ラビ・ハイームの本書の正にこの部分を扱ってくれた。記して感謝したい。

（23）*Nefesh ha-Hayyim*, ed. Issachar Dov Rubin, Bnei Brak, 5749, 1988/89, pp. 188–189.

（24）*Ibid.* pp. 189–191.

（25）*Ibid*. pp. 191–194.
（26）*Ibid*. pp. 194–197.
（27）*Ibid*. pp. 197–200.
（28）*Ibid*. pp. 200–202.
（29）*Ibid*. pp. 202–204.
（30）*Ibid*. pp. 204–206.
（31）“Amram Hasida,” *Encyclopaedia Judaica 2nd. ed*., Macmillan Reference, Thomson Gale, 2007, Vol. 2, p. 105.
（32）「コスモスとアンチコスモス」三一一頁。
（33）Rabbi Joseph B. Soloveitchik, *Halakhic Man,* Philadelphia, 1983, p. 23. また、「我が道をゆくのみ」（同書、二九頁）という記述もある。
（34）“Volozhiner, Hayyim ben Isaac,” *Encyclopaedia Judaica 2nd. ed*., Vol. 20, pp. 577–578. この概念をつとに重視しているのが、ラトビア出身のユダヤ教正統主義の思想家、大脳生理学者イェシャヤフ・レイボヴィッツ（Yeshayahu Leibovitz）である。
（35）*Halakhic Man,* p. 30.

第四章　「神秘哲学」から「東洋哲学」へ

島田　勝巳

一　問題の所在

井筒俊彦が自らの「無垢なる原点」（「著作集」刊行にあたって『全集』第十巻、四七三頁）と呼ぶ『神秘哲学』は、当初第一巻をギリシアの部、第二巻をヘブライの部、第三巻をキリスト教の部とし、全三巻で完結の予定であった（「『神秘哲学』新版前書き」『全集』第五巻、一七一頁）[1]。この構想の第一巻にあたる『神秘哲学』（一九四九年）を執筆した当時、井筒は「今後、健康の許すかぎり迅速に此の仕事を継続して行きたいと思っている」と、明確にその継続の意志を示していた（「神秘哲学」『全集』第二巻、二三四頁）[2]。実際にその全体像は、本書第二部「神秘主義のギリシア哲学的展開」の序文における次の言葉からも窺うことができる。井筒はここで、「神秘主義」なる概念がこれまで西欧の学界において「驚くべき誤解曲解」に晒されてきた要因として、それが一つの歴史的概念であることが忘却されてきたという点を指摘しつつ、次のように述べている。

すなわちそれ〔神秘主義〕はイオニアの自然体験及び密儀宗教に端を発するヘレニズムと、旧約聖書に端を発するヘブライズムとの二大宗教思潮が基督教を通じて相合流し、中世カトリックの盛時を経て近世に入り、遂に一六世紀スペインのカルメル会的神秘主義に至って絶頂に達するところの観照精神の長く且つ複雑なる伝統の上に立って甫めて理解されるものである。従って、いやしくも神秘主義について何事かを語り、ましてやこれを批判せんとする程の人は、尠くとも旧約預言者及びプラトンから十字架のヨハネに至る二千年の歴史の内実を通観していなければならない。(『神秘哲学』『全集』第二巻、一三三―一三四頁、〔 〕内引用者)

神秘主義をめぐるこのナラティブは、当初の『神秘哲学』全三巻の構想にそのまま重なるものと見ることができる。井筒はさらに、この見解を補足して次のようにも語っている。「古代ギリシアの観照精神はプロティノスに於て最終にして最大なる結実に達したのであって、それ以後の歴史は寧ろ凋落と疲弊の歴史にすぎない」。そして「プロティノス精神の真の後継者はプロクロスでもイアンブリコスでもなくして、聖アウグスティヌスその人である」(『神秘哲学』『全集』第二巻、一三四頁)。ところがこうした明解な見通しにも関わらず、その後実際に執筆されたのはギリシアの部、すなわち『神秘哲学』のみで[3]、結局この構想全体が貫徹されることはなかった[4]。『神秘哲学』執筆からほぼ三〇年を経た一九七八年、その新版の「前書き」で井筒は、「あの頃は私も若かった〔…〕」と回顧しつつ、当時の自分を「きわめて偏頗な想念に憑かれていた〔…〕今から憶えば、人格神的一神教に傾きすぎていた」(傍点引用者)と語っている(「『神秘哲学』新版前書き」『全集』第五巻、一七二頁)。また、この「神秘哲学」構想の一端は、『神秘哲学』のテーマを引き継いだ「神秘主義のエロス的形態――聖ベルナール論」(一九五一年)において窺うことができるが、これは井筒にとって唯一の未完の論考である。井筒の思想展開における『神秘哲学』の重要性、またその継続を誓った先の力強い言葉からすれば、さらには自らが語るように、「言語を否定するための『沈黙』もまた、依然として言語的意味連関の圏内の一事項にすぎない」とするならば（「意識の形而上学」『全集』第十巻、四八八頁）、この構想の挫折あるいは沈黙の含意も、けっして小さくはないはずである。

井筒の発言から判断すれば、彼が当時「憑かれていた」と語る人格的一神教に対する「きわめて偏頗な想念」をいかに乗り越えたのか――あるいは解消したのか――を明らかにすることが、この構想中断の理由を解明することにつながるはずである。そしてその鍵は、同じ新版「前書き」においてすでに与えられている。この新版が出版された一九七八年は、井筒が自らの「東洋哲学の共時的構造化」の基本構想を固めつつあった時期にあたる。「神秘哲学」の構想について井筒は、「今後、もし気が向いて、この仕事の継続を考えることがあっても、私はもう旧約からキリスト教への道は取らないだろう」（傍点引用者）と断りつつ（「『神秘哲学』新版前書き」『全集』第五巻、一七一頁）[5]、次のように述べている。

> 神秘主義的実在体験の哲学化の可能性を歴史的具体的実例のうちに探るという目的のためならば、今の私ならこんな迂遠な路を取らずに、むしろ唯識、華厳のような大乗仏教の代表的な思想や、老荘、ヴェーダンタ、スーフィズムなど、神秘主義と哲学とのあいだの内的聯関が意識的な、あるいはほとんど意図されていたといってもいいほどにはっきりした形で露出している東洋哲学の伝統に直接赴くことだろう。（「『神秘哲学』新版前書き」『全集』第五巻、一七〇頁、傍点引用者）

当時の井筒にとって、「旧約からキリスト教への道」、つまり当初の「神秘哲学」の構想は、すでに「迂遠な道」として、その関心の埒外に置かれていた。むしろこの時点での彼の関心は、すでに「東洋哲学の伝統」に大きく傾斜していることが吐露されている。つまりここでは、「神秘哲学」構想の中断の宣言と、「東洋哲学の共時的構造化」構想の開始の宣言が、同時になされていると見ることが可能である。さらに重要なのは、井筒にとってこの二つの関心は別個のものではなく、「神秘主義的実在体験の哲学化の可能性を歴史的具体的実例のうちに探るという目的」のもとに、根本的には同じものとしてあったという点である。その意味では、「神秘主義と哲学とのあいだの内的聯関」の具体的検討という課題こそが、井筒の思想的関心の脊梁をなすものであったと言っても過言ではない。

だが、井筒俊彦の思想的全体像を探るうえで看過し得ない「神秘哲学」から「東洋哲学」への関心の推移とその理由については、これまで研究者の注目を集めることはほとんどなかった。イスラームや仏教など、個別の専門領域からのアプローチにおいてはもとより、その全体像を射程に納めることで井筒研究に新たな地平を切り拓いた近年の批評的アプローチにおいても、この問題に十分な関心が払われてきたとは言い難い[6]。そこで本稿では、井筒の思想的展開の第一期における「神秘哲学」構想の挫折と、第三期における「東洋哲学の共時的構造化」の構想の実現との連関をめぐって[7]、単に彼自身の発言やそれに依拠した状況的な要因についての指摘を超えて[8]、より理論内在的な観点からの検討を試みたい。

二　井筒「東洋哲学」の「内部」

1　「神秘哲学」構想におけるプロティノスの位置

井筒は一九七〇年代後半から独自の「東洋哲学」の構築を模索し始めるが、それが本格化するのは一九七九年のイランからの帰国以降、つまり彼自身が言う第三期においてである。この経緯の中で井筒は、「東洋」なる概念の一般的了解をいわば戦略的に拡張させ、地理的には中近東・インド・中国を、宗教伝統としてはイスラームやユダヤ教をも含んだ、ある種特異とも言える「東洋哲学」のヴィジョンを提示するに至る（「イスラーム哲学の原像」『全集』第五巻、三九二―三九五頁）[9]。それによって彼は「東洋」の思想的潮流を、ヘレニズムとヘブライズムという二本の柱からなる「西洋思想」に伍するような、一つの有機的統一体として把握しようとしたのである（「意識の形而上学」『全集』第十巻、三―六頁）。井筒が「東洋哲学の共時的構造化」と呼ぶこの試みは、端的に言えば、東洋哲学の諸伝統を歴史的文脈から切り離し、それらを範型論的《パラディグマティック》に組み変えることで、「東洋人の哲学的思惟を深層的に規制する根源的なパターン」を抽出しようとする理論的思索であった（「意識と本質」『全集』第六巻、三〇六―三〇七頁／文庫版、四一〇―四一一頁）。

だが、井筒がこの「東洋哲学」構想にとっての比較の参照項として想定したのは、正確にはヘレニズムとヘブライズムの有機的統一体としての「西洋思想」ではなかった。のちにも見るように、井筒独自の「東洋」概念には新プラトン主義や中世ユダヤ思想など、ヘレニズムやヘブライズムの一部も含まれている。当初の「神秘哲学」構想を回顧した先の井筒の発言からすれば、そこで表明された「東洋哲学」構想の「地」として作用したのは、「迂遠な道」として遠ざけられた「旧約からキリスト教への道」であったと見るのが妥当と思われる。であるとすれば、まず明らかにされるべきなのは、逆にそこで「図」としてイメージされた「東洋」概念の内包であろう。そしておそらくその鍵となるのは、井筒思想第一期を代表する『神秘哲学』においてすでに明示され、第三期の「東洋哲学」の構想においてさらに深められた、プロティノスをめぐる彼の見解である。以下に見ていくように、井筒のプロティノス的「流出論」の解釈こそが、のちの「意味分節理論」の構築と応用に根本的な示唆を与えたという点で、彼の思想展開における「神秘哲学」から「東洋哲学」への関心の変化のみならず、両者の連続性をも映し出す指標、あるいは結節点としての意味を持ち併せているのである。

プロティノスに対しては『神秘哲学』においてすでに特別な位置が与えられているが、それは本書全体を貫く井筒の視座に深く関わる点である。まず指摘されるべきは、冒頭で引用した井筒の神秘主義の歴史的理解が、実のところは一種の非歴史的、もしくは彼自身の言葉で言えば「純正な神秘主義」理解に基づいているということである（「神秘哲学」『全集』第二巻、二八六頁）。それは次の二点に要約できる。第一に、神秘的観照体験とその言語化・ロゴス化としての形而上学、すなわち体験のパトス性と言語（思想）のロゴス性という二項図式（「神秘哲学」『全集』第二巻、二三〇—二三一頁）。第二に、向上道（アナバスィス）と向下道（カタバスィス）、もしくは観想面と実践面の両面に着目し、それらが密接な連関をなすものとしての実践道を「神秘主義的主体の論理的構造」とする見方である（「神秘哲学」『全集』第二巻、二八四—二八六頁、三〇一頁）。井筒にとって、これらの特徴を持つ神秘主義の典型がプラトンであった（「神秘哲学」『全集』第二巻、二八四—二八六頁）。

井筒がプロティノス思想を照射するのも、この非歴史的あるいは「純正な神秘主義」理解からである。それによれば、「形而上学的なるもの」の体得に始まる形而上学者にとって重要なのは向上道であり、向下道はあえて問題とするに足らない。その意味で、一般に神秘家として語られるプロティノスは井筒にとっては形而上学者であり、逆に通常形而上学者として論じられるプラトンはそれ以前に真正な神秘家である（「神秘哲学」『全集』第二巻、二八四—二八五頁）。つまり井筒はプロティノスを、第一義的には神秘家としてよりも、むしろ神秘哲学者として評価していたのである。「神秘哲学は神秘主義的実存の自己反省、超越的体験そのもののロゴス化（認識論）であると共に此の絶対的超越的観点よりする全存在界の組織化（形而上学）という形をとって展開する（傍点引用者）」（「神秘哲学」『全集』第二巻、二三一頁）と語る井筒にとって、そのギリシア的完成態がプロティノスだったのである（「神秘哲学」『全集』第二巻、四五二—四五三頁、四五八頁）。「純正な神秘主義」の典型としてではなく、むしろ「神秘主義的実在体験の哲学化」のモデルとしてプロティノスを読む井筒の視点が、神秘体験そのもののロゴス化のみならず、世界の形而上学的組織化をも含むものであったことを、ここで確認しておきたい。

2　井筒「東洋哲学」の結節点としてのプロティノス的「流出論」

周知のように、プロティノスの存在論的体系においては、「一者」―「叡知」―「霊魂」―「自然」―「質料」という諸存在領域の階層構造が設定され、脱自的観照体験におけるそれら諸領域の上昇面と下降面が論じられる（『神秘哲学』『全集』第二巻、四五五頁）。『神秘哲学』において井筒が強調するのはこの下降面における形而上学の形成、つまりその「流出論」的形而上学体系が持つ哲学史的意義である。プロティノスにとって魂は、上昇面では「脱自的観照によって肉体の繋縛を一切離却し、現実的生を超脱して絶対無の境位に」入るが、下降面ではその観照的緊張が弛緩するに伴い、「超越的主体として絶対的脱自性にあった意識が次第に脱自性を失ってついにふたたび日常的生の地盤に還って来る」（『全集』第二巻、四五五頁）。そしてその過程で「宇宙が形而上学的に形成されていく」。つまりこの下降的還行過程では、「一者からヌースへ、ヌースから堕在霊魂の状態へと、魂が一段ずつ本来の神姿を失いつつ降りて来る。それとともに一段ずつ世界もまた降りて来る（傍点引用者）」（『神秘哲学』『全集』第二巻、四五五―四五六頁）[10]。観照的生の下降体験において魂が絶対超越的無の境位から下り、次第に感性的多者の意識が生起するというこの流出論的宇宙論は、のちに井筒の「東洋哲学」の構想の理論的基盤を成す「意味分節理論」に根本的な示唆を与えることになる[11]。

もとよりこの意味分節理論は、井筒の第二期、つまり彼が海外に研究拠点を置いていた時期に、イスラーム研究の方法論を模索するなかで、フンボルト学派の言語学、とりわけレオ・ヴァイスゲルバーの「言語的世界観学」と呼ばれる意味論による影響のもとで確立した理論的視座であった[12]。端的に言えばそれは、言語と世界との間に介在する精神の創造行為（＝意味の領域）によって、世界が「分節」化されていくという視点、言い換えれば「世界は意味分節によって現起する」という根本洞察に基づく言語哲学的意味論である（「意味の構造」『全集』第十一巻、一一三―一一七頁）。

井筒はこの第二期において、エラノス会議への参加などを通して、次第に自らの関心を「東洋哲学」という射程において捉えるようになる。第三期に入ると、その意味分節理論の適用範囲にさらに広げていくなかで、「東洋哲学の共時的構造化」の構想を洗練化させていく。そしてその経緯のなかで新たに提起されたのが、「言語アラヤ識」なる概念であった。これは、唯識派において意識構造モデル的に措定される意識下の場としての「阿頼耶識」から井筒自身が案出した造語である。〝貯蔵所〟を意味するこの「アーラヤ」という言葉を、彼は意味論的な観点から、未だに言語《ラング》のコードに組み入れられていない浮動的な意味の貯蔵庫として捉え、それを「言語アラヤ識」と呼んだ。それはいわば「意味可能体」としての「種子《ビージャ》」の溜まり場である。井筒にとって「種子」とは、「現勢化を待つ意味的エネルギー群としてのみ存在する潜性態のコトバ」（傍点引用者）を意味する（「文化と言語アラヤ識」『全集』第八巻、一七五頁）。井筒によれば、「ものが何々として存在するのは、「言語アラヤ識」の暗闇から、そのつど、ある特定の「本質」が喚びさまされて、その意味的鋳型で存在を分節するからである」（「意識と本質」『全集』第六巻、一二三頁／文庫版、一三〇頁）。さらには次のようにも語られる。

> 無意識奥底のこの紛糾の場において、唯識哲学のいわゆる存在「種子《ビージャ》」が形成されていく。そしてそれらの「種子」が、機会あるごとに潜勢態を脱して「転識」的意識の表面に現勢化し、そこに「本質」を作りだして経験的事物を分節する。（「意識と本質」『全集』第六巻、一二四頁／文庫版、一三〇頁、傍点引用者）

「言語アラヤ識」には「本質」という留金を未だに持たない流動的な内的言語（＝コトバ）が潜勢態として蠢いているが、それが現勢化するやいなや、たちまち意味分節作用＝存在分節作用が開始されるという。つまり「本質」とは、「「言語アラヤ識」の意味的「種子」の現勢化した姿」なのである」（「意識と本質」『全集』第六巻、一二五頁／文庫、一三一頁）。「世界は意味分節によって現起する」という先の言葉に収斂する井筒の意味分節理論は、こうして新たな装いのもとに「東洋哲学の共時的構造化」の方法論的基軸を成すに至る。

注目すべきは、井筒がこの「言語アラヤ識」の説明の中で、アリストテレス形而上学におけるデュナミス（潜勢）－エネルゲイア（現勢）の相関概念を、あえてプロティノスによって改変された意味で用いていることである。この点が重要なのは、それが先に見た『神秘哲学』におけるプロティノスの「流出論」の解釈に由来するものだからである（「神秘哲学」『全集』第二巻、五二一―五二三頁）。

そもそもアリストテレスにとって、デュナミスは不完全で下位なものである一方、エネルゲイアは完全で上位のものであり、「全存在界は最下底の潜勢から一段また一段と現勢の度を増して上昇し、ついに最高度の現勢に至って終る一つの整然たる動的秩序として捉えられている」（「神秘哲学」『全集』第二巻、五二一頁）。「潜勢－現勢」関係は、アリストテレスにおいては「質料－形相」関係と不可分の連関にあるため、現勢化とは下から上への一方向的な動きとして捉えられた。井筒が注目するのは、プロティノスがこの「潜勢－現勢」関係を「質料－形相」関係から截断することで、質料から形相を上昇として、逆に形相から質料を下降として捉えた点である。(13) 流出体系をめぐる『エネアデス』からの長い引用に続いて、井筒は次のように述べている。

この引用文に於いて、一者から下へ向かっての産出系列が、「デュナミス（潜勢）－エネルゲイア（現勢）」系列として考えられていることが特に注意される。しかもその系列は下からの実現過程ではなしに、上からの実現過程である故に、潜勢と現勢との優劣関係がアリストテレスに於けるそれとは正反対になっている。言うまでもなく「潜勢－現勢」はアリストテレスによって形而上学に導入されたきわめて特徴ある相関観念であるが、プロティノスはここでそれをいわばさかさまにして使っているのである。（「神秘哲学」『全集』第二巻、五二一頁）

こうして井筒によれば、プロティノスはデュナミス（潜勢）－エネルゲイア（現勢）の優劣関係をアリストテレスとは逆に捉えることで、それを「一者からの流出」として形象化したのである。

先の『意識と本質』の発言からも窺えるように、井筒が自らの意味分節理論のモデルとしたのが、この「潜勢態の現勢化」という作用を形象化したプロティノス的流出論にほかならなかった。「潜勢態の現勢化」（＝「流出」）による世界の現起という流出論的宇宙論と、その意味論的な翻案とも言える「無分節なるもの（＝コトバ）の分節化」による存在の生成という「意味分節・即・存在分節」理論との理論的類似性は明らかであろう。井筒にとってプロティノス的な「流出」という事態は、言葉による世界の意味的な「分節」という事態として捉えられるものだったのである。同書の「禅的分節論の全体構造」の議論では、次のようにも述べられている。

> こうして全存在世界を分節可能態において内に秘める「無」には、当然、存在エネルギーが充満していると言わなければならない。この存在エネルギーは、常時、四方八方に向かって発散しつつ、至るところ、その発出の経験的先端ごとにいわゆる事物を分節していく。（「意識と本質」『全集』第六巻、一五六—一五七頁／文庫版、一六三頁、傍点引用者）

この「無」を、井筒は「形而上学の極所」、あるいは「意識と存在のゼロ・ポイント」とも呼ぶ。したがってここには、「一者」はもとより、「空」、「真如」、「梵」、「道」、「混沌」、「存在」といった絶対未分節の言葉、言葉以前の言葉（＝コトバ）を当てることが可能となり、これが存在的に自己を分節していくとされる。[14] こうした「意識と存在のゼロ・ポイント」のいわば「流出論的」自己分節によって、全体的存在世界が現出するという。

以上のように、井筒「東洋哲学」の独自な射程は、流出論的宇宙論をモデルとした意味分節理論をその基盤もしくは結節点としていることが浮き彫りになったであろう。このことは、井筒が晩年にかけてさらにその意味分節理論の射程を広げていくなかで、プロティノスへの理論的回帰が鮮明になっていくことにも表れている。[15] 実際に彼の「東洋哲学」の外延をなす諸伝統には、「思想構造上のメトニミイ関係」（『意識の形而上学』『全集』第十巻、五九六頁）という視点から、仏教哲学やインド哲学はもとより、イスラームやユダヤ教、さらにはプラトニズムまでもが議論の俎上に載せられる。イスラームについては、たとえば「存在一性論」がイスラーム的思惟の「一つの根源形態」として提示され、その「存在顕現」のプロセスが「一者」の自己分節的顕現として描かれる（「イスラーム哲学の原像」『全集』第五巻、三九一―三九二頁、五六四―五七五頁）。またユダヤ教についても、カッバーラーにせよ中世ユダヤ哲学史にせよ、議論の座標軸をなすのはプロティノス的流出論であった[16]。絶筆となった『意識の形而上学』でも、やはりプロティノスの「一者」が、『大乗起信論』における「真如」の言語的意味分節・存在分節の参照項とされていた。こうして井筒は最晩年に至るまで、「東洋」の思想伝統の中に広範に意味分節のバリエーションを見出し、それらの精緻かつ大胆な分析を通して、「東洋哲学の共時的構造化」のさらなる展開を構想していたのである。

三　井筒「東洋哲学」の「外部」

1　神秘主義の「エロス的形態」

以上見てきたように、井筒の「東洋哲学」の「内部」は、プロティノス的な流出論的宇宙論との理論的類似性を持つ意味分節理論を基軸とするものであった。それを踏まえたうえで、この「東洋哲学」の枠組みから除外されたものが「旧約からキリスト教への道」であったということを、ここであらためて押さえておきたい。したがってここから問われるべきは、その理由についてである。つまりそれは、本来はキリスト教的伝統に接続されるはずであった「神秘哲学」の構想が頓挫したことと、キリスト教的伝統が「東洋哲学」の構想から除外されたこととのあいだの、理論内在的な連関をめぐる問いにほかならない。

一九五一年に発表された「神秘主義のエロス的形態」は、まさにそれが未完であるという点で、この問いの鍵を握る論考である。そこで井筒はクレルヴォーのベルナールの神秘主義の歴史的意義を、ヘレニズムとヘブライズムの神秘哲学史の系譜に位置づけながら明らかにしようとしているが、その議論の核心には、人格神あるいは神の人格性をめぐる問題がある。

まず井筒は、「ギリシアの神」と「ヘブライの神」の対立を強調する従来の類型学的理解に対し、神を人間的形態において表象する「擬人神観」において、むしろ両伝統の以外な親近性を指摘する。だが、ギリシア人が次第にその「擬人神観」における人間的要素を排除することで神を純粋化しようとしたのに対し、ヘブライ人はむしろその人間的要素を完全に象徴化することで、神と人との間の人間的関係を遂には人格的関係に転成したとする。井筒はここに、テオリアとしての神秘主義的体験が、ヘブライ人においては結局ギリシア人とは異なった「一種独特の形」を取らざるを得なかった理由を見る。つまりその体験のヘブライ的な形においては、「神と人間霊魂との接触交融の有する純霊的な、超感性的な官能性が、濃艶な、水もしたたるばかりの肉体的官能性によって象徴的に表現される」(傍点引用者)。そしてその象徴的形態こそが、井筒のいわゆる神秘主義の「エロス的形態」にほかならなかった(「神秘哲学」『全集』第二巻、五八一頁)。

ここから井筒は、プロティノスの神秘主義について次のように論じる。

〔…〕全ギリシア哲学者の中で或る意味では一番ヘブライズムに近い境界線まで進んだプロチノスと雖も、真にエロス的形態の名に値する神秘主義の樹立とは程遠いところに立っていた。彼が観想道の光輝ある窮竟処として叙述する一者との「交融」「合一」はヘレニズムをヘブライズムに媒介する重要な架橋点をなすとはいえ、そしてプロチノス的「合一」は後に「結婚」にまで展開されるべき十分の内的可能性を包蔵するとはいいえ、此処では一切はいまだに未発の可能態であって、此の可能性は全然意識すらされていない。それはプロチノスのテオリアが、依然としてプラトン・アリストテレスの正統伝統を護持する純形而上学的観想だからである。言い換えれば、神の人格性が意識されていないからである。この可能性を単なる可能性の状態に放置せず、進んでこれを最後の限界まで現実化し展開して行く役割は、真に確然たる神の人格性の意識の上に立って信仰し思索する基督教の神秘家にゆだねられた。(「神秘哲学」『全集』第二巻、五八三―五八四頁、傍点引用者)

ギリシア的観照精神の集大成として位置づけられるプロティノスの神秘主義の可能性が「基督教の神秘家にゆだねられ」ねばならなかったのは、彼の純形而上学的観想が神の人格性についての十分な意識を欠いていたからだと井筒は言う。したがってこの認識からすれば、「基督教の神秘家」に関する彼の分析が頓挫したことの理由もまた、神の人格性をめぐる問題にあることは明らかであろう。だが、まさにこの問題こそが、ベルナールの神秘主義の核心を成すのである。

井筒によれば、神の人格性の意識を限界にまで追求したキリスト教の神秘家のなかでも、特に教父時代の代表的思想家らが「雅歌」註釈の形式で愛の神秘主義の歴史的形成に寄与した。そしてこの雅歌註釈の伝統を受け継ぎながら神秘主義のエロス的形態に決定的な形態を与えた人物こそが、ほかならぬクレルヴォーのベルナールであった。「蜜の流れる博士」(Doctor Mellifluus) と呼ばれた彼の神秘主義は、明徹静澄なギリシア的テオリアとは対照的な「灼熱の火焔の奔騰」だと井筒は語る。「人は其処に殆ど肉体的な激痛をすら感ぜしめる官能的な、濃艶な恋の眩暈を感じる」とも。「愛《エロス》」の途がすぐさま知的観想と化したプラトンとは異なり、ベルナールにおいては神への愛は次第に神への恋となり、やがてそれは「「恋の完成」へ、「結婚」へ、生ける人格者同士の愛の合体へと魂を導いて行く(「神秘哲学」『全集』第二巻、五七〇―五七一頁、傍点引用者)。こうしてギリシア的な神への愛は、ベルナールにおいては遥かに肉体的で官能的な「悩ましい神への「恋」」に、すなわち愛の神秘主義が

「恋の神秘主義」になった。絶対的超越者と相対者との違いはあるものの、神と人間が「共に根源的な人格的存在であるような信仰の地盤に於てのみ」(傍点引用者)、恋の悩みや歓びやその成就や婚姻が、つまり神秘主義のエロス的形態が可能となるのである。さらにそれは中世を経て、十字架のヨハネに至って完全に開花したとされる(「神秘哲学」『全集』第二巻、五八三—五八四頁)。

既述の通り、結局のところこのナラティブが完遂されることはなかった。しかし、井筒の西欧神秘主義の研究が、神の人格性の問いを極限まで突き詰めたベルナールのエロス的形態において途絶しているという事実はきわめて示唆的である。先に見たように、彼はその理由について、かつて自らが「憑かれていた」と語る「きわめて偏頗な想念」としての「人格神的一神教」への傾倒ということ以外には多くを語ってはいない[17]。だが、おそらく井筒はここで、神の人格性をめぐる論点と、「東洋哲学」構想において基軸を成した意味分節理論との理論的整合性の問題に直面したはずである。井筒はその思想展開の第二期に入ると、イスラームのみならず、中国、インド、仏教といった東洋思想への関心をさらに深めていくが、そこで彼が見出したのは、それらに顕著な「神秘主義と哲学とのあいだの内的聯関」の直裁的な表明を、自らの意味分節論によって読む可能性であったと思われる。

2 スーフィズムにおける人格神の問題

この点についてさらに議論を深めるために、やはり井筒の「神秘主義のエロス的形態」における次のような発言に注目してみたい。「ベルナールによって象徴されるような神秘主義のエロス的形態は、西洋に於てはただ基督教、東洋に於てはただ回教(スーフィズム)にのみ興り得た、いや、ヘブライズムの正嫡たる此等の二大宗教に於ては興らざるを得なかったのである」(「神秘哲学」『全集』第二巻、五七二頁)。

周知のように、その思想的展開の第二期において井筒は徐々にイスラーム研究者としてその名を世界的に高めていくが、その経緯において蓄積された彼の膨大なイスラーム研究のなかに、スーフィズムにおけるエロス的形態とも呼び得る歴史的事例をめぐる議論を確認することはできる。たとえば『イスラーム思想史』では、元来プロティノス的・新プラトン主義的流出論を理論的基盤として成立した初期のスーフィズムが、次第にシリアのキリスト教神秘主義の影響によって「愛」の観念を獲得し、その結果「バスラ派」の聖女ラービアによって代表されるような「愛」の「雅歌」的展開をみるに至った経緯について論究されている（『全集』第四巻、三四七―三五九頁、「神秘主義の根本構造」『全集』第六巻、三五四―三五五頁）。また『イスラーム哲学の原像』では、「われ－汝」の関係性、すなわち同資格の二つのペルソナのあいだに交わされる対話としての「ムナージャート」についで語られている。井筒によれば、スーフィーにとっての神と人との「ムナージャート」は、「恋の睦言《むつごと》」として著しく密室的な、時としてはきわめてエロティックな形」をとる。そこでは神は妖艶な美女として描かれ、人はその神に恋い焦がれ、恋にうつつをぬかす男として描かれるのが、ペルシア文学における恋愛叙事詩の特徴であると言う（『全集』第五巻、四七七―四八三頁、「スーフィズムと言語哲学」『全集』第八巻、二三四―二三六頁、「TAT TVAM ASI」『全集』第十巻、三三一―三三七頁）。

だが、結局のところこの第二期においても、井筒の主要な関心がスーフィズムのエロス的形態そのものに向かうことはなかった。この点に関して注目に値するのは、井筒が「初期スーフィズムの最高峰をなす三人の傑出した神秘家」とするうちの「愛の神秘主義」の系統を展開した二人、つまりバスターミーとハッラージの比較分析である（「イスラーム思想史」『全集』第四巻、三六五頁）。井筒によれば、バスターミーとハッラージの両者とも「神人合一」を説き、「人が神になる」ことを語りつつも、前者のそれがあくまでも「汝・即・真実在（＝神）」であるのに対し、後者のそれは「変融」（＝魂の本質的変質）によって達成される「我・即・真実在」であった（「アラビヤ哲学」『全集』第一巻、四一三―四一四頁、「イスラーム思想史」『全集』第四巻、三四七―三五九頁、三六八―三七四頁）。特に井筒は、ハッラージ独自の「合一」観がキリスト教的な「神性」と「人性」の合一融合を認め、それを「受肉」に類似する「融けこみ」（「落入」／「落定」）なる語で表現したことに着目する。彼はこの

「愛の合一」において発せられる「神人両性の恋の睦語」(「アラビヤ哲学」『全集』第一巻、四六七頁)について、「かのスペインのキリスト教神秘主義を代表する十字架のヨハネに典型的な形で見られるような、恋の情念の起りから恋の完成としての、神と人間的魂との結婚を『神人合一』の窮極の姿とするもの」と語っている(「TAT TVAM ASI」『全集』第十巻、三三二頁)。

先に引用にした「神秘主義のエロス的形態」における発言からすれば、井筒はこうしたハッラージのスーフィズムにこそ、イスラーム的エロス的形態の一例を見出して然るべきだったのではないだろうか[18]。ところが実際には、イスラーム思想に対する彼の第一義的な関心は、むしろ異端とされたハッラージの「融けこみ」を拒否し、その神性と人性の融合の法悦境の消息を「唯一実在」の神・人両側面として冷たき論理上の区別」としたイブン・アラビーの「存在一性論」に向かうことになった(「アラビヤ哲学」『全集』第一巻、四一四、四六七頁)。こうして神秘主義のエロス的形態をめぐる井筒の関心は、キリスト教についてのみならず、イスラームについても、十分な展開を見ないままに終わったのである。

この点で井筒の思想展開の明確な転機を成すのは、第三期に入ったと自らが語る一九七九年に行われた連続講演「イスラーム哲学の原点」である。そこで彼は、イブン・アラビー系の「存在一性論」をイスラーム的思惟の一つの根源形態として提示するとともに、さらにこれを「東洋哲学全体の新しい構造化、解釈学的再編成への準備となるような形で叙述」しようとした(「イスラーム哲学の原像」『全集』第五巻、三九二頁)。

井筒によれば、彼が「イスラーム神秘主義哲学の最高峰」と見なすイブン・アラビーの神秘思想の根幹は、「神性と人性との両者の生きた人格的融合を一元論的に展開し、これを唯一絶対な真実在の両側面としての神と人との形而上学的関係に転化させたことにある」(「イスラーム思想史」『全集』第四巻、五三四頁、傍点引用者)。そこでは「絶対者とは究極的には人格神ではなく、というより人格神であるより以前に、人格神をもそれの一つの顕現形態とするような、より根源的な何ものかを立て、それを絶対未発、未展開、未分節の境位における存在リアリティーとする」(「イスラーム哲学の原像」『全集』第五巻、五四三―五四四頁)。つまりそれは人格神としてのアッラー自身ではなく、むしろそれよりも一段上(奥)に、神以前の状態を絶対無分節の「存在《ウジュード》」として想定する形而上学思想である。

さらに重要なのは、ここで井筒が「存在一性論」に特徴的な流出論的形象を、やはり絶対無分節な実在(＝「存在《ウジュード》」)の分節過程として描いている点である。イブン・アラビーにおいては存在者が三つの範疇に分類されるが、そこでは「存在《ウジュード》」にあたる絶対無分節の「絶対的一性」が第一範疇として、その「絶対的一性」の自己分節によって生じる現象的存在が第二範疇として、そしてその中間に存在する媒介的原理が第三範疇として規定される。この第三範疇は基本的な存在の分節点として「永遠の範型」とも呼ばれる。

> 「永遠の範型」は、存在が色々な形で現象的に顕現して行く基本的な方向と形とを決定する。一者はこの自己に内在する規定に従って次第に自己を分節し、ついに多者の姿で顕現するに至る。彼〔イブン・アラビー〕にとってはこれが新プラトン主義的「流出」(fayḍ)の真の意味である。(「イスラーム思想史」『全集』第四巻、五四二頁、〔 〕内引用者)

井筒によれば、「存在一性論」的形而上学は、人格神としてのアッラーの上(奥)に神以前の絶対無分節の「存在」をたて、さらにその自己分節を「存在顕現の段階的過程」として構造的に把握するところにその特徴を有している(「イスラーム哲学の原像」『全集』第五巻、五六四頁)。「存在」の自己分節のあり方をその顕現の過程として構造化するこの「存在一性論」的思惟は、井筒にとっては単にイスラームに独特の思惟形態であるばかりか、「中近東・インド・中国のすべてを含めた広い意味での「東洋」哲学のなかに、到るところ、さまざまに違った形で繰り返し現われてくる東洋的思惟の根源的パタン」であった(「イスラーム哲学の原像」『全集』第五巻、三九二頁）。こうして井筒は、「存在一性論」をいわば橋頭堡とすることによって、明確に「東洋哲学の共時的構造化」の第一歩を踏み出したと言えよう。それはこの直後に着手された『意識と本質』において、さらに本格化することになる（『全集』第六巻、二六―三〇頁／文庫版、二九―三三頁、「事事無礙・理理無礙」『全集』第九巻、六一―六四頁、「意識の形而上学」『全集』第十巻、四九八―五〇二頁）。

3 ベルナールの「花嫁神秘主義」

ここで再び、キリスト教神秘主義における神の人格性の問題に目を転じてみたい。これまでの議論を踏まえたうえで浮き彫りになるのは、イブン・アラビーの「存在一性論」などとは異なり、井筒はキリスト教神秘主義のエロス的形態を、流出論的形象あるいは意味分節理論の枠組みを逸脱するものとして捉えるに至ったという可能性である。というのも、人格神への信仰における神秘主義の究極のあり方がエロス的形態であるとすれば、キリスト教神秘主義においては、「存在一性論」のように神以前の無分節の状態を想定することはもとより不可能か、少なくともきわめて困難なはずだからである。もちろんそれは、御言葉としてのイエス・キリストの存在ゆえにほかならない。

その傍証として、最後にベルナール自身のテクストを一瞥しておこう。以下に引用するのは、先に見た井筒の未完の論考では俎上に載せられないままに終わったベルナールの神秘主義の真髄をもっとも端的に示す言葉の一例である。ここでベルナールは、魂と御言葉との霊的な結婚には二種類の生む働きがあることについて論じている。一つは説教によって魂を生むことで、もう一つは黙想によって霊的な認識を生むことである。

この後者（の生む働き）において、魂はときに身体的感覚からさえも離脱して分離し（exceditur et seceditur）、御言葉を感得していても、自らを感じてはいない。これが生じるのは、精神が御言葉を享受するために、御言葉の言いようのない甘美さに魅了され、いわば自分自身から剝奪され（furatur）、それどころか拐われ（rapitur）また脱落する（elabitur）ときである。〔…〕母親は自分の子供に喜びを感じるが、花嫁は抱擁により多くの喜びを感じる。子供という証は愛しいものだが、口づけはさらに喜ばしいものである。多く（の魂）を救うことは善いことであるが、離脱して（excedere）御言葉と共にあることはより大きな喜びである。だが、これはいつ生じ、どれほど続くのだろうか。それは甘美なやり取りであるが、瞬時のことであり、まれな体験である。(19)

ここでは、花嫁たる魂と花婿たる御言葉との人格的な愛の関係が、ベルナールの神秘主義特有とされる動詞群によって、究極的には一瞬の体験のなかで魂と御言葉とが一つに結ばれるさまが鮮明に描かれている。甘美な婚姻のメタファーによって表象されるこうしたベルナールの思想は、「雅歌」注解の伝統の頂点とも言える「花嫁神秘主義」（Brautmystik）なる独特な神秘主義言説の地平を切り開いたと言われる。

特に、ここで語られる raptus（拉致、誘拐）は、キリストと「一つの霊」になる神秘体験のクライマックスを描写する表現であるが、これはたとえば、人格神の上（奥）の状態を想定する「存在一性論」などとからはおよそ生じ得ないメタファーであろう。換言すれば、こうした官能的とも言える人格的な関係性の描写こそが、井筒の意味分節理論にとっては決定的な障礙とならざるを得なかったのである。つまるところ、人格神の問題を極限にまで突き詰めたベルナールから十字架のヨハネに至る「神秘主義のエロス的形態」は、まったく皮肉にも、まさにその究極的とも言える神の人格性の観念のゆえに、井筒「東洋哲学」の構想から遂には放逐されていくことになったのではないだろうか。

四　結語

「神秘主義の根本構造」をテーマに一九八〇年に行われた上田閑照と大沼忠弘との鼎談の冒頭で、井筒は神秘主義における人格神の問題について次のよう語っている。

> 正直に言いますと、私なんか自分自身では、数ある神秘主義の歴史的伝統形態のなかで禅が一番身近なので、人格神というものが入ってくると、どうも目障りになるんです。人格神の信仰を入れないで、純粋に形而上学的「一者」で終始した方がすっきり哲学できる。しかし実際世界の神秘主義の流れの中には歴史的に人格神としての「一者」の信仰という現象が起こっているのだから、それを重視しないわけにはいかない。特にスーフィズムなどは人格神をおいて考えられませんからね。（「神秘主義の根本構造」『全集』第六巻、三一五—三一六頁、傍点引用者）

神秘主義に対する井筒の関心が、この時点ですでに、『神秘哲学』やベルナール論を書いた一九四〇年代後半から五〇年代初頭におけるそれから大きく変化していることが明瞭に見て取れよう。人格的一神教としてのイスラーム思想を自家薬籠中のものとする井筒の口から、神秘主義の理解には人格神の観念が「目障りになる」という言葉が発せられていることは瞠目すべきであろう。だが、もちろんそれは、この問題をまったく不問に付すという意味ではない。この直裁的で無防備とさえ言える発言にこそ、むしろ彼の「神秘哲学」構想の頓挫と「東洋哲学」構想の射程が浮き彫りになる。ここで井筒が問うているのは、神の人格性をめぐる理解の別の可能性である。この言葉に続き、「人格神的神秘主義」と「非人格神的神秘主義」という神秘主義の類型について、彼は次のようにも述べている。

　一応タイプとして分けても、結局一つにならざるを得ない。それには人格神的な宗教伝統の中で発達した神秘主義、典型的な形では、キリスト教を別にして、ユダヤ教の神秘主義、それからイスラームの神秘主義を考えてみますと、現実に意識の深まりと同度に人格神の問題が大問題として出てくるんですね。それで人格神をどこに位置させるかという決定的重要性をもった問題が起こってくるわけです。（「神秘主義の根本構造」『全集』第六巻、三一八頁、傍点引用者）

神秘主義における人格神の位置づけをめぐる問題を議論しているこの場面で、キリスト教のみが度外視されている点は注目に値する。しかも、その理由についてはこのあともまったく語られていないことも[20]……。

　本稿では、井筒俊彦の思想的展開の第一期における「神秘哲学」構想の頓挫と第三期における「東洋哲学の共時的構造化」の構想に、いかなる理論内在的な要因があったのかという問題について検討してきた。プロティノス的流出論をモデルとした井筒の意味分節理論にとって、人格的一神教における神秘主義の極地とも言えるその「エロス的形態」は、理論的整合性という点において包摂し得るものではなかったと言えよう。つまり井筒「東洋哲学」の構築は、「神秘哲学」の構想においてはまさにそれに躓いた当の「神秘主義のエロス的形態」を、あえて外部に放擲することで初めて可能になったのである。その意味では、井筒俊彦における「神秘哲学」構想の挫折は、「東洋哲学」の構築のプロセスと、いわば〝図と地〟の関係にあったと言えるのではないだろうか。

注

（1）「当時の自分の構想としては、これ〔『神秘哲学（ギリシアの部）』〕を第一歩として、次にはギリシアとはまったく異質な旧約聖書にヘブライ的神秘主義の源流を探り、この一神教的思潮がギリシアの新プラトン主義とキリスト教において合流し、ついにカルメル会的神秘主義にまで発展して行く過程を辿って見ようなどと考えていたのである」（『全集』第五巻、一七一頁）。この点については以下も参照のこと。若松英輔『井筒俊彦――叡知の哲学』慶應義塾大学出版会、二〇一一年、五〇頁。

（2）「〔…〕私は西欧の神秘主義に関するかぎりプラトニズムはギリシアに於ては完結せず、却って基督教の観照主義によって真に窮極の境地にまで到達するものと考えるのである。私は今後、健康の許すかぎり此の仕事を継続して行きたいと思っている」。「神秘哲学」（第二部）「序文」『全集』第二巻、二三四頁。初版は『神秘哲学（ギリシアの部）』光の書房、一九四九年。

（3）この「ギリシアの部」が『神秘哲学』として出版され、本書自体が「第一部 自然神秘主義とギリシア」と「第二部 神秘主義のギリシア哲学的展開」という二部構成をとる。

（4）若松英輔は、井筒とその『神秘哲学』の出版を請け負った上田光雄との関係性をめぐる考察において、第二巻「ヘブライの部」についての上田による広告文として、次のような文章を紹介している。「この第二巻は、旧約聖書の人格神信仰から説き起こして、その強烈なヘブライ神秘思想がときとともに第一巻のギリシア思想と衝突し闘争し遂に融和して、ユダヤ教の方ではアリクサンドリヤのフィロンの神秘主義を生み、キリスト教の方では使徒パウロの神秘主義を生み、そして最後に聖アウグスティヌスの神秘主義によって決定的に統一されるまでの雄大なヘブライ神秘哲学の精神史的光景を描いた学界未踏の珠玉篇である」（『井筒俊彦』五〇―五一頁）。

（5）この言葉に続けて井筒は次のように語っている。「今の私にとっては、旧約系の思想としては、カッバーラからハシディズムに至るユダヤ教神秘主義のほうがはるかに重要だし、〔…〕インド系の神秘哲学、中国やイスラームの神秘思想のほうがずっと面白い」（『全集』第五巻、一七一―一七二頁）。

（6）ここで念頭に置いているのは、若松英輔や安藤礼二の論考や著作である。特に若松は、井筒の第一期の代表作『神秘哲学』と第三期の代表作『意識と本質』におけるプロティノスに対する関心の連続性を次のように強調している。「『神秘哲学』

は「プロティノスの神秘哲学」で終わる。しかし、井筒俊彦とこの哲人との関係は始まったばかりなのである。彼が再び直接的にプロティノス論を論じるのは、『意識と本質』の後、『神秘主義』から四十年以上ものちのことだった。その間に彼はプロティノスを語らなかったのではない。プロティノスの名前を持ち出すことなく、その思想を語った。井筒俊彦のプロティノスへ関心は、その死まで続くのである」（『井筒俊彦』四一頁）。だが、こうした解釈に従えば、本稿が論点とする「神秘哲学」構想の頓挫が意味するところも十分に解明されないまま残されてしまう。実際に若松は、井筒の『神秘哲学』の構想の「片鱗」を、第三期の論考の中にも見出そうとしている。「未刊行となった続編の原稿は現在のところ発見されていない。しかしその片鱗は「神秘主義のエロス的形態――聖ベルナール論」をはじめ、『意識と本質』のカバラー論、さらに生前刊行された最後の著作『超越のことば』に収められた「中世ユダヤ哲学史における啓示と理性」に見ることができる」（『井筒俊彦』五二頁）。本稿の論点は、むしろ井筒の「神秘哲学」構想が「東洋哲学の共時的構造化」に取って代わられたという事態の背後にある理論内在的要因を解明することに置かれている。さらに以下も参照のこと。安藤礼二『近代論――危機の時代のアルシーヴ』ＮＴＴ出版、二〇〇八年。安藤礼二・若松英輔責任編集『道の手帖　井筒俊彦――言語の根源と哲学の発生』河出書房新社、二〇一四年。

（7）井筒の思想展開における時代区分については以下を参照のこと。『全集』第五巻、三七六―三七八頁。ここで井筒は自らの研究人生を三期に分けているが、それぞれの明確な年を挙げているわけではない。だが、「異国に出た」ことをもって「私は自分が学者としての人生の第二期に入ったことをはっきり意識した」という発言からすれば、慶應義塾大学を卒業した一九三七（昭和一二）年から一九五八（昭和三三）年までを第一期、研究の場を海外に移していった一九五九（昭和三四）年から一九七八（昭和五三）年までを第二期、革命の勃発によってイランからの帰国を余儀なくされた一九七九（昭和五四）年から没する一九九三（平成五年）までを第三期とするのが妥当かと思われる。これについては、若松英輔による以下の年譜を参照のこと。「井筒俊彦年譜」『全集』別巻、一一三―一三九頁。また、若松自身の『井筒俊彦』の巻末に付された年譜も参照のこと。

（8）「本書の出版直後、出版社が倒れるという思いがけない事件が起って、そのために幸か不幸か私の計画もあえなく挫折してしまった」（『全集』第五巻、一七一頁。若松英輔『井筒俊彦』五〇―五二頁）。

（9）以下の論考も参照のこと。野元晋「『イスラーム哲学の原像』――神秘主義と哲学の融合、そして「東洋」をめぐって」、坂本勉・松原秀一編『井筒俊彦とイスラーム――回想と書評』慶應義塾大学出版会、二〇一二年、三六一―三七七頁。なお、井筒は晩年、イスラームとユダヤ教に加え、ギリシア（プラトニズム）をも「東洋」概念に包含する構想を持っていた。この点については以下を参照のこと。『全集』第十巻、五九五―六〇四頁、六〇五―六三八頁、特に六三四―六三五頁。

（10）ここで注意を要するのは、プラトンにおける向上道‐向下道の議論と、プロティノスにおける上昇面‐下降面の議論とを、井筒が慎重に区別しているということである。プラトンにとって、観照体験を得た弁証家の向下道とは、当の体験を離れた純思弁的反省という意味でのいわば論理的下降であったのに対し、プロティノスにとってそれは観照体験そのものの下降であった。

（11）この点は若松英輔も触れている。『井筒俊彦』二一一頁。

（12）井筒に対するヴァイスゲルバーの影響については以下を参照のこと。『クルアーンにおける神と人間』五―四一頁。

（13）プロティノスのテキストは、以下の希英対訳版を参照した。Plotinus, *Ennead*, V, Translated by A. H. Armstrong, Loeb Classical Library, Harvard University Press, 1984, 1, 6, pp. 29–33.

（14）「東洋哲学の諸伝統は、形而上学の極所を目指して、さまざまな名称を案出してきた。曰く「絶対」、曰く「真（実在）」、曰く「道《タオ》」、曰く「空」、曰く「無」等々。」（『全集』第十巻、四八八頁）。これについては、井筒豊子によって書かれた「『意識の形而上学』あとがきに代えて」も参照のこと（前掲書、五九七頁）。

（15）たとえば以下を参照のこと。『全集』第九巻、八―一六頁。『全集』第十巻、四八八―五〇二頁。また、理論的視座としての流出論的形象という論点とは別に、プロティノス的流出論の歴史的影響力の大きさについては以下を参照のこと。『全集』第九巻、一四―一五頁。また、特にイスラーム思想に対するプロティノス的流出論の歴史的影響については以下を参照のこと。『全集』第四巻、三八一―三九〇頁。

（16）カッバーラーと流出論体系との関連性については以下を参照のこと。『全集』第六巻、二一一―二八二頁。特に二六〇―二六二頁。また、中世ユダヤ哲学と流出論との関連性については以下を参照のこと。『全集』第十巻、七―一三五頁。

（17）こうした井筒自身の問題意識の変化以外の、例えば突然の出版社の倒産といった外在的・偶発的な要因については、注8

を参照のこと。

（18）この点についての井筒の後年の視点については以下を参照のこと。『全集』第八巻、二七三—二九九頁。

（19）"In hoc ultimo genere interdum exceditur et seceditur etiam a corporeis sensibus, ut sese non sentiat quae Verbum sentit. Hoc fit, cum mens ineffabili Verbi illecta dulcedine, quodammodo se sibi furatur, immo rapitur atque elabitur a seipsa, ut Verbo fruatur. ...Et quidem laeta in prole mater, sed in amplexibus sponsa laetior. Cara pignora filiorum; sed oscula plus delectant. Bonum est salvare multos; excedere autem et cum Verbo esse, multo iucundius. At quando hoc, aut quamdiu hoc? Dulce commercium, sed breve momentum et experimentum rarum!" in *Sancti Bernardi Opera* II, *Sermones super Cantica Canticorum*, Rome: Editiones Cistercienses, 1958, 85, 13, pp. 315–316.（「雅歌の説教85」『キリスト教神秘主義著作集2　ベルナール』金子晴勇訳、教文館、二〇〇五年、三六七頁）。訳にはやや変更を加えている。

（20）この鼎談ではエックハルトについても話題になっているが、語っているのは井筒ではなくもっぱら上田閑照である。

第五章　イスマーイール・シーア派思想と井筒俊彦

野元　晋

一　はじめに

本論は故井筒俊彦教授[1]のシーア派考察の一つの例として、その主要宗派の一つ、イスマーイール派に論題を絞った殆ど唯一の論考を取り上げるものである[2]。イスマーイール・シーア派は一〇世紀から一三世紀にかけて[3]イスラーム世界で大きな政治的・知的影響力を振るったことで知られている。井筒俊彦は晩年には、「東洋哲学」の構想のもと、東西哲学・宗教の諸思想からそれに資するべく様々な思想的素材を集めてきていたが、イスラームからは主にスフラワルディー（al-Suhrawardī）以降の神秘哲学、ことにイブン・アラビー（Ibn ʿArabī）を中心とした、またそれ以降に展開する神秘哲学から素材を得ていた[4]。彼のイスマーイール派論も晩年の著作活動の中から生まれてきたものである。

ここで井筒俊彦のイスマーイール派論文を取り上げる意味を考えたい。井筒はイスマーイール派については、一二―一三世紀以降の神秘哲学と比べれば論ずる機会は殆どなかった。イスマーイール派思想を取り上げたほぼ唯一の論考からは、井筒思想の、その題材に照らしての独自性、特殊性（あるいは特異性）が、他の研究に比べて鮮明に見えるのではないかと思われる。これらについての理由を述べれば、井筒のイスマーイール派論文においては、その英文著作中の代表的な大作（opus magnum）である『スーフィズムと老荘思想』（*Sufism and Taoism*）に加えて、繰り返し取り上げたイブン・アラビーとその流れを汲む神秘哲学についての論考ほどには、対象の内容と親和性を持ちながら、「研究者・井筒」と「哲学者（思想家）・井筒」が融合することはないと想定されるからである。(5) そこから研究者・井筒の志向性と、哲学者（思想家）・井筒の志向性がともに浮かび上がるようになることも期待出来る。以上の考察を進めるために、まずは井筒が取り上げたイスマーイール派が思想的・政治的影響力を大きく中東地域でふるった一〇世紀から一三世紀のイスマーイール派の歴史と思想の特徴と言えるものを簡単に纏め、さらに井筒のイスマーイール派論を要約し、それらを比較して行きたい。

二　イスマーイール・シーア派とは何か――一三世紀までの歴史と思想

1　その成立と展開(6)

預言者ムハンマド（Muḥammad ibn ʿAbd Allāh ibn ʿAbd al-Muṭṭalib, 570頃–632）はマディーナ（Madīna, またはメディナ）を中心としてイスラームの信仰共同体国家を樹立し、亡くなる頃にはアラビア半島の統一をほぼ達成していた。ムハンマドの死去に伴い、当然後継者の問題が直ぐに浮上した訳であるが、その従兄弟で、信頼あつく娘婿ともなったアリー・イブン・アビー・ターリブ（ʿAlī ibn Abī Ṭālib, ?–661）がおり一定の支持を集めていた。シーア派とは少なくとも精神的にはこの支持者に遡り、ムハンマドの歿後、アリーをその後継者で共同体の指導権（imāma）の正統的保持者であり、指導者、すなわちイマーム（Imām）の系譜の始まりであると信ずる諸宗派を指すと言えよう。しかしアリーは預言者ムハンマドの死後、すぐにはその後継者・代理人、つまり共同体統治者（つまりカリフ［khalīfa］）とならず、六五六年その地位に就くが六六一年に暗殺される。その後はアリーの子孫にイスラーム共同体全体の政治的指導権が握られることはなく、ウマイヤ朝（661–750）やアッバース朝（749–1258）がそれぞれ世襲化した指導権を握っていく。また宗教的体制は後の歴史的展開においてスンナ派として知られるようになる多数派が担うようになる。

　アリーと預言者ムハンマドの娘ファーティマの間の二人の息子、ハサン（Ḥasan）とフサイン（Ḥusayn）のうち後者はイマーム権をウマイヤ朝に対して主張し、六八〇年、一族と手勢とともにイラクのカルバラー（Karbalā）で戦死する。これは支持者たちに殉教と捉えられ、フサインとその子孫は大きな崇敬を受けるようになる。現在シーア諸派中最大宗派である十二イマーム派（Ithnāʿasharīya）とイスマーイール派は、この家系中にイマーム位は父から子へと代々継承されてきたと信じている。

　またシーア派の別の流れから七世紀の終わり頃より、イマームは宗教的・政治的状況の困難を避け「お隠れ」（ガイバ ghayba）の状態に入った後、マフディー（Mahdī,「正しく導かれた者」の意）として、帰還（ラジュア rajʿa）を果たすという教えが広まり始める。[7] いわばメシア思想である。これがシーア諸派の歴史と思想の展開に大きな影響を与えていくことになる。

　さてイスマーイール派成立の発端は、優れた学者でもあった第六代イマーム、ジャアファル・アッ＝サーディク（Jaʿfar al-Ṣādiq, 699/702–765）のイマーム位継承権をめぐって争いが起こり、その長子イスマーイール（Ismāʿīl）とその子ムハンマドを支持する派があったとされる。[8] この派は当初の活動を除いては、百年以上沈黙を続けるが、九世紀末、再び歴史の舞台にその名で姿を現す。[9] この頃はイスマーイールの息子ムハンマドが上述のメシア的人物、つまりマフディー（またはカーイム Qāʾim「立てる者」）として再臨すると信じていた。ところが八九九年頃、シリアに本拠を持つイスマーイール派運動の指導者アブドゥッラー（ʿAbd Allāh）が自らのイマーム位を宣言してしまう。これに反対する一派は前述のイスマーイールの息子ムハンマド（ムハンマド・イブン・イスマーイール Muḥammad b. Ismāʻīl）がメシア的人物であるとの信仰を保持し、イラク、イランなどの運動体はシリアの本部の指示に従わず独自の活動を始めた。ここに、その指導者ハムダーン・カルマト（Ḥamdān Qarmaṭ）の名からカルマト派（Qarāmiṭa, sg. Qarmaṭī）と呼ばれる一派が成立し、イスマーイール派運動の分裂を見た。[10] イマーム職の継承やその解釈について様々にイスマーイール派は分派していくことになる。

その後、九〇九年、シリアの本部のイスマーイール派指導者アブドゥッラーは北アフリカに転ずる。宣教員に現在のアルジェリア山岳地帯の先住民を組織させ、現在のチュニジアでイマームを宣し、メシア主義的な称号マフディー（al-Mahdī）を帯びるようになる（マフディー 在位 909–934）。ここにファーティマ朝（909–1171）が成立する。[11] ファーティマ朝は九六九年にエジプトに進出し、新都カイロ（al-Qāhira,「勝利の都」）を建設する。北アフリカの領土は失うが、一一世紀にはその領土もしくは宗主権はパレスティナ、シリア、そしてアラビア半島のイエメン、マッカとマディーナの両聖地に広がり、バグダードのアッバース朝を脅かす程であった。[12] この間のイスマーイール派史上重要な事件の一つとしては、同派からファーティマ朝第6代カリフ（イマーム）、ハーキム（al-Ḥākim 在位 996–1021）の治世の末期より彼を神格化するグループが出て、やがてドゥルーズ派（またはドゥルーズ教 al-Durūz）と呼ばれる派がイスラームから事実上、独立したことがある。[13]

またさらにもう一つの大きな分派が現れる。一二世紀の半ばから後半にかけてファーティマ朝は第八代カリフ（イマーム）のムスタンスィル（al-Mustanṣir 在位 1036–94）の長い統治下にあったが、その終わりへ向かう時期にイマーム権の継承をめぐって内紛が起こった。[14] そしてこの継承権が得られなかったニザール（Nizār）を支持する派が分派したのである。この派はニザール派（al-Nizārīya）[15] と呼ばれ、イランと現在のシリア地域に勢力を確立するが、ハサネ・サッバーフ（Ḥasan-i Ṣabbāḥ ?–1124）がイラン地域の指導者となる。

このハサネ・サッバーフはイラン地域の指導者として既に同地域北西部のアラムートの山城を奪取していたが

(1090)、以後この山城を拠点とし、イラン、シリアの各地に山城を設け、あるいは既存のものを奪取し、それらを中心にアッバース朝とセルジューク朝（1038–1194）を頂点とするスンナ派体制への反対運動を展開していく。[16] すなわちカリフを頂点とするスンナ派の要人、そして十字軍王国の君主の暗殺である。この派の指導者の地位はその二代目ブズルグウミード（Buzurg-Ummīd 在位 1124–1138）以降、その子孫に世襲されていき、共同体は厳格なイスラーム法（シャリーア sharī'a）によって統治されていったが、一一六四年に運動の指導者として、イマームかる。ハサン二世（在位 1162–66）は本拠地アラムートにおいて、第四代の指導者の時代に大きな転機を迎えらの言葉を伝える形で「復活」（qiyāma，または「大復活」qiyāmat al-qiyāmāt）を宣言し、イスラーム法を廃棄してしまう。[17] ハサン二世はその二年後に暗殺されるが、後に指導者ではなく真の正統的イマームとされ、「復活」の体制は後継者ムハンマド二世（在位 1166–1210）によって続けられた。その後、イスマーイール派は、次のイマーム、ハサン三世（在位 1210–21）がスンナ派への改宗の政策を進めイスラーム法を導入し厳格に適用する。次代のムハンマド三世（在位 1221–1255）もスンナ派であり続けたが、イスラーム法の適用は緩められ、ムハンマド二世からハサン三世に至る教義の急激な変更を解釈し、信徒に説明することにも力が注がれる。知的活動も盛んで、当時の恐らく最も優れた学者の一人で、神学、哲学、倫理学に加え、天文学、数学など自然科学にも大きな足跡を残したナスィールッディーン・トゥースィー（Naṣīr al-Dīn al-Ṭūsī, 1201–74）がイスマーイール派の庇護下に入ったのもこの時期である。[18]

一三世紀は西アジアがモンゴルの大征服を受けた時代であり、ニザール・イスマーイール派もルクヌッディーン・フルシャー（Rukn al-Dīn Khurshāh）のイマーム在位期（1255–57）の一二五六年にモンゴル軍に拠点アラムートを、その後もイランとシリアの各地の城塞を次々に落とされ、政治的勢力としてはその終焉を迎えることになる。[19] それは一〇世紀前半以来長い間、イスマーイール派が現在の中東・北アフリカを中心とするイスラーム的世界内の広い範囲に及ぼした大きな政治的・知的影響力の終わりでもあった。

2 その思想

イスマーイール派の思想を特徴づけるものは、政治的活動と教義の展開の基礎となった、メシア主義を含む独自の解釈のシーア派思想と、後に導入された新プラトン主義であり、その結合であると言えるが、上に記した一三世紀頃に至るまでの同派の思想の要点、または基本要素となるものを以下に記したい。[20]

(1) シーア派的預言者・イマーム思想とグノーシス主義

まず七人の預言者と、そのそれぞれに続く七人のイマームたちによって歴史が展開するというシーア派的思想がある。これによれば七人の「告知者」(nuṭaqāʾ, sg. nāṭiq, 大預言者)が次々に現れ、うち六人――アダム(Ādam)、ノア(Nūḥ)、アブラハム(Ibrāhīm)、モーセ(Mūsā)、イエス(ʿĪsā)、ムハンマド(Muḥammad)――はそれぞれ、神から下された聖法(sharīʿa)を伝え、第二代告知者以降は先代の聖法を廃棄し、新しい聖法を伝え、新しい「周期」(dawr)、つまり時代を啓く。その周期内では告知者の後は宗教の内面(bāṭin)と外面(ẓāhir)の基礎を固める、後継者というべき「基礎者」(asās, 告知者に対して「沈黙者」ṣāmit ともいう)が来て、次いで七人の「完成者」(atimmāʾ, sg. mutimm, イマーム)が次々に立ち、その七人目が次代の周期の「告知者」となる。このようにして周期が次々と変わり、やがて第七代告知者、「カーイム」(al-Qāʾim「立てる者」、またはマフディー)が現れる。そしてこの第七代告知者カーイムは現れたとき、あらゆる聖法の内的な意味、つまり諸真理(ḥaqāʾiq)を明らかにする。あらゆる聖法をこれによっていわば廃棄する(rafʿa)ことになる。歴史はこれにより、「目的」もしくは「目標」(telos)を持つ救済史的な歴史となる。[21]

これにグノーシス主義的な宇宙論が加わる。ハンガリー出身の英国のイスラーム学者サミュエル・M・スターン(Samuel M. Stern)がアブー・イーサー・ムルシド(Abū ʿĪsā al-Murshid, 一〇世紀に活動)による宇宙生成論の論考を発掘し、これによりイスマーイール派の原初の、霊的な存在の神への反抗などのモティーフを含むため、グノーシス的宇宙論と推測できるものが再構成されるようになった。[22] それによれば、認識不可能な神がクーニー（Kūnī, 女性単数への命令で「在れ！」の意味）とカダル（Qadar,「定め」「運命」の意味）という二つの存在を作り、これに宇宙創世を行わせ、天使的存在にも喩えられる様々な霊的な中間存在（wasāʾiṭ）を創る。それらが預言者たちとその友たちの間を媒介する。またそこには、悪魔イブリースがアダムへの服従を拒否したという、第七章第一一節、第二章第三二節を解釈して一人の霊的存在で位階を占めるもの（ḥadd）が「傲慢」（istikbār）により、アダムへの服従を命ずる神に背くというものもある。

(2) 新プラトン主義の導入

イスマーイール派の一部は一〇世紀前半とそれ以降にプロティノスの一者・知性・魂の三原理による宇宙論を導入する。これはムハンマド・ナサフィー（Muḥammad al-Nasafī, 943 没）、アブー・ハーティム・ラーズィー（Abū Ḥātim al-Nasafī, 934 没）、アブー・ヤアクーブ・スィジスターニー（Abū Yaʿqūb al-Sijistānī, 971 以降に没）らによる。加えて「創出者」（al-Mubdiʿ, いわば真の神を意味する）をあらゆる属性と認識の彼方に置く否定神学を説く。この神学は、神は如何なる属性によっても叙述することは出来ない（否定）、また如何なる属性によっても否定出来ないのではない（否定の否定）、という二重否定（前段で擬人神観の否定、後段で不可知論の否定）の理論を持つ。[23] 例えばスィジスターニーは次のように言う。

> 〔…〕しかしながら我々は言う、創造主は物でなく、物でない物でもない。また限定されるものでもなく、限定されないものでもない。属性づけられるものでもなく、属性づけられないものでもない（nah mawṣūf wa-nah nā mawṣūf）、場所の中にあるのでなく、場所の中にないのでもない、時間の内にあるのでなく、時間の内にないのでもない、存在するものでもないし、存在しないものでもない。[24]

この神は、その下では最上位の存在、知性（ʿaql）または普遍的知性（al-ʿaql al-kullī）を「いちどきに」（dafʿatan wāḥidatan）、その「御言葉」（kalima）、命令（amr, つまり「在れ！」Kun! または Fiat! という命令）で創造する。この創造の行為を「創出」といい、この普遍的知性を全ての存在者、万有を包括する存在として創り上げ、その際、「御言葉」は普遍的知性と直接つながり、創出者、つまり神と普遍的知性の間を媒介するとされる。神はこの普遍的知性を創り出した他には宇宙創成のプロセスには関わらず、神から魂（nafs）、または普遍的魂（al-nafs al-kullīya）が自然的プロセスとして「発出」（inbiʿāth）し、また普遍的魂から自然（ṭabīʿa）が発出し、自然世界が展開する。「発出」は「流出」に近いが生命の活動感、躍動感の意味を持つ[25]。この宇宙創成論のモデルは、プロティノスの自然的プロセスを重視する流出論の宇宙創生論のモデルのみによらず、神による、自由な意志からの創造行為という一神教の創造論の思想をも保持していると考えることが出来る[26]。このようにプロティノスのモデルを組み込んだイスマーイール派の宇宙創成論のモデルは次のように簡単に図示出来よう[27]。

創出者（al-Mubdiʿ）——真の神、「隠れた神」（Deus absconditus）
↓　創出（al-ibdāʿ）・創造の御言葉（al-kalima）・命令（al-amr）
普遍的知性（al-ʿaql al-kullī）——「顕われた神」（Deus revelatus）[28]、「先行者」（al-sābiq）
↓　発出（inbiʿāth）
普遍的魂（al-nafs al-kullīya）——「後続者」（al-tālī）
↓　発出（inbiʿāth）
自然（al-ṭabīʿa）——自然世界の形成へ

これ以後、イスマーイール派は新たにハミードゥッディーン・キルマーニー（Ḥamid al-Dīn al-Kirmānī, 1020以降に没）の主導のもとに、一一世紀前半に哲学者ファーラービー（Abū al-Naṣr, 870頃–950）の一〇の知性体の宇宙論を導入している。(29) ただ、その後の展開を見ると、この宇宙論は上で見たプロティノス系の三つの原理による宇宙論を完全に取って代わることなく、ペルシア語圏ではむしろ、後者の宇宙論が一三世紀のモンゴル征服やそれ以後に至るまで残っている。ナスィールッディーン・トゥースィーのペルシア語によるイスマーイール派教義書にある宇宙論は三つの原理を擁する形を取っているのである。(30) 一方、一〇の知性体による宇宙論はキルマーニー以後、主にアラビア語圏（エジプト、イエメン）のファーティマ朝の流れを汲むイスマーイール派に受け継がれていく。

(3)　位階主義

これはもう一つの特徴である。天上と地上にそれぞれ対応しあう形で位階秩序が存在すると考える。この位階秩序の中に、新プラトン主義の導入から、「知性」、「魂」などのタームが組み込まれることになり、位階秩序は部分的に新プラトン主義化されていく。(31)

三　井筒俊彦のイスマーイール・シーア派論

井筒俊彦はその「イスマイル派「暗殺団」」を二部構成とし、第一部（「イスマイル派「暗殺団」」『全集』第九巻、一八八—二二六頁）は主に次のような主題を論じている。

まず井筒はイスマーイール派史の二つの要点を次のように挙げている。

i　シーア派思想の鍵概念となるイマーム崇敬（井筒によればイマームに隠れた神の地上における顕現を見る）。

ii　ハサネ・サッバーフというカリスマのリーダーシップのもとでのニザール派の形成と展開。

さらにニザール・イスマーイール派の文化記号論的トポグラフィーの再構成をモスクワ・タルトゥ記号論学派の理論を援用して試みている。[32] 井筒によれば同派のトポグラフィーはアラムート（Alamūt）——一一世紀末から本拠地、一二世紀後半から一二五六年にモンゴル軍によって陥落までイマームの座所——を地上で最も聖なる場所とし、地上と天上を結ぶ「宇宙軸」（axis mundi）であり、「須弥山」、つまり「宇宙山」とし、それを中心として他所や他宗派を周囲に位置づけているとした（以上、「イスマイル派「暗殺団」」『全集』第九巻、二一二―二一八頁）。

第二部（「イスマイル派「暗殺団」」『全集』第九巻、二二六―二六五頁）では、井筒はイスマーイール派思想から以下の三点の教義に焦点を絞り、それを中心にニザール・イスマーイール派論を進める。

①ハサネ・サッバーフの「聖教」[33]論（タアリーム taʿlīm 論：字義的には教導論か。イマームに服従し、その教導に従う必要性を説くもの）

②反律法主義（律法廃棄主義）

③宇宙論的ミュトス（グノーシス的・神話的宇宙論）

（このうち②反律法主義の叙述と議論に最も紙数を割いている）

上記②ニザール・イスマーイール派の反律法主義について、井筒は一一六四年のアラムートにおける「復活」（qiyāma）の宣言と祭典を次のように描写している。ハサン二世（在位 1162–1166）により執り行われ、イスラームの聖法（sharīʿa）が放棄され（反律法・律法廃棄主義）、真の礼拝の実践（神を心で感ずること）、「『真理』の全き露現」・「生ける『真理』の現前」が人々に説かれたと言う。

井筒は、この「復活」の宣言と祭典の意味は、

i　ハサネ・サッバーフが始めた宗教革命の終点であり、

ii 『『真理』の全き露現」・「生ける『真理』の現前」によって、神を「直接、無媒介的に見る」、また「神の現前を経験し、神に直接触れること」が出来るようになり、

iii それをもってクルアーンが説く「「徴」主義（記号主義）」——「人間はただ「徴」（āyāt, ʿalāmāt）を通してのみ、かすかに神を認知できるとする」——を否定、宗教的「記号主義」の終焉を宣したところにあるとする（「イスマイル派「暗殺団」」『全集』第九巻、二三六—二四五頁）。

また井筒は、ムハンマド二世は自分と父親ハサン二世のイマーム位を宣言し、イマームはkalima[34]、つまり「ロゴス」——神自身が直接に発した創造の命令（amr,「根源的命令」）——であるとしたと述べる。[35]井筒の解釈では、これは、次のことを意味するという。

i イマームは神と「直結して」おり、「不可視の神が可視的に顕現したままの姿」である

ii イマームの「一切の属性は、そのまま神の属性である」

iii 「人はイマームを見ることによって〔…〕神を見る」（「イスマイル派「暗殺団」」『全集』第九巻、二四四—二四五頁）

これを井筒自身の言葉で見ると次のようになる。

〔…〕人は〔…〕イマームを見ることによってのみ、神を見る。ちょうど、太陽の光を通じて太陽を見るように。太陽の光は太陽の本体とは区別される。しかし、結局は太陽そのものにほかならない。イマームは、その形而上的リアリティにおいてまさに神そのものであるのです。そしてこの意味で、イマームは神の自己顕現なのであります。〔…〕「イマームは」神そのものではない、が神である。神ではあるけれども、神そのものではない。（「イスマイル派「暗殺団」」『全集』第九巻、二四五頁）

次いで、③グノーシス的・神話的宇宙論（「宇宙論的ミュトス」）についての議論であるが、ここでは井筒によるアブー・イーサー・ムルシドの宇宙生成論から神の万物に存在を与える創造の言葉、前述の「ロゴス」の分析を見てみたい。

i 創造の言葉、「コトバ」、こそが「真の意味での創造主」

ii 「「知られざる神」から「第二の神」創造主への移行そのものが、コトバ発現の過程」である

iii 神は「コトバ」として自己を顕わす。（「イスマイル派「暗殺団」」『全集』第九巻、二五一―二五四頁）

井筒自身はイスマーイール派の「創造の言葉（コトバ）」について次のように述べている。

> 神は、窮極的には、絶対不可知のXであるにしても、ひとたび創造への「意志」と「意欲」が内に起これば、動きの第一歩で「光」を生み、その「光」がそのままコトバの創造力に転成するという。このことは、神が初めから、根源的にコトバであったことを示唆してはいないでしょうか。イスマイル派の神は、もともと、コトバの意味形象喚起機能（＝存在喚起機能）の神格化だったのではないでしょうか。〔…〕ここでは、『旧約』の場合とは違って、神がコトバを発し、何かを語る、のではない。神自身が「コトバ」（kalimah）[36]なのです。（「イスマイル派「暗殺団」」『全集』第九巻、二五三―二五四頁）

以上のことから井筒は自らが挙げる、前述のイスマーイール派思想の三つの主な教義（「聖教」論・反律法主義・宇宙論的ミュトス）の特徴を、それぞれが招いた結果の観点から、次のように纏める。

①ハサネ・サッバーフの「聖教」論タアリーム taʿlīm 論はイマームを預言者とクルアーンの上に置く。

②反律法主義（律法廃棄主義）はイスラームの歴史の中ではスーフィズムなどにも見られるが、復活の「祭典」はこの潮流の「端的な表現」で、「イスラーム思想全体にとっても大きな試煉」であり「一種の大胆な

実験」であった。

③宇宙論的ミュトス（グノーシス的・神話的宇宙論）はその「グノーシス的」かつカバラー的「性格」によって、イスラームの「世界像」としては、クルアーン的世界像から「極限まで遠ざけ」たものであった。（「イスマイル派「暗殺団」」『全集』第九巻、二六四―二六五頁）

四　イスマーイール派思想と井筒俊彦

さて以上見た井筒のイスマーイール派論は、最も基本的な同派の教義の一つを取り上げていない。つまり前にも述べた目標・目的（telos）を持つ周期的歴史観である。これによれば、名七人の告知者（大預言者）のそれぞれが己れの聖法をもって、歴史の周期（dawr, pl. adwār）を次々に開き、その周期は告知者の後を継ぐ基礎者（asās）とその後は次々に立つ七人のイマームによって統治される。やがて第七代の告知者カーイム（またはマフディー）が現れ、あらゆる聖法の内的な意味――諸真理（ḥaqā'iq））を明らかにする。これが「復活」であり、いわば歴史の終結であり、目標である。井筒の「復活」の事件と教義の叙述には、この歴史像全体が見られず、そのため井筒による「復活」の叙述はイスマーイール派思想のシステムの中の意味、あるいはその文脈的な意味を欠いたものとなった感がある。

では井筒のイスマーイール派論がこの周期的歴史観の叙述を欠いていることは、自ら同派の歴史観に関心が無かったことを示唆しているのであろうか？　この問題は井筒がイスラームにおける歴史観、ひいては中東の一神教的伝統における歴史観に如何なる関心を寄せていたのかということに関わるので、本論のまとめでもう一度触れたい。

次いで、井筒がイスマーイール派論で関心を示した問題、つまり部分的には「復活」に関わり、イスマーイール派思想史で何度も論点となる二つの問題、つまり過度のイマーム崇敬（崇拝）と否定神学の二問題を論じたい。まず前者であるが、イスマーイール派思想の内部において、イマーム神格化に向かいかねない過度のイマーム崇敬と、神と被造物の間の隔絶性を強調する否定神学は、論理的な矛盾を孕むものであり、その点で両者の関係は問題となる可能性を持っており、実際にイスマーイール派内部で歴史上、大きな問題となったのである。[37]

まず否定神学の問題であるが、この神学はそのままでは神を人々から遠ざけかねない傾向を持つ。だがムハンマド二世の「イマームは神の創造の言葉の顕現である」という主張は、神の存在をイスマーイール派信徒に身近に感じさせるものであったと思われる。だがこれは神そのものと創造の命令の言葉を何らかの線引きをせねば、容易にイマームの神格化に滑り込んで行く、あるいはそれに歯止めが利かなくなる概念であったであろう。ある程度までは「復活」の宣言以後は、微妙ではあるにせよイスマーイール派では、イマームを神性を帯びた存在として認識していたであろう。[38] そのことはイスマーイール派の否定神学とは矛盾するものであった。井筒によるムハンマド二世の「復活」のイマーム論の叙述は、この両問題間の矛盾に触れるものでもあった。

このイマームと神の関係について、井筒の記述の表現は微妙なもので、イマームは神であるか、ほとんど神であるか、あるいは神性を帯びた存在であるか、その辺りを揺れ動いているようである。以下の引用は、「復活」宣言時代のイスマーイール派は、イマームは神そのものであるという認識に傾いていたと結論付けようとしているように見える。[39]

太陽の光は太陽の本体とは区別される。しかし、結局は太陽そのものにほかならない。イマームは、その形而上的リアリティにおいてまさに神そのものであるのです。（「イスマイル派「暗殺団」」『全集』第九巻、二四五頁）

また今一度、井筒のイスマーイール派の叙述の紹介で引用したイスマーイール派における神と神の創造の言葉(kalima)、または命令(amr)の関係についての井筒の記述を引いてみたい。

> 神は、〔…〕動きの第一歩で「光」を生み、その「光」がそのままコトバの創造力に転成するという。このことは、神が初めから、根源的にコトバであったことを示唆してはいないでしょうか。イスマイル派の神は、もともと、コトバの意味形象喚起機能（＝存在喚起機能）の神格化だったのではないでしょうか。〔…〕神自身が「コトバ」(kalimah)[40]なのです。（「イスマイル派「暗殺団」」『全集』第九巻、二五三―二五四頁）

上述のイマームと神の関係についての記述よりさらに踏み込んで、創造の言葉を神としているのである。神自身を「知られざる神」、「第一の神」とし、創造の「コトバ」を「神自身」であるとし、表現は確立している。

さて上述のイスマーイール派思想におけるイマームと神との関係、さらに神と神の創造の言葉との関係についての井筒の記述と解釈は、古典的なイスマーイール派思想それ自体とはやや異なる。つまりイスマーイール派のテクストではナサフィー、ラーズィー、スィジスターニー（一〇世紀）においては、神自身は如何なる属性でも叙述不可能であるし（否定）、また叙述不可能ではない存在（否定の否定）としているのである。

ここで前に見た井筒が述べたイマームと神性との関係についての言葉、「一切の属性は、そのまま神の属性である」と「人はイマームを見ることによって〔…〕神を見る」（以上、「イスマイル派「暗殺団」」『全集』第九巻、二四四―二四五頁）が問題となる。これは復活宣言の時代においては正しいとも見られる。これについて検討するために、復活の時代を経た後の時代にナスィールッディーン・トゥースィーが著したイスマーイール派教義書 *Rawḍat al-Taslīm*（または *Rawḍa-yi Taslīm*、『服従の庭園』）から引いてみたい。

さて、あなたはイマーム――彼の称名に平安あれ――を、イマームとも、永続する神の御顔とも、最大の属性とも、神の大いなる御名とも、至上の御言葉の顕現（maẓhar-i kalima-yi u'lā）、時代が持つ真理を語る者、と呼びたいであろう。彼はあらゆる被造物なくして存在するが、あらゆる被造物は彼なくしては何ものでもない。平安あれ。(41)

また同じようにトゥースィーはイマームをその顕現として持つ「至高の御言葉」について、地上にその顕現を持つ他の高位の存在者と共に次のように述べる。

至高の御言葉、第一知性（'aql-i awwal）、普遍的魂（nafs-i kull）、それらの一つ一つにはこの世界において顕現（maẓharī）がある。至高の御言葉の顕現はイマームである――彼の称名に平安あれ。［それはいかなる］想像と表現から離れているもの（munazzah）、叙述と属性否定から超越しているもの（muta'ālī）である。(42)

以上、二つの引用ではイマームは神の創造の御言葉のこの世界における顕現としているが、神そのもの、神の本質と名指ししていない。しかし二番目の引用の後半部分は、神自身は神を属性付けることからも属性否定からも超越している議論と類似しているのである。(43)

以上のところからトゥースィーに至って、イスマーイール派の否定神学はとうとうイマーム神観のために放棄されたか、崩壊したのか。結論はまだ出せないのである。というのは、「想像と表現から離れているもの、叙述と属性否定から超越しているもの」はイマームと同格であるか、あるいは主語である「神の至高の御言葉」のもう一つの述部であるのかが問題となるし、またそれほど至高のものであれば、なぜ「第一知性」や「普遍的魂」と併記するのかということがある。また別の箇所でトゥースィーは古典的なイスマーイール派の神の属性の二重否定の理論を堅持している。彼は「神は偉大なり」(Allāh akbar)を解釈し、これは叙述されるにはあまりに偉大であり、叙述されないにはあまりに偉大であることを示すとして、二重否定の否定神学を展開するのである[44]。さらに、彼の自伝とされ、イスマーイール派神学への共感が見られる *Sayr wa-Sulūk*(『歩みと振舞い』)には次のような一節がある。

教導の教えに従う人々(Ta'līmiyān)の教理は以下のようである。あらゆる存在者たちの、始原である至高なるお方からの発出は、この共同体における後代の人々の表現によれば、神の命令(amr)または至高なるお方の御言葉(kalama)と呼ばれるものに媒介される。普遍的知性——つまり最初の結果——の最初の原因には至高の創造主の御言葉がある。至高の創造主は原因や結果から離れている(munazzah)のである[45]。

ここで最後に「至高の創造主は原因や結果から離れている」という否定神学的な一節があるが[46]、創造主の「御言葉」は創造主(=神)と被造物を媒介するもので、神そのものではない。「コトバ」は神ではなくなる。また当然、御言葉の顕現であるイマームも神ではないことになる。無論、テクストの真正性の問題があり[47]、イマーム神観があるか否かについて簡単な判断は下せない。トゥースィーのイスマーイール派文献では、否定神学的議論が目につくが、前に見たイマーム神観的に解釈出来る箇所もあり、両者は緊張関係にあると言え、判断がなかなかつかず、調停するのも難しいと思われる[48]。しかし井筒はその問題については、あえて「イマームはほとんど神」「コトバは神」と判断する。

ではなぜ井筒はイスマーイール派思想を解釈して、イマームや創造の言葉を神化した形で提示したのか、その問いに対する答えの可能性を持つものは、その晩年のプロジェクト「東洋哲学」の主要なコンセプトの一つ——「存在のゼロ・ポイント」から発して存在(啓示された神(顕われた神))を超えた形而上的存在(隠れた神))の自己顕現により宇宙が生成し展開する——とも考えられる。つまりイマームにせよ、創造の言葉にせよ、そこでは「隠れた神」、つまり「存在のゼロ・ポイント」を究極の発出点とする形而上的存在の一つの顕現の形である。ここから井筒はそのプロジェクト「東洋哲学」に引きつけて、イスマーイール派思想を解釈したと考えられないであろうか(49)。

五　結びに代えて

さて以上を纏めてみたい。まず井筒のイスマーイール派論において周期的歴史観の叙述がなされていないことは、井筒思想(50)とイスラームを含めた一神教的伝統の持つ歴史観——それは創造から終末へ向かう歴史を神と人間との関係が展開するものとして重視する——との関係についての再考を促すのではないかと考える。つまりここに、井筒思想は一神教的伝統の歴史重視的な面を省く傾向があるという、一つの「独自の態度」が見られる可能性がある(51)。

またイスマーイール派思想における神とイマーム、また創造の言葉との関係について論を進める際に、井筒は同派ではイマームや創造の言葉を神化した形で認識していた、あるいはテクストはそのように解釈出来るというふうに叙述した。しかしこれにおいては、少なくとも一三世紀に至るまでのテクストで残されている限りのイスマーイール派の否定神学思想との緊張関係についてはあまり大きくは論じられているようには見えない。以上の指摘から考えると一三世紀までのイスマーイール派思想は、その歴史観と否定神学においては井筒思想と親和性は薄いと考えられるであろう。

上で示唆したように復活の時代とそれ以降のイスマーイール派としてはイマームにせよ、創造の言葉にせよ、テクストを見る限りでの教義上の表現を見て（あるいは聞いて）、否定神学との微妙な一線を越えて、それらの神格化の方向へ踏み出したことはあり得たであろう。しかし彼らの思想――復活期とポスト復活期――において、「神」とは何を意味していたか、イマームなどに神の顕現を見ると説いた時に「神」を額面どおりに取れるのか、あるいは神そのものではないのか、という問題は今後も考えていきたい。

井筒がイマーム神格化の問題について語るときは、その表現の揺れ（例えば「神そのものではない、が神である。神ではあるけれども、神そのものではない」など）をもって、イスマーイール派思想の論理が持つ神学的危うさ――一般的なイスラーム的唯一神信仰から逸脱しうること、例えばイマーム神格化など――をも表現しているのである。事実、その端緒からイスマーイール派思想史・運動史には、井筒も論文中に指摘するように、イマームを神格化した幾つかの例がある[52]。この点では井筒によるイスマーイール派論は、イスマーイール派とその運動と歴史が持つ、またその思想の論理が孕むイマーム神格化という問題の一つを指摘したものであると言えるであろう。

注

（1）以下、敬称は略する。

（2）「イスマイル派「暗殺団」――アラムート城砦のミュトスと思想」『全集』第九巻、一八六―二六五頁所収。この論文は元は一九八六年五月一二日、日本学士院の例会での研究報告であり（『全集』第九巻、一八六頁）、その後「上」「下」に分けて『思想』七四五（岩波書店、一九八六年七月）と同じく七四六（一九八六年八月）に掲載された。次いで『コスモスとアンチコスモス』（岩波書店、一九八九年）、さらに『井筒俊彦著作集』第九巻「東洋哲学」（中央公論社、一九九二年）、四八〇―五四八頁に二部構成で収められる。この論文の書誌情報は『全集』第九巻所収の木下雄介「解題」から四三七―四三八頁による。なお『全集』に収められた著作の書誌情報は、木下雄介氏による『全集』各巻巻末の「解題」に基づく。氏の労作に心から感謝したい。

（3）本書はイスラーム研究や中東研究の専門家に読者を限らぬため、以下、思想家の生没年や歴史的な世紀と年号の表記には西暦（グレゴリウス暦）を用い、ヒジュラ暦による記載は省いた。

（4）例えば実際の例は『意識と本質』（『全集』第六巻、三―三一三頁）に見られ、その「後記」（前掲書、三〇五―三一二頁）に「東洋」諸地域の哲学的伝統から得た存在の体験知の事例を集めこれらについて考察し、哲学的パラダイムを模索し構築するという「東洋哲学」の大まかな構想が記されている。なお『イスラーム哲学の原像』より「序」、『全集』第五巻、三九二―三九五頁も参照。

（5）井筒がイブン・アラビーとその流れの思想を取り上げた主な著作に次のものがある。T. Iztsu, *Sufism and Taoism: a Comparative Study of Key Philosophical Concepts*, Tokyo/Berkley, CA, 1983–1984. 初版は *A Comparative Study of the Key Philosophical Concepts in Sufism and Taoism: Ibn ʻArabî and Lao-tzŭ, Chuang-tzŭ*, 2 vols., Tokyo, 1966–1967. また他には例えば *The Concept and Reality of Existence*, Tokyo, 1971.（日本語訳『存在の概念と実在性』鎌田繁監訳・仁子寿晴訳、慶應義塾大学出版会、二〇一七年）所収の諸論文、および『イスラーム哲学の原像』（『全集』第五巻、三八九―五七五頁。なおこの著作の全体ははじめ以下のように刊行。岩波新書、一九八〇年）。また既に一九四四年に「回教神秘哲学者　イブヌ・ル・アラビーの存在論」が発表されている（『哲学』三田哲学会、二五―一二六頁。『全集』第一巻、一七二―一九三頁がある。書誌情報は木下雄介「解題」同巻、四八六頁より）。

（6）本論でのシーア諸派の歴史についての記述は主に以下に基づく。F. Daftary, *The Ismāʻīlīs: their History and Docrines*, 2nd Revised Edition, Cambridge, 2007; idem, *A History of Shīʻī Islam*, London, 2013; H. Halm, *Shīʻism*, 2nd Edition, translated by J. Watson and M. Hill, Edinburgh, 2004 など。またイスラーム共同体全体の初期の歴史についてはJ. Berkey, *The Formation of Islam: Religion and State in the Near East, 600–1800*, Cambridge, 2003.（日本語訳『イスラームの形成――宗教的アイデンティーと権威の変遷』野元晋・太田絵里奈訳、慶應義塾大学出版会、二〇一三年）及び The New Cambridge History of Islam, vol. 1, *The Formation of the Islamic World: Sixth to Eleventh Centuries*, edited by C. F. Robinson, Cambridge, 2010 所収の諸論文を参照した。

（7）六八五—六八七年にイラクで起きた、ムフタールを指導者とする、アリーとハナフィー部族の女性との間の息子ムハンマド・イブン・ハナフィーヤ（Muḥammad ibn al-Ḥanafīya）を奉じたムフタールの乱でマフディーの概念が唱えられる。ムフタールとその支持者たち（カイサーン派 Kaysānīya）は、マフディーはその「お隠れ」（ガイバ ghayba）の後、帰還（ラジュア rajʿa）の教えを説き始める。Halm, *Shiʿism*, pp. 15–19.

（8）例えば al-Nawbakhtī, *Kitāb Firaq al-Shīʿa*, edited by H. Ritter, İstanbul, 1931, pp. 57–58 (English translation by A. Kadhim, *Shīʿa Sects (Kitāb Firaq al-Shīʿa)*, London, 2007, pp. 124–126) を見よ。以下も見よ。Daftary, *The Ismāʿīlīs*, pp. 88–90; Halm, *Shiʿism*, p. 160. また「ムハンマド関連系図」、大塚和夫・小杉泰他編『岩波イスラーム辞典』（岩波書店、二〇〇二年、一一一八—一一一九頁）も参照。

（9）ハムダーン・カルマト（Ḥamdān Qarmaṭ）らの宣教活動（daʿwa）がイラク、シリア地域などで盛んとなり、またイエメンでも盛んとなる。各地に「聖遷の館」（dār al-hijra）が建てられ、宣教の拠点となった。この時代の運動については例えば以下を見よ。Daftary, *The Ismāʿīlīs*, pp. 98–116; H. Halm, *The Empire of the Mahdi: The Rise of the Fatimides*, translated by M. Bonner, Leiden, 1996, pp. 22–57.

（10）後にカルマト派はバハレーンを本拠地として、イラク、シリア、さらにアラビア半島で活動する。そしてマッカ巡礼団を襲撃し、やがて九三〇年、マッカ（メッカ）を占拠、略奪し、カアバ聖殿の黒石を持ち去り、イスファハーン出身の一青年をマフディーと宣言し、イスラームの聖法を廃止するも、この事態は数日で収束する。またカアバ神殿の黒石は九五一年に返還されている。Daftary, *The Ismāʿīlīs*, pp. 116–125（運動分裂について）, pp. 147–155（カルマト派について）; Halm, *The Empire of the Mahdi*, pp. 55–66（運動分裂について）, pp. 180–192, pp. 247–267, pp. 382–384（以上カルマト派について）を見よ。

（11）Daftary, *The Ismāʿīlīs*, pp. 126–128, pp. 140–147; Halm, Chapter 3 'The Caliph Al-Mahdī Billāh (909–934)' in *The Empire of the Mahdi*, pp. 141–274.

（12）Daftary, Chapter 4 'The Fāṭimid Period until 487/1094: *dawla* and *daʿwa*,' in *The Ismāʿīlīs*, pp. 137–237.

（13）D. R. W. Bryer, 'The Origins of the Druze Religion,' *Der Islam* 52, 1975: pp. 47–84, pp. 239–262, and p. 53 (1976): pp. 5–27; Daftary, *The Ismāʿīlīs*, pp. 178–191.

（14）ファーティマ朝自体はこの時期、飢饉やそれに伴う経済の衰退、さらに王朝の軍隊を構成するサハラ以南のアフリカ人、トルコ人、ダイラム人（イラン北部・カスピ海南の山岳地帯民）など様々な地域出身やそれに由来する集団の対立から、繁栄期から衰退期に移りつつあった。これらの混乱を収束させるのに力があったのが、バドル・ジャマーリー（Badr al-Jamālī, 1036–1094）を指導者とするアルメニア系の軍人であったが、イマーム継承をめぐる争いの背景にはバドルの軍事勢力の影響があったと言われる。

（15）以後本論では、ドゥルーズ派（教）などイスマーイール派から完全に分かれたグループから区別するためにニザール・イスマーイール派とも称する。

（16）一三世紀中頃のモンゴルの征服までのニザール・イスマーイール派の歴史は Daftary, Chapter 4 ‘Nizārī Ismāʿīlī History during the Alamūt Period,’ in *The Ismāʿīlīs,* pp. 301–402 があるが、また古くなったが浩瀚なモノグラフとして M. G. Hodgson, *The Order of Assassins: The Struggle of the Early Nizārī Ismāʿīlīs Against the Islamic World,* The Hague, 1955; Reprint, Philadelphia, 2005 があり、ともに参照した。

（17）Daftary, *The Ismāʿīlīs,* pp. 358–367; Hodgson, *The Order*, pp. 148–159. またこの宣言とその後の思想の展開をイスマーイール派初期からの思想の内的展開として捉えようとした、モノグラフ , C. Jambet, *La grande resurrection d’Alamût: Les formes de la liberté dans le Shî’isme ismaélien,* Lagrasse, 1990 があり適宜参照した。

（18）ナスィールッディーン・トゥースィーが当時のイスマーイール派思想書として体系的な *Rawḍat al-Taslīm*（または *Rawḍa-yi Taslīm*、『服従の庭園』）など同派の教義学分野での執筆のみならず、倫理学や哲学の分野でその代表著作の幾つか（例えば倫理学では *Akhlāq-i Nāṣirī*（『ナースィルのための倫理学』）、哲学ではイブン・スィーナーの *al-Ishārāt wa-al-Tanbīhāt*（『指示と勧告』）への *Sharḥ*（『注釈』））を執筆したのもこの時期と考えられる。H. Landolt, ‘Introduction’ to Naṣīr al-Dīn Ṭūsī, *Paradise of Submission* (*Rawḍa-yi Taslīm*): *A Medieval Treatise on Ismaili Thought*, edited and translated by S. J. Badakhchani, London, 2005, p. 3.

（19）Daftary, *The Ismāʿīlīs,* 386–402; Hodgson, *The Order*, 265–271.

（20）以下のこの節における叙述は主に次の研究による。Daftary, *The Ismāʿīlīs* の関連箇所；H. Halm, *Kosmologie und Heilslehre der frühen Ismāʿīlīya: Eine Studie zur islamischen Gnosis,* Wiesbaden, 1978; idem, Chapter 4 ‘The Ismāʿīliyya,’ in *Shiʿism*, pp. 160–201; W.

Madelung, 'Aspects of Ismāʿīlī Theology: The Prophetic Chain and the God Beyond,' in *Ismāʿīlī Contributions to Islamic Culture*, edited by S. H. Nasr, Tehran, 1976, pp. 51–65.

（21）Madelung, 'Aspects of Ismāʿīlī Theology, 55.

（22）S. M. Stern, "The Earliest Cosmological Doctrines of Ismāʿīlism," in *Studies in Early Ismāʿīlism*, Jerusalem/Leiden, 1983, pp. 3–29 に校訂テクストと部分訳と解題がある。また Halm, *Kosmologie*, pp. 75–80 も参照。

（23）イスマーイール派の否定神学における以下における独自の傾向をアンリ・コルバン（Henry Corbin）とポール・E・ウォーカー（Paul E. Walker）は「二重否定」（仏語 double négation、英語 double negation）と呼ぶ。H. Corbin, *Histoire de la philosophie islamique*, Paris, 1986, pp. 122–123. 旧版（一九六四年）の日本語訳『イスラーム哲学史』黒田壽郎・柏木英彦訳、岩波書店、一九七四年、九五頁；P. E. Walker, *Early Philosophical Shiism: The Ismaili Neoplatonism of Abū Yaʿqūb al-Sijistānī*, Cambridge, 1993, pp. 78–79.

（24）Abū Yaʿqūb al-Sijistānī, *Kashf al-Mahjūb*, edited by H. Corbin, Tehran/Paris, 1949, p. 14 (English translation by H. Landolt, '*Kashf al-Mahjūb*: Unveiling of the Hidden,' in *An Anthology of Philosphy in Persia*, Vol. 2, edited by S. H. Nasr and M. Aminrazavi Oxford/New York, 2001, 86/French translation by H. Corbin, *Le dévoilement des choses cachées, Kashf al-Mahjûb: Recherches de philosophie ismaélienne*, Lagrasse, 1988, p. 44. またスィジスターニーは創出者、つまり真の神それ自体以外には、属性付けられず（lā mawṣūf）、属性付けられないのではない（lā lā mawṣūf）存在などあり得ないことも示唆している。Al-Sijistānī, *Kitāb al-Maqālīd al-Malakūtiya*, edited and introduced by I. K. Poonawala, Tunis, 2011, p. 108.

（25）野元晋「イスマーイール派の預言者論——初期の新プラトン主義的学派を中心として」、竹下政孝・山内志朗編『イスラーム哲学とキリスト教中世Ⅲ　神秘哲学』岩波書店、二〇一二年、九七頁。

（26）例えば、スィジスターニーなどに基づいて、ヴィルファート・マーデルング（Wilfert Madelung）や鎌田繁が既に指摘している。S. Kamada, 'The First Being: Intellect as the Link between God's Command and Creation according to Abū Yaʿqūb al-Sijistānī,' *The Memoirs of the Institute of Oriental Culture (University of Tokyo)* /『東京大学東洋文化研究所紀要』106 (1988): 23–24; Madelung, 'Aspects of Ismāʿīlī Theology,' pp. 56–57.

(27) 以下に掲げる図は、野元晋「イスマーイール派の預言者論」一〇四頁の図に幾らかの修正を加え、また諸術語の術語について若干の補足を行ったものである。また S. Nomoto, 'Abū Ḥātim al-Rāzī on the Soul: An Early Ismāʿīlī Neoplatonist View,' in N. B. McLynn, S. Nakagawa, and T. Nishimura (eds.), *Corners of the Mind: Classical Traditions, East and West*, Tokyo, 2007, p. 160 の図と I. K. Poonawala, 'Introduction' to al-Sijistānī, *Kitāb al-Iftikhār*, edited by I. K. Poonawala, Beirut, 2000, pp. xxvii-xxviii の図、さらに P. Walker, 'Cosmic Hierarchies in Early Ismāʿīlī Thought: The View of Abū Yaʿqūb al-Sijistānī,' *Muslim World* 66 (1976): pp. 14-28 の記述にも基づいている。

(28) 知性を「顕われた神」(Deus revelatus) と真の神を「隠れた神」(Deus absconditus) とする表現は Kamada, 'The First Being,' p. 18 による。

(29) これについては以下を見よ。D. De Smet, *La quiétude de l'intellect: Néoplatonisme et gnose ismaélienne dans l'œuvre de Ḥamīd al-Dīn al-Kirmānī (Xe/XIe s.)*(Leuven, 1995); idem, "Al-Fārābī's Influence on Ḥamīd al-Dīn al-Kirmānī's Theory of Intellect and Soul," in *In the Age of al-Fārābī: Arabic Philosophy in the Fourth/Tenth Century*, edited by P. Adamson, London/Turin, 2008, pp. 131–150; 菊地達也『イスマーイール派の神話と哲学——イスラーム少数派の思想史的研究』(岩波書店、二〇〇五年) を見よ。

(30) Naṣīr al-Dīn al-Ṭūsī, 'Taṣawwurāt' pp. 1-7 in *Rawḍa-yi Taslīm*, edited and translated into English by S. J. Badakhchani, London, 2005, pp. 14–33 (English translation by Badakhchani, 16–33/French translation by C. Jambet, Nasiroddin Tusi, *La convocation d'Alamut: Rawdat al-taslim*, Lagrasse, 1996, pp. 123–150).

(31) 例えば野元晋「4/10世紀イスマーイール派の位階制論におけるターミノロジー——ラージーを中心として」『東洋文化』八七(特集　イスラーム思想の諸相)、二〇〇七年、四一—六三頁を見よ。

(32) 井筒はV・V・イワーノフ及びV・N・トポローフ『宇宙樹・神話・歴史記述』北岡誠司編訳(岩波書店、一九八三年)を参考文献として挙げている(「イスマイル派「暗殺団」」『全集』第九巻、二一三頁)。

(33) 井筒による訳語。以下、特に断りがない限りは一重鍵括弧に入れた術語は井筒による訳語である。

(34) 字義的には「言葉」を意味する。この文脈では神に帰せられるところから「御言葉」と訳せようか。

(35) Daftary, *The Ismāʿīlīs*, 364/pp. 630–631 nn. pp. 139–140 も参照。なおそこでダフタリー(Daftary)は、イマームは神の創造の

「御言葉」の「顕現」（ダフタリーの訳語では epiphany, 原語で maẓhar）であるとしている。

（36）この引用文では井筒のアラビア文字転写法で表記する。

（37）例えば上記のドゥルーズ派の分派、もしくは分教の問題が挙げられよう。

（38）例えば復活の時代の証言とされるハサネ・マフムーデ・カーティブ Ḥasan-i Maḥmūd-i Kātib（一二四二年以降に歿）の *Haft Bāb*（『七章』）ではその第二章（haft-i duyum）は「威力あり至高なるお方は永遠に御自身のお姿（ṣūrat-i khishtan）においてこの世界に顕現なさっている――それは人を高貴な形姿の体に成した――ということの意味と宣言」と題され、この形姿を預言者たちと神に近しき人たち（イマームたち）はこの高貴な形姿を表わす人々であると示唆され、いわばイマームたちと預言者たちが神の顕現の場ともされる。また「イマームの名は主（khudāwand）である」ともされる。Ḥasan-i Maḥmūd-i Kātib, *Haft Bāb, (Spiritual Resurrection in Shi'I Islam: An Early Ismaili Treatise on the Doctrin of Qiyāmat)*, edited and translated into English by S. J. Badakhchani, London, 2017, p. 11 (English translation, p. 51).

（39）以下の文は微妙な表現を用いているが、イスマーイール派はイマームを神そのものと認識することに傾いていたと結論付けていると読める。「太陽の光は太陽の本体とは区別される。しかし、結局は太陽そのものにほかならない。イマームは、その形而上的リアリティにおいてまさに神そのものであるのです」（「イスマイル派「暗殺団」」『全集』第九巻、二四五頁）。

（40）この引用文では井筒のアラビア文字転写法で表記する。

（41）Al-Ṭūsī, *Rawḍa-yi Taslīm*, p. 165 (English translation, 133/French translation, p. 314).

（42）Al-Ṭūsī, *Rawḍa-yi Taslīm*, p. 139 (English translation, p. 113/French translation, p. 282). そして第一知性の顕現がイマームのフッジャ（ḥujja、アラビア語で「証」の意味）、つまりイマームの「証」となるべき直接に下位の、直属の人物であり、普遍的知性の顕現が預言者となる。

（43）またトゥースィーは、神の唯一性の認識（maʻrifat-i tawḥīd）は擬人神観からも属性否定論も伴うものではないと述べている。Al-Ṭūsī, *Rawḍa-yi Taslīm*, p. 56 (English translation, 50/French translation, p. 181).

（44）Al-Ṭūsī, *Rawḍa-yi Taslīm*, pp. 177–181 (English translation, 142–145/French translation, pp. 331–335).

（45）Al-Ṭūsī, *Sayr wa-Sulūk*, edited and translated into English by S. J. Badakhchani, London, 1999 (English translation, *Contemplation and Action: The Spiritual Autobiography of a Muslim Scholar*, p. 35).

（46）この「離れている」と訳した言葉に、前に引用したイマームは至高の神の御言葉の顕現とする一節で「想像や表現から離れている」とされた「離れている」と同じ munazzah が使われていることに注目したい。

（47）この問題については *Sayr wa-Sulūk* の校訂者で英訳者であるS・J・バダフシャーニー（Badakhchani）が、その著作はトゥースィーの真正なテクストであるとする立場から論じている。S. J. Badakhchani, 'Introduction' to al-Ṭūsī, *Sayr wa-Sulūk*, pp. 8–15/62 n. 39. 今後続いて、このテクストの真正性の問題は考えていきたいと思う。

（48）なおハサネ・マフムーデ・カーティブの *Haft Bāb* の校訂者で訳者のS・J・バダフシャーニーは同書に頻出するイマームの呼称、mawlā（主）、khudā（神）、khudāy（神）、khudāwand（主、神）は字義通りに神性をイマームに帰するものではなく、イマームの独特なカーイム（メシア的人物）としての、そして地上における神の御言葉の顕現としての霊的地位を示すものと解釈すべきであると述べている。Badakhchani, 'Introduction' to Ḥasan-i Maḥmūd-i Kātib, *Haft Bāb*, pp. 8–9.

（49）井筒は「イスマイル派「暗殺団」」の序文にあたる冒頭部分で、執筆目的を次のように述べている。「私の本意としては、〔…〕そのような［暗殺という――引用者による補筆］恐るべき制度を作り出したイスマイル派の思想風土、イスラーム共同体におけるこの異端的過激派の正確な位置づけの開明を目的とする。その意味において、本稿も〔…〕東洋思想研究の一環をなすものである」（『全集』第九巻、一八六頁）。この文脈ではこの「東洋思想研究」が地域としての「東洋」の思想研究を意味するのか、あるいは「東洋哲学」の研究をさすのか、判然としないが、恐らく文脈から前者の意味であると考えられる。何れにしても、この「イスマイル派「暗殺団」」でははっきりと、それが「東洋哲学」構築のための研究であると述べた箇所はない。

（50）「東洋哲学」を含めた井筒の思想的営為の総称として便宜的に用いる。

（51）井筒の東洋哲学における歴史観の欠如は、筆者が研究分担者として参加した科学研究補助金・基盤研究（B）「井筒・東洋哲学の構築とその思想構造に関する比較宗教学的検討」研究プロジェクト（二〇一四年―二〇一六年、研究代表：澤井義次［天理大学教授］）における討論で得られた、研究グループのコンセンサスの一つであった。また歴史観の問題は、地上における時間の様態、そして各々の宗教伝統で考える、その天上の時間との関係という問題、つまり時間論と関わるであろう。

井筒の時間論と一神教的伝統の各々の時間論との関係は、井筒思想が一神教的伝統をどのように統合したかという問題にも関わるので、考究し続ける必要がある。勿論それは井筒が一神教的伝統の歴史観に理解がなかったということを意味せず、また一神教的伝統や思想の歴史的展開に理解がなかったということを意味しない。

（52）例えば井筒も挙げているドゥルーズ派の例がある。イスマーイール派を含むシーア諸派全体における、この問題については引き続き考察していきたい。

第II部　形而上学と東洋思想

第六章　形而上学的体験の極所
――「精神的東洋」とは何か

氣多　雅子

一　はじめに

「形而上学的体験の極所」とは、『意識の形而上学――「大乗起信論」の哲学』（一九九二年）に出てくる言葉である。「形而上学的体験」と呼ばれているものは霊性的体験、神秘的体験、超越的体験、根源的体験などさまざまな言い方がなされていて、術語化しているものではない。井筒はそのような術語化を避けているところがあるが、彼は生涯一貫してこの体験を関心の的としている。初期の『神秘哲学』に「形而上学は形而上的体験の後に来るべきものである」（『全集』第二巻、二六八頁）とあるように、井筒にとって、「形而上（学）的体験」は彼の哲学（形而上学）の前提となるものであり、形而上学的体験の「極所」は、彼の「東洋哲学」の核心をなすものである。本稿では、井筒の東洋哲学における形而上学的体験とその極所の思惟がどのような意味と特徴をもつかということを考えてみたいと思う。

二　サルトルの「嘔吐」体験

井筒が彼の「東洋哲学」の形成に本格的に取り組んだ「意識と本質――東洋哲学の共時的構造化のために」（『思想』、岩波書店、一九八〇年六月）で最初に論ずるのは、サルトルが『嘔吐』[1]で描いた「黒々と節くれ立った薄気味悪い塊り」に嘔吐する体験である（『全集』第六巻、九頁／文庫版、一一頁）。サルトルは、井筒とほぼ同時代を生きた現代フランスの哲学者であり、ハイデガーやヘーゲルの影響下で現象学的存在論を展開すると共に、実存主義の思想家として一世を風靡した。また彼は著名な小説家であり、『嘔吐』はその代表作と見なされている。サルトルの実存主義は「実存は本質に先立つ」という言葉で定式化され、人間はまず実存するのであり、自分が何であるかということは自分で選択し自分で作り上げてゆくものであるとする思想である。自分を自分で作り上げてゆかねばならない人間は根源的に自由であるとともに、根源的に不安であり、根源的に孤独である。『嘔吐』には、このような実存体験の原点と言えるようなものが描出されている。

「嘔吐」の体験は、井筒が扱っている形而上学的体験のなかでいささか特異なものと言える。それはいわゆる神秘家の体験ではなく、一般的な宗教的体験でもなく、また日本の詩歌の底を流れる体験でもない。嘔吐の体験は「東洋的なるもの」という東洋哲学の主題からはずれるように見える。井筒が「東洋」というのは地理的東洋ではなく、精神的東洋であると言われているから、現代フランスの実存的体験であるということが東洋哲学の主題からはずれる理由になるわけではない。それでもなお、「嘔吐」体験は井筒が扱う諸々の形而上学的体験のなかで特別の意味をもっている。井筒は後年、終戦直後のサルトル哲学との出会いを「私の思想形成のプロセスを決定的に色づけた経験」と回顧している。井筒は『嘔吐』のなかに東洋の哲人たちが追求してきた体験と共通するものを見て取ったのである。「それは、当時、ようやく私のうちに形成されつつあった意味分節理論の実存的基底が、東西文化の別を越えた普遍性をもつことを私に確信させた」（「三田時代」『全集』第九巻、九九頁）。この普遍性の確信は、井筒の思想が「哲学」としての意味をもつことの確信にほかならない。その意味で、これは後年「東洋哲学」へと結実してゆく長い歩みの出発点であったと解される(2)。

そして、「東洋哲学」における「嘔吐」体験の扱い方は、その哲学がなぜ「東洋」という性格付けを持つのかを明らかにしている。

井筒は『嘔吐』を、あらゆる事物の名が消えてしまい、本質が脱落し、絶対無分節の「存在」が裸身のまま現われてくる体験を最も的確に描いたものと見なしている。確かに、言語脱落と存在そのものの顕現は、サルトルが描写している「嘔吐」の核心をなす事態であると言える。しかし、それはまた不条理、偶然姓、孤独、不安などのさまざまな契機をもつものとして描かれている。主人公ロカンタンはずっと漠然とした「吐き気」のようなものを感じていたが、或る時、その「吐き気」が何であるかということを理解した。その理解が、公園のマロニエの樹の根が「黒々と節くれ立った薄気味悪い塊り」となる体験でもって示されるわけである。『嘔吐』が明確に規定された概念によって構築された理論的著作ではなく、哲学的な主題に貫かれているとはいえ一つの文学作品であること、それが「嘔吐」の体験を豊かに、また複雑にしている。そして、その豊かさと複雑さの全体において、「嘔吐」は歴史的な問題状況に応答するものである。歴史の世紀と言われる一九世紀を経て、二十世紀の哲学も文学もその根柢に深く歴史の問題を抱え込んでおり、そうであってこそ時代を表わす著作ということが重い意味をもつ。サルトルはまさにそういう哲学者であり、『嘔吐』はそういう意味で現代フランスを代表する小説であった。

井筒はそういうサルトルの「嘔吐」から、言語脱落・本質脱落とそこに起こる絶対無分節の「存在」の顕現という事態のみを取り出す。この一点のみで押さえることによって、サルトルの「嘔吐」は「東洋的なもの」に連なることになる。逆に言うと、「嘔吐」のなかでそれ以外のものは井筒の「東洋的なもの」からはずれる。だがそのように考えたとき、「東洋的なもの」として捉えられる「嘔吐」体験が、「嘔吐」という病的な形をとることが際立ってくる。

もちろん世界中の宗教の歴史のなかに、病的な心理現象や歪んだ宗教的体験は数多くある。しかし、サルトルの「嘔吐（吐き気）」がそれらと一線を画すのは、それが彼の現象学的存在論の立場での存在認識そのものを表わす点である。主人公ロカンタンは「何て汚いんだ。何て汚いんだ」と叫ぶ。剝き出しの存在そのものは嫌悪すべきもの、唾棄すべきものとして現れる。ヨーロッパの哲学・神学の伝統のなかで、神は存在そのものと見なされ、存在は超越的なもの、真なるもの、完全なるものと同じ意味をもっていた。サルトルはそれを転倒し、存在が神聖さを打ち砕く。その神喪失を体感で示したところに、『嘔吐』という小説の現代的な意義が存すると言ってよいであろう。

それに対して井筒は、東洋の精神的伝統では「存在」そのものに面したとき「嘔吐」に追い込まれはしないという点に、もっぱら注意を向ける。[3] なぜならそこでは、「絶対無分節の「存在」に直面しても狼狽しないだけの準備が始めから方法的、組織的になされているからだ」（「意識と本質」『全集』第六巻、一三頁）と言う。確かに、東洋の精神的伝統には形而上学的体験を到達点として、そこに向けて心身を鍛錬する技法が培われており、病的な心理状態に陥る危険を回避する方策も整えられている。禅においては異常な心理状態を「魔境」と見なし、修行者は魔境に陥らないために優れた指導者についてその境位を検証することが絶対に必要とされている。それでは、無分節の「存在」に対して方法的・組織的に準備した人は、準備していない人とどこが違うのであろうか。

井筒は、我々の日常的意識は原初的な「本質」の認知に依拠して成立すると考える。つまり、意識とは本来的に「……の意識」であり、意識が志向する「……」（X）なしには現成し得ない。意識が脱自的に向っていく「……」とは、さまざまな事物事象の「本質」であり、「本質」を把握することによって「……の意識」としての意識が成り立つというのである（「意識と本質」『全集』第六巻、六頁／文庫版、八頁）。「本質」は、要するに、Xが何であるかということを指し、それが花や石等々の語によって指示される。それによって、花は花として、石は石として同定され、花と石とが区別される。このように無数の「本質」によって区切られ、複雑に聯関し合う「本質」の網目を通して分節的に眺められた世界が我々の日常的世界であり、それがまた現実をそのように見る我々の日常的意識の本源的あり方であるというのが、井筒の東洋哲学の根幹をなす考え方である。

さらに、井筒は、表層意識と深層意識という二分法を意識の構造モデルとして用いている。表層意識は「……の意識」としての意識であり、志向性がその根本構造を規定する。他方、深層意識は「……の意識」ではなく、無対象的、非志向的意識、つまり無意識であるとされる（「意識と本質」『全集』第六巻、一四頁／文庫版、一六頁）。この深層意識は表層意識に対するメタ意識ということになる。このメタ意識は単に理論的に想定されるものではなく、体験的事実として認められるものである。井筒の東洋哲学の学知としての根拠は、最終的には、この体験的事実の事実性にあると考えてよかろう。

サルトルあるいはロカンタンは表層意識に身を置く人であり、東洋の哲人は深層意識に身を据えた人であると、井筒は言う。井筒によれば、表層意識に身を置く人は、存在者を始めから既に意味分節によってできあがった存在者として見ているのであり、我々の日常的世界は原初的な「本質」認知の過程を省略して、既に意味分節がなされた存在地平として生きられている。そのような日常的世界に何らかのきっかけで言語脱落が起こると、あらゆる事物の名が消えてしまう。名が消えるということは、そのものが何であるかという「本質」が消えてしまうことであり、言語脱落は本質脱落にほかならない。「本質」が脱落すると、まったく無分節的な「存在」そのものだけが残る。表層意識に身を置く人は、このような無分節の「存在」に堪えることができない。なぜなら、そういう人は無分節の「存在」を意識の志向的対象として、じかに把握しようとするのであるが、無分節の「存在」は志向的対象には収まらないものだからである。「……の意識」であるものが「……」を失って宙に迷うと、自己破壊の危険にさらされることになる（「意識と本質」『全集』第六巻、一三頁／文庫版、一五頁）。井筒は「嘔吐」体験をそのような危険に陥った反応として、理解する。したがって無分節の「存在」の体験が、「嘔吐」という病的な形になるのは、その人が表層意識に身を置いていることに起因する。

それに対して、深層意識は対象的な意識ではない故に、無分節の「存在」を対象とすることはない。絶対無分節的「存在」が絶対無分節のままに観られるのが、深層意識であるとされる。井筒の深層意識に特徴的であるのは、それが一つの人間存在の境位を指し示す言葉となっている点である。つまり、「……の意識」でないということは、名を通して対象として指定されるようなものを何ら持たないということであるから、何ものにも執着しない意識状態、欲望からの脱却が深層意識の「本源的なあり方」であるとされるのである。したがって、表層意識・深層意識という言葉には、ある種の価値的なものが含まれている。

東洋の精神的諸伝統において、深層意識に身を据えるということは修行によって到達すべき目標であったと言える。深層意識に身を据えることが表層意識に身を置くことよりも優位にあるということは、この二分法による意識の構造モデルそのものに含まれている。井筒によれば、表層意識に身を置く人は、無数の「本質」によって形成されたものの世界という一つの「存在」次元しか知らないが、深層意識に身を据えた人は、二つの「存在」の次元を生きることになる。深層意識に身を据えるといっても、それは表層意識の見る世界が消えるということではない。井筒によれば、深層意識が拓かれてそこに身を据えるということは、深層意識と表層意識とを同時に機能させることによって、「存在」の無と有とをいわば「二重写し」に観ることができるようになるというのである（「意識と本質」『全集』第六巻、一五頁／文庫版、一八頁）。井筒はそれを、老子や僧肇の言葉を通して明らかにしている。

しかしながら、サルトルにおいて「嘔吐」は決して、禅の魔境などではない。「嘔吐」こそ、存在の真実相をありのままに指し示すものであり、「嘔吐」は、存在の真実相を老子のように「妙」と捉えることに対してサルトルが提示した渾身のアンチテーゼなのである。禅の「魔境」は、井筒の意識モデルでは、いまだしっかりと深層意識に身を置ききることができないことによって起こる事態である。「魔境」は井筒の意識モデルのなかで説明できるのに対して、サルトルの「嘔吐」はその意識モデルそのものを否定しているのである。サルトルは、ある意味では彼のやり方で、「東洋的なもの」をまるごと価値転換していると言える。その限りでは、井筒はサルトルの「嘔吐」体験を曲解し、彼自身の存在と意識理解の枠組みのなかに取り込んでしまっていると言える。だがそれにも拘らず、井筒の「嘔吐」理解には曲解というには収まりきらないものがあり、彼の東洋哲学には「嘔吐」体験をこそ直撃するような何ものかが潜んでいる可能性がある。我々は井筒の「精神的東洋」を、このような屈曲のなかで受けとめる必要がある。

だがここでは、『意識と本質』の最初に論じられる「嘔吐」体験は、日常的世界から「東洋的なもの」に向う通路としての役割を果しているということを指摘するに止めておこう。井筒にとって、それは日常的世界で現代の我々にいつでも起こりうる形而上学的体験の一つの範型である。その範型は井筒の立場から光を当てられて見出されるものであるにしても、井筒が伝えようとする思考世界の道標となっている。イスラーム研究やインド思想研究、禅思想研究などには必要のない道標が、「東洋哲学」には必要なのである。

三　意識論的見地に立つ意味論

表層意識と深層意識というような区別は、心理学や精神医学の分野においていろいろな仕方でなされているが、井筒はどういう意図でこの区別を用いるようになったのであろうか。

井筒の言語論の根幹となるのは、言語以前の絶対無分節的「存在」が言語の意味分節作用によって分節し、存在者がそのものとして現れるという考え方であり、表層・深層という意識モデルはそれをさらに意識論的に発展させるために採用されたと考えられる。井筒の言語論が展開されている『言語と呪術』(*Language and Magic*)を読むと、彼の言語論の発端には、ヴァイスゲルバーの影響が顕著であることが知られる。ヴァイスゲルバーは、素材としての混沌たる現象を秩序付けて概念の世界を形成するものは言語であると考えた。そこから、言語によって概念の世界の形成の仕方は異なっていて、言語にはその言語を用いる共同体の生活観・世界観を反映するという考え方が出てくる。これはアメリカでは「サピア゠ウォーフの仮説」と呼ばれるようになる。井筒はこの考え方を存在論に引きつけて、彼自身の基本的な存在理解、意味理解を確立する。即ち「のっぺりした無限大の拡がり、混沌として捉えどころのない〈何か〉」(絶対無分節のX)を、人間の意識が名前をつけることによって意味分節してゆき、それによって世界が現起するという考え方である(『全集』第四巻、一九—二一頁)。この考え方が、井筒の意味論の根幹となる。

そして、ヴァイスゲルバーの系統の考え方では意味が言語論の中心に据えられることになり、意味の形成は社会のあり方と密接な関係をもつため、その意味論は社会学的な側面をもつことがある。井筒は「『イスラーム生誕』はしがき」(一九七九年)で、自著『クルアーンにおける神と人間』(*God and Man in the Koran*)の意図について説明している。この著作は、「ヴァイスゲルバーなどに代表されるドイツ言語学系の意味論を展開させて、意味論的社会学、あるいはより一般的に文化の意味論的解釈学とでもいえるようなものを方法論的に作り出してみたい」(「『イスラーム生誕』はしがき」『全集』第五巻、二三五頁)という目的のもとに、コーランという具体的資料に適用することでその分析方法を明確にしたいという意図をもって書いたというのである。井筒のイスラーム研究はある時期まで、このような意味論的社会学、意味論的解釈学の方向で進められていたと思われる。

しかし、彼は次第にそれに満足できなくなる。「意味論序説——『民話の思想』の解説をかねて」(一九九〇年)という晩年の論考があるが、井筒はそこで「東洋哲学」の思惟の基盤となる彼の「意味論」の立場を語っている。ここで引き合いに出されるのは、当時言語学だけでなく多方面に強い影響を与えたソシュールの言語理論であり、その大枠を井筒はこう説明する。ソシュールは「意味」を「シニフィアン（意味するもの）」と「シニフィエ（意味されるもの）」に分けて、その両者の関係に意味の成立を見るのであるが、そのシニフィアンとシニフィエの全体を意識内部に起こる事態に還元してしまうという革命的な主張を行った（「意味論序説」『全集』第十巻、四五〇頁）。つまり、いわゆる外的事物はすべて、言語意識がそれ自身のまわりに織り出す主体的意味連関の網目の一環になってしまうのである。以上のようなソシュールの意味現象の捉え方を、井筒は受け容れる。この考え方をとることで、意味論は意識論と連動することになる。

しかし、井筒はソシュールのシニフィエの捉え方に重大な欠陥が含まれていると考える。即ち、シニフィアンとシニフィエが両方とも意識内部の事態であるとするなら、ソシュールはシニフィエをimageと捉えるべきなのに、シニフィエにconceptという語を当てているのはおかしいというのである。シニフィエにconceptの語を当てるということは、意味が概念的一般者であることを示している。意味が概念的一般者である場合、シニフィアンとシニフィエとのあいだの意味指示的関係は、原則として一義的になる。つまり、そのとき言葉は記号的になるわけであり、井筒はそのことを批判する。「意味」がそっくり意識内部の事態であるなら、「意味」は我々の言語生活の現場に溌剌と躍動する生命の流れを組み込んだものでなければならない、と井筒は考えるからである。

シニフィエは正式のシニフィエであるためには一般者でなければならないが、それは概念的一般者ではなく、「複雑に錯綜する浮動的な内部分節構造を持ち、個性的具体的状況に応じて柔軟に機能する一般者」なのだと言う。別の言い方をすると、シニフィアンとシニフィエとは一対一の関係に立つのではなく、一つのシニフィアンに対してシニフィエは「様々に異なる意味構成要素の寄り集まる一群」だということになる（「意味論序説」『全集』第十巻、四五五頁）。それ故、「意味」は一義的ではなく、通常の意味で多義的でもない。多義的でないというのは、意味構成要素の一つひとつがシニフィアンに対応する「意味」ではなく、様々な意味構成要素が全体で意味フィールドを有機的に成立させていて、それが「意味」だからである。その一群の要素のなかの何れに注意の焦点を合わせるかによって、シニフィエの全体が違ったものとして現われてくる。シニフィエは、その一要素が動いただけで、直ちに全体が動くような緊密な統合体をなしている。このように井筒は考える。

井筒によれば、ソシュールの言語理解にこのような欠陥があるのは、彼が意味現象についてコトバの表層レベルだけに注意を限定して、言語意味の社会制度的側面における構造分析のみを事とするからである。社会生活の表面でコトバが実践的なコミュニケーションの道具として円滑に機能するためには、「意味」は概念的であることが望ましい。そのため、「意味」は社会制度的に固定されてゆくことになり、これがコトバの表層である。それに対して、井筒自身は、「意味」の真相は、「下意識的あるいは無意識的深層における浮動性の生成的ゆれ」のうちで把握され得ると考える（「意味論序説」『全集』第十巻、四四九頁）。つまり、いま述べた「意味」（シニフィエ）の有機的なフィールド構造のゆれのことである。

井筒は、コトバに関して「表層的、社会制度的、社会学的見地」と「深層的、下意識的、意識論的見地」という二つの対照的立場を立て、自らは後者に立つと述べる。両者は意味論の二つの見地、立場として並立されるが、井筒にとって真に「意味論」と呼ぶに値するのは後者であり、そこで探究される「意味」を「意味論的「意味」」と呼んでいる。

そして、表層的で社会学的見地での意味論から、深層的で意識論的見地に立つ意味論への移行が、井筒の「東洋哲学」成立の一つの条件となったと考えられる。ただし、井筒は、東洋的言語論を代表する唯識学の伝統が後者の深層的な意味論に立つと述べていることから、深層的な意味論への移行と「東洋哲学」の構想とは一緒になって進行したと考えるべきであろう。そこにおいて、表層と深層という構造は、コトバのそれであり、意味のそれであり、意味論のそれであるが、それと共に先述のように、意味論は意識論と連動するので、意識の構造とそのまま重なることになる。したがって、表層意識に身を置く人と深層意識に身を据えた人との差異は、井筒の「東洋哲学」において決定的に重要になる。後者の人こそが東洋哲学的考察の対象であり、表層意識のあり方も深層意識から見られることになる。

四　共時的構造化

井筒の「東洋哲学」の構想を具体化させたもう一つの条件が、「共時的構造化」を核とする方法論的操作の獲得である。「共時的構造化」が、ソシュールにおける言語の「通時態（diachronie）」と「共時態（synchronie）」の区別から影響されたものであることは明らかである。

ソシュールは言語が自然的基盤をもつことを否定し、言語活動を純粋価値体系としてのラングと個人的発話行為としてのパロールという二つの側面で捉え、その言語活動に通時態と共時態という二つの領域があると考える(4)。通時態は時間とともに変化する連続的なものであり、共時態はいわばその連続をある時代で切り取った断面である。要するに、通時態を明らかにするには言語の歴史的位相を対象とする研究が必要であり、共時態を明らかにするには言語の構造を対象とする研究が必要だということになる。ソシュールは「一つの事象がどの程度に存在するかということを知るためには、それがどの程度に語る主体の意識に在るか、それがどの程度に意味を有するかということを探究すべきであろう。したがって、唯一の展望、唯一の方法は、語る主体によって感じられているものを観察することである」［SM72］（丸山圭三郎『ソシュールを読む』一五三頁）という考えから、語る主体によって感じられているものを探究する共時態の研究がまず先行すべきであり、それを基礎にして初めて通時態の研究が可能となるとした。

主体に感じられているものを観察するという態度は、まさに井筒の関心に合致するものであったと推測される。井筒はその態度をさらに徹底させようとする。『意識と本質』の後書で、井筒はそれを二段階の方法的操作として定式化している。

第一段階は、「東洋の主要な哲学的諸伝統を、現在の時点で、一つの理念的平面に移し、空間的に配置し直す」（「TAT TVAM ASI」『全集』第十巻、三〇七頁）操作である。つまり、「東洋哲学の諸伝統を、時間軸からはずし、それらを範型論的に組み替えることによって、それらすべてを構造的に包みこむ一つの思想連関的空間を、人為的に創り出す」わけである。こうして創られた思想空間は多極的重層構造をもつはずであり、その構造体を分析することによって、幾つかの基本的思想パターンを取り出すことができるはずである。ここまでが一連の操作・分析である。第二段階は、「こうして取り出された東洋哲学の根源的パターンのシステムを、一度そっくり己れの身に引き受けて主体化し、その基盤の上に、自分の東洋哲学的視座とでもいうべきものを打ち立てていくこと」である。このように説明されている。

第一段階の操作は「人為的、理論的操作」であると言われるが（「意識と本質」『全集』第六巻、三〇七頁／文庫版、四一一頁）、この操作が必要なのは、「東洋哲学」というものを考える思考空間が第一次的には成立していないからである。「東洋哲学」という言い方はやはり「西洋哲学」との対比が前提されているが、井筒は、西洋哲学は古代ギリシアを源とする一つのまとまりをもった統一体としてあるのに対して、東洋には地域的にも時期的にも長短入り乱れて複雑に錯綜しつつ並存する複数の哲学伝統、思想潮流があるだけだと考える。それらの思想潮流を「東洋哲学」という一つの有機的統一体にまとめあげて、それを、世界の現代的状況のなかで人類の未来に貢献するような哲学的思惟の創造的原点にしてゆこうという壮大な意図が、井筒を突き動かしている。そのことは井筒のいろいろな言説からうかがえる。現代世界では科学技術に基づく西洋文化パラダイムが人類に共通のものとなっているが、その「西洋哲学的〈枠組み〉」に対して「東洋哲学的〈枠組み〉」を対立させて、そこにディアローグを引き起こし、そこに何らかの「地平融合」の可能性を期待する。[5] それが井筒の最終的なもくろみであると解される。これが一つ問題を残すことを、我々は指摘しておかねばならない。即ち、「東洋哲学」という統一体は人為的な構築物であり、作業仮説的なものに止まるという点である（「人間存在の現代的状況と東洋哲学」

『全集』第八巻、四七九頁)。

第二段階の主体化の操作はディアローグに至るもくろみを具体化するためのものであり、これによってソシュール思想の枠を超えると共に、言語論という学問領域を超えて、井筒の独自の哲学的立場が構築されると言ってよかろう。第一段階の操作分析は、あくまで学問的で知的な研究である。そこで見出された東洋哲学の根源的パターンを自分自身の意識に内面化し、「東洋哲学の磁場」を造り出してゆくことが次に求められる。その操作が主体化であるのは、東洋哲学の理解にはコトバの深層構造、人間意識の深層構造の理解が不可欠だということになるが、そのような理解には理解する人自身が何らかの程度意識の深層に身を置くことが不可欠だからである。深層構造は自分自身の内側から理解するよりほか、理解の道がない。そのように井筒は考えている。

ただ我々にとって問題なのは、この第二段階の操作が東洋の哲人たちの実践と同じことを要求するものなのか、ということである。インド思想のヨーガ、大乗仏教の止観、禅仏教の坐禅、老荘の坐忘、宗代儒教の静坐、イスラームの唱名《ジクル》、ユダヤ教の文字・数字観想などの(「人間存在の現代的状況と東洋哲学」『全集』第八巻、四八一頁)、東洋の伝統において培われてきた意識の形而上学的次元の能力活性化のための組織的方法を、同じように実践しなければならないのであろうか。その実践の目的は「人間を根柢からつくりかえること」(「人間存在の現代的状況と東洋哲学」『全集』第八巻、四八二頁)である。人間のつくりかえまで要求するなら、もはや宗教そのものである。第二段階として求められている主体化の到達点は、表層と深層という意識の構造モデルを理論的に承認し、人間意識の深層構造が体感として現われ得るということを確認するということで、差し当たって十分であろう(6)。ただし井筒は、東洋の諸伝統におけるさまざまな技法による人間の内面的なつくりかえの操作と、共時的構造化の第二段階の主体化の操作とを、深浅の差はあっても、異質のものと考えていないように思われる。そのことが、彼の東洋哲学を特徴づけていると言えよう。

表層的意味論から深層的意味論への移行ということと、共時的構造化という方法論的操作とは、密接に関係し合っており、一緒になって井筒の東洋哲学の世界を拓いてゆくのである。

五　「本質」肯定論と「本質」否定論

さて、東洋哲学における表層と深層という意識の構造モデルは、『意識と本質』において考察が進むなかで、表層と深層の二重構造からもっと複雑な多層構造へと進化する。ただし、その多層構造は、一つの多層構造モデルにまとめあげられるのではなく、多層構造モデル自体が複数考えられるようなものであることが、興味深い。そのような違いを、井筒はそれぞれの文化伝統において「本質」がどのように捉えられているかによって、導き出している。

その際、「本質」の語は西洋中世哲学の術語 quidditas (essentia) に対応するものとして用いることが、言明されている。このスコラ的概念を用いることが、歴史を離れた人為的な仮設であることを、井筒は明確に意識している（「意識と本質」『全集』第六巻、五八頁／文庫版、六二頁）[7]。そこには、西洋と東洋、古代と中世と近世という包括的な視野で思索しようとする場合にこのような「仮設」がどうしても必要であるという考え方がある。その考え方の前提になっているのは、文化と宗教の多元性である。そもそも井筒の仕事は、そのような多元的でばらばらな文化的宗教的諸伝統をどのように見渡すことができるか、という挑戦のような性格をもっている。多元性が出発点にあるということは、西田幾多郎や西谷啓治などの京都学派の哲学者たちと異なる、ポストモダンの思想状況のなかで思惟した井筒の際立った現代性であると言えよう。

そのことは、井筒が意識構造のモデルを使用して思惟していることにも言える。このようなモデルを用いた分析は、現実の意識に対して何らかの非現実的な単純化の仮定のもとになされるものである。井筒はそのことを自覚した上で意識構造モデルを使用しており、そのモデルは修正され得ることを前提にしている。このようなモデルを使用することによって、井筒の仕事は形而上学的体験の類型論としての性格をもってくる。井筒自身はこのような言い方をしていないが、彼の東洋哲学には解釈学的類型論もしくは類型論的解釈学という性格がある。

意識モデルを準備した上で、井筒はまず、「本質」肯定論（「本質」は実在する）と「本質」否定論（「本質」は実在しない）という大枠を設定する。「本質」肯定論を分析しようとする際に、井筒はイスラームのスコラ哲学の視点を取り入れて、quidditasとしての「本質」をさらに、普遍的「本質」（マーヒーヤ）と個体的「本質」（フウィーヤ）の二つに区別する。実在する花を前にして、「この花」の「この」に絶対的力点を置くとフウィーヤ的本質の考え方になり、「この花」の「花」に絶対的力点を置くとマーヒーヤ的本質の考え方になるわけである。そしてこの区別に基づいて、井筒は「本質」肯定論を三つの型に分ける。

第一型はマーヒーヤが実在するが、それは深層意識で把握されるという考え方で、その典型が宋学の「格物窮理」やマラルメの立場とされる。第二型は、マーヒーヤが実在し、深層意識で把握されるという点では第一型と同じであるが、その深層意識における把握の場所を異にするものである。マーヒーヤは「元型」として現われ、根源的イマージュの世界の成立する意識領域がそれの本来の場所である。シャマニズムや易の六十四掛、密教のマンダラ、ユダヤ教神秘主義カッバーラーの「セフィーロート」、さらにイブン・アラビーの「有無中道の実在」やスフラワルディーの「光の天使」などがその例とされる。第三型は、マーヒーヤを表層意識において理知的に認知するものである。孔子の正名論、古代インドのニヤーヤ・ヴァイシェーシカ派の存在範疇論などがその例とされる。なお、この三つの型に入ってはいないが、実在するのはマーヒーヤではなくフウィーヤであるとする考え方もあることが指摘されている。この考え方をとるのは、多くの詩人たちで、その典型がリルケであり、その変形が芭蕉であるとされる。

以上のような「本質」肯定論に対して鋭く対立するのが、「本質」否定論の立場である。なおこの立場を見てゆく前に付言しておくと、「本質」肯定論と「本質」否定論の中間に井筒が位置づけるのが、イブン・アラビーである。イブン・アラビーは、絶対一者が多者に至る存在分節の過程の途中に一つの中間領域を置き、それを「有無中道の実在」の領域と呼ぶ（「意識と本質」『全集』第六巻、二八頁／文庫版、三一頁）。

さて、井筒が「本質」否定論の代表とみるのは、禅である。「本質」肯定論を説明する際にも、繰り返し禅の存在体験を引き合いに出しており、『意識と本質』の主要関心の一つが禅の存在体験にあることは明らかである。井筒によれば、仏教、特に禅においては、花は花であるというように「本質」的に固定された事物はすべて我々の妄想意識の産み出す幻影にすぎないと考える（『全集』第六巻、一一二頁／文庫版、一一八頁）。経験的世界の全体が、存在論的根拠をもたない幻影のごとき事物の偶然的集合にすぎないというのである。したがって、禅の体験の前半は、すべての存在者から「本質」を消去し、そうすることですべての意識対象を無化し、全存在世界をカオス化することだとされる。世界がカオス化しきった極点に至ると、その極点から翻って、世界は以前とは違うまったく新しい形で秩序が取り戻される。これが禅体験の後半だというのである。修行者としては、前半がまず問題となるであろうが、井筒の主な関心は後半にある。後半にこそ、禅の際立った特徴があり、そこに言葉の重要なあり方が見出されると、井筒は考えるからである。

六　無「本質」的分節

経験的世界が徹底的にカオス化した極点が、井筒の理解する禅の悟りである。その極点は「意識・存在のゼロ・ポイント」の境位という表現がなされている（「意識と本質」『全集』第六巻、一三六頁／文庫版、一四四頁）。「意識・存在」と表記されるのは、この境位では意識と存在とが完全に融消し合って区別がなくなるからだと、説明されている。そして、このゼロ・ポイントこそ、形而上学的体験の「極所」にほかならない。

「意識・存在のゼロ・ポイント」の境位が体験されるのは、禅に限らない。井筒の考え方では、すべての神秘思想、神秘体験は、このゼロ・ポイントの体験をめざすものであるか、あるいはこのゼロ・ポイントを想定することで説明され得るものである。「存在・意識のゼロ・ポイント」は、井筒の哲学において、形而上学的体験そのものの解明であると同時に、意識の構造モデルの一部でもある。

サルトルの「嘔吐」体験が興味深いのは、それが意識・存在のゼロ・ポイントを想定することで説明され得るものの、ゼロ・ポイントの境位に至ることはないと考えられる点である。そのように井筒が説明しているわけではないが、「嘔吐」体験はいわば行き止まりの体験である。そこから先へと展開することのない体験であり、それ自身がそれ自身において明らかになることのない体験である。禅においては、体験の明晰な自己知が存する。ゼロ・ポイントがゼロ・ポイントの「境位」として体験的に現れるのであり、だからこそそこから何が出てくるかがはっきりと捉えられるのであろう。禅においては、日常的世界のすべてが「本質」を失って無分節になったゼロ・ポイントから、再び諸事物が有化された世界が立ち現れる。何らかの形で、再び「有」の世界に還ることがないような体験は、形而上学的体験としては病んだものだと考えられる。

禅におけるこの世界分節の変容を井筒は、「山は山である」（分節Ⅰ）が「山は山でない」へと移行し、さらに「山は山である」（分節Ⅱ）へと移行するという仕方で説明している（「意識と本質」『全集』第六巻、一四一頁以下／文庫版、一四八頁以下）。分節Ⅰの「山は山である」と分節Ⅱの「山は山である」の違いは、前者の「山」は「本質」の分節であるのに対して、後者の「山」は「本質」をもたないという点にある。井筒によれば、存在分節はあるが「本質」をもたない無「本質」的分節という分節Ⅱが、禅の特徴となる。

この特徴から、禅がどこにコトバの問題点を見ているかということが明らかになる。井筒によれば、禅は、コトバがその意味に従って存在を分節し、意味指示的に切り取られた存在断片を「本質」として凝固させ固定させてしまうというところに、問題点を見ている（「意識と本質」『全集』第六巻、一二六頁／文庫版、一三三頁）。「本質」をもたない存在分節は、そのような固定性の対極にあるものである。山を山として「本質」的に固定させずに、しかも山として分節させる。そのようなことがあり得るのかと思われるが、井筒はさまざまな禅の典籍が、その事態を指し示していることを論ずる。井筒によれば、無「本質」的分節において、山は現実に山として現れる。その「山」は存在のゼロ・ポイントへと帰り、またそのゼロ・ポイントから現われ出たものである。だが私には、山の本質はないのだから、ゼロ・ポイントから山ではなく別の何かが現われてもよいのではないかという疑問が起こる。

　それに対する井筒の説明はこうである。宏智『坐禅蔵』の「水清くして底に徹す。魚の行くこと遅遅たり。空闊くして涯りなし。鳥の飛ぶこと杳杳たり」を引いて、この魚、この鳥が、道元の「魚行きて魚に似たり」の魚、「鳥飛んで鳥のごとし」の鳥だと言う（「意識と本質」『全集』第六巻、一五八頁／文庫版、一六五頁）。つまり、魚は魚、鳥は鳥として立派に分節され区別されていながら、この鳥とこの魚との間には存在相通、存在融和があるというのである。存在相通があるということは、すべての存在者が互いに透明ということである。分節されているのに、分節線が働かない。分節がものを凝結させない故に、ものは四方八方に己を開いて流動する。道元が「に似たり」「のごとし」という言い方で示しているのがこの分節の仕方であり、分節されている「に似たり」、分節されている「のごとし」の事態こそ存在の究極的真相である。そのように井筒は言う。

　先に述べた、井筒の「意味論的「意味」」が「下意識的あるいは無意識的深層における浮動性の生成的ゆれ」のうちにあるものだということを、思い起こそう。無「本質」的分節はものを凝結させはしない故に、この「浮動性の生成的ゆれ」をそのまま保持する分節のあり方だと言える。「に似たり」「のごとし」はその「ゆれ」を表現していると解される。だが、「に似たり」という分節の仕方の説明は、まだ、意識・存在のゼロ・ポイントから山ではない別の何かが現われないのは何故か、という私の疑問に十分に答えてはいない。「魚に似たり」「鳥のごとし」という分節の仕方は、やはり「魚に似たり」であり「鳥のごとし」ではないか。分節Ⅰでの「魚」は、分節Ⅱで「みみず」や「帽子」というようなまったく別の現われ方をしない。「魚」や「鳥」という分節Ⅰの存在分節の仕方が、やはり基本的に分節IIで継承されている。

七　言語アラヤ識と意味分節

井筒の思想においてこの疑問に根本的に答え得るのが、「言語アラヤ識」という考え方であろう。言うまでもなく、これは唯識思想の阿頼耶識から採った名称である。(8) 唯識思想では、阿頼耶識が一切諸法を生ずる種子を内蔵している場所とされるが、井筒は言語アラヤ識を、存在の「種子《ビージャ》」が形成される場所であり、それらの「種子」が機会あるごとに経験的意識の表面に「……の意識」という形で現われ出て、経験的事物を分節してゆく（「意識と本質」『全集』第六巻、一二四頁／文庫版、一三〇頁）。つまり、「本質」は言語アラヤ識の意味的「種子」の現勢化した姿である。このように井筒は考えている。

井筒は意識を表層と深層の二つだけでなく、多層的に考えており、表層意識をAとして、深層意識はさらにBとCに分ける図式を提案する。Cが無意識の領域で、その最深最下の一点を意識のゼロ・ポイントとする。Cから意識化の動きが起こってくるわけであるが、言語アラヤ識はBに属し、その意識化の活動の中心となるとされる。井筒によれば、言語アラヤ識は「無数の浮動的な意味体が、結びつ解かれつしながら流れている」（「意識と本質」『全集』第六巻、一二四頁／文庫版、一三〇頁）紛糾の場であり、意味的「種子《ビージャ》」が形成されている意味の潜勢態である。この「種子」が「本質」を造り出すわけである。

この意味的「種子」は分節Iの意味分節へと顕在化するだけではない。分節IIの無「本質」的分節もまた、この意味的「種子」のなかに可能的に含まれていると、井筒は考えている。したがって、言語アラヤ識の意味的「種子」は一切の意味分節の潜勢態である。ただし、分節IIの場合、分節が現成する場としての意識は「無」意識から直接に働き出してくる意識であることから、表層的意識とは質を異にする。したがって、そこに働く言語アラヤ識の意味分節機能も表層的意識での意味分節とは根本的に異なる（「意識と本質」『全集』第六巻、一五七頁／文庫版、一六四頁）。そのように、井筒は説明している。だが、分節IIの場所である深層的意識が「無」意識と直接していることが分節の仕方を規定することになるなら、「無」意識そのものが意味分節と無関係ではないはずである。井筒は、意識・存在のゼロ・ポイントにすでに全存在世界が分節可能態において秘められているというふうにも、考えている（「意識と本質」『全集』第六巻、一五六―一五七頁／文庫版、一六三―一六四頁）。

そして、言語アラヤ識の考え方で重要なのは、それが文化的伝統と関わっている点である。井筒の考えでは、表層意識の世界は因果律の支配する世界であり、すべての事物がそれぞれ自分の「本質」をもっている世界である。ここで「本質」というのは、一義的な概念 concept としての言葉に固定されるものである。それぞれの文化共同体の言語には、そのような既成の「本質」が体系的に記録されている。それは、その言語体系のなかに存在分節体系が刻印されているということである。その文化共同体の構成員は、共同体の言語を身につけてゆくなかで、その文化の「本質」体系を摂取し、それを通じて存在分節の仕方を学んで行く。そして、「学ばれた「本質」体系は全体的に「文化的無意識」の領域に沈殿して、その人の現実認識を規制する」（「意識と本質」『全集』第六巻、一二三頁／文庫版、一三〇頁）。「言語アラヤ識」はこの「文化的無意識」を指すというのが、井筒の考えである。

したがって、言語アラヤ識の思想は、それぞれの言語における意味分節がそれぞれの歴史のなかで文化的に形成されてきたという、井筒の言語への相対的、多元的な捉え方を示すものである。しかしその一方で、一切の意味分節は絶対無分節者の自己分節であることから、文化的な差異はあっても、分節されて現出してきたあらゆる事物の総体は同じ一つの全体的存在世界を提示するのだという彼の一元的な視点が、その多元性を支えている。それにも拘らず、東洋哲学の観点からみた重要性は、言語アラヤ識の思想が分節IIの意味分節も言語アラヤ識という文化的な沈殿に規定されるというところにあるであろう。だが、言語アラヤ識には、本稿でまだ触れていない大きな問題がある。即ち、想像的イマージュの問題である。

実は、井筒は禅に関して、分節Ⅰの「魚」が分節Ⅱで「魚に似たり」となるような分節の仕方とは異質の例も挙げている。道元『正法眼蔵』「山水経」の一節で述べている、深海に棲む竜や魚は、人間にとって水であるものを、宮殿、楼閣と見ているかもしれない、という話である。[9] この例は、意味分節の「生成的ゆれ」の問題としては説明できない。井筒は、ここでの道元の意図を、こう要約している。「我々人間が、人間特有の感覚器官の構造と、コトバの文化的制約性とに束縛されながら行う存在分節は、無限に可能な分節様式の中の一つであるにすぎない。それがいかに狭隘な、一方向的なものであるかは、いま仮に天人の目になり、魚の目になって、我々が通常、水ときめこんで疑いもしないでいるものを、天人や魚の視点から新しく分節し直してみればすぐわかる」(『意識と本質』『全集』第六巻、一七〇―一七一頁／文庫版、一七七―一七八頁)と。ここで井筒は、意味分節には身体性のレベルが関わっていることに気づいているにも拘らず、著作のなかで身体性の問題に踏み込むことはしない。そして、この一節の眼目が「天人の目になり、魚の目になる」ということにあるとしたなら、そこで問題であるのは想像的イマージュではないかと思われる。[10]

　想像的イマージュは、先述の「本質」肯定論第二型において、特徴的に立ち現れるものとされている。禅は、宋学の「格物窮理」やマラルメを典型とする「本質」肯定論第一型と正反対であるだけでなく、シャマニズムやタントラ、神秘主義などを典型とする「本質」肯定論第二型ともまったく異なる性格のものだと、井筒は考えている。第二型は、詩的ないし神話的な想像力によって深層意識の次元に現れる元型《アーキタイプ》的な形象を、事物の実在する普遍的〈本質〉として認める立場であるが(『意識と本質』『全集』第六巻、一七三頁／文庫版、一八〇頁)、この元型的「本質」の世界を「禅はまったく知らない。あるいは知っていても、全然問題にしない」(『意識と本質』『全集』第六巻、一七三頁／文庫版、一八〇頁)というのである。

　井筒の叙述では、言語アラヤ識の本来の働きが現れるのは「本質」肯定論第二型である。想像的イマージュとの関係を抜きにして、言語アラヤ識は明らかにされ得ないということであろう。言語アラヤ識が文化的無意識であるからには、「精神的東洋」とは何かという問いはまだ終らない。だがその考察は、稿を改めることとしたい。

注

（1）Jean-Paul Sartre, *La nausée: roman*, Paris: Gallimard, 1938. 白井浩司訳『嘔吐』人文書院、一九五一年。鈴木道彦訳『新訳 嘔吐』人文書院、二〇一〇年。

（2）「それ以来、私の思想は、ある一つの方向に、着実に進み始めた」（『全集』第九巻、九九頁）と、井筒は付言している。

（3）なお、井筒は「存在」も「本質」も「嘔吐」も括弧付きで表現するが、括弧を付けるのは、存在とはどういうものであるか、本質とはどういうものであるか、ということを留保して表わすためだと解される。存在や本質をどういうものとするかということは、それぞれの精神的伝統、もしくはそれぞれの思想家によって異なるのであり、その違いを明らかにしてさまざまな精神的伝統や思想を適切に位置づけることが、井筒の東洋哲学によってなされるわけである。つまり括弧付きの語は定義された論理的な概念ではなく、たくさんの材料を大括りして示すことによって、それらの違いと相互関係の考察を可能とするための表記である。これらの括弧付きの表現は、井筒の共時的構造化の思考空間と切り離すことはできないと思われる。

（4）井筒がフェルディナン・ド・ソシュールの思想に最初に接したのは、慶應義塾大学での師、西脇順三郎の講義においてであったと思われる。「先生（西脇）の言語学講義の純理論的部分は、大体においてソシュールを中心軸としていた」（『全集』第八巻、七一頁）。ソシュールの思想は資料批判、新資料の発見などにより、時期によって異なる理解が流通した。『意識の形而上学』の時期の井筒のソシュール理解は、丸山圭三郎の研究に大きく影響されていいると思われる。したがって、本稿でのソシュール理解も、丸山圭三郎の『ソシュールの思想』（岩波書店、一九八一年）および『ソシュールを読む』（岩波書店、一九八三年）を参考にした。
（5）ここで「枠組み」というのはカール・ポパーの framework を、「地平融合」はG・ガダマーの Horizontverschmelzung を念頭に置いている。「人間存在の現代的状況と東洋哲学」（『全集』第八巻、四五八―四九六頁）参照。
（6）差し当たってというのは、そのような主体化が成立させる「東洋哲学の磁場」における知そのものが、さらなる深化を駆り立ててくるものだからである。
（7）「〔…〕私はここでむしろ積極的、意図的に中世哲学的「本質」の概念を基礎に据え、そこから出発し、それの特殊な展開可能性として、東洋哲学諸伝統の提示する「本質」論を一つの共時的理論構造の形で試論的に組織化してみようとする」（「意識と本質」『全集』第六巻、五八―五九頁／文庫版、六二―六三頁）。
（8）唯識思想では、心の作用について、眼識、耳識、鼻識、舌識、身識、意識、末那識、阿頼耶識の八識を立てる。第八の阿頼耶識は個人存在の根本にある識である。阿頼耶とは住居・場所の意味であり、そこを場として一切諸法を生ずる種子を内蔵しているとされる（『岩波仏教辞典』岩波書店、一九八九年）。
（9）道元『正法眼蔵』「山水経」「おほよそ山水をみること、種類にしたがひて不同あり。いはゆる、水をみるに理略とみるものあり。しかあれども、理略を水とみるにはあらず。われらがなにとみるかたちを、かれが水とすらん。かれが理略は、われ水とみる。水を妙華とみるあり。しかあれど、花を水ともちいるにあらず、鬼は水をもて猛火とみる。濃血とみる。龍魚は宮殿とみる、樓台とみる。あるいは七宝摩尼珠とみる。あるいは樹林牆壁とみる、あるいは清浄解脱の法性とみる、あるいは真実人体とみる、あるいは身相心性とみる、人間これを水とみる」（『道元禅師全集（上）』臨川書店、一九八九年、二六二頁）。
（10）井筒は、天人や竜魚などの「随類の諸見不同」のところを超えて「水、水を見る」ところに超出しなければならないとする道元の言葉を引用し、「水、水を見る」を「水が水そのもののコトバで自らを水と言う」ことだと説明する。しかし、これは「哲学的な説明」になってはいない。井筒の禅の説明は、少し整合性に欠けると言わねばならない。

第七章　井筒俊彦と華厳的世界
――東洋哲学樹立に向けて

安藤　礼二

一　はじめに

井筒俊彦は、「私の無垢なる原点」と記す『神秘哲学』（一九四九年）から「『大乗起信論』の哲学」とサブタイトルが付された遺作『意識の形而上学』（一九九三年）に至るまで、一貫して、ギリシアの哲学者プロティノスの光の哲学を参照し続けている。しかしながら、その方向性は、両者では正反対になる。『神秘哲学』の段階では、プロティノスの光の哲学は、中世のキリスト教神秘主義として完成する、いわば西洋哲学の基盤であり、ユングとオットーによって創出されたエラノス会議に招かれた後では、東洋哲学全体に及ぶ「共時論的構造化」を理解し、実現していくための貴重な試み、華厳的な世界の本質を過不足なく説明してくれる特権的なテクストになる。

井筒のエラノスでの成果は、『意識と本質』（一九八三年）として結晶する。『意識と本質』では、全一二章のうち三章を使って論じられる「禅」の方法と、四章を使って論じられる広義の「密教」的な方法、意識における

「本質」の否定と肯定、あるいは道元と空海が、二つの大きな対立軸をなしていた。井筒にとって華厳は「禅」と「密教」を一つに結び合わせてくれるものだった。さらに「禅」から「密教」へと論点が以降する際、『意識と本質』では、シャマニズムの再検討がなされていた。シャマニズム、すなわち「憑依」の体験もまた、井筒が『神秘哲学』以降一貫して関心を持ち続けた主題である。井筒は、ギリシアの神秘哲学の起源にディオニュソスの「憑依」を位置づける。それだけではない。全三巻の文庫として刊行が開始された『コーラン』の邦訳、その上巻（一九五七年）の解説に、井筒は、こう記していた――「神憑りの言葉。そうだ、『コーラン』は神憑りの状態に入った一人の霊的な人間が、恍惚状態において口走った言葉の集大成なのである」。

井筒にとって、哲学のみならず、宗教もまた「憑依」の体験からはじまっていたのである。『神秘哲学』で、井筒は、「憑依」が人間にもたらしてくれる体験を理論化してゆく。ディオニュソスに「憑依」された女たちは自我が跡形もなく破壊され、自己の外、制度の外へと逃れ出る（脱自＝エクスタシス）。女たちはディオニュソスの化身である聖なる犠牲獣を八つ裂きにし、生のまま喰らう。その熱狂の最中、神と人間と獣の差異もまた消滅する。森羅万象あらゆるものが神的な要素に充ち溢れる（神充＝エントゥシアスモス）。「脱自」と「神充」は表裏一体の関係にあった。「脱自」からは霊魂不滅の原理にもとづいた密儀宗教が生まれ、「神充」からは宇宙全体を動的に捉える「全即一」の原理にもとづいた自然哲学が生まれる。密儀宗教からは「一」なるものを静的に探究したパルメニデスを経てプラトンのイデア論が生まれ、自然哲学からは宇宙を流動的に捉えたヘラクレイトスを経てアリストテレスの能動知性を中心に据えた「全」なる宇宙生成論が生まれる。

プロティノスは、プラトンとアリストテレス、「脱自」と「神充」を、「一」と「全」をひとつに総合したのだ。井筒は、エラノスでなされた報告にもとづいた「事事無礙・理理無礙」（一九八五年）の冒頭で、プロティノスがその眼に見た光景に、華厳的な世界の核心を位置づける――「あちらでは、すべてが透明で、暗い翳りはどこにもなく、遮るものは何一つない。あらゆるものが互いに底の底まですっかり透き透しだ。光が光を貫流する。ひとつ一つのものが、どれも己の内部に一切のものを包蔵しており、同時に一切のものを、他者のひとつ一つの中に見る」。一即多にして多即一。井筒の思索における華厳的な世界の探究は、「憑依」が生きている呪術的な「未開」社会と哲学や宗教が発生してくる「文明」社会を、人間の意識の闇と光を、西洋哲学と東洋哲学を、ユーラシアの極西であるギリシアから極東である列島までを、連続性のもとで考えていくことを可能にしてくれる。

二　神秘哲学から東洋哲学へ

『コーラン』全篇をアラビア語からはじめて日本語へと翻訳した井筒俊彦は、二〇一三年に没後二〇年を迎え、二〇一四年に生誕一〇〇年を迎えた。連続するその二つの年を祝福するかのように、井筒が日本語で執筆したすべての著作を執筆・発表の順に収録した「全集」の刊行が慶應義塾大学出版会からはじまり、そして完結した。これまで単行本には収録されなかった貴重な諸論考および諸エッセイも集大成されている。日本には馴染みが薄いとされたイスラーム神秘主義思想の研究を中心とした世界的な碩学として知られ、また、諸言語の意味分析を通して特異な言語哲学の体系を構想していた井筒の「思想家」としての可能性を十全に論じることができる態勢が、いまここに、ようやく整いつつある。

しかしながら、これまで空前の「語学的な天才」という形容に幻惑され、近代日本思想史上の最も独創的な成果として、井筒俊彦の学が孕みもっていた真の射程が、正面から論じられてきたとはいえない。そのような状況のなか、若松英輔の労作『井筒俊彦――叡知の哲学』によって、偉大な同時代人たち――日本人にも、あるいは井筒が直接対話を交わした生者にも、限定されない――との交錯から、井筒の生涯の軌跡がはじめて明らかにされた。以降も、若松は、井筒を中核に据えた「霊性」の表現者たちの系譜を精力的に論じ続けている。

私もまた、自身の語学的および知的な力量の不足は充分に自覚した上で、あらためて井筒俊彦が残してくれた思想の可能性を、その「未来」を、問い直してみたい。私がここで行おうとしている未熟な試みは、井筒思想を完全に「誤読」することになるであろう。しかし、井筒自身が古典の「誤読」を表現の創造性として論じていることに励ませられながら、私はあえて、私自身が考えた井筒俊彦の「可能性の中心」を画定してみたいと思う。その際、私が井筒思想の二つの極として選ぶのは、井筒の死の直前から刊行が始まり、没後に完結した中央公論社版『井筒俊彦著作集』の二つの巻、すなわち第一巻の『神秘哲学』(一九九一年一〇月)と第九巻の『東洋哲学』(一九九二年八月)である。いずれも井筒の生前に刊行されたものである。

しかもこの二つの巻は、それぞれの成り立ちがまったく異なっている。『神秘哲学』は著作集に収録されるまでに二度、かたちを変えて出版されていた。まずは一九四九年九月、サブタイトルに「ギリシヤの部」と付し、一般の読者に向けて、光の書房から発売された。しかし、その内実は、稲垣足穂とも密接な関係をもっていた上田光雄が主宰していた一種の宗教結社である「哲学道教団・神秘道」に付属する修道＝教育施設の「哲学修道院ロゴス自由大学」における教材として使われていたと推測されている(若松前掲書、第一章による)。井筒にとって哲学とは、真理を求め、真理と出会うための一種の宗教的体験としてはじめて可能になるものだった。

次いで一九七八年一二月、人文書院から第一部「自然神秘主義とギリシア」と第二部「神秘主義のギリシア的展開」の二分冊として刊行された。人文書院版の第一部は、光の書房版の巻末に付録として収められた「ギリシアの自然神秘主義——希臘哲学の誕生」を独立させたものであるが、そこで論じられている内容は、井筒が慶應義塾大学で行っていた戦前の講義にまでさかのぼり、もともとは『神秘哲学』以前に独自の書物としての刊行が予定されていたものであった。つまり『神秘哲学』は、この時点ではじめて、執筆の順序としても、内容の展開としても、正確な位置づけがなされることになったのである。『神秘哲学』の第一部では、ソクラテス以前の自然哲学——井筒はそれを断固として「自然神秘主義」と呼ぶ——が論じられ、第二部では、その自然神秘主義が、プラトンとアリストテレスを経てプロティノスによって「哲学」として一つに総合される様が概観される。『神秘哲学』とは、古代ギリシアの「自然神秘主義」のなかに哲学の発生を探った巨大な書物であった。

そして井筒俊彦は、自身の著作集を編むという機会が訪れたとき、躊躇することなく『神秘哲学』の第一部と第二部をあわせて第一巻とした。井筒は、その後、一年と数ヶ月しか生きることができなかった。新たに編纂された全集版でも明らかなように、『神秘哲学』以前に、アラビア語やイスラーム哲学について、さらにはロシア文学について、井筒は優に書物一冊の分量を超える著作や論考を残していた（それらはすべて最新の慶應義塾大学出版会版第一巻の『アラビア哲学』に収録されている）。しかし井筒は、それらを選ばず、自らの意志で著作集の第一巻に『神秘哲学』を位置づけた。井筒は、その巻末に「「著作集」刊行にあたって」という小文を付し、こう記している――「この「神秘哲学」が、学問にかかわる私の主体的態度とその志向性の方向を決定づけたものであり、多分、私の無垢なる原点、とも言えるものであったのかも知れない」（『全集』第一〇巻、四七三頁）。

それでは、「無垢なる原点」である『神秘哲学』から出発し、井筒俊彦は、一体どこに到達したのか。優れた思想家がつねにそうであったように、井筒の到達点もまた、その死によって思想が完成を迎える地点ではなかった。それは、死が不可避的にもたらした、とりあえずの到達点であるに過ぎなかった。しかしながら、井筒は同時に、その到達点からさらに「未来」へと続く道をほとんど過不足なく提示し終えて、この世を去った。そういった意味での井筒思想の「未完」の到達点を、私は『東洋哲学』に見出す。

著作集第九巻の『東洋哲学』には、イラン革命の勃発によってイランを脱出して日本に帰還し、それから死に至るまでの十数年という、きわめて短くはあるが、同時にきわめて充実した井筒の最晩年に残された諸論考が集大成されていた。具体的に述べれば、サブタイトルに「東洋哲学」を冠した二冊の書物、『意味の深みへ――東洋哲学の水位』（岩波書店、一九八五年）と『コスモスとアンチコスモス――東洋哲学のために』（同、一九八九年）を解体して一冊に再編集した上、さらに巻末に、イランに生まれた卓越した「神秘主義者」（スーフィー）であったバーヤジード・バスターミーの思想におけるインド哲学の影響を論じた「TAT TVAM ASI（汝はそれなり）――

バーヤジード・バスターミーにおけるペルソナ転換の思想」（一九八九年六月発表）を付したものである。主著と称される『意識と本質』以降、井筒が本格的に取り組もうとした「東洋哲学」の輪郭のすべてが示されている。私は、『意識と本質』よりもこの『東洋哲学』の巻に、井筒俊彦の「未来」を見ている。

「神秘哲学」から「東洋哲学」へ。もしくは、「東洋哲学」を「神秘哲学」として読み直すこと。『神秘哲学』と『東洋哲学』という著作集を構成する二つの巻は、それぞれ単なるタイトルを超えて、井筒俊彦の生涯と思想の核心を語ってくれていると思われる。「神秘」の体験のなかに「哲学」の発生を見出し、あるいは「神秘」の体験を「哲学」へと磨き上げ、それを東方の哲学として完成すること、あるいは、哲学のさらなる東方――起源であるとともに極限でもある精神の「黎明の地」――を目指すこと。

自身の著作集を『神秘哲学』から『東洋哲学』に向けて編纂していく過程と並行するようなかたちで、井筒俊彦は、結果として遺著となってしまった、「『大乗起信論』の哲学」というサブタイトルが付された『意識の形而上学』の連載を開始し、死の直前に見事に完結させる。著作集の第九巻『東洋哲学』には、『意識と本質』から『意識の形而上学』に至る、最後の井筒俊彦、未来の井筒俊彦の可能性が秘められている。

しかしながら、まずは、その起源の場所に立たなければならない。井筒俊彦は、『神秘哲学』に据えられた「序文」（光の書房版では巻頭、人文書院版と著作集版では第二部の冒頭）を、次のようにはじめている――。

> 神秘主義は、プロティノスの言うように、「ただ独りなる神の前に、人間がただ独り」立つことによってはじまる。そして「ただ独りなる神」は人間を無限に超絶するところの遠き神であると同時に、人間にとって彼自身の心の奥処よりもさらに内密な近き神である。かぎりなく遠く、しかもかぎりなく近い神、怒りの神と愛の神――神的矛盾の秘儀を構成するこの両極の間に張り渡された恐るべき緊張の上に、いわゆる人間の神秘主義的実存が成立する。故に神秘主義思想は一つの根源的矛盾体験である。神的矛盾の惨烈な実存緊

張が痛ましいまでに意識されないところでは神秘主義なるものはあり得ない。ただ「遠き神」「近き神」のパラドクスが真に或る個人の魂の内的パラドクスとなって意識されるとき、そこにおのずからにして神秘主義的事態が発生して来るのである。(『神秘哲学　第二部』『全集』第二巻、二二九頁、ただし引用は著作集版より行っている、以下同)

「神秘」は、人間に対して体験としてしか与えられない。しかもその体験は、根源的な矛盾そのものをあらわにしてしまう。唯一の神は人間に限りなく近く内在するとともに、人間から限りなく遠く超越している。井筒俊彦は、ギリシア哲学の発生を論じた著作のなかで、神のパラドックスを主題とし、しかもプラトンとアリストテレスという偉大な師弟よりも、「アリストテレスを超えてプラトンへ還る道」を選んだプロティノスの営為について最も言葉を費やして論じている。これはきわめて破格なことである。

井筒俊彦は『神秘哲学』を書き上げたとき、すでに新プラトン主義の「光の哲学」を消化し吸収することでかたちを整えたイスラーム神秘主義思想「スーフィズム」について、余人の追随を許さないほどの深い理解をもっていた。井筒は、スーフィーたちの信仰について、こう記している——「宇宙万有を超絶せる創造主として人間から無限に遠き彼方にある神が、同時に愛の神として、人間自らよりもさらに人間に近き神なることこそ、一神教的神観の真髄なのである。すなわち此の神は畏怖すべく恐懼すべき超越の主である同時に温き慈悲と慈愛の父でもある。絶対的超越性と絶対的内在性、この両者は常識的人間の立場に立つかぎり決して同時に成立することは出来ぬ矛盾であり、両者の結合は一の明かなパラドクスであるが、而も此のパラドクスが成立するところに神の深奥なる秘義が在する」。プロティノスについて述べられたこととほとんど等しい見解である。

ここに引いた一節は、『神秘哲学』に先立って、やはり同じ光の書房から刊行された『世界哲学講座』第五巻(一九四八年)に井筒俊彦が寄せた「アラビヤ哲学——回教哲学」のなかに見出されるものである。井筒は、アジアに展開されたイスラーム神秘主義思想の頂点から「神秘哲学」の発生を見通していたのである。スーフィーたちの「神秘」の体験によって、「無限に遠い神が無限に近く」なり、その瞬間、見るものと見られるものは「一」となり、存在するものはただ神だけとなってしまう。そうした見解は、すでに井筒が戦前に発表した「回教に於ける啓示と理性」および「イスラム思想史」（ともに一九四四年）でも論じられていた。さらに、「回教神秘主義哲学者――イブヌ・ル・アラビーの存在論」（執筆一九四三年、発表一九四四年）では、スーフィズムの思想は、ギリシアの新プラトン主義の哲学とともに「印度の神秘主義哲学」に導かれたとさえ、井筒は記していたのである（以上のイスラーム神秘主義思想を論じた貴重な論考はすべて、新たに編纂された全集の第一巻『アラビア哲学』に収録されている）。

戦後の「アラビヤ哲学」においても、あるいは戦前の「回教に於ける啓示と理性」および「イスラム思想史」においても、さらには「回教神秘主義哲学者――イブヌ・ル・アラビーの存在論」ではイブヌ・ル・アラビーの偉大な先達として「印度の神秘主義哲学」に導かれてスーフィズムを大成した人物として、井筒俊彦が特権的にその「体験」を取り上げていたのが、スーフィズムの最初期の大立物、イランに生まれたバーヤジード・バスターミーである。バスターミーの思想を、インドにおいて確立された梵我一如の思想、不二一元論からの影響によってかたちを整えたものである、と正面から論じた論考を、最晩年の井筒は、著作集の第九巻『東洋哲学』の巻末に収めた。

バスターミーは九世紀の後半、西暦八七四年にこの世を去ったという。バスターミーに大きな影響を与えたと推定される梵我一如、真の自我たるアートマン（我）と真の宇宙原理たるブラフマン（梵）の根本的な一致、その「合一」を説いた「インドの神秘主義哲学」の確立者シャンカラは八世紀の前半を生きた。八世紀の後半（七七四年――前年という説も根強い）に生を享け、八世紀の前半（八三五年）にこの世を去った空海は、ちょうどシャンカラとバスターミーの間を、二人の思想の媒介となるようなかたちで生きたと言える。晩年の井筒は、シャンカラの思想と空海の思想に深い関心を抱いていた。

バスターミーは、自己の完全なる消滅の果てに、その「無」（あるいは「空」）となった場所に、神が顕現してくる、と説いた。バスターミーの「自己消滅」の論理は、いわば、シャンカラの「梵我一如」の論理と、空海の「即身成仏」の論理の総合としてある。現在でも、シャンカラの哲学はヒンドゥー的ではなく仏教的であると言われ、空海の哲学は仏教的ではなくヒンドゥー的であると言われ続けている。インドのシャンカラ、日本列島の空海、イランのバスターミー。井筒俊彦は「神秘哲学」の完成を、八世紀から九世紀にかけて、アジアの各地でかたちとなった、それぞれの教えの限界を超え出てしまうような「東洋哲学」に見出したのである。イスラームのスーフィズム、インドの不二一元論、列島の真言密教を、一つのパースペクティブから捉えようとしていたのである。

そして、そのはじまりには『神秘哲学』が、ギリシア神秘思想の一つの総合であるプロティノスの光の哲学が位置づけられていた。

三　憑依の哲学

井筒俊彦が自身の「無垢なる原点」と記す『神秘哲学』のもつ特異性、独創性の一つは、プラトンとアリストテレス以降を論じたところにある。だが、『神秘哲学』の段階で、井筒が目指していたのは「一神教」の方向である——「当時の自分の構想としては、これを第一歩として、次にはギリシアとはまったく異質な旧約聖書にヘブライ的神秘主義思想の根源を探り、この一神教的思潮がギリシアの新プラトン主義とキリスト教において合流し、ついにカルメル会神秘主義にまで発展していく過程を辿って見ようなどと考えていたのである」。

井筒俊彦は、『東洋哲学』に収録された「事事無礙・理理無礙」で華厳的な世界を説明するために利用したプロティノスの『エンネアデス』のまったく同じ箇所を『神秘哲学』のなかでも引用しておきながら、プロティノスの哲学の可能性を「東方」(「東洋」)へと展開することは決してしなかった。ただ禁欲的に「ギリシア」の枠内での発展、という観点からのみ論じていた。しかしながら井筒は以降も、プロティノスが確立した光の哲学を決して手放すことはない。ギリシアからイスラームを経てアジアへ。『神秘哲学』から『東洋哲学』へ。井筒はプロティノスの「神秘哲学」の可能性を徐々に「東方」へとひらいていったのだ。そこには、一九六七年から井筒が参加したエラノス会議からの甚大な影響があったことが推察される。井筒にとって、思想の「起源」は一つに固定されたものではなく、人々との新たな出会いのなかで、その「起源」を反復するたびごとにまったく新たな可能性として、多様なかたちで甦ってくるものだった。

イスラーム神秘主義思想の発展にあたって、プロティノスが大成したギリシアの新プラトン主義の哲学は決定的な役割を果たした。それは誰もが認める確かな事実である。だが、イスラーム神秘主義思想からアジア神秘主義思想へ、つまり大乗仏教の密教的な展開へ——その間の連続性を証明するものは何もない。その深淵を想像力の「飛躍」によって埋めるしかない。井筒の「東洋思想」とは、そうした想像力の自由な「飛躍」によってかたちをなした。「誤読」とは、想像力によって、まったく異なったもの同士の間に、「類似」(アナロジー)の関係を見出すことなのである。

『神秘哲学』の第二部ではプラトンとアリストテレス以降、「神秘」の体験を哲学にまで磨き上げていったプロティノスの営為が徹底的に論じられていた。しかし、『神秘哲学』という巨大な書物のもつ特異性、独創性はそれだけではない。一冊の書物として充分に独立した分量をもつ第一部の全体を通じて、プラトンとアリストテレス以前、「神秘」の体験そのものが論じられている点にある。『神秘哲学』は通常のギリシア思想史ではない。プラトンとアリストテレスの以降が論じられ、プラトンとアリストテレスの以前が論じられた。しかも哲学の発生として井筒が位置づける「神秘」の体験は、「憑依」によって可能になるのである。自己と他者という区別が消え去り、「一」なるものと「全」なるものが同時に顕現してくる、通常の言葉では表現することのできない「神秘」の体験。井筒は、ギリシア「神秘哲学」の起源に、舞踏神ディオニュソスの「憑依」を位置づけたのだ。ニーチェのように、あるいはハイデガーのように。しかも、井筒は神秘の体験と哲学を、つまり憑依と思惟を分断しない。そこに連続性を見出す。哲学は客観的に論じられるものではなく、主観的に生きられるものなのだ。

ディオニュソスの血まみれの「憑依」から、プロティノスの静謐な光の「哲学」が生み落とされたのである。井筒俊彦にとって、「闇」の半獣神ディオニュソスと「光」の哲学者プロティノスは表裏一体の関係にあった。『神秘哲学』以降、遺著の『意識の形而上学』にいたるまでつねに参照され続けているプロティノスが井筒の光の「分身」であるとするならば、ディオニュソスはその闇の「鏡像」であるだろう。

井筒にとって「憑依」は哲学の発生につながるだけではない。井筒は一神教の発生、ムハンマドに下された神の啓示にも「憑依」を見出していた（前出）。さらには「大自然が永遠に原初的で、エレメンタールである」ロシアに生み落とされた文学の発生においても——「およそ、真にエレメンタールなものは暗く、陰惨で、怖ろしいものだ。星影もない夜の底知れぬ暗黒は妖《あや》しい恐怖と戦慄に充ちている。このようなロシア的人間の性格を我々は仮に「ディオニュソス的」という形容詞で表現してもいいかも知れない」（『ロシア的人間』『全集』第三巻、二七七頁）。

井筒俊彦にとって「憑依」とは、哲学、宗教、文学の発生に直結するものだった。そして『神秘哲学』がもつ真の可能性とは、そのような「憑依」の諸相を正面から描き尽くしたところにある。「憑依」は、人間的な表現すべての起源であると同時に、人間を超え出た非‐人間的かつ超‐人間的な表現へと至る入り口でもあった。『神秘哲学』のなかで、井筒は、エウリピデスの「神憑の女群」（『バッコスの信女』）を引いて、ディオニュソスの狂乱、その「憑依」の様相を、次のように描写している——。

おどろにふり乱した長髪を肩に流した女達——家事を捨て、「聖なる狂気」に陥った若妻、老女、処女達が野鹿の皮を身にまとい、蔦と蔓草に頭を巻き、狂憑の鋭声ものすごく山野を突風のごとく駆けめぐる。頸には蛇がまきからまって彼女らの頬を舐め、腕に抱かれた仔獣が彼女らの乳を吸う。その悽愴な叫喚に催されて、大地は水を噴出し、到るところから酒が流れ乳が湧く。そして彼女らが手に手に打ち振る聖杖からは滴々と蜜がしたたり落ちて、甘い匂いが風に薫る。このもの狂おしい彷徨の途次、附近の山野に草食む牧牛の群に彼女らの眼がとまれば、突風のようにこれに襲いかかって、肉を引き裂き、骨をうち折り、ところ嫌わず彼女らの投げ散らす肉片は生き身の温気消えやらぬ鮮血に紅く染って木々の枝に懸り、砕き割られた肋骨や蹄や地上に散乱して惨虐酸鼻の極を尽くす。(「神秘哲学　第一部」『全集』第二巻、一三〇—一三一頁)

さらに、井筒俊彦は、ディオニュソスの「憑依」が古代のギリシア人にもたらした可能性について、次のように分析していく——。

この祭礼の情景はあまりにも有名であって、もはや子細に描写する必要もないであろう。まことに、それは狂燥の限りを尽したものであり、その野性の憑気は想像するだに戦慄を禁じ得ない光景であった。蕭索たる深夜、あやめもわからぬ漆黒の闇の中を、手に手に炎々と燃えさかる炬火をふりかざした女達が、髪をおどろに振りみだし、狂乱の姿ものすごく、異様な叫声を発しながら騒擾の音楽に合わせ、嵐のごとく舞いくるう。彼女らの踏みしめる足音と、夜のしじまをつんざいて飛響する恐ろしい狂憑の叫喚に、山野は鳴動し、木々も不思議な法悦の共感に包まれておののき慄える。かくて信徒の狂乱陶酔はいよいよ激しく、いよいよ凄じく、その熱情の奔流はあらゆるものを異常な緊張の渦中に熔融させせなければやまなかった。そしてこの興奮の極、彼らは神に捧げられた犠牲の聖獣めがけて一せいに跳りかかり、生きながらその四肢を引き裂き引きちぎり、鮮血したたる生肉を啖う。ここに忘我荒乱は極限に達し、信徒らは人でありながら人であることをやめ、「自分自身の外に出て」（エクスタシス）神のうちに還滅するのである。（「神秘哲学　第一部」『全集』第二巻、一三五―一三六頁）

祭礼のクライマックスで、ディオニュソスの信徒たちは神に憑かれ、つまり自ら神そのものとなり、神に捧げられた聖獣を神そのものとして喰らう。そのとき「神に捧げられた聖獣は神自身と区別されない」。すなわちこの狂乱の祝祭を通じて、「神と犠牲獣と人間とは完全に融合帰一する」。換言すれば、「犠牲獣の鮮血滴る生肉を呑下することによって、人はそのまま聖獣と化し、聖獣となることによって神と合一する」。聖なるものの「憑依」によって神や人や獣といった区別は廃棄され、神と人と獣が、あるいは森羅万象あらゆるものが、一つに混じり合い、一つに融け合う。

「憑依」の瞬間、森羅万象あらゆるものの差別は解消され「全ては一となり、一が全てとなる」。このような超越的な「全即一」の体験こそ、太古から甦ってきたディオニュソスが、古代のギリシア人に突きつけた最大の問題であった。「憑依」が可能とした「神秘」の体験を、いかにして表現にまで、あるいは哲学にまで磨き上げていくのか。そこから詩と哲学、もしくは密儀宗教と自然哲学を両極としたギリシアの自然神秘主義が生まれたのである。「憑依」によって、人間はまず自分自身の「外」へ出てしまうという体験を強いられる。さらに、この「自らの外へ出てしまうこと」（エクスタシス）は、その反面として、自我が吹き飛ばされ、まったくなにもなくなってしまったその「無」の場所、内なる空虚に、自然を構成するあらゆる神的な要素が満ち溢れてくるという体験をともなう。森羅万象あらゆるものが神的な要素を分かちもつのだ。井筒は、そうした体験を「神充」（エントゥシアスモス）という言葉から説明している。

「憑依」が人間にもたらした脱自「エクスタシス」と神充「エントゥシアスモス」という体験。井筒俊彦はさらに論を進めていく。「脱自」からは密儀宗教が生まれ、「神充」からは神即自然である自然哲学が生まれた。やがてそこから静寂に充ちた「一」を重視するパルメニデスの思想と、流動的な「全」を重視するヘラクレイトスの思想が生まれ、それぞれプラトン（「一」なる密儀宗教）とアリストテレス（「全」なる自然哲学）に引き継がれていった。プロティノスの「光の哲学」は「一」と「全」、密儀宗教と自然哲学の総合としてかたちになったものである、と。

井筒俊彦の思想を新たな世紀に真に甦らせるためには、あらためて起源としての「神秘哲学」と、未来としての「東洋哲学」を、井筒とはまったく異なった方法で、創造的に反復しなければならないであろう。その鍵は、最晩年の井筒が甚大な関心を抱いた華厳的世界と、その華厳的世界を自身の特異な「身体」として生き抜いた真言密教の大成者、空海の生涯と思想にある。空海は、大洋に突き出た岬の付け根に穿たれた「洞窟」のなかで仏を胚胎し、あるいは神に憑依され、その体験が明らかにしてくれた真実を、澄み切った「高山」の頂で解放した。闇の洞窟と光の高山。空海もまた、間違いなく、井筒俊彦が『神秘哲学』で抽出してきた脱自「エクスタシス」と神充「エントゥシアスモス」を自ら体験していた。そして井筒もまた、空海が自ら終焉の地として選んだ「神秘」の山、高野を訪れ、そこで空海に対して限りのないオマージュ――後に「意味分節理論と空海」としてまとめられる講演――を捧げるだろう。

四　光の哲学

それでは、あらためて、井筒俊彦の「東洋哲学」の可能性とは一体どこにあったのか。それは「華厳」という世界認識の方法と、その「華厳」的な光の世界を自らの言葉として、あるいは自らの身体として生きた「空海」という個人に集約されるのではないかと思われる。華厳と空海。両者のいずれをも、井筒は著作集第九巻の『東洋哲学』で論じている。東洋哲学の古典を創造的に「誤読」する、という印象的な一節がはじまりの部分に記された「意味分節理論と空海——真言密教の言語哲学的可能性を探る」と、大乗仏教とイランのイスラーム神秘主義、つまり華厳的な世界とスーフィー的な世界を比較対照した「事事無礙・理理無礙——存在解体のあと」である。この二篇の講演論考は『東洋哲学』の一つの焦点を形作っている。

一般的に——世界的に——井筒俊彦の「専門」とされているのは、イランの地で独自のかたちに発展したアジアのイスラーム神秘主義思想、スーフィズムである。光の高原を意味するイランの地で、この世界を超越して存在する唯一の神に限りなく近づいていくために、敬虔な信者たちはただひたすら自らの内なる心を磨き上げていく。すべてを棄てて、「羊の皮」（スーフ）に身を包みながら。自らに内在する心のなかには、世界の外へと超越する唯一の存在、神への通路がひらかれていく。自己に内在する心を通じて、世界の外部へと超越する唯一の他者、神へと限りなく近づいていった人々は、人間という限界を超え出て、神との「合一」を果たす。その境地は「言葉」にすることができない。「言葉」にすることができない体験を「神秘」という。「神秘」とは、内在と超越を一つに結び合わせる未聞の体験なのである。

スーフィーたちの導きの糸となったのは、ユダヤに端を発する、超越する唯一の神への信仰にもとづいた一神教、つまりヘブライズムの原理だけではなく、ギリシアに端を発しプロティノスによって総合されたイデアとの「合一」を可能にする新プラトン主義の哲学、ヘレニズムの原理だった。『神秘哲学』は、イスラーム神秘主義思想を理解する上でも、文字通りその起源として位置づけられる著作なのである。そして、人生の終焉を迎えようとしたこのとき、井筒は『神秘哲学』を、イランだけではなく、より広大な「東洋」へとひらこうとした。華厳と空海は、その地点に位置づけられる。

井筒俊彦は、「事事無礙・理理無礙」において、インドから中央アジア、さらには中国大陸から朝鮮半島を経て列島にまで伝えられた大乗仏教思想の一つの到達点である華厳的な世界を説明するために、『神秘哲学』の結論部分で論じられたギリシア神秘哲学の完成者プロティノスの著作から引用するのである。つまり井筒の「東洋哲学」の核心をなす華厳的な世界は、井筒の「神秘哲学」の総合であるプロティノスによる新プラトン主義的な光の世界と直結していたのだ。そのとき、ギリシア、イラン、インド、中国、列島を一つのパースペクティブから捉えることが可能になる。

井筒俊彦は、こう述べていた。「プロティノスが『エンネアデス』の一節で彼自身の神秘主義的体験の存在ヴィジョンを描くところなどに至っては、まさしく『華厳経』の存在風景の描写そのままであります」。そして、プロティノスの「深い冥想によって拓かれた非日常的意識の地平に突如として現われてくる世にも不思議な（と常識的人間の目には映る）存在風景」を、『エンネアデス』から引く——。

あちらでは、すべてが透明で、暗い翳りはどこにもなく、遮《さえぎ》るものは何一つない。あらゆるものが互いに底の底まですっかり透き通しだ。光が光を貫流する。ひとつ一つのものが、どれも己の内部に一切のものを包蔵しており、同時に一切のものを、他者のひとつ一つの中に見る。だから、至るところに一切があり、一切が一切であり、ひとつ一つのものが、即、一切なのであって、燦然たるその光輝は際涯を知らぬ。ここでは、小・即・大である故に、すべてのものが巨大だ。太陽がそのまますべての星々であり、ひとつ一つの星、それぞれが太陽。ものは各々自分の特異性によって判然と他から区別されておりながら（従って、それぞれが別の名をもっておりながら）、しかもすべてが互いに他のなかに映現している。（『全集』第九巻、九—一〇頁）

「すべてのものが、、、「透明」となり「光」と化して」、「互いに他に浸透し、互いに他を映し合いながら、相入相即し渾融する」。つまり、「重々無尽に交錯する光に荘厳されて、燦然と現成する世界」。井筒俊彦は断言する。プロティノスの『エンネアデス』も、『華厳経』も、まったく同一のヴィジョンを表現しているのである。ギリシアとアジアを一つにつなぐ光の世界に到達し、井筒は、さらにそこから一歩を踏み出そうとする。千年以上も前に、空海がそうしたように……。

最晩年の井筒俊彦が甚大な関心を抱いていた空海もまた、大乗仏教の到達点を「華厳」に見出していた。空海がはじめて列島に招来した曼陀羅とは、「華厳」的な光の世界をそのままこの現実の宇宙の発生、あるいは現実の意識の発生としてイメージ化したものである。自己の内なる宇宙と自己の外なる宇宙は、曼陀羅によって一つにつながり合う。しかも、空海はそうした世界認識にとどまることなく、「華厳」的な光の世界を、自らの身体として生き抜こうとした。人間は曼陀羅と一体化したときにはじめて救いが訪れる、つまり「私」がそのまま「如来」（仏）となることができる、と説いたのである。空海は、その変身＝生成の過程を、美しい一篇の詩のかたちで表現した。「即身成仏義」（引用は「偈」の前半部分のみ）には、こうある——。

六大無礙常瑜伽　四種曼荼各不離　三密加持速疾顕　重重帝網名即身

六大無礙にして常に瑜伽なり
四種曼荼　各《おのおの》離れず
三密加持すれば速疾に顕わる
重重帝網なるを即身と名づく

この世界を成り立たせている六つの要素（地・水・火・風・空という物質を形成する元素である五大と精神を形成する元素である識大の、あわせて「六大」）は、お互いにさえぎることなく永遠に融け合っている。光の抽象的な形象から物質的な厚みをもった存在まで四種類の曼陀羅は、決してお互いに離れることなく一つに重なり合っている。

如来の言葉・身体・意識と人間の言葉・身体・意識がそれぞれ触発し合い一つに結ばれ合うので、速やかに悟りの境地に到達することができる。

それら森羅万象すべてが無数の身体として「帝網」(「インドラの網」)につけられた宝珠のように相互に煌めき合い、そして今ここに一つの如来の身体として現れ出る。

空海が「即身成仏義」で述べている「帝網」(「インドラの網」)とは、『華厳経』に由来し、「華厳」的な世界観を一つに集約し、象徴したイメージだった。「帝網」は、天上の帝釈天(インドラ)の宮殿にかけられた珠網を指し、「天網」と呼ばれる場合もある。その「インドラの網」は、相互に光を反射し吸収し合う明るく透明な宝珠が無数に結びあわされて織り上げられていた。透明で光り輝いているので、宝珠の一つ一つには、他のすべての宝珠の像(イメージ)が映っている。インドラの宝珠はお互いにその姿を映し合い、一つの宝珠がすべての宝珠と関係をもち、すべての宝珠は一つの宝珠のなかにおのれの姿を見出す。外の無限にひらかれ、また自らのうちにも無限を孕みもつ透明に輝く小さな一つの光の珠。それを自らの身体と考え、そして生きよ。空海はそう呼びかけているのである。一なる自己の身体と、多なる他者の身体は、無限を介して一つに融け合っている。それが宇宙の真実なのだ。

一にして無限でもある透明な光の珠。もはやそこでは、精神と物質との間に区別を設けることができない。地、水、火、風という物質の基盤となる元素とそれらを外から包み込む空からなる「五大」。さらにそこに精神をつかさどる識という六つ目の存在要素を加えた「六大」は、その間にさえぎるものがなにもなく、つねに融け合っていて永遠なのだ。その有様を表現したものが曼陀羅であり、その曼陀羅を自らの身体として生きたとき、人間はそのまま仏(如来)になることができる。人間は、潜在的に如来となる可能性を自らの内に蔵している。如来の意識と如来になる可能性を、あたかも胎児のように自らの内に孕んでいるのだ。その有様を「如来蔵」という。

空海が依拠した「如来蔵」思想の原理を最も簡明にあらわした大乗仏教の「論」こそ、井筒俊彦が最後に取り組んだ『大乗起信論』に他ならない。

人間は如来を胎児のように宿している。しかしながら、人間世界の常識に縛られている限り、その境地は永遠に隠されたままなのである。だから、人間は如来に近づく努力をしなければならない。その努力は、人間を構成する身体・言葉・精神のすべてを動員して一つの目標に向かって協同させたときにはじめて顕在化される。そうしてはじめて、六大の潜在性の奥深くに隠されていた如来の身体・言葉・精神も、人間に向けて発動される。そして両者がともにもつ三密（身・口・意）が一つの地平で出会ったとき、そこに悟りと救いがもたらされる。「密」とはまさに「神秘」、つまり「言葉」にすることができないような体験を意味している。空海が招来した密教——言葉にできない「秘密」の体験にもとづいて超越者（如来＝仏）との「合一」を説く教え——とは、アジアの神秘主義思想そのものだった。

井筒俊彦は、空海に、アジア神秘主義思想の一つの完成を見出している。空海は、「神秘」の体験、「密」の体験が可能になる事態を「加持」とした。それは如来の力が太陽の光のように衆生の心の水を照らし出しそこに顕れることであり（「加」）、衆生の心の水が如来の力を太陽の光のような暖かみとしてそこに感じ取ることでもある（「持」）。より直截な表現を使ってしまえば、如来と人間が直接に性の交わりを果たすようなものである……。

さらに空海は、華厳的な「光」を、如来から発する真なる「言葉」（真言）として読み替えていく。森羅万象は光として、あるいは言葉として、相互に通じ合い、一つに融け合っているのである。そうした顕在的かつ潜在的な世界の総体を、空海はプラトン的でありプロティノス的でもある真実在（「真如」）たる曼陀羅、その中心に位置する根源的な一者たる「法身」（大日如来）とした。神やイデアという「有」の思想とは根本から相容れないはずの仏教思想、インド的な「空」と中国的な「無」が一つに結び合わされてかたちになった列島の仏教的な環境のなかに、空海は、内在が超越につながり、超越が内在につながる神秘主義思想——ヘブライズムとヘレニズムの最も創造的な総合と等価であるもの――を導入したのである。空海の前では、ヨーロッパ的一神教とアジア的多神教の対立などといった偽の問題は成り立ち得ない。

「法身」(大日如来)は一なる存在であるとともに全なる存在でもある。『大乗起信論』は、そのすべてを費やして、「真如」である「法身」の在り方、衆生の心がそのまま如来の心へと転換していく在り方を説いている。『大乗起信論』自体、井筒俊彦が『意識の形而上学』の冒頭に記しているように「誰が書いたのか知らない」、従って「いつどこで書かれたものであるか、正確にはわからない」正体不明の「論」である。空海は、当時から『大乗起信論』以上に偽経の疑いが濃厚であった『大乗起信論』の注釈書、『釈摩訶衍論』を重視することを生涯やめなかった。そして、「法身」が自ら語り出すこと、すなわち宇宙全体が真の「言葉」(真言)に貫かれていることを、高らかに宣言したのである。井筒俊彦が『意識と本質』のなかでも取り上げ、『東洋哲学』に収録した「意味分節理論と空海」のなかでも取り上げた「声字実相義」のなかで、空海は、自身が確立した「密やかな教え」の本質を、やはり美しい一篇の詩のかたちで表現していた――。

五大皆有響　十界具言語　六塵悉文字　法身是実相

五大に皆響き有り
十界に言語を具す
六塵 悉《ことごと》く文字なり
法身は是れ実相なり

地・水・火・風・空の五大は皆おのずから響きを発している。

地獄・餓鬼・畜生・阿修羅・人・天・声聞・縁覚・菩薩・如来の十種の世界はそれぞれ独自の言語をもっている。

人間の認識の対象である色・声・香・味・触・法の六塵はすべて文字でできている。それらすべてを自らのうちに兼ね備えた如来の身体、法そのものとなって決して滅びることのないその身体(「法身」)こそが、この大宇宙の真実の姿なのである。

地、水、火、風、空。自然を構成する五つの元素はすべて響きを発している。だから、森羅万象あらゆるものはこの響きによって通じ合う。その事実は、この目に見える現実の世界の住人のみならず、地の底に存在する地獄の世界の住人から、天空遥か彼方に存在する天界の世界の住人に至るまで、決して変わることはない。ありとあらゆるものは世界を構成する元素(エレメント)となった響きによって一つにつながり合う。その頂点に如来の真言が位置している。如来、つまり宇宙とは、真なる「言葉」そのものだったのだ。

井筒俊彦は、「意味分節理論と空海」で、空海が構想していた密教理論の核心についてこう記していた。「存在はコトバである」。存在は言葉であり、光である。空海に導かれて到達したこの一節は、井筒の「東洋思想」の核心でもあった。あるいは、最後の井筒俊彦が、「未来」に向けて残してくれた貴重な遺言でもあった。ギリシアに端を発する「神秘哲学」は、イスラームの神秘主義思想を経て、アジアの神秘主義思想、光と言葉をめぐる「東洋哲学」として完成するのである。

一九九二年の晩秋、文字通り最後の対話の相手となった司馬遼太郎に向けて、井筒俊彦は、こう語っている(一九九三年一月号の『中央公論』に「二十世紀末の光と闇」として発表、井筒の逝去はこの年の一月七日のことである)。モンゴル帝国とイスラーム帝国の激突は世界史的な大事件だった。その激突以降、アジアのイスラーム哲学は根本から変化する。人格的な「一神」が、大乗仏教の経典にいう「真如」——『大乗起信論』の最大の主題でもある——のような理念へと変化するのだ。

とにかく思想の中心に真如が出てくる。アラビア語の言語では「真理」という意味のハック（ḥaqq）という言葉ですが、まさに「真如」です。真如という形で絶対者が表象されるようになる。それからもうひとつは、光という形で表象されてくる。全存在世界は光の世界、神はこの宇宙的光の太源としての「光の光」。華厳経みたいなものです。（『全集』第一〇巻、六二二頁）

井筒俊彦は、司馬とのこの対話のなかで、繰り返し、空海について言及する。「私は空海の真言密教とプラトニズムのあいだには思想構造上のメトニミィ関係が成立するだけじゃなくて、実際に歴史的にギリシア思想の影響もあるんじゃないかと考えているんです」。あるいは、ギリシアの光の哲学を抜きにしては、空海の密教思想の完成は考えられない、とも。井筒にとって空海とは、「ギリシア以東」をそのなかに組み込んだ「東洋哲学全般を見渡すような哲学」を構築するにあたって要となるような存在だった。「最後」の井筒俊彦、「未来」の井筒俊彦の夢は、空海とともにあった。それは、総合的かつ新たな「言葉」によって、総合的かつ新たな「東洋哲学」を構築していくことにつながっていく。井筒は、こう語っていた――。

私の構想している「東洋」のなかにはイスラムはもちろん、ユダヤ教も入ってくるし、インド、中国、そして日本、全部入ってくる。それに、ギリシア。そういうものを総合したような世界を考えて、その世界に通用するひとつの普遍的なメタ的な言語を哲学的につくりだせれば、理想的だと思っているんです。（『全集』第一〇巻、六三四―六三五頁）

『神秘哲学』から『東洋哲学』へ。それは「神秘哲学」から華厳的世界へ、さらには空海へと読み替えられる。

そこに井筒俊彦が切り拓いてくれた、東洋哲学という「未来」へと続く道が存在している。

第八章　井筒俊彦における禅解釈とその枠組み

金子　奈央

一　はじめに

言語学者、イスラーム研究者である井筒俊彦が、その晩年に「東洋思想・東洋哲学」に関わる論考を発表したことはよく知られている。それは東洋の思想・哲学の諸伝統の「共時的構造化」を通して、「西洋哲学」との止揚において「新しい哲学を世界的コンテクストにおいて生み出していく」（「意識と本質」『全集』第六巻、三〇八頁／文庫版、四〇九―四一二頁）という構想を背景に持つものであった。

井筒がこうした構想において禅を重視していたことは、晩年の一九八八年に『思想』に発表した「禅的意識のフィールド構造」にも、以下のように記されるところである。

〔…〕東洋哲学の諸伝統を、新時代の要請に応ずる形で組みなおそうと志す人間にとって、禅の限りなく豊饒な思想的可能性は、無視するにはあまりに魅力的でありすぎる。すでに高度に思想化され、精緻を極めた体系にまで哲学化されて現代に伝えられてきた他の大乗仏教諸派には見られないみずみずしい精神的創造力が禅には今なお溌剌と生きているのだから。それをどう哲学化してゆくかということに、私はつきせぬ「テクスト（読み）の悦楽」を感じる。〔…〕禅的エクリチュールは実に多彩な意味形象の図柄を我々の前に織り出して見せるのであって、それをどう読みほぐしていくか、そこに一つの興味深い現代思想の課題を私は見る。（『全集』第九巻、三六六頁）

ところで、筆者は禅叢林における修行生活の規定を記す文献である禅宗清規を研究テーマとしているのだが、井筒の禅関連の論考を読む限り、その焦点は禅的修行による個人的意識の変容がもたらす世界認識の転換に置かれているように思われた。だが、「新しい哲学」を生みだすための第一歩として「東洋思想・東洋哲学」を構築しようとするのであれば、共同体の問題も当然視野に入ってくる筈である。

そこで本稿では、井筒の「東洋思想・東洋哲学」に関わる論考の中から禅に関するものを中心に取り上げ、井筒の思想世界におけるその禅解釈の枠組みを確認した上で、井筒の禅解釈における共同体の問題について若干の考察を加えることを目的とする。

1　井筒と禅との関わり

そもそも、井筒俊彦と禅の関わりは、その幼少期にまで遡る。実業家であった井筒の父は、永平寺に参禅するなどの経験を持ち、井筒が幼い頃には、坐禅および禅籍の素読を行わせていたという（『井筒俊彦』一四―一五頁）。

哲学者としての井筒が、禅を考察対象とするようになった直接的な契機はエラノス会議であった。井筒は一九六七年よりエラノス会議に講師として参加し始め、一九六九年の講義では「禅的意識のフィールド構造」の原テキストにあたる内容の講義を行っている。[1] 井筒がエラノス会議において講義を担当するようになった理由としては、一つは「東西文化パラダイムに関わる興味ある事態がそこにあった」（「禅的意識のフィールド構造」『全集』第九巻、三五五頁）から。今一つが数年前講師として講義を行った鈴木大拙の講演の核心を何とか解き明かしてほしいという要請があったから、と次のように記している。

たまたまエラノスでは、私が参加する数年前に、鈴木大拙翁が招かれて二年連続で禅について講義されていた。聴衆は多大の感銘を受けたらしく、禅に対する異常な関心が昂まっていた。しかし、翁の話を聞いた人々の大部分は、煙に巻かれたような感じで、本当はよくわからなかったのだ、という。わからないが、何か深いものがそこにある、あるに違いない、と感じた、と。そこのところを、なんとか説き明かしてはもらえないだろうか、という要求も出されていた。（「禅的意識のフィールド構造」『全集』第九巻、三五五頁）

この点につき、井筒は「第一級の国際人」において、エラノスでの鈴木大拙の様子の又聞きとして、以下のようにも記している。

「我々が神というところを、あなたは無という。無が神なのか？」と。〔…〕大拙の目がキラッと光り、彼は食卓のスプーンを取り上げて、いきなり前に突き出すと、ただ一言、「これだ。わかるかね」と言ったそうな。（『読むと書く』四三九頁）

たしかにいきなりこう言われては仮に禅に興味を持っている聴衆だったとしても、意味不明である。こうした事情でエラノス会議の講師となった井筒は、次々と禅を含む東洋思想・東洋哲学について考察する論考を発表し

1 「無分節」——禅的世界認識・存在論

①通常の経験的世界認識と禅的な世界認識との対比

井筒の禅解釈を考える際のキーワードとして第一に挙げられるのが「無分節」という言葉であろう。通常の経験的世界とは、「言語／コトバ」の分節機能に基づき、通常の人間意識が諸事物を「有「本質」的」な独立した存在としてみなす世界である。それは主体（自我）と客体（自我の対象）とが「有「本質」的」に独立して存在するとみなされる世界であり、大乗仏教的な説明に則れば、人間意識としての「妄念」が創り出した仮構の世界ということになる。

一方、禅の認識論では、通常の経験的世界認識・通常の人間意識からの脱却が志向されるという。「無（無分節）」・「無心」を体得することによって、「言語／コトバ」の「有「本質」的」分節機能や通常の人間意識の限定を超える認識が可能となると指摘される（「意識と本質」『全集』第六巻、一一一―一三二頁／文庫版、一一七―一三九頁を参照）。

②「分節（Ⅰ）→無分節→分節（Ⅱ）」という公式

では、井筒の考える禅的認識がどのようにして可能となるのか、これを禅における修行になぞらえて、人間の意識と認識の変容、全人間的な実在体験のプロセスとして提示するのが、「分節（Ⅰ）→無分節→分節（Ⅱ）」という公式である。(4)

こうしたプロセスを考察する際に、井筒が取り上げるのが、青原惟信が自らの修行生活と意識・認識の変化を振り返った次の上堂説法である。

老僧、三十年前、未だ参禪せざる時、山を見るに是れ山、水を見るに是れ水なりき。後來、親しく知識に見えて、箇の入處有るに至るに及んで、山を見るに是れ山にあらず、水を見るに是れ水にあらず。而今、箇の休歇の處を得て、依前、山を見るに祇だ是れ山、水を見るに祇だ是れ水なり。（『續傳燈録』第二十二巻、『大正新脩大蔵経』第五一巻、六一四頁中段～下段）[5]

井筒は、このような青原惟信の認識の変化を「見山水是山水」（分節Ⅰ）→「見山水不是山水」（無分節）→「見山水祇是山水」（分節Ⅱ）という三段階として提示し、禅における認識論を展開するのである（「意識と本質」『全集』第六巻、一三六―一三七頁／文庫版、一四五―一四八頁）。

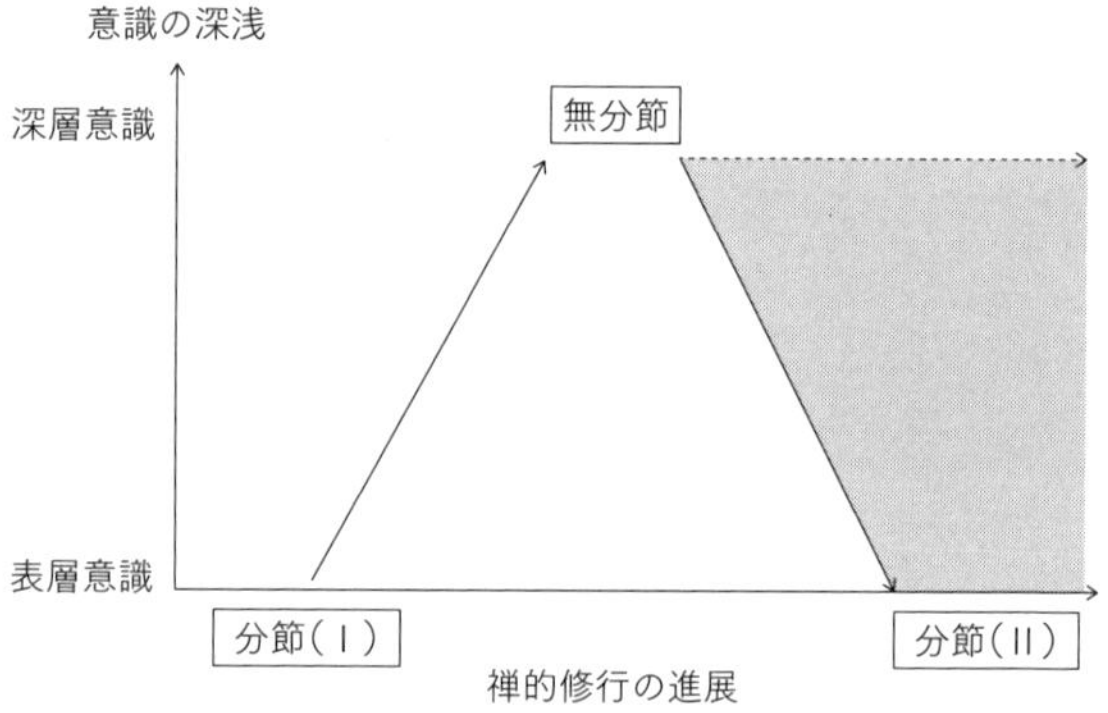

図1　分節Ⅰ・Ⅱの概念

【分節（Ⅰ）「見山水是山水」】

第一段階は、言語の持つ分節機能によって、経験的世界の事物が、独立した「本質を持つもの」として固定化されている表層意識的な段階である。青原惟信の認識の変容の三段階からすると。これは第一の「見山水是山水」にあたる。人間の倒錯した意識（妄念）が事物の「本質」を創り出し、実在するかのごとく仮構しているという、虚構としての経験的世界だという。

【無分節「見山水不是山水」】

第二段階の「無分節」とは、修行による深層意識の開拓によって、事物の無「本質」性を実存的かつ全人間的に体得し、意識に根本的な転換が起こる段階である。青原惟信の認識の変容の三段階からすると、これは第二の

「見山水不是山水」にあたる。但し、ここで体得される「無」(「意識・存在のゼロポイント」)は、虚無でもなく静的でもなく、創造的エネルギーの充溢として解釈されている。「無心」・「心」(無分節の意識的側面)もまた、意識ではあるが、「……の意識」つまり対象を固定化するような意識とは異なるものであるという。

【分節(Ⅱ)「見山水祇是山水」】

そして、修行によって体得された「無」によって、存在の「無「本質」的分節」が可能となるのが、分節(Ⅱ)の段階にあたる。青原惟信の認識の変容の三段階からすると、これは第三の「見山水祇是山水」にあたる。「無」の持つ創造的エネルギーによって、あらゆる経験的世界の事物は、「無心」(禅的意識)からすると「無分節・無心の全体顕現」となる。

この段階における認識、言葉を替えれば「無「本質」的分節」の例として井筒は、道元の「坐禅箴」の一節、「水清くして地に徹し、魚行いて魚に似たり。空闊くして天に透る、鳥飛んで鳥の如し」(『正法眼蔵(一)』岩波書店、一九九四年、二五一頁)を挙げている。この部分について、「魚」・「鳥」は「言語／コトバ」によって分節されるのと同時に、「無心」がそのまま顕現している(「魚に似たり」・「鳥の如し」)と井筒は解釈していると考えられる。

これと同時に井筒は、修行によって体得される「無」・「無心」・「心」が実体化されることを極度に諫め、次のように述べる。

> 決して「心」「心法」などという名の超越的実体(絶対者)がどこかに存在していて、それが〔…〕上から支配する、というようなことではない。〔…〕禅自身はむしろ、全宇宙に遍満し全てを貫いて流動する一種の生命エネルギーの創造力のようなものを考えているのである。この宇宙的創造力が、人間の主体性として

働く姿、それを「心」「心法」などというのだ。（「禅的意識のフィールド構造」『全集』第九巻、三九〇頁）

2 「禅的意識のフィールド」概念

(1)「禅的意識のフィールド」概念とは？

修行によって体得される「無」・「無心」・「心」の実体化を避けるとともに、これらと経験的世界との関わりを図式化しようと意図したのが「禅的意識のフィールド」である。[6]

「禅的意識のフィールド」とは、経験的世界と無分節（無心）との関係性を示すものであり、前記の通り、「無」や「無心」の実体化を避けて、エネルギーや磁場のようなものとして禅的「無心」と経験的世界との関わりを考察するために井筒が提示したものと考えられる。

井筒は、「見聞覚知を超えた「無心」が生きて働く場所は、まさに見聞覚知のほかにはないのだ」（「禅的意識のフィールド構造」『全集』第九巻、三七三頁）と述べ、修行によって体得された無分節（悟り、無）やその意識（無心）は、経験的世界・具体相においてのみ働くと主張したのである。

まず、井筒が図式化した通常の経験的世界における認識の概念図から確認しよう。

井筒によれば、通常の経験的世界においては、言語の意味分節の機能によって、あらゆる事物が本質を持つ実体として認識されている。概念図における小文字の「i see flower」とは、実体化された主体 s（i）が、対象志向的に行う動作（see）によって、実体化された客体 o（flower）を認識している。

では、修行によって禅的意識――「無」・「無心」等――を体得すると、経験的世界はどのようなメカニズムによって認識されるようになるのか。これを図式化したのが、「禅的意識の世界認識」を示した概念図である。

禅的意識に基づいた世界認識――井筒の図式化では大文字の「I SEE FLOWER」――では、「無心」的覚知が働く世界において、実体化されない主体 S（I）が、「無心」的主体の覚知（SEE）によって、「無心」によって無分節的に分節された客体O（FLOWER）――井筒によれば「存在の本源的形態」――を認識している。

　このように考えると、通常の経験的世界と禅的意識の経験する世界とが別に存在するようにも聞こえるが、井筒によればそうではないという。概念図において大文字で示された、「無心」的覚知に基づいた「無心的」主体・客体は、小文字で記された経験的主体・客体の帯びる具体性を通して現れるのだという。

　こうした無心（無分節的意識、「心」、図のSEE）と経験的世界との関係を示したのが、次の概念図である。

　通常の経験的世界――分節（I）の段階――では、実体化された小文字の主客構造しか見えていない。一方、

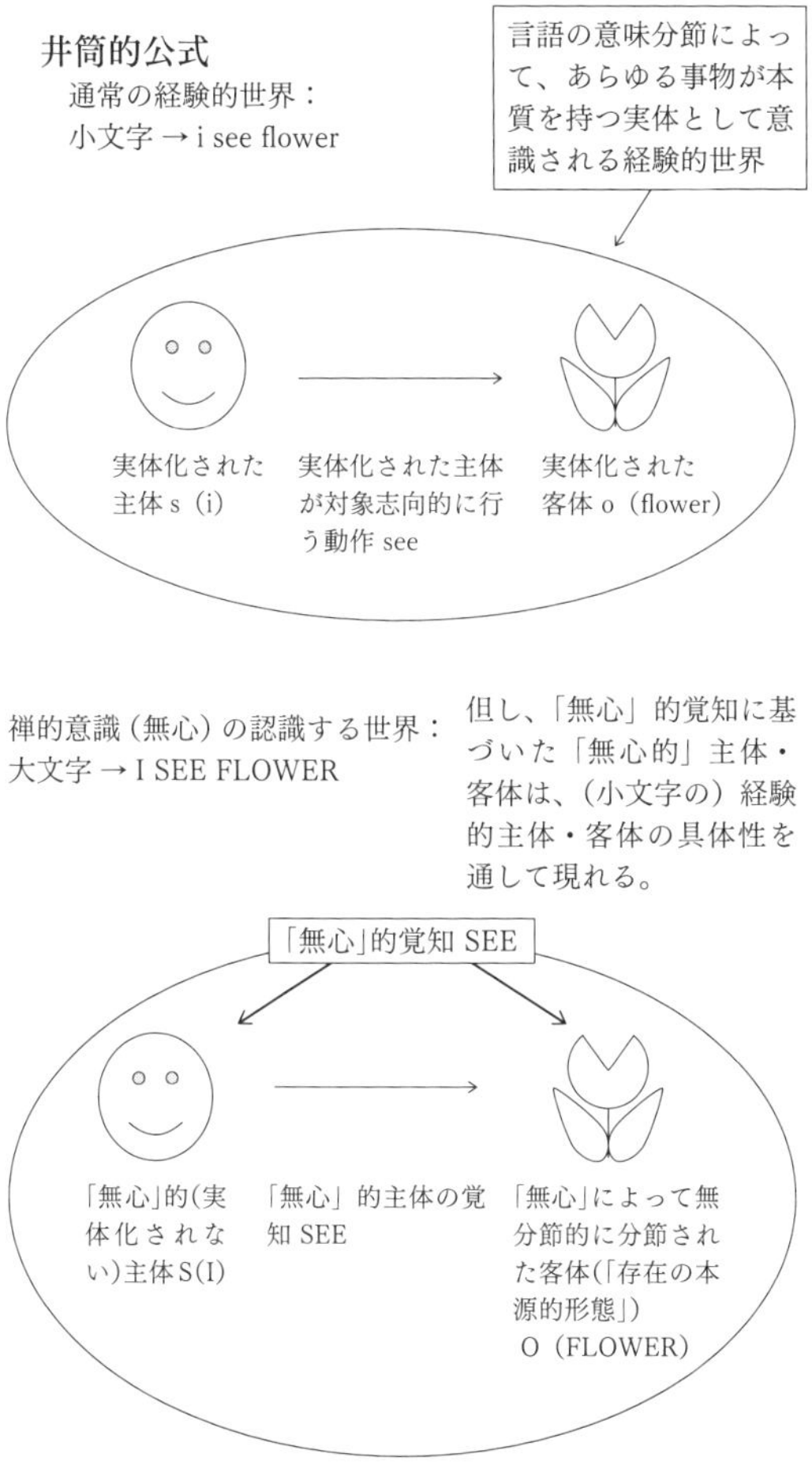

図2　禅的意識の世界認識

「無」・「無心」の体得者――無分節・分節（II）の段階――には、小文字で現された具体的主客構造・経験的世界観の背後に、エネルギー・磁場としての「無心」的覚知が働いているのが把捉・認識されているという。

　ここでのフィールド図は、通常意識に

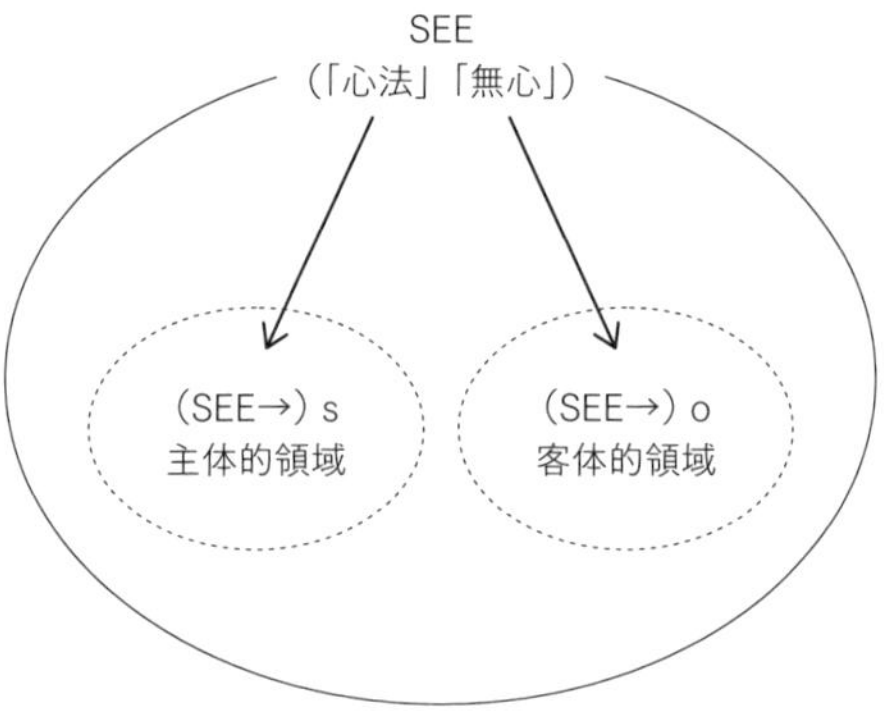

図３　無心と経験的世界

基づいた経験世界の認識においても、大文字の「無心的覚知」が働いている事を示しており、「無心」が体得されれば小文字は大文字に転ずることとなる訳である。

⑵禅的意識フィールドの現成のあり方の類型

修行によって体得された「無」・「無心」といった禅的意識が、ある種のエネルギーまたは磁場として経験的世界に現成するありかたは一様ではないという。井筒は、経験世界における禅的意識のフィールドの現成のありようを、以下のように「臨済四料簡」をモデルに類型化して提示している。

【A「人境倶奪」タイプ】

この類型では、主体と客体が成立する可能性を含みつつ、「主」（主体）にも「客」（客体）にも重心が置かれていない場として禅的意識が現成するという。すなわち言葉を替えれば、絶対無分節のフィールド（前記⑴）が等しく全てを覆う、禅的「無」・「無一物」であり、井筒は『古尊宿語録』から「廓然として一物も無し、光明十方を照らす」（『続蔵』第六八巻、一五四頁下段）を引用している。カラリとして何ものもなく、ただ光だけが照らし差しているような、絶対無分節的な禅的意識の現れである。

【B「奪境不奪人」タイプ】

絶対無分節のフィールド（前記⑴）が「主」に全エネルギーを凝縮させる類型である。「主」（我）は「客」（事物）に対立する我ではなく、フィールド全体の凝縮、フィールド全てにあたるという。ここで井筒が例として挙げるのが「百丈、独り大雄峯に坐る。」(7)（『碧巌録（上）』岩波書店、一九九五年、三三三頁）である。坐禅を行ずる百丈自身が、絶対無分節的な禅的意識そのものとなっているという解釈である。

【C「奪人不奪境」タイプ】

これは、前のBとは逆に、絶対無分節のフィールド（前記(1)が「客」に全エネルギーを結晶させる類型である。ここで井筒が例としてあげるのは、以下に示す『無門関』の「第三七則」――「庭前の柏樹子」である。

趙州、因みに僧問う、「如何なるか是れ祖師西来の意」。州云く、「庭前の柏樹子」。（『無門関』岩波書店、一九九四年、一四四頁）

これは、ある僧から「菩提達磨がインドからやって来た意図は何か。」、即ち、禅の本質について問われた趙州従諗の回答である。「庭の柏の樹」は現実的に存在する一つの個体であると同時に、絶対無分節的な禅的意識・フィールドの現出にもなっており、その点にこそ目を向けよという回答と考えられる。

【D「人境倶不奪」タイプ】

絶対無分節のフィールド（前記(1)が「主」も「客」も倶に成立させる類型である。これは一見すると慣れ親しんだ日常的な経験的世界と同じに見えるが、これは、経験的世界は「無心」の現成――前述の図2における〈I〉と〈FLOWER〉の顕現――として、日常そのままであるとともに、無分節的フィールドそのものでもあるという指摘と考えられる。ここで井筒が挙げるのが、唐代の禅僧であった長沙景岑の「尽十方世界是れ爾の心」（『景徳傳燈録』巻十を参照。『大正蔵』第五一巻、二七六頁上段）である。ここでは、「主」としての人の心、「客」としての「尽十方世界」の双方に絶対無分節のフィールドが等しく現出しているため、日常的経験世界と絶対無分節の禅的意識のフィールドが二重写し・二重構造になっているのだと考えられる。

ここまで、修行による禅的意識の体得による世界認識の変化と進展、禅的意識の経験的世界との関係性と現れ方に関する井筒の考察をまとめた。以下においては、禅と言語との関係についての井筒の観点を確認する。

3 「禅的言語」論

井筒には禅問答や公案修行を考察した論考もある。そこにおいても、言語の分節機能によって本質化・固定化された枠組みからの脱却として、また、無分節的・「禅的意識のフィールド」の言語的現出である、一見無意味な、だか禅的には有意味な「対話を超えた対話」として禅的言語が解釈される[8]。

そもそも、禅問答などは通常の意味での有意味性を持たない場合が多く、読んでも全く意味が通じないものも多い。通常の意味での言語コミュニケーションが禅問答において成り立たないのは、通常の対話を成立させるロゴスが欠けているからであると井筒は指摘する。しかし、数多くの禅文献を見れば、禅者が問答や発話を好んだことは明らかと言えることから、井筒は、禅的な対話や言語的意味は存在するはずであり、禅の立場からする有意味性の基準があるのではないかと考えている（「禅における言語的意味の問題」『全集』第四巻、一六九―一七一頁）。

禅においては、日常レベルの言語に対する不信感が存在する。言語は無限定的存在を限定してものを創り出して、実体化・固定化――「結晶化」――してしまう。こういった言語の側面は禅の嫌うところであると井筒は指摘している。すなわち、通常レベルの言語では、その分節機能によって事物・存在は「結晶化」されており、禅はこうした事物・存在を非分節の姿に立ち返らせるために分節的言語を使用するのだという。つまり、言語の分節機能を用いながら、「意味の結晶化」を融解させ、本源的な「非結晶体」に戻すという過程を、禅は言語活動によって行う。但し、一般的な見方からすれば禅的言語は「何を言っているのか分からない」と評価されることになる（「禅における言語的意味の問題」『全集』第四巻、一七二―一七六頁）。

こうした禅に特徴的な、所謂「意味の通らない」言語の使用――無意味的言語使用――には二つの次元、すなわち

①「公案組織において活用される無意味性」

②「生の姿の禅的言表」

があると井筒は指摘している（「禅における言語的意味の問題」『全集』第四巻、一七六―一七七頁）。

「公案組織において活用される無意味性」とは、禅修行に用いられる無意味的言語にあたる。無意味性を修行者に突きつけて、表層意識の殻を打ち破らせるためのものであり、修行における意識の深化段階としては、分節Ⅰから無分節への過程にあたる。前記した「庭前の柏樹子」がこうした言語使用の典型にあたる（『全集』第四巻、一七六―一七七頁）。

一方、「生の姿の禅的言表」とは、修行を重ねた末、禅的意識である「無」・「無心」を体得した禅者の言語使用にあたる。これは、禅的意識に基づいた認識を土台とした無分節的な言語使用と言えるだろう。井筒が論考の中で一例として挙げるのは、以下のような「潙山浄瓶」の逸話である[9]。

百丈、遂に浄瓶を拈じ、地上に置いて問いを設けて云く、「喚んで浄瓶と作すことを得ず、汝喚んで甚麼とか作さん」。

首座乃ち云く、「喚んで木楔と作すべからず」。

百丈却って（潙）山に問う。山乃ち浄瓶を趯倒して去る。
百丈笑って云く、「第一座、山子に輸却せらる」。

（『無門関』岩波書店、一九九四年、一五二頁）

「水を入れる浄瓶を浄瓶と呼んではならない、それではこれをどのように呼ぶか？」――これは、百丈懐海が大潙山の住持に相応しい者を見極めようとして提出した問いである。候補の一人である首座は「木片とは呼ぶことはできない。」と答える。一方の潙山は浄瓶を蹴っ飛ばしてその場を去った。百丈が潙山を高く評価したのは、日常レベルにおける言語、即ち言語の分節機能によって名前を付けられた事物を実体化して捉えてしまう、そのような言語の次元を超えて、潙山が絶対無分節的な禅的意識を示したからである、と井筒は解釈したと考えられる。

このように、通常意味をなさない言葉・言語が、禅において有意味性を持つとすれば、そのコンテクスト、つまりは、禅の言語における絶対的無意味性・無限定性・非分節の概念内容を分析する必要があると井筒は指摘する（「禅における言語的意味の問題」『全集』第四巻、一八二―一八三頁）。

使用する用語には種々あるが、禅的言語の考察においても、井筒は「禅的意識のフィールド構造」を土台として禅的言語観について考察していると思われる。これは例えば、

〔…〕絶対無分節態と、その絶対無分節者がそのまま直接無媒介的に顕現して成じた分節態との間に、本来的な禅の言語は働く。〔…〕禅的言語は必ず聖諦から発する。聖諦から発出した言葉は、一瞬俗諦の地平の暗闇にキラッと光って、またそのまま聖諦にかえる。この決定的な一瞬の光閃裡に禅的言語の有意味性が成立する。（「禅における言語的意味の問題」『全集』第四巻、一八六―一八七頁）

と井筒が述べていることからも伺われよう。

こうした井筒流の禅的言語観に基づいて、冒頭に挙げたエラノス会議における鈴木大拙のスプーンの逸話について解釈すると、以下のように言い換えることが出来るのではなかろうか。

「無」を体得した大拙翁は、「無心」的覚知に基づいて世界を認識している。「無心」的覚知は、今目の前のスプーンにその全エネルギーを凝縮させて――「禅的意識のフィールド」の「奪人不奪境」タイプとして――現出している。「無心」的覚知が現出したスプーンを指しての「これだ、わかるかね？」という大拙の発言は、こうした大拙流の「無心」的世界認識における「禅的発話」ということになるだろう。

三　アンチコスモスとしての禅、コスモスとしての禅？

修行の深化によって個人の意識が変容することによって、無分節的な世界認識が体得される――井筒俊彦の禅の捉え方は以上のように、あくまでも個人ベース、内面性重視、かつ求道的、すなわち、個人の修行によって「無」を体得し、意識と認識の根本的転換が求められる、という性格を持つように見受けられる。

言語とその分節機能の考察を出発点とする井筒俊彦の禅へのアプローチは、あくまでも個人的な視点の転回による世界認識の転換が考察の中心となり、意識転換後の分節（Ⅱ）の段階での共同体に関する具体的な記述や議論はあまりないという印象を受ける。井筒の禅解釈におけるこうした個人性は、後述するような禅の共同体的側面とどのように関わりうるのであろうか。

井筒も『コスモスとアンチコスモス』では、「東洋的なコスモス」について触れている。上記のように、井筒の禅解釈の枠組みの中心となるのが、個人的な修行の進展と禅的意識の形成・世界認識の変容であるとすると、井筒の考える禅の枠組みでは、共同体とはどのような性格を持ちうるのか、井筒が論じた「東洋的コスモス」を通じて垣間見ることは出来ないだろうか。

以下においては、禅宗清規における禅宗的共同体の性格を確認した上で、『意識と本質』や『コスモスとアンチコスモス』における議論を中心に、禅修行による個人的意識の変化に伴う認識の転換に着目した井筒の共同体観はどのようなものになりうるのか、考えてみたい。

1　禅における共同体とその性質

禅には宗教共同体という側面も当然あり、共同体の規範・秩序を規定した文献——禅宗清規——等も存在している。中国において撰述された清規においては、元代を前後として、清規を「礼の大経」と解釈する視点も存在した。ここではまず、禅宗清規の記述から、十三世紀以降の中国における清規観を垣間見てみよう(10)。

まず、南宋末期の咸淳十年（一二七四）に成立した『叢林校訂清規總要』では、「吾が氏の清規有るは、猶ほ儒家の禮經有るがごとし。〔…〕」と記される（『續藏』第六三巻、五九二頁）。

元代に入ると、至大四年（一三一一）に成立した『禪林備用清規』においては以下のように記されている。

禮は世に於て大經と為す。而して人情の節文なり。沿革損益して以て時を趍す。故に古今の人情は綱常制度を得て以て道を撥《おさ》む。故に天地の大經在り。且つ吾が聖人は波羅提木叉を以て壽命と為す。而して百丈清規は是に由りて出づ。此れ固より叢林禮法の大經なり。（『續藏』第六三巻、六二〇頁）

さらに、至元四年（一三三八）完成し、至正二年（一三四二）に刊行され、従来の清規を集大成した内容を持つと評価される『勅修百丈清規』においても、叙の執筆者である鷗陽玄の述懐として、

> 玄、嘗て諸師に聞けり。曰く、天地の間、一事として禮樂の無きは無し。其の居する所の位を安ずるを禮と爲し、其の日用の常を樂しむを樂と爲す。程明道先生、一日定（林）寺を過し、たまたま齋堂の儀を見て、喟然として嘆じて曰く、『三代の禮樂は盡く是に在り』と。豈に清規の綱紀の力に非ざらんや。（『大正蔵』第四八巻、一一五九頁）

と記される。ここでは、北宋末の朱子学者・程明道（程顥）が、禅叢林における「斎堂の儀」――食堂における威儀作法――を見かけて感嘆した逸話を載せて、儒教的な「礼楽」と清規に則った叢林生活を同一視する意識が伺われる。

また、次のように、思想・教義の側面と規律に則った生活の関係について、

> 菩提達磨大師の後、八葉にして大比丘有り。洪の百丈山に居す。人之を稱して百丈禪師と曰ふ。〔…〕佛の教爲るは必ず戒律を先にす。〔…〕律相宛然として能く留礙する無し。世降り俗末にして誕（いつわり）勝りて眞離れて、外縁馳騁して邪慢想を成す。是れ故に百丈弘く軌範を敷き律を輔けて行ず。調護攝持、事に在りて皆な理なり。蓋し佛の道は達磨を以て明らかなり。佛の事は百丈を以て備れり。（『大正蔵』第四八巻、一一五七頁）

と述べられ、偽りが蔓延して真理が見えがたく、欲望に支配されておごり高ぶる者が出現する時代の中で、百丈懐海の制定した清規が戒律を補佐したこと、具体的な生活や行動（事）と思想・教義（理）とは区別できない関係であることなどが記されている。

このように禅には、ある程度個人性の高い修行という側面と、禅宗清規が描き出す共同性――規則に則った共同体での集団生活――という側面が存在する。事理相即という理論によって、教えと生活とを重視するとともに、こうした清規をいわゆる儒教的な「礼の大経」になぞらえる観点、つまりは儒教的な規範性の内面化が見て取れるといっても過言ではない。

こうした禅側の意識は、『意識と本質』において井筒があまり評価を与えていない、儒教的規範性に則った世界に近いといえる。以下、井筒の儒教観を確認してみよう。

たとえば井筒は、『意識と本質』において、「名」と「実」(＝本質)の一致を基盤とした「礼システム」、すなわち社会秩序を理想として追い求めた孔子の「正名論」を取り上げている。しかしそれは、「分節(Ⅰ)→無分節→分節(Ⅱ)」という構造の底辺部、すなわち「言語／コトバ」によって有「本質」的に分節された、表層意識において成立する立場であるとされている(『全集』第六巻、二八六―二九七頁／文庫版、二九八―三〇九頁)。また、「コスモスとアンチコスモス」においても儒教・孔子について「アンチ・カオス主義」という評価を与えているのである(『全集』第九巻、三一七―三一九頁)。

2 井筒の構想した「東洋的コスモス」

ここからは、「コスモスとアンチコスモス」での議論を中心に、井筒の「東洋哲学」の構想という枠組みの中で、井筒がどのような共同体観を持っていたのか考えたい。「コスモスとアンチコスモス」において、井筒は「コスモス」を「有意味的秩序存在」であって、「大小様々の規模のコスモスがあり得る〔…〕一つの全体としての完結した存在秩序空間であるかぎり、〔…〕大は天体宇宙から、小は家、そしてその中間に、村、都会、国家、世界、自然など〔…〕みなそれぞれ一つのコスモスであります。」(『全集』第九巻、三〇〇頁―三〇一頁)と定義していることから、この論考が井筒の共同体観を伺うには適切であると考えられる。

そもそも井筒による「東洋哲学」の構想の背景には、西洋哲学の世界における基本的土台であったロゴス中心主義が崩壊し、多くの哲学者・思想家たちが次の道を模索し始めていたという時代状況が存在する。勿論、西洋世界における禅への興味等もこういった状況下で発生したことが指摘されている。(11)

「新しい時代の新しい多文化的世界文化パラダイム」(『全集』第九巻、三四三頁)が求められる時代であって、「東洋哲学」と「西洋哲学」との止揚によって「新しい哲学を世界的コンテクストにおいて生み出していく」(「意識と本質」『全集』第六巻、三〇五頁、三〇八頁/文庫版、四〇九頁、四一二頁)という構想を井筒は抱いていたわけである。ところが、現実的には「西洋哲学」と止揚されるべき「東洋哲学」がいまだ成立していないというのが現実であった。そこでまず第一歩として、東洋の諸思想伝統の「共時的構造化」、西洋哲学に較べて統一化されていない「東洋思想・東洋哲学」の構造化・体系化から着手する必要があったのであり、その一つとして取り上げられたのが禅だったわけである。

このような問題意識を背景とする「コスモスとアンチコスモス」において、井筒は東洋的「無」に西洋的「無」とは異なる性格を見出していると考えられる。東洋哲学の基盤となる「無」は、秩序を破壊する「アンチコスモス」であるとともに、「存在・意識のゼロポイント」、すなわちあらゆる物を生み出す起点でもあるという。西洋哲学的では「無」は何も生みださない「虚無」と解釈されるが、「東洋的無」は「有」という性格を持つ、西洋哲学とは異なったポジティブな意味での「無」であると指摘している。こうした「東洋的無」を起点に置く点が、井筒の構想した新たなコスモス観の特徴と言えよう(「コスモスとアンチコスモス」『全集』第九巻、三三六―三三七頁)。

「無」を起点とするコスモスでは、経験世界の存在としての「有」も仮現的なものに過ぎないと認識される。コスモスでありながら非コスモス、「解体されたコスモス、秩序を解かれた存在秩序」(「コスモスとアンチコスモス」『全集』第九巻、三四一頁)――これが井筒の考えていた新たなコスモス、東洋におけるアンチコスモス的コスモスの特徴であるといえる。ここから、井筒の想定した新しいコスモス観、東洋的なアンチコスモス的コスモスとは、「無」を体得した上で無分節的な認識で生きる世界、あるいは「禅的意識のフィールド構造」で指摘されたような、個人が体得した「無」が一種の磁場やエネルギーとして、秩序だったコスモスとしての経験的世界に現成しているようなあり方を指すと考えられる。

無分節的認識を持たない通常の意識では、人間は存在秩序としてのコスモスを実体視すると同時に、抑圧のシステムと感ずることもある。これは、井筒が批判的だった儒教的正名論が志向する規範性に基づいたコスモスの問題点であると思われるが、こうした問題に対しても井筒は、

〔…〕「無」を体験することによって一度徹底的に解体され、そこから蘇った新しい主体性――一定の分節体系に縛りつけられない融通無礙な意識、「柔軟心」――に対応して、限りなく柔軟なコスモス（限りなく内的組み替えを許すダイナミックな秩序構造）が、おのずからそこに拓けてくるであろう〔…〕。（「コスモスとアンチコスモス」『全集』第九巻、三四三頁）

と述べ、コスモスの基底にアンチコスモスを置く、つまり、コスモスは絶対無分節者が意味的に分節されたものであると人間の側が悟る時、コスモスは自由に開けた空間となると捉えている。

3　井筒の想定し得た「禅的コスモス」

東洋的無から生まれるアンチコスモス的コスモスについて、禅という枠組みから考える場合、禅的修行によって個人意識の転換がもたらされて世界認識が変わる段階――つまり分節IIの段階――以降の「コスモスとしての禅」は、どのような共同体になりうると井筒は想定していたと考えられるのか？　それは、体得された禅的無

心・禅的意識が現成するようなコスモス・秩序体系となるはずである。より具体的には、道元の「行持」概念を手掛かりにできるのではないだろうか。

よく知られるように、道元は坐禅のみを修行と考えていた訳ではない。悟りと修行を区別しない、悟りとしての修行を提唱した道元は、修証一等の仏としての修行においては、「諸仏かならず威儀を行足す、これ行仏なり」(『正法眼蔵』第一巻、岩波書店、一九九四年、一五一頁)と述べるように、必ず作法にかなった動作があると述べている。道元は日本への禅宗清規の移入や、自らの僧団の環境に合わせた清規や諸規則を撰述するなどしている点から、ここで言う「仏としての作法」とは清規に規定された生活作法を想定していると考えられる。

また、道元の修行観において坐禅以外の行について考える場合、よく指摘されるのが『正法眼蔵』に説かれる「行持」である。「行持」とは仏としての行い・修行を護持して行くことを指し、

仏祖の大道、かならず無上の行持あり。道環して断絶せず、発心・修行・菩提・涅槃、しばらくの間隙あらず、行持道環なり。このゆゑに、みづからの強為にあらず、他の強為にあらず、不曾汚染の行持なり。(『正法眼蔵(二)』岩波書店、一九九四年、二九七頁)

と述べるように、修行と悟りを区別しないこのような行いはめぐりめぐって終わることがないとしている。さらに、「この行持の功徳、われを保任し、他を保任す。」即ち、自己の行いが世界に功徳を与えており、それゆえに、

諸仏諸祖の行持によりてわれらが行持見成し、われらが大道通達するなり。われらが行持によりて諸仏の行持見成し、諸仏の大道通達するなり。われらが行持によりて、この道環の功徳あり。これによりて、仏々

祖々、仏住し、仏非し、仏心し、仏成じて断絶せざるなり。」（『正法眼蔵（一）』二九八頁）

と述べるように、修行における諸仏との繋がり、修行による仏祖の命脈の継続が指摘されている。そしてこのような行いの持続が、全現象を存在せしめるとともに、三世（過去・現在・未来）の諸仏もその行持によって仏となり、仏であり、仏となるであろうと述べたうえで「一日の行持、これ諸仏の種子なり、諸仏の行持なり」（同『正法眼蔵（一）』、二九九頁）と規定している。

道元の説いた、規定の作法に則った仏としての生活・行いとその継続護持、またこれが過去・現在・未来の全世界へと貫通して相互連関する様子は、井筒の文脈で解釈すれば、「分節（Ⅱ）」という意識で生きる経験的世界（前記の分節図における灰色の部分）、「禅的意識のフィールド」がそのまま経験的な日常生活の世界と二重写しになっている世界と言うこともできよう。

四　おわりに——井筒俊彦と禅

禅は、井筒が晩年に目指した「新しい哲学」の為に必要な「東洋思想・東洋哲学」構築の構想において中核的な位置を占めた思想であったと言えよう。井筒の禅解釈においては、禅の修行における人間意識の深化がもたらす「無」の体験や、認識の根本的転換が重視された。

一方、井筒の構想した認識論（所謂「分節（Ⅰ）」→「無分節」→「分節（Ⅱ）」）の図式においては、「無」という要素のない東洋的宗教思想（例えば儒教、その秩序システム）はあまり評価されないように見えるとともに、「分節（Ⅱ）」以降の、人間の共同体的側面・秩序について積極的に触れる論考はあまりないように見受けられる。

しかし、「世界的コンテクストにおける新たな哲学」の構築を模索した井筒は、「コスモスとアンチコスモス」

などにおいて、「無」や「カオス」を母胎とする秩序体系として、かなり柔軟なコスモス観（自由且つ秩序あるコスモス観）を提示していた。これは道元の「行持」などに近い世界観であると考えられる。

思いの外早く逝去した井筒ではあったが、「世界的コンテクストにおける新たな哲学」の構想を抱いていたのならば、何らかのコスモス的秩序や共同体についても、当然、具体的な考察の必要性は射程に入っていたと考えられる。

井筒の「コスモスとアンチコスモス」から伺われるコスモス的秩序や共同体の姿は、意識の転換を経た個人が無数に集まって構成される共同体・コスモスであって、あくまでも個人の意識の深化と転換を基盤とするように見受けられる。実際には、禅などの修行によって意識変容を体得する人間が増えないと、こういったコスモスや共同体の実現は無理な話なのかもしれない。

だが、禅を含む東洋的無心を体得するのは無理としても、井筒が既に亡くなっている今、「東洋思想・東洋哲学」を哲学体系として構築すべく考察し続ける者がいなければ、井筒の構想した「新しい哲学」や思い描いていたコスモス像は忘れ去られてしまうかもしれない。「西洋哲学」と止揚されて「新たな哲学」を生み出すはずの「東洋哲学」の体系化こそが、残された我々にとって急務ということであろうか。

注

（1）井筒がエラノス会議において二回目に担当した講演である“The Structure in Selfhood in Zen Buddhism”（Toshihiko IZUTSU, *The Structure of Oriental Philosophy, vol.1.*, Keio University Press, 2008. に収録される）がこれに当たる。

（2）井筒は海外における研究生活の中で、ポストモダン思想の興隆についても見聞している。例えば「デリダ現象」（『読むと書く』四九三―四九五頁）を参照のこと。また、東西文化の関係性を語る中で「東西思想の融和」についての構想を述べてもいる（「東西文化の交流」前掲書、五七一―五七三頁）。

（3）井筒は「コトバ」という語をよく使用するが、これは世界に存在する諸事物を表現する記号としての言葉ではなく、言語の持つ意味分節機能によって逆に諸事物を存在せしめる、すなわち、言語は存在の根源であって究極的には存在そのものであるという趣意で井筒は「コトバ」という語を使用している。例えば、「言語哲学としての真言」（前掲書、二五一―二六八頁）等を参照。

（4）以下、「意識と本質」『全集』（第六巻、一三二―一四三頁／文庫版、一三九―一五〇頁）を参照した。概念図についても同様である。

（5）以下、『大正新脩大蔵経』は『大正蔵』と、『大日本続蔵経』は『続蔵』と略す。引用部分は旧漢字のままとした所がある。

（6）以下、「禅的意識のフィールド」については、"The Structure in Selfhood in Zen Buddhism"（前掲書）、及び「禅的意識のフィールド構造」（『全集』第九巻、三五四―四一一頁）を参照した。概念図についても同様である。

（7）『碧巌録（上）』「第二六則」（岩波書店、一九九五年、三三三―三三九頁）参照。ある僧から「如何なるか是れ奇特の事。」（すばらしく不可思議な事とは何でしょうか。）と問われた百丈懐海（七四九―八一四）の回答にあたる。

（8）以下においては、「禅における言語的意味の問題」（『全集』第四巻、一六八―一八七頁に収録される）を中心に、「対話と非対話」（『全集』第五巻、一七三―二〇四頁）、「意識と本質」（『全集』第六巻、一一一―一七三頁／文庫版、一一七―一八〇頁）、"Sence and Nonsence in Zen Buddhism," *The Structure of Oriental Philosophy*, Vol. 1., Keio University Press, 2008 等を参照した。

（9）この逸話は、"Sence and Nonsence in Zen Buddhism" 一五九頁に引用されている。

（10）以下、引用の傍線は筆者による。

（11）たとえば、『全集』第九巻、三五九―三六五頁等参照。

第九章　井筒俊彦が開顕する仏教思想
――比較宗教思想的地平から如来蔵思想をみる

下田　正弘

一　遺作、そして「その一」

イスラーム思想を専門としながら古今東西の広範な哲学に通暁した井筒俊彦は、仏教思想にも深い造詣があった。著作集のなかには、数こそ多くはないものの、仏典を対象とする異彩を放つ論攷が収められている。なかでもひときわ仏教研究者の目を惹くのが『意識の形而上学』である。

著作の履歴を辿れば、『意識の形而上学』は、自身の著作全集の刊行後、一年ほどしてその最初の部分が出版されている。すなわち、本書は、半世紀を超える井筒の大事業が集大成された直後に著されたものであり、その意味で研究成果全体から抽出されたエッセンスでもある。じっさい、「東洋哲学の共時論的構造」を副題とした本書の上梓をもって、井筒の半世紀を超える生涯の著作活動は幕を閉じた。

興味深いのは、井筒豊子のあとがきによれば、井筒がこの遺作に「東洋哲学覚書　その一」という、爾後の一連の出版を予想させる副題を付していたことである。本著は、井筒がこの世に残した最後の作品でありながら、これから始まるライフワークの第一作目だった。

遺作である本著が、「覚書」の「その一」であること、それは「東洋哲学」のもつ特性と、それに持続的に向きあいつづけた思想家のいとなみの双方が調和した、おのずからなる結論のように思えてくる。井筒は著作集の刊行に寄せ、自身の学問を振りかえってつぎのような感懐を述べている。

みずからが体系の樹立を志向するのではなく、いわば外的な力に運ばれるままに、また内的動因に導かれるままに、思索を続けること学問を続けること、が私みずからに課した方法的プリンシプルであった。

そのような志向性の展開の過程に現象する学問的所産こそ、もしかすると、真に内的な生きた実存的生の軌跡が現成し、同時に、実存的現実がより有機的流動的な形でその影を宿すのではなかろうか？（「「著作集」刊行にあたって」『全集』第一〇巻、四七四頁）

選りすぐられた東洋哲学思想のテクストに潜在する「共時論的構造」を読み解こうとする思索は、すくなくとも二十年にわたって井筒が「機会あるごとに繰り返してきた」営為だった（「意識の形而上学――『大乗起信論』の哲学」『全集』一〇巻、四八一頁）。その思索の運動は、「外的な力に運ばれるままに」、すなわち箇箇のテクストに固有な言語・言説の力に衝き動かされるままに進められてきた。それが「また内的動因に導かれるまま」でもあったことは、テクストのもつ言語の衝撃力が井筒自身の言語世界に転移され、その内部で起こる運動へと不断に転成されたことを示している。

この運動は、井筒の事業が生涯の極点を迎えたとき、「その一」の位置にある。ここにいう「一」は、たんなる開始を意味する静止した点ではない。それは思索運動の究極において出現した「一」であり、そこに至るまでのさまざまな思想的営為を包含している。先走って井筒がもちいる『大乗起信論』のことばを引用すれば、それは非存在を意味する「無」ではなく、存在全体に匹敵する「真如」に通じる「存在発現力の無分割・不可分の全一態」（「意識の形而上学——『大乗起信論』の哲学」『全集』一〇巻、四八三頁）としての「一」である。

二　テクストを読むこと

本章は、『意識の形而上学』が対象とする『大乗起信論』において説かれた仏教思想である「如来蔵思想」を、その起源であるインドの文脈にまで戻ってとらえ、それをとおして井筒が示す形而上学の特徴を考察することを目的とする。

おそらく六世紀の中国に出現して以来、東アジア仏教思想に多大な影響を与えつづけた『大乗起信論』は、近代においてもその影響力はまったく衰えなかった。他の大学にさきがけて東京大学が開学されたおり、仏教学の初代の講師として原担山が担当した講義は『大乗起信論』だった。印度哲学講座が設置され、その初代教授となった村上専精も『起信論』を仏教思想の中心テクストとして詳細に論じた。

さらに注目すべきことに、日本近代において喚起された「起信論」熱は、譚嗣同、章太炎、梁啓超など、やがて辛亥革命をリードすることになった清末、民初の思想家たちに大きな影響を与え、『起信論』は西洋思想に抗しうる東洋哲学の支柱として尊重された。同様の影響は朝鮮においても起きている。

漢語でのみ存在する『大乗起信論』については、望月信亨による「中国撰述説」が一九〇二年に公表されて以来こんにちまで、その成立の地がインドにあるか中国にあるかをめぐって長いあいだ議論がつづいてきた。宇井伯壽、高崎直道、柏木弘雄、竹村牧男、石井公成などの仏教研究者の成果を整理しつつ、あらたに入手された敦煌写本や利用可能となったデータベースをもちいて『起信論』に関わる資料の同定を試みた大竹晋によれば、

『起信論』は、中国、南北朝期の北朝において編纂された中国撰述の論書である。[1]こうした地道な文献学の努力によって、本書をめぐる歴史的状況は以前に比してかなり明らかになってきている。

古典漢語と古典サンスクリット語の高い読解力をもちながらも、井筒はいまこの現状を知っても、そしてその意義を十分に評価しても、この議論には踏み込まないだろう。関心の所在が異なるのである。著書の冒頭の一節につぎのようにいう。

誰が書いたのか知らない。〔…〕従って、いつどこで書かれたものであるか、正確にはわからない。もと何語で書かれた作品かもわからない（現に我々の手元にある『大乗起信論』のテクストは新旧二つの漢訳本だけである。漢訳というからには、原語はサンスクリットだろうと想像されるが、これも語法上の疑問がある。実は初めから中国語で書かれた偽書であるかもしれないのだ）。だが、それでいて、出所不明、あるいは出自不確実の（外見上は）片々たる小冊子にすぎないこの本は、大乗仏教屈指の論書として名声を恣にし、六世紀以後の仏教思想史の流れを大きく動かしつつ今日に至った。当然、『起信論』古来の註釈書、研究書の類は、すでに相当の量にのぼる。いまさら、もうひとつの註釈書をその数に加えるつもりは、私にはない。〔…〕私のこの小論の意図するところは全然それとは違うところにある。（「意識の形而上学――『大乗起信論』の哲学」『全集』一〇巻、四八〇頁）

では、井筒の意図はどこにあるのか。井筒は本書を「仏教哲学」の書としてとらえる。ここに焦点を絞り、『起信論』を「読みなおし、解体して、それの提出する哲学的問題を分析し、かつそこに含まれている哲学思想的可能性を主題的に追」いかけ、「この論書が顕在的に言表し、あるいは潜在的に示唆している哲学的プロブレマティークの糸を、できるところまで辿ってみようとする」。それによって「切実な現代思想の要請に応じつつ、古典的テクストの示唆する哲学的思惟の可能性を、創造的、かつ未来志向的に読み解き展開させていくこと」が可能だとみているのである。

　この井筒の態度に比すると、大竹はおよそ対極に位置している。現存する『起信論』を構成する語や句が現存する他のテクストにどのように散在しているかをつきとめ整理する背景には、『起信論』を特定の社会や時代状況の産物として過去に据え置こうとする志向が存在する。こうして再構成されたテクストである『起信論』は、大竹にとって「切実な現代思想の要請に応」ずることも、「創造的、かつ未来志向的」に読むことも、期待しえないものだろう。じっさい大竹が研究成果として至りついたのは、『起信論』はさまざまな文献から切り出された断片的章句が集積された「パッチワーク」にすぎないという結論であった。

「過去」のテクストを「現在」において「読む」とは、いったいいかなる行為なのか。井筒と大竹の態度の相違には、人文学が成立するための重要な方法的課題が、期せずして現れている。テクストを構成する素材がいかなる歴史状況のものであったかを特定することと——じつはそれは思想の普遍性を前提とする仏教のテクストにおいては原理的に困難な作業でもある(2)——、それらの素材によって構成されたテクストがいかなる意味を創出しているかをたどることは、べつの問題である。

　そのうえで、さまざまな素材からなる「パッチワーク」にみえるテクストを、ひとつの統一ある有機体としてとらえる読みは有効である。というのも、変転してやまない歴史のなかにあってひとつのテクストを古典たらしめてきたものは、この「読み」の態度にほかならないからである。じつはこの読みが継承されているからこそ、その意味を歴史的な文脈に差し戻し、批判にさらす企図も意味をもつ。この逆ではない。

三　仏教思想史における如来蔵思想の位置

如来蔵思想とはなにか。まず思想の名称の確認から始めよう。〈如来蔵〉(tathāgatagarbha) は、〈如来〉(tathāgata) と〈蔵〉(garbha) の二語からなる合成語である。如来は、仏の異名としてきわめて古くから仏典に現れる。南方上座部の教義を大成した五世紀のブッダゴーサは、この語に対して八通りの意味を説明するが、その中心となるところは、真実 (tathatā) に至った (gata)、あるいは真実からやってきた (āgata) ところの人格、すなわち仏を指した。

他方、蔵 (garbha) は、母胎、子宮、胎児、さらに胤、本質という意味をもつ。器とその中身の両方を同一の語で示すところは、サンスクリット語の特徴である。そのうえで、如来 - 蔵のように、合成語の後分として garbha が用いられる場合、それは一般に中身のほうを指す[3]。したがって如来蔵なる語は、仏の胤、仏の本質という意味になる。

この概念は、紀元後二世紀頃に成立した大乗の『大般涅槃経』を嚆矢とするいくつかの大乗経典において登場したとみられている[4]。

その後、体系的思想として完成したのは、『宝性論』である[5]。たしかに、『大乗起信論』のいう如来蔵は、瑜伽行唯識派が立てたアーラヤ識の機能をあわせもっている点で、『宝性論』の示すところとは重ならない部分があり、議論の詳細に踏み込めばあらためて整理が必要なテーマである。けれども本章ではこの点は問題としないでおく。それ以前に、如来蔵思想の基本理解をめぐってこれまでの研究において看過されている問題をみておく必要があるからである。

仏典において如来蔵なる語は、「衆生は如来蔵である」という言明において現れ、仏から衆生に対して表明された関係としてもちいられている。仏からみれば、衆生は「仏の胤」であり、「仏の本質」を有している、という意味となる。

如来蔵思想は、仏の視座から見たとき、煩悩と苦悩の現実の底に沈みこんだ衆生たちに、仏、すなわち煩悩と苦の世界から解放されたものの本性が、あるいはそれになるべき胤が、例外なく存在し、衆生はやがて仏となるものたちであることを説く。如来蔵は、有為転変の輪廻の多様な世界を貫徹し、変わることなく存在しつづける原理である。

ここで「仏の視座から見た」という視点の相違、それにくわえて「将来そうなるべき本質」という時間の位相の相違は、如来蔵思想の成立にとってきわめて重要な前提である。すでに真実が現成し、あらゆる束縛から解放された境涯から、いまだ真実に到達せざるものにとっての真実を闡明する如来蔵思想は、迷いと悟りという次元の異なる二つの地平を縦断する言語によって成立している。

これまでの研究ではこの点への配慮が十分になされず、すべての衆生に如来蔵、仏の本質が存在するという言明について、客観的事実を単一の言語次元で表明したものととらえてきた。これは如来蔵思想批判論に共通してみられる問題である。こうなれば、原始仏教以来説かれてきた無常や無我の思想と真っ向から対立をするのは明らかであるし、修行実践の意味も消失してしまう。

周知のように、原始仏教においては、あらゆる存在が変わりゆくこと（諸行無常）、身体をはじめいかなる事物も観念も、自己といえる存在ではありえないこと（諸法無我）、こうした純粋に否定的な表現に思想が託された。それは、習慣によってつくりあげられた日常的世界の根底に、永遠不変の存在を立てようとする形而上学——仏教に先行するブラフマニズムの哲学——を否定し、その迷いからの目覚めを強く促そうとするものである。ここで用いられている言語は、同一の地平に立って、否定されるべき事態に向けられたものであり、如来蔵思想のテクストにみられるような、異なる次元を越境する自分の言語ではない。

言語の様相の相違を意識し、戦略的に用いたのは大乗仏教である。その代表は龍樹であった。大乗仏教の開祖ともいえる龍樹は、如来蔵思想にみられるような、言語が機能する階層あるいは次元の差異にきわめて敏感であった。

周知のように龍樹は「空性」を説いた。これは原始仏教における「諸法無我」をさらに徹底させたものである。だが龍樹の真骨頂は、この空性説を、言語が機能するかぎりの真実（世俗諦）と、言語の力がおよばない真実（勝義諦）との厳然とした相違を認める「二諦説」において機能するよう仕組んだところにある。空を説く龍樹は、たんなる無を説いたのではなく、言語の限界の外にある真実の存在を認めた。

二諦の区別を認めないもの、すなわち世俗諦のみを認めようとするものであれ、勝義諦のみを認めようとするものであれ、いずれかのみを立てて一諦としてしまうものは、それをわずかでも言語で表現する以上、結局は世俗諦を、つまり言語が機能するかぎりでの真実の存在を相手とするものにならざるをえない。

重要な点は、勝義諦、すなわち言語を超えた次元は、言語の活動を離れてあるわけではなく、言語の活動とつねに接しながら、それに包摂されないことである。勝義諦の存在のみを世俗諦から別立しようとするものは、勝義の存在を見失ってしまう。

一方、言語とともにあることは、言語の内部にあることではない。世俗諦のみを認めるものは、言語の内部にある存在しかあつかえない。言語の内部に存在するものは、いかに批判的立場に立ちつづけようとしても、習慣を事実化するという、言語のもつ強力な磁力に抗することは難しい。

こうして、二諦を認めず、二つの次元あるいは位相を単一化してしまうことは、すべてを言語の支配下に置き、そのもとでの形而上学を打ち立てる企図に帰してしまう。龍樹が空性を説き、言語の無効性を徹底しつづけられるのは、二諦説に立っているからなのである。

如来蔵思想は、論書を著した龍樹とは異なったかたちで、仏のことばを直接に表す経典という特異なジャンルのディスクールを利用し、「仏の視座」という視座の差異を導入することによって実質的に二諦説を成立させた。「一切衆生は如来蔵である」との主張を、龍樹が立てた二諦説と照合させるなら、それは二諦の存在を認めつつ、両諦を縦に貫徹するような言明となっている。

『涅槃経』ののち、『如来蔵経』や『勝鬘経』をはじめとするさまざまな経典の制作を経て『宝性論』において完成された如来蔵思想は、時間を超えた絶対的真理が、歴史的、人格的な次元にいかに現れてくるかを課題とする救済論あるいは神義論としての特質を備えている。そこには、存在次元の転回（回心）の問題、言語をめぐる情緒の問題、それらと絡む救済論の問題、さらには世界創造に関する神学的解釈をめぐる議論が関わってくる。以下、これらの点を順に確認してゆく。

四　二元性への転換、二元性からの転換

まずは存在次元の転換、回心をめぐる問題である。宗教体験における回心（conversion）をひとことにいえば、世界が二元的、あるいは多元的成り立ちをしていることを確信する経験である。本来的無知（無明）に覆われた衆生にとって世界は単一のものでしかない。けれども、修行であれ、生活であれ、さまざまに困難な経験を経るなかで、世界は突然に新鮮なすがたを現し、二元的ありようを示すことがある。此岸、輪廻、煩悩という術語で示される、差別、有限、相対の世界が、こうした経験を経るとき、彼岸、涅槃、菩提ということばで示される、平等、無限、絶対の世界に転ずる。

世界の二元性というテーマは、近年の仏教研究においてほとんど取り上げられていない。だが、原始仏教における「諸行無常」という教義、大乗仏教の「空」思想、両仏教に共通する「縁起」の思想、仏教思想のすべてにおいて世界の二元性は前提である。ブッダは、迷いの世界からさとりの世界に至り、そのうえでさとりの世界を

言語化し、教義的言説を成立せしめた。迷いからさとりへの転換という契機は、仏教の言説が存在するための前提条件である。

さらに重要なことに、仏教にはこの先がある。この転換が実現されたのち、ふたたび世界のありようが変わる。はじめて現れた彼岸、菩提、涅槃という様相は、此岸、煩悩、輪廻の様相を照らし返す。そのとき、彼岸から見た此岸の景色、菩提において浄化された煩悩、寂静なる涅槃が重なる生死輪廻は、なんら否定される必要のないものとして受容される。そこでは世界の二元性は消失し、差別と平等とが本質的差異を失くしてしまう。仏教が説くところは、第一に、世界のこの二元性に目覚め、前者から後者へ生の次元を転換することであり、第二に、この二元性がふたたび超克されることである。

この重要なポイントは、井筒俊彦が示す仏教理解において、一貫して堅持されている。たとえば『意識と本質』の一節において、以下のように井筒は述べる。

実際の修行道としての禅がいわゆる悟り、見性体験、を中心とすることは誰でも知っている。禅者の修行道程は、見性体験を頂点として左右にひろがる山の形に形象化されよう。この三角形の底辺は経験的世界、頂点に向かう一方の線はいわゆる向上道、頂点から経験的世界に向う下降線はいわゆる向下道。禅者自身のあり方としては向上道は未悟、向下道は已悟の状態。経験的世界、すなわち現象的事実の世界から出発して上に登り、頂点に達してまたもとの経験的世界に下降してくる。一見すると、この上もなく簡単な過程のようだが、実はその内的構造は常人の窺見を許さない隠秘、幽深な性格をもつ。そして本論の主題をなす「本質」は、この過程を通じて、段階ごとに、著しく変貌して現れてくるであって、その微妙な内実を把捉することは決して容易ではない。（『全集』六巻、一三五頁／文庫版、一四二頁）

存在次元の転換による二元性への目覚め、そしてさらにつぎの段階における二元性の消失と両世界の融合。これは「見性」といわれる、常識的言語世界を超える経験を必要とし、「その内的構造は常人の窺見を許さない穏秘、幽深な性格」をもつものである。

五　宗教的情緒と如来蔵思想

井筒が『大乗起信論』を読むとき、その立場は本書を「哲学書」として扱うという態度においてぶれがない。『大乗起信論』は、こうした読みに適した著作であり、井筒の明晰な分析によってもたらされる成果はゆたかなものがある。

その一方で、インドにおける如来蔵思想誕生の意義を知ろうとするとき、たんに哲学的意義のみならず、井筒が斥けた「まぎれもない宗教書である」という側面に配慮し、その情緒的意義をみなおすことには意味がある。というのも、如来蔵思想は、論理的な言語で構成された「論書」において誕生したものではなく、感性的特性に色濃く染められた「経典」という言述のカテゴリーにおいて出現したものだからである。隠喩的表現の磁場を構成する「経典」言語の力によって思想体系の基礎となる諸概念が形成されたことは看過しえない。異なる文脈や次元の鍵概念を集結させる中心には、深い情緒を触発する言語の力がある。

宗教における回心経験の意義を解明した研究のなかで、ウィリアム・ジェイムズの『宗教的経験の諸相』ほどに濃密な叙述の著作もめずらしい。哲学や宗教学のノーベル賞ともいうべきエジンバラ大学のギフォード・レクチャーを、一九世紀から二〇世紀への移行期になしたジェイムズは、ヨーロッパの思想家たちを初めてアメリカ大陸の思想に注目させた心理学者である。ジェイムズは、宗教はなによりも個人の情緒や感情が関わる宗教体験の問題としてとらえるべきであり、多くの研究者たちが関心の中心とする神学的教義や教会制度は二次的な産物にすぎないと、たぐいまれな分析と表現によって示した。

『宗教的経験の諸相』は、回心を経験したひとびとのうちに生ずるこころの状態とそれが生活にもたらす影響について、およそ以下のようにまとめている。回心を経験したものには、第一に、利己的で卑小な利害関係からなるこの世の生活よりもはるかに広大な生活のなかにいて、理想的力の存在を知的のみならず感覚的に実感しているという確信が生まれている。第二に、理想的力とひとの生命とのあいだにはある親密なる連続性があり、その力の支配に積極的に自己を放棄しようという意志が生じている。第三に、閉鎖的な自我の外殻が溶けてゆくにつれて、無限に意気が高まり自由になったという感覚が現れてきている。第四に、感情の中心が調和のある愛の感情へと移行し、非自我の主張するさまざまな要求に対して無条件に肯定する意識が生じている。こうしたこころの状態が生活世界にもたらす結果は、第一に、自己犠牲を喜ぶ禁欲主義への傾斜であり、第二に、至福の平安と共存する堅忍不抜の精神性の出現であり、第三に、世俗の汚れや官能的要素から身を清めたいと願う純潔性の誕生であり、第四に、敵をも愛する大いなる慈愛に満ちた意識の拡大である[6]。

ここに示された、生の次元の転換という経験によってひとりの人格のうちに実現される諸特性は、大乗仏教における六波羅蜜に集約される菩薩の特性に驚くほど重なっている。如来蔵思想を説く諸経典をふくめ、多くの大乗経典にこうした記述をいかに豊富に備わっているか、大乗経典にふれた経験のあるものには明白であろう。個人の身のうえに起こる宗教的経験という主題に着目したとき、如来蔵思想は、世界観が一変する回心体験の地平を表出するものにほかならない。

これを踏まえたうえで、以下に提示するジェイムズの宗教体験における情緒の特性は、「あらゆる衆生に仏の本性が存在する」ことを説く如来蔵思想にみごとなほどに重なっている。

大部分の宗教的人間は、たんに自分たちばかりでなく、神が現前している存在者たちのすべての宇宙が、神の慈しみの深い御手のうちに安らかに守られていることを信じている〔…〕。たとえ地獄の門が現れていようと、この世の事象がどんなに不運で不利なものに見えようと、私たちみなが救われているようなある感覚が、ある次元が存在することを、かれらは確信している。神の存在は、永遠に維持されるべき、ある理想的秩序が存在することの証左である。〔…〕古来のさまざまな理想は、必ずやどこかほかの場所で、みごとに成就されるはずであり、したがって神の存在するところでは、難破と崩壊とは絶対的に究極的なできごとではない。神に関する信仰の歩みが、このようにさらに踏み出される場合にのみ、そしてはるかに遠い未来の、客観的帰結が予言される場合にのみ、宗教は最初の直接的、主観的な経験から完全に解放され、現実的な仮説を活動させるのだ、と私は思う。(7)

かつて述べたように（下田二〇一四年、一二一—一三頁）(8)、この一節は「神」を「仏」と置き換えてみれば、ほとんどそのままで如来蔵思想の説明である。如来蔵思想を理論的に完成した、六世紀の論書である『宝性論』の定義によれば、この世界に仏が存在し、仏の本性である智慧に衆生が包まれているからこそ、衆生は、仏に守られている。たとえ永劫の過去から、煩悩の暗闇に覆われつづけていても、この世の事象がいかに不利で不運なものに見えようとも、如来蔵の存在に目覚めたすべての衆生たちは、かならずその闇から解放され、清浄に輝く仏となるときが来ることを信じている。仏が存在するという確信こそはこうした理想的秩序が存在することの証左である。仏教において、法性（dharmatā）あるいは法界（dharmadhātu）と呼ばれるこの理想的秩序は、はるかなる過去から変わることなく存在しつづけてきた。仏の存在するところでは、遠く未来の生においてであっても、輪廻の闇からの解放は疑いない。救いはいまここで約束されている。

六　救済論的構造――『宝性論』における如来蔵思想の構成

こうした段階に達した思想は、個々人のかぎられた宗教経験の範囲を超え、救済論という宗教一般に通ずる仮説として現実に機能する。如来蔵思想の形成過程を辿ってゆけば、こうした事態が明瞭に見えてくる。たしかに、自力の修行によってさとりという目的に達することを説く仏教において、救済論（soteriology）という主題で問題が考察されることはあまりない。けれども言述が成熟した如来蔵思想の段階になれば、キリスト教思想において用いられた概念が有効にはたらきはじめる。じっさい近代の仏教学界に如来蔵思想を初めて紹介したオーバーミラーは、『宝性論』にこめられた思想を「救済（salvation）への大乗の究極学」と名づけ[9]、インドおよびチベットにおける如来蔵思想の壮大な体系を再現したセフォート・ルエグは、その大著の副題を「仏教の救済論（sotériologie）と認識論（gnoséologie）」[10]とした。

仏教思想を救済論という観点からみるとき、初期の段階における基本構造は、仏（buddha）と仏が講ずる手だてとしての教え（dharma）という、二者関係でなりたっている。それが如来蔵思想に至れば構成が一段と精緻になる。仏と教えという二者関係のあいだに真理（dharma）という主題が出現して介在し、真理とそれをさとった仏（buddha）との関係、真理と教えとの関係が問いなおされる。この問題を取り上げて論じた高崎直道の理解にそってまとめてみると、およそつぎのようになる。

仏自身が証得した法（dharma）を、仏は他のために説いた。仏が内省を通じて証得したその法とは、縁起の理法であり、それは仏の口から、四諦等のかたちをとって説明された。ここでさとった対象も、他のために説いた手段も、ともに法（dharma）である。たしかに、この構造にあっては、仏教の究極的な価値は、基本的には真理たる法にあるのであって、仏は、ひとびとが理解できることばをもって真理を伝えたたんなる媒介者に過ぎない。ところが宗教的情感からすれば、仏は最高の価値であり崇拝の対象である。というのは、仏はひとびとが仏の教えである法を通じてさとりに達する——bodhiすなわち仏となる——という意味で法の教授者であり、実践上の理想像だからである。かくして仏は三宝の第一であり、法は第二位に位置するのであって、法とは仏の教誡でありその権威は仏に存すると解されてきた。しかしながらさらにいえば、仏の権威とは仏が真理を明かしたと信ずるところにあるのであり、こう信ずるところで仏はthatāgata〔如来〕（かく去り、かく来たれるもの）と呼ばれ、真理あるいは真如と一体となったもの（thatāgata）と解されている。[11]

仏と真理と教えという三者関係の考察のなかから、仏の重要性がきわだって浮かびあがってくる。現実において究極的真理をさとりえたものはただ仏のみなのであり、真理と仏とは現実には不可分である。真理は真理をさとったものが、ことばとなった教えに託すことによって顕現せしめられる。こうして仏と真理と、それが言語化された教えとは、実践上は不可分な一体をなす。この点について、如来蔵思想の理論的完成者である『宝性論』は、以下のように説明する。

諸仏の〔本体的存在様態たる〕法身（dharmakāya）は二種類あると理解すべきである。〔その第一は〕このうえなく清浄な〔存在と存在者の領域である〕法界（dharmadhātu）であり、〔その領域は、多様な世界を一なるものとして把握する智慧である〕無分別智（avikalpajñāna）がはたらく対象である。また〔それは〕如来たちが、自己自身に依拠して証得する（＝自内証のpratyātmam adhigatam）真理に関して〔言われている〕と理解すべきである。〔第二は〕その〔真理の〕獲得の原因であり、このうえなく清浄な法界から流出した結果（＝等流nisyanda）たるもので、他の衆生たちの教化されるべきありように応じて知らしめる記号（prajñapti）である。

それは〔仏たちの〕教説の法（deśanādharma）に関して〔言われている〕と理解すべきである。[12]（括弧内一部引用者）

如来蔵思想において中心のテーマとなるこの課題は、時代を下って大乗になって初めて出現したわけではない。大乗以前に諸部派で共有された梵天勧請の説話のうちにすでに胚胎されている。仏伝の重要な要素として律蔵から経典までに広く認められるこの説話は、ブッダ自身に依拠し他の力を借りることなしに証得された真理としての法（所証の法 adhigama-dharma）と、それがことばとして他者に向けて開き示された教え、すなわち教誡としての法（所説の法 deśanā-dharma）とのあいだに大きな懸隔があること、それをブッダ自身が乗り越えなければならなかったことを示している。

『宝性論』はこの関係をさらに、輪廻世界を超えた仏と、輪廻世界の内部に閉ざされた衆生との関係に注目し、法の二側面について、以下のように説きなおしている。

> 仏たちの〔本体的存在様態である〕法身（dharmakāya）は、二種類あると理解すべきである。〔その第一は〕このうえなく清浄な〔存在と存在者の領域である〕法界（dharmadhātu）であり、〔その領域は、多様な世界を一なるものとして把握する智慧である〕無分別智（avikalpajñāna）がはたらく対象（viṣaya）である。また〔それは〕如来たちが、自己自身に依拠して証得する（pratyātmam adhigatam ＝自内証の）真理に関して〔言われている〕と理解すべきである。〔第二は〕その〔真理の〕獲得の因であり、このうえなく清浄な法界から流出した結果（＝等流 niṣyanda）たるもので、他の衆生たちの教化されるべきありように応じて知らしめる言語記号（prajñapti）である。それは〔如来たちの〕教説の法（deśanādharma）に関して〔言われている〕と理解すべきである（RGV, p. 70）。（括弧内一部引用者）

この一節は、仏の内部に閉ざされているはずのさとりの世界と、それが外部に表出される手立てである教えとの関係、無分別なる世界の次元と分別された世界の次元との差異と同一を明らかにしているにとどまらない。シャーキャ・ムニという歴史的な存在に限定されているようにみえる真理の教説が、なにゆえに歴史を超えて妥当するのか、換言すれば、真理をめぐる時間性と超時間性との関係をも課題にしているのである。この点は本稿の最後の節において再考する。

七　井筒の示す仏教思想と批判仏教の問題

上に述べられた『宝性論』における法の二側面の関係は、井筒の用語にしたがうなら「無分節」と「分節」という二者の関係になる。仏教思想を論ずるとき、井筒の著作においてほぼ一貫して現れてくるこの理解は、如来蔵思想の構造を正確に理解するうえで重要な補助線となる。この点を『意識と本質』の一節で確かめてみよう。井筒は、禅の見性という「実在体験の全過程を理論的に把捉し分析するために、修行上さきに未悟↓悟↓已悟という形で措定したものを、分節（Ⅰ）↓無分節↓分節（Ⅱ）という〔無分節を頂点とし、それぞれの矢印が頂点を挟む三角形の二辺をなす〕形に置き換え」たうえで、以下のように説明する。

三角形の頂点をなす無分節は〔…〕意識・存在——意識と存在、ではない。この境位では意識と存在とは完全に融消し合って、両者の間に区別はない——のゼロ・ポイント。意識の面から見ても、存在の面から見ても、目立つ塵一つない「廓然無聖」の境位である。〔…〕それに対して三角形底辺の両端を占める分節Ⅰ・Ⅱは、その名称自体の示すごとく、事物が相互に区別され、またそれらの事物を認知する意識が事物から区別された世界、要するに我々の日頃見慣れた、普通の経験的世界である。我々は、普通、このような実存的地平において世界を了解し、また世界と関わる自己を了解する。我々自身を始め、我々を取り巻く全ての事物が、それぞれ己れの存在性を主張する形而下的存在世界であるという点では、分節（Ⅰ）と分節（Ⅱ）とはまったく同じ一つの世界であって、表面的には両者の間に何の違いもないように見える。が、無分節という形而上的「無」の一点を経ているかいないかによって、分節（Ⅰ）と分節（Ⅱ）とは根本的にその内的様相を異にする。なぜなら、ともに等しく分節ではあっても、「本質」論的に見て、分節（Ⅰ）は有「本質」的分節であり、これに反して分節（Ⅱ）は無「本質」的分節であるから。（『全集』第六巻、一三六―一三七頁／文庫版、一四三―一四四頁）

『宝性論』に説く所証の法（adhigama-dharma）は、井筒のいうところの無分節の頂点を指すのに対し、所説の法（deśanā-dharma）は、分節（Ⅱ）を指す。じつは『宝性論』には分節（Ⅰ）が存在していない。これは、『宝性論』の言説が、迷いの世界を離れた、仏の境位を出発点として展開されているからである。だが、如来蔵思想の全体を描こうとするなら、分節（Ⅰ）は外さないほうがよい。この二つの分節が示されることによって、宗教世界で前提とされる世界の二元性が明確になり、さらに仏教に特徴的な、二元性を超える契機が明確になるからである。この点で、井筒の如来蔵思想理解はみごとであり、理論的には『宝性論』よりも精緻に整えられてさえいる。この理解の成立には、井筒が『宝性論』ではなく、『大乗起信論』によって如来蔵思想を理解したという、依拠したテクストの差異が影響しているだろう。

仏教学界に一大旋風を巻き起こした松本史朗や袴谷憲昭による如来蔵思想に対する一連の批判は、分節（Ⅰ）と分節（Ⅱ）の単純な混同によって起こっている。その混同が起きた前提には、仏教の形而上学を考察するにあたって大前提とされるべき、世界の二元性への配慮の欠如がある。この混乱を袴谷と松本に引き起こした一因は、もちろん『宝性論』にある。論が分節（Ⅰ）を理論体系のうちに明示的言語として組み込んでいないからである。だが、如来蔵思想は、苦悩の現実の底に沈みこんだ、分節（Ⅰ）の底辺にある凡夫が、例外なく仏になりゆく存在であることを、「仏の視座から」すなわち三角形の頂点から、照らし出すものである。井筒の示すとことの分節（Ⅰ）は、如来蔵思想の文献には示されていない。言述の不在を事態の不在と同一視するなら、分節（Ⅰ）から頂点に向かう向上的方向の三角形の一辺は消えてしまい、その結果、「分節」と「無分節」とは、単一の線分となってしまう。

この単一の線分に出現する「分節」があるとすれば、それは、迷いの世界の分節（Ⅰ）でもなく、迷いから覚めた分節（Ⅱ）でもなく、両者が無秩序に混同されたものである。これは迷いとさとり、煩悩と菩提、俗と聖、これらの差異が無化されたきわめてたちの悪い分節である。

もしこの混同が不注意や悪意によってなされるような事態があれば――それは松本や袴谷、さらに以下に述べる三浦が危惧するように、十分ありうることなのだ――厳しい批判の対象となるべきである。だが、如来蔵思想のテクストにおいてこうした混同はまったく起きていない。如来蔵思想のテクストを読むさい、分節（Ⅰ）と分節（Ⅱ）の相違を前提としえてないのは、読み手の側の問題である。ことなる仏典における言説の種類の差異、発信主体の差異、視座の差異、様相の差異、こうした差異に理解が及んでいない。テクスト解読において重要なテーマとなるディスクールの差異に意識が届いていないのである。

近年、批判仏教の存在を知り、その斬新さと問題意識の鮮明さ、論述の誠実さとそこに底流する情熱に衝撃を受け、それを高く評価するとともに、批判仏教者たちとともに「いわゆるエラノス会議の面々がもつある種の胡散臭さ」を厳しく批判する三浦雅士[13]の場合は、袴谷や松本とその立ち位置がすこし異なっている。

三浦は井筒が提示する理解の全体――ここでいえば分節（Ⅰ）と分節（Ⅱ）――の相違を理解し、前提としている。そのうえで三浦は、この二つの分節の過程を、一挙に「鳥瞰する目」で把握している。おそらく井筒が描くこの三角形を、一瞬で把握可能な「作図」ととらえている。だが、これは、仏教にとっても、井筒にとっても、ありえない理解である。分節（Ⅰ）と分節（Ⅱ）は、その順序を確実に踏まえて進まねばならぬ階梯として存在するのであって、けっして瞬時に俯瞰しうるものではない。

三浦が井筒やエラノス会議の面々を批判する議論は、宗教集団が詐欺の集団と化し、利他の活動が支配の暴力と化す可能性を、言語の特性にそって論じたものであり、諸所に傾聴に価する鋭い分析を備えている。だが、それは、同時に、究極的価値にかかわる言語活動であるかぎり、言語の呪縛に無条件に降伏せざるをえなくなるという諦念を感じさせるものでもある。

こうした三浦の言説に欠けているものがあるとすれば、それは世俗諦と勝義諦の二諦の存在とその区別である。二諦説は、言語化されているにもかかわらず、言語の内部におさまりえない事態を表出している。語りえない事態を語っているのだ。如来蔵思想に至れば、二諦を縦に貫く言語を駆使している。

仏教は、ヴィトゲンシュタインのように「語りえぬもの」のまえで沈黙するのではない。語らないことは、究極的には、言語の呪力に降伏することにつながってしまうからだ。カンタン・メイヤスーが指摘するように、この沈黙の一瞬こそ、あらゆる宗教的形而上学を、無条件に無制約に成り立たせてしまう間隙である。それは反省的思索の停止につながり、撤退につながり、敗退につながる。龍樹が徹底して語りつづけたことに思いを馳せるべきだろう。

八　如来蔵思想と世界創造の神学

本章最後のテーマは、如来蔵思想が有する神義論的可能性である。なにゆえにすべての衆生に如来の本性が存在しているのか。『宝性論』は、その根拠を「すべての衆生たちが仏の智慧に帰入するから、その〔すべての衆生が煩悩から解放された時点での〕無垢なることが本性として〔仏と〕不二であるから、仏の種姓においてその果を想定するから、一切の有身者（＝衆生）たちは仏を本性として有すると〔仏によって〕説かれた[14]」と説き、その内容を敷衍して以下のように示す。

要約すれば三種の意味によって、世尊は「一切衆生はつねに如来を本性として有する」とお説きになった。すなわち、一切衆生に、如来の法身が遍満しているという意味によって、如来の真如が無差別であるという意味によって、そして如来の種姓が存在するという意味によってである（RGV, p. 26）。

この一節は、清浄の極みである法界、すなわち清浄になりきった存在者の全体あるいは存在者の本質が、仏がさとりの智慧によって観察される対象となる真理にほかならないことを述べている。

注目すべきは、仏によって把握される真理がひとえに仏自身に依拠するとしている点である。真理は仏の外でなく内にある。清浄なる法界は仏の意識に出現した仏内部の世界、仏自身にほかならない。仏は世界そのものであり、さとりとは仏が自己自身を対象として得る自己認識である。この理解は、仏がさとりを得た直後に縁起という法——縁起は世界の出現と消滅の全過程をさす——を自己のうちに観察しつつある事態、大乗経典において仏が説法に立ちあがるまえに無言の瞑想にある情景に重なる。さとりがことばとなる以前、仏と真理、仏と世界とは無区別な一体なのである。

自己自身が浄化されていない衆生の場合、認識の対象にこの浄化されきった存在者の領域が出現することはない。そうした衆生が対象とすべきものは、仏が認識対象とする清浄な法界から流出した、教えとしての法である。教えとしての法は、真理としての法の源流から流れ出てくる支流であり、歴史のなかをさまざまに枝分かれしてゆく。いかに多様化しようともいずれも仏の内なる世界を発源点とする等質性をたもっている。

『宝性論』の思想の骨格は、ブッダ自内証の真実としての法（adhigama-dharma）と、そこから流出した教説としての法（deśanā-dharma）という二つの法によって構成されている。前者から後者への移行は、ブッダの内部から外部への移行であり、禅定からことばへの転換であり、自利から利他への歩みだしである。

さらに踏み込めば、この自内証の法から教説の法への移行は、仏の内部から外部への転換であるとともに、仏教世界の創造ともみなしうる。ブッダの言語がこの世界に出現するときに、仏教世界がつくりあげられる。〈梵天勧請〉のエピソードに示されるように、ブッダが説法を断念したままでは、仏教世界はこの世に現れえなかった。仏教の真実が内部から世界外部へ移動し出現することは、仏教世界の創造にほかならない。

じっさい、仏の内部から外部へという移行は、ユダヤ教とキリスト教においてそのもっとも重要な課題、すなわち天地創造というテーマにおける神の内部と外部という差異と響きあっている。ライプニッツ以来こんにちまで継承されてきたさまざまな神義論のなかにあって有力な理論のひとつが、天地創造にさいして神が自己自身の内部に退去して内部世界を創造し、それを外部に顕現させたとする説である。現在の組織神学においても採用されているこの神義論の淵源は、ユダヤ教神秘主義のカッバーラーにある。

井筒（『全集』第六巻、二二七―二二八頁／文庫版、二三五―二三七頁）によれば、カッバーラーはラビ教的ユダヤ教に対抗し、一三世紀の後半にフランスのラングドック地方のユダヤ人のあいだで起こった精神主義一大運動で、こんにちまで大きな影響を与えている。旧約時代以降、ユダヤ教の主導権を取ったラビたちは、律法から神話的形象、象徴的イマージュを一掃し、ユダヤ教を合理的解釈のなりたつ思想へと転換しつづけてきた。カバリストたちは、こうしたラビの合理主義に反抗し、シンボルの氾濫のうちに神の生きた実在性にふれるとする立場を鮮明にした。

カバリストにとってシンボルとは、神の内面が外面に現れるときに取る根源的イマージュ形態を、人間が人間の側から眺めたものにほかならない。こうして一切の事物をふくむ世界は、神の自己顕現のプロセスを指し示す無限大のシンボル体系として神話化される。カバリストによれば、神（あるいは神的実在）は巨大な、絶対無限定的な存在エネルギーである。このエネルギーは内から外に向かって充溢するが、その充溢にはいくつかの発出点が始めから用意されており、発出点の各々において、無限定のエネルギーが原初的に限定される（『全集』第六巻、二二八—二三二頁／文庫版、二三五—二四〇頁）。

ユダヤ教の神の世界創造について述べたこの一節は、微妙な差異をのぞかせながらも、如来蔵思想と重なりあうところがある。『宝性論』によれば、歴史となった〈教誡の法〉は、歴史以前の〈自内証の法〉から流出したという。だが、無時間、歴史以前と、時間、歴史以後とを結ぶ「等流」（nisyanda）という概念ははたしていかなるものなのか。加えて輪廻は無始時来（anādhikalika）であるという。それは無時間でありながら、同時に無常そのものの時間である。ここに存在する無数の存在者＝法たちは、自内証の法、すなわち仏のさとりといかに関わっているのか。煩悩に覆われたこころも、それが浄化されたこころも、一刹那しか存在しえない。だが両者を介在する刹那が存在せずして、いかにして前者から後者への移行がなりたつのか——こうしたさまざまな問いが、仏教思想史において残されたままとなっていた。『宝性論』において如来蔵は、こうした〈神学的〉な課題を解決するために立てられている。如来蔵は如来を、すなわち真理たる〈自内証の法〉に至ったものの存在を、さらに差異化した概念である。それは真理のさらに根源に戻ってゆく企図にほかならない。

この問いの根源性が、如来をなりたたせ、同時に衆生をなりたたせている。如来が如来蔵になって輪廻と涅槃をなりたたせるこの過程は、神が自己の内部に退去して世界創造についての難問を解決する過程に比せられる。こうした可能性をもった思想を十分に解明するには、仏教文献の内部の言説のみでは、限界がある。この課題に果敢に向かい、正面から相手にするためには、古今東西の思想を、その深層から構造分析する力が必要となる。仏教文献を対象として、こうしたこころみをなした研究者は、井筒俊彦は抜きん出ているだろう。「東洋哲学覚書」が「その一」からさらにつづくとすれば、おそらくこうした問題がさらに遠くまで論じ進められたであろう。

注

（1）『大乗起信論成立問題の研究』国書刊行会、二〇一七年。
（2）師茂樹『論理と歴史――東アジア仏教論理学の形成と展開』ナカニシヤ出版、二〇一五年。
（3）原實「garbha 研究」『インド学仏教学論集　高崎直道博士還暦記念論集』春秋社、一九八七年、二三―三八頁。
（4）M. Radich, The Mahāparinirvāṇa-mahāsūtra and the Emergence of Tathāgatagarbha Doctrine, *Hamburg Buddhist Studies 5*, Edited by Michael Zimmermann, Hamburg, Hamburg University Press, 2015.
（5）下田正弘「如来蔵・仏性思想のあらたな理解に向けて」桂紹隆・斎藤明・下田正弘・末木文美士編『如来蔵と仏性』春秋社、二〇一四年、四頁。
（6）William James, *Varieties of Religious Experience*, NY: Vintage, 1990, pp. 249-251（ウィリアム・ジェイムズ『宗教的経験の諸相』桝田啓三郎訳、岩波文庫、一九七〇年、二九―三二頁）。
（7）*Varieties of Religious Experience*, p. 462（『宗教的経験の諸相』三八五―三八六頁）。
（8）「如来蔵・仏性思想のあらたな理解に向けて」、一二―一三頁。
（9）E. Obermiller, “The Sublime Science of the Great Vehicle to Salvation, being a Manual of Buddhist Monism, the Work of Arya Maitreya with a Commentary by Arayasanga,” *Acta Orientalia*, Vol. 9, 1931, pp. 81-306.
（10）Ruegg, La théorie du tathāgatagarbha et du gotra: Etudes sur le sotériologie et la gnoseologie du bouddhisme, *PEFEO*, LXX, Paris, 1971.
（11）『高崎直道著作集』第六巻、春秋社、二〇一〇年、一七三―一七四頁。
（12）Johnston, E. H., *The Ratnagotravibhāgo Mahāyānottaratantraśāstra*, Patna, The Bhiar Research Society, 1950, p. 70. 以下 RGV.
（13）「言語の政治学」『群像』講談社、二〇一六年七月―二〇一七年八月。
（14）*Ratnagotravibhāga*, Johnston ed., p. 27.

第Ⅲ部　未来へ向けて――「東洋哲学」の展開

第十章　東洋思想の共時的構造化へ
――エラノス会議と「精神的東洋」

澤井　義次

一　はじめに

東洋思想・イスラーム哲学の世界的碩学、井筒俊彦は、一九六七年にエラノス会議の講演者の一人に選ばれた。それ以後、彼は一九八二年までほとんど毎年、夏のスイス、マッジョーレ湖畔のアスコナで開催されたエラノス会議において、東洋哲学を主題として講演をおこなった。講演の回数は合計、十二回に及んだ。エラノス会議は、よく知られているように、一九三三年、オランダ人のオルガ・フレーベ゠カプテイン女史によって、東洋と西洋の集う対話の場として創始されたものである。この集まりを「エラノス」と命名したのは、宗教学の古典的名著『聖なるもの』(*Das Heilige*)の著者として有名なルードルフ・オットーであった。この婦人はオットーに東と西の対話の場に関する計画を打ち明けた。そのとき、オットーはその会議名として「エラノス」の名を付けた。「エラノス」とは古典ギリシア語で、一種独特の「会食」を意味する。このようにして発足したエラノス会議は、二〇世紀を代表する研究者たちが集い、宗教、神話、哲学をめぐる思想が交錯し統合し合う対話の場となった。[1]

エラノス会議には、おもな講演者として心理学のカール・ユング、宗教学のミルチャ・エリアーデ、生物学のアドルフ・ポルトマン、イスラーム学のアンリ・コルバン、ユダヤ神秘主義のゲルショム・ショーレム、心理学のジェイムズ・ヒルマンなど、二〇世紀に各学界をリードした研究者たちが参加した。彼らはエラノス会議において、それぞれ専門的な知見にもとづく講演をおこなった。井筒の一二回にわたるエラノス講演は、「井筒ライブラリー・東洋哲学叢書」（慶應義塾大学出版会刊）において、英文著書『東洋哲学の構造――エラノス会議講演集』（*The Structure of Oriental Philosophy: Collected Papers of the Eranos Conference*）として刊行されている。その講演の内容は、井筒が晩年に構想した「東洋哲学」の代表的な著書『意識と本質――精神的東洋を索めて』（岩波書店、一九八三年）における主要な論点の萌芽を示している。その邦訳書は、まもなく井筒俊彦英文著作翻訳コレクションの一冊、『エラノス会議――東洋哲学講演集』（慶應義塾大学出版会、近刊予定）として出版されることになっている。[2]エラノス講演における井筒の学的関心は、『意識と本質』などの著作における主要なテーマとして継承された。そうした意味において、井筒のエラノス会議への参加は、いわゆる「東洋哲学」の枠組みの構築にとって、極めて大きな意義をもっていたと言えるであろう。この小論では、井筒がエラノス会議において、初めて講演をおこなった一九六七年以後、彼が一九九三年に亡くなるまで、次第に展開していった東洋思想の創造的な「読み」とそのおもな特徴を考察することにしたい。

井筒の生涯は、彼自身も述懐しているように、大きく三つの時期に分けられる。まず、第一期は、慶應義塾大学における学生時代に始まり、助手、教授時代であった。第二期は、彼が慶應義塾大学を離れて、カナダのモントリオールにあるマッギル大学を皮切りに、マッギル大学テヘラン支所、さらにイラン王立哲学アカデミーというように、海外で研究を続けた二〇年である。さらに第三期は、一九七九年にイラン革命のために日本へ帰国した後、『意識と本質』などの著書を次々と出版し、一九九三年一月に亡くなるまでの時期に相当する（「道程」

『全集』第五巻、三七六―三七八頁）。この小論で注目するのは、井筒が彼自らの学的関心事として「東洋哲学」の構築を強く意識するようになった第二期と第三期である。井筒は第二期と第三期において、東洋思想についてエラノス講演をおこなう中で、東洋思想を複雑な歴史的連関の次元から引き離して、それらを共時的な思想構造の次元へ移していった。そのことによって、彼は独自の「東洋哲学」構想を構築していったのだ。この小論は、井筒がエラノス会議での講演をとおして具体的に構想していった東洋思想の「共時的構造化」という方法論的射程の形成過程を辿りながら、今後の井筒研究の展開へ向けて、井筒「東洋哲学」の構造とその特徴を探究しようとする一つの宗教解釈学的な試みである。

二　井筒のエラノス講演とそのテーマ

井筒はユダヤ思想やイスラーム思想ばかりでなく、インド哲学、仏教の諸思想、中国の老荘思想さらに日本の思想など、実に広範囲な哲学思想に精通していた。また、三〇ヶ国語以上の言語に通暁していたこともよく知られている。エラノス会議における講演では、井筒は禅の思想をはじめ、インド哲学、仏教思想、中国の思想などの東洋思想の古典的テクストの創造的な「読み」にもとづいて、存在と意識に関わる東洋哲学の構造を明らかにしようと試みた。井筒はエラノス会議のことを振り返りながら、著書『コスモスとアンチコスモス――東洋哲学のために』（岩波書店、一九八九年）の中で、次のように述懐している。

たまたまこの時期（井筒がエラノス会議に招かれた時期）は、東方への憶いが私の胸中に去来しはじめ、やがてそれが、東洋思想をもう一度、この時点で、ぜひ自分なりに「読み」なおしてみたい、そして、できることなら、東洋哲学の諸伝統を現代世界の思想の現場に引き入れてみたいという希求（野望？）にまで生長

していった二十年でもあった〔…〕。(「事事無礙・理理無礙」『全集』第九巻、三頁)

井筒は青年時代以後、東洋よりも西洋に魅力を感じて、西洋の文学や哲学を学ぶようになった。それは幼い頃から、父親から坐禅を強いられて育ったことへの反発もあったのかもしれない。彼はおもに深くイスラーム哲学の研究に従事した。ところが、エラノス会議に出席するようになった時期から、彼は次第に「自分の実存の『根』は、やっぱり東洋にあったのだ」と感じて、東洋の思想に深く関心を向けた。エラノス会議では、長年にわたって、東洋思想に関する講演をおこなったが、そうした中で、「東洋哲学の諸伝統を現代世界の思想の現場に引き入れてみたい」との希求を抱くようになった。こうした思いから、彼は現代世界の思想状況の中で、東洋思想の諸伝統を「東洋哲学」の名に価する有機的統一体へと「未来志向的」に纏め上げて、東洋思想の内包する現代哲学的な展開可能性の射程を探究していったのである。

井筒が自らの「東洋哲学」の視座を最初に一冊の著書として纏めたのは、イランから帰国直後に刊行した『イスラーム哲学の原像』(岩波書店、一九八〇年)であった。この著書は、イブン・アラビーおよび存在一性論を主題とする講演がもとになっている。井筒は一九七九年二月、イランから帰国した直後の五月二十二日と二十九日の夕方、岩波市民講座の一環として「イスラーム哲学の原点」と題する講演をおこなった。その講演の中で、彼はイブン・アラビー系の存在一性論を東洋的思惟の根源的パターンとみなし、彼独自の「東洋哲学」の視座から、その理論的構造を明らかにしようとした。つまり、井筒はイスラームの存在感覚と哲学的思惟の所産である存在一性論を「たんにイスラーム哲学史の一章としてではなく、むしろ東洋哲学全体の新しい構造化、解釈学的再構成への準備となるような形で叙述してみようとした」(『全集』第五巻、三九二頁)。東洋哲学の伝統において、特にイスラーム哲学を未来に向かって新たに解釈学的に把握しなおそうとしたのである。井筒のこうした解釈学的な試みは、その後、独自の「東洋哲学」に関する著作として出版される。それが井筒の晩年の主著『意識と本質』であった。

井筒は一九七九年、イラン革命のためにテヘランから帰国することを余儀なくされた。もしイラン革命が起こらなければ、彼はその後もずっと、テヘランに滞在していたと推測される。そうすれば、『イスラーム哲学の原像』や『意識と本質』など、彼の「東洋哲学」に関する著書は書かれなかったであろう。井筒は心ならずも、イランを離れたときの心境を、次のように述懐している。

心ならずも……だが、考えてみれば、それが私の生涯の、運命が用意してくれた転機だったのかもしれない。イランでの仕事に興味は尽きなかった。しかし奇妙なことに、それを棄て去ることを悔む気持は少しも起らなかった。それどころか、日航の救出機に腰を下ろした時、私はすでに次の新しい仕事を考えていたのだった。今度こそ、二十年ぶりで日本に落ちついて、これからは東洋哲学をめぐる自分の思想を、日本語で展開し、日本語で表現してみよう、という決心とも希望ともつかぬ憶いで、それはあった。(「『意味の深みへ』あとがき」『全集』第八巻、五〇七頁)

井筒が語っているように、それは彼の生涯において、まさに運命が用意した「転機」であった。井筒が「意識と本質」のテーマで論文を書き始めたのは、一九八〇年の春逝く頃であった。それから二年にわたって、『思想』に論考を連載した。第一回は『思想』一九八〇年六月号、最終回は一九八二年二月号であった。彼はエラノス講演をとおして、次第に醸成されていた東洋思想の「共時的構造化」とその方法論的射程を世に問うた。彼はエラノス講演をおこなう中で形成していった「東洋哲学」構想を発表したのである。そのことによって、『コーラン』の邦訳でよく知られていた井筒は、日本の読者のあいだで、イスラーム哲学研究ばかりでなく、言語哲学および東洋哲学の研究でも幅広く知られるようになっていった。

さて、井筒がエラノス会議の講演の中で、具体的に取り上げた主要なテーマを列挙してみよう。それらは禅の思想をはじめ、大乗仏教の中観思想や華厳思想の存在論、唯識思想の意識論、インドのヴェーダーンタ哲学、老荘思想、二程子や朱子の思想、『易経』の思想、『楚辞』のシャマニズムなど、実に多岐にわたる。まず、ここで注目すべき点は、井筒の十二回のエラノス講演のうち、論題として禅の思想が一九六九年から四回連続で、合計五回(一九六九年、一九七〇年、一九七二年、一九七三年、一九七八年)取り上げられたことである。それらの講演テーマは以下のとおりである。「禅仏教における自己の構造」("The Structure of Selfhood in Zen Buddhism," 1969)、「禅仏教における意味と無意味」("Sense and Nonsense in Zen Buddhism," 1970)、「東アジアの芸術と哲学における色彩の排除」("The Elimination of Color in Far Eastern Art and Philosophy," 1972)、「禅仏教における内部と外部」("The Interior and Exterior in Zen Buddhism," 1973)、「禅仏教における時間のフィールド構造」("The Field Structure of Time in Zen Buddhism," 1978)。禅以外の講演テーマを掲げた講演でも、井筒は東洋思想の特質を論じるにあたり、絶えず禅の思想との連関性において議論を展開した。また、一九七九年のエラノス会議での講演テーマは「イマージュとイマージュ不在の間——東アジア的思考法」("Between Image and No-Image: Far Eastern Ways of Thinking")であった。その講演テーマそれ自体は、直接、禅思想に言及したものではないが、その講演の中で、『易経』や『老子』および『荘子』の思想とともに、禅の思想に言及しながら議論を展開している。さらに一九八〇年のエラノス会議では、晩年、井筒が特に関心をもった華厳思想を取り上げた。講演テーマは「存在論的事象の連鎖——仏教の存在観」("The Nexus of Ontological Events: A Buddhist View of Reality")であった。その講演の中で、彼は華厳的存在論の極致として「事事無礙」の概念を捉えた。華厳思想において、「事事無礙」の概念は、経験的世界における全ての事物事象が互いに浸透し合い、相即渾融するという存在論的思想である。この点については後で詳述するが、井筒によれば、その考え方は東洋哲学ばかりでなく、世界の哲学思想においても重要な普遍的思想パラダイムを示しているという。

三　エラノス会議と禅の思想

ここでまず、井筒がエラノス会議に講演者として招かれたときの経緯に少し触れておきたい。彼がエラノス会議に招かれたとき、禅の思想を説き明かしてほしいという要請が、この会議の主催者、ルードルフ・リッツェマ氏（Rudolf Ritsema）から井筒に届いた。井筒がエラノス講演に招かれる十年余前に、禅思想研究で世界的に知られていた鈴木大拙（一八七〇—一九六六）がエラノス会議に招かれていた。鈴木は一九五三年と一九五四年の二年連続で、禅の思想について講演していた。晩年のユングは、鈴木大拙に並々ならぬ関心を寄せていた。鈴木大拙のエラノス講演のテーマは「禅仏教における自然の役割」（"The Role of Nature in ZEN Buddhism," 1953）、および「禅における新たな意識の覚醒」（"The Awakening of a New Consciousness in Zen," 1954）であった。エラノス会議に参加した人々は、禅思想に関する講演そのものよりも、井筒の言葉を援用すれば、「大拙のなかに躍動する「人《にん》」に触れて」、深い感銘を受けたようだ。しかし、鈴木大拙の講演は聴衆の大部分にとって「煙に巻かれたような感じで、本当はよくわからなかった」。聴衆たちは鈴木大拙の講演について、「わからないが、何か深いものがそこにある、あるに違いない、と感じた」という。井筒がエラノス会議に講師として招かれたとき、彼はこの話を会議の主催者から聞いた。主催者からは「そこのところを、なんとか説き明かしてはもらえないだろうか、という要求」が出された、と彼は述懐している（「禅的意識のフィールド構造」『全集』第九巻、三五五頁、および「第一級の国際人」第六巻、四二〇—四二一頁）。

井筒がエラノス講演に招かれた当時、禅の思想に対する関心は、世界的に大変高まっていた。当時、世界では、彼の言葉を援用すれば、「東西文化パラダイムに関わる興味ある事態」が生起していた。その点について、井筒は『コスモスとアンチコスモス』の中で、次のように記している。

今から約三十年前（一九六二年）、私が日本を離れて外国の大学に籍を移した頃、人間的主体性のあり方についての禅の立場に、多くの知識人たちの関心が向きつつあることを私は発見した。みんなが鈴木大拙の著作を読んでいた。この人たちが禅の立場をどう理解したかは別として、神と人という二つの主体性の鏡映関係から生起する理論的葛藤が直接に指向する方向――今ではそれが、解体的であるにせよ構築的であるにせよ、いわゆるポスト・モダニズム的思想展開であることが明らかになったのだが――を離れて、何か全く別の方向に、「我」のあり方にたいする全く新しいアプローチを模索しようとする人たちであった。わけても、一九六九年度のエラノス講演の聴衆の間にはそういう関心が非常に顕著だった。禅をよく知っているわけではない、しかしそこに何か自分たちの内心の要求に呼応するものがありそうだと感じて、禅独特の「我」の把握の仕方に強い関心を、少なくとも旺盛な知的好奇心を、抱く人々、そんな人々にたいして、私は禅の「我」観を説き明かさなければならなかった。（「禅的意識のフィールド構造」『全集』第九巻、三六五頁）

井筒がエラノス講演において、特に禅思想をテーマとして東洋思想の共時的構造化を展開させた背景には、エラノス会議の主催者からの要請があった。そのことは言うまでもないが、その当時、禅思想への世界的な関心の高まりに伴う、いわゆる「東西文化パラダイムに関わる興味ある事態」が存在していた。そうした世界の思想動向を、井筒は適確に把握していた。彼はみずみずしい精神的創造力を内包する禅思想を東洋哲学の根源的思惟形態の一つとして捉えた。その思想が限りなく豊饒な思想的可能性を示していることを、彼は自ら主体的かつ思想的に自覚していた。

禅思想に関する井筒の哲学的思索は、四つのエラノス講演（一九六九年、一九七〇年、一九七二年、一九七三年）を含むかたちで、一九七七年、テヘランのイラン王立哲学アカデミーから、『禅仏教の哲学に向けて』（*Toward a*

Philosophy of Zen Buddhism, Tehran: Imperial Iranian Academy of Philosophy, 1977）として出版された。[3] 彼は禅仏教の哲学化、東洋思想の共時的構造化をめざしたが、これらの禅に関する言語哲学的考察は、井筒「東洋哲学」の基軸を成している。このようにエラノス会議への参加は、井筒にとって「東洋哲学」の構築の試みを次第に具体化させる絶好の機会となった。彼はエラノス会議のための原稿を準備するのに、豊子夫人の話によれば、ほぼ一年の歳月をかけたという。「井筒は講演原稿を早くから準備し、少なくとも三カ月前には、講演原稿を仕上げるんです。そして直前になって、最終的に自分の原稿に手を入れるんです」と豊子夫人は述べている。[4]

井筒はエラノス講演をとおして、禅思想ばかりでなく、その他の伝統的な東洋思想についても、古典的テクストの創造的「読み」を展開していった。具体的にいえば、儒教の形而上学をめぐって、三年連続（一九七四年、一九七五年、一九七六年）でエラノス講演をおこなっている。それらの講演テーマは「儒教の形而上学におけるリアリティの時間的次元と無時間的次元」（“The Temporal and A-temporal Dimensions of Reality in Confucian Metaphysics,” 1974）、「素朴実在論と儒教哲学」（“Naive Realism and Confucian Philosophy,” 1975）、「『易経』マンダラと儒教の形而上学」（“The *I Ching* Mandala and Confucian Metaphysics,” 1976）であった。これら儒教思想に関するエラノス講演の中で、井筒が特に依拠した古典的テクストは『易経』であった。『易経』は儒教の五つの経典（五経）の一つで、自然界や人間界のすべての事象を六十四卦に象徴化した世界の縮図である。それは井筒が言うように、まさに「『易経』マンダラ」（the *I Ching* Mandala）というイマージュ空間を構成している。井筒はそのエラノス講演において、『易経』のテクストが開示するコスモロジーの構造を明らかにした。

華厳思想については、一九八〇年に中観思想や唯識思想と比較しながら、その思想構造に関する講演をおこなった。すでに述べたように、講演テーマは「存在論的事象の連鎖——仏教の存在観」であった。井筒によれば、『華厳経』に描かれている華厳的存在論の極致は「事事無礙」、すなわち、日常的経験世界における全ての事物事象が互いに浸透し合って、相即渾融するという考え方である。井筒は素朴実在論的な意味における「事」の否定から出発して「理」に至り、そこから逆に「事」の肯定に至るという華厳の哲学的思惟を、東洋哲学においてばかりでなく、むしろ東西の哲学における普遍的思想パラダイムとして捉えた。そして、最後の講演となった一九八二年のエラノス会議では、中国のシャマニズム文学の最高峰をなす『楚辞』の思想について、禅思想や『荘子』と比較しながら論じた。そのときの講演テーマは「天空の飛遊――神話創造と形而上学」("Celestial Journey: Mythopoesis and Metaphysics") であった。古代中国のシャマンの心的経験としての「天空の飛遊」(Celestial Journey) は、典型的にシャマニズム的現象であるが、井筒はそのシャマン的主体の「想像的」イマージュ体験の内的構造を明らかにした(5)。

四　東洋思想の「共時的構造化」と「東洋」

エラノス会議で講演をおこなう中で、井筒は東洋思想の古典的テクストを、現代思想の展開可能性を射程に入れながら創造的に「読み」なおそうと試みた。つまり、広大な地域に拡がる東洋の思想的遺産である古典的テクストの「読み」を出発点として、その基盤のうえに哲学的思惟の創造的原点となるように「東洋哲学」を展開しようとしたのである。井筒がしばしば強調したように、西洋哲学は一つの有機的統一体の自己展開として全体を見通すことができる。それに対して、東洋哲学には「全体的統一もなければ、有機的構造性もない。部分的、断片的にならばいざしらず、全体的に西洋哲学と並置できるような纏まりは、そこにはない」(「意識と本質」『全集』第六巻、三〇六頁/文庫版、四一〇頁)。こうした東洋における諸伝統の思想的状況を踏まえて、彼は東洋思想の「共時的構造化」を構想した。この「共時的構造化」を、井筒は次のように説明している。

この操作は、ごく簡単に言えば、東洋の主要な哲学的諸伝統を、現在の時点で、一つの理念的平面に移し、空間的に配置しなおすことから始まる。つまり、東洋哲学の諸伝統を、時間軸からはずし、それらを範型論的《パラディグマティク》に組み変えることによって、それらすべてを構造的に包みこむ一つの思想連関的空間を、人為的に創り出そうとするのだ。（「意識と本質」『全集』第六巻、三〇七頁／文庫版、四一一頁）

こうした理論的操作によって成立する思想空間は、多極的重層的構造を成している。その構造的分析をとおして、井筒は東洋の哲学的思惟の根源的パターンを取り出し、その根源的パターンを基盤として、「東洋哲学」を意味論的に構築しようとした。東洋思想の歴史的連関性の展開を共時的連関性へと組み直し、東洋思想を「一つの共時的構造テクスト」として、一つの有機的構造として定立しようとした。井筒の言語哲学によれば、言語は元来、意味分節を本源的機能とする。意味分節とは、意味による存在の切り分けのことである。彼が言う「分節」とは「分別」（vikalpa）という仏教用語とほぼ同義である。対象を分節する、すなわち切り分けることによって、コトバははじめて意味指示的に働く。日常的経験世界における全ての事物事象はすべて、言語的意味分節によって生起した有意味的存在単位にすぎない。こうした存在現出の根源的な事態を、井筒は「意味分節・即・存在分節」と呼んだ。こうした言語的意味分節のパースペクティヴを、井筒は「東洋哲学――少くともその代表的な大潮流の一つ――の精髄」と考えた（「意識の形而上学」『全集』第十巻、五〇二頁）。井筒の意味論的な視座は、東洋の思想伝統を文献学的に研究するばかりでなく、東洋思想の諸伝統を自らの意識に内面化することによって、そこに成立する東洋哲学の磁場の中から、新たな哲学的思惟を展開しようとするものであった。

「東洋哲学」をめぐる彼の意味論的構想は、エラノス会議で東洋思想に関する講演をおこなう中で次第に具体化していった。その構想の誕生には、エラノス講演が大きな契機となった。それは井筒がエラノス会議で講演することによって、その哲学的な枠組みを徐々に自覚するようになったからである。ただ、ここで井筒が構想した「東洋哲学」において、「東洋」とは何を意味するのかを明らかにしておかなければならない。

井筒は哲学者・今道友信との対談「東西の哲学」（『思想』一九七八年一月号）において、次のように述べている。

ぼくの考えている東洋ということがいまでは地理的な東洋じゃなくなってきているんです。根源的に精神的といいますか、形而上的といいますか、ともかくそういう東洋なんです。それはやっぱりぼくがペルシャ思想なんかやった影響じゃないかと思いますが、つまりスフラワルディー的考え方なんです。十二世紀ペルシャの哲学者スフラワルディーが「東洋哲学」ということを考えていた。（『全集』第五巻、一五頁）

スフラワルディーは自らの哲学の根源的なあり方を「東洋」の探求として構想していた。アラビア語で「東洋」は「マシュリック」（Mashriq）と言われる。「マ」は「場所」を意味し、「シュリック」は「黎明の光」を意味する。したがって、「東洋」とは「暁の光がさしそめるその場所」であり、スフラワルディー的に言えば、「黎明の光」の中で哲学することが「東洋」の探求ということになる。さらに井筒は続けて、次のように言う。

ヘルメス的な、グノーシス的な歴史的伝統を離れて、それをもっと類型化して考えますと、スフラワルディーが探求したような「東洋」、精神の黎明の場所、というのは結局は意識を鍛錬して、常識的な、日常的な、経験的な、生まれたままの状態においておかないで、徹底的に訓練して、それで意識の深層を開いて、そういう開かれた深い意識の層の鏡に映ってくるような実在の形態、そのあり方を探求していく。意識の深層の解明といいますか、開示といいますか、そういう意識に開かれてくる実在の構造を研究する。研究するといったら客観的になってしまいますが、そうではなくて、むしろ主体的にそれのなかへとけ込んで、それのなかで生きていく、そういうことを許すような哲学伝統というものをぼくは考えているんです。それがぼくにとっての「東洋」なんです。（『全集』第五巻、一六頁）

井筒は『意識と本質』の副題を「精神的東洋を索めて」と表現したが、彼の意図は、一つには「スフラワルディーが探求したような「東洋」」の探求、あるいは「意識の深層の解明」にあった。そのことが井筒にとっての「東洋」、すなわち井筒・東洋哲学の基盤であった。さらに井筒は、彼の言う「東洋」の意味を明確に語っている。

そうなると結局、西はスペインのグラナダまで行ってしまうんですね。それどころかグラナダから、悪くすればジブラルタル海峡をこえてもっと向うへもいきかねない。それからいわゆるアラブ国家、アラブ文化圏とインド、トルコ、ユダヤ、それからペルシャ、そして中国、チベット、日本などが全部一つになって、それが精神の黎明の場所みたいな感じにぼくの心には映ってくるわけなんです。そういうものを自分としては主体的に東洋と考えて、それの哲学性を探求してみたい、そういうふうに考えるんです。だからあくまで私の東洋であってふつうの地理的な東洋ということじゃないんですね。地理的な東洋というのはほとんどぼくにとっては定義できないし規定もできない。規定しても意味がないことなんです。（『全集』第五巻、一六―一七頁）

つまり、井筒自らが言うように、彼が言う「東洋」とは、「ふつうの地理的な東洋」ではない。井筒は歴史的伝統を離れて、また地理的な東洋を離れて、彼独自の「精神的東洋」を主体的に探求していったのである。

五　東洋思想の構造――哲学的意味論の地平から

さて、井筒は一九六七年、エラノス会議の講師として招かれたとき、その会議の主催者ルードルフ・リッツェマから、自らの専門領域を「哲学的意味論（Philosophical Semantics）としてよろしいか」と尋ねられた。そのとき、井筒は「全く予想もしていなかったレッテル」に少し驚いたという。彼のこの言葉は、その当時、彼がいまだ自らの方法論を「哲学的意味論」として自覚していなかったことを示唆している。しかし、「「哲学的意味論」――それは私が最近胸にいだいてきたイデーを他のどんな名称にもましてよく表現しているように思われた」と後日、述懐している。(6) エラノス会議の講師として招かれるまでの井筒は、意味論的視座を構想していたものの、その学的関心は思想ばかりでなく、広く社会や文化にも向けられていた。それまでは、「意味論的社会学、あるいはより一般的に文化の意味論的解釈学とでもいえるようなものを方法論的に作り出してみたい」と考えていた。ところが、エラノス講演に招待された時期を境にして、井筒は「哲学的意味論」を自らの方法論として意識して、東洋思想の構造の解明へと専心していった。(7)

東洋思想の構造の意味論的解明を進める中で、井筒は東洋思想に見られる次の二つの主要な立場の存在に注目した。それらは「存在＝空名」の立場と「名→存在＝実在」の立場であった。(8) 東洋思想には、実にさまざまな側面があって、どの側面に焦点を合わせるのかによって、東洋思想の全体像がかなり違ってくる。このことを井筒はよく認識していた。ただ、言語と存在の原初的連関性に特に注目した井筒は、これら二つの立場を東洋思想の存在論を根底的に規定する主要な哲学的立場として把握したのである。まず、「名→存在＝実在」の立場は、言語と存在とのあいだに、一対一の実在的対応関係を認める立場である。それは物が実在し、それを言語（「名」）が実在対応的に指示するパースペクティヴを提示する。たとえば、古代インドのアビダルマ仏教やインド哲学のサーンキヤ（数論派）、ニヤーヤ（正理派）、ヴァイシェーシカ（勝論派）などがその立場を採る。一方、もう一つの「存在＝空名」の立場とは、言語の存在分節的な意味機能によって生み出された事物事象が個別的な語の意味の実体化にすぎないとするものである。東洋には古くから、言語と存在の関係について徹底的な言語否定的な立場があった。この立場はまさに言語の実在指示性を否定する。この立場を採る東洋思想として、井筒はナーガールジュナ以後の大乗仏教思想、老子や荘子の道家思想、大乗仏教思想と親密な関係にあるシャンカラのヴェーダーンタ哲学などを挙げている。言語（「名」）とその指示対象（「実」）の関係について、大乗仏教思想も老荘思想も、シャンカラのヴェーダーンタ哲学もすべて、根本的に言語否定的な立場、すなわち、言語が「実有」を指示しえないという見方を採る。

東洋思想におけるこれら二つの立場のうち、井筒は彼自らの主体的な関心から、また同時に意味論的な視座から、後者の立場に親近感を覚えていた。彼が晩年に語った次の言葉は、彼が精魂を傾けて構想した「東洋哲学」の根本的な特徴を示唆している。

> 正直に言いますと、私なんか自分自身では、数ある神秘主義の歴史的伝統形態のなかで禅が一番身近なので、人格神というものが入ってくると、どうも目障りになるんです。人格神の信仰を入れないで、純粋に形而上学的「一者」で終始した方がすっきり哲学できる。（「神秘主義の根本構造」『全集』第六巻、三一五頁）

彼の哲学的思惟の原点は、幼少期以来、彼自身が「一番身近」に親しんでいた禅的体験とその思想にあった。ここに引用した彼の言葉からも、そのことは容易に了解することができるであろう。彼は「名→存在＝実在」の立場にほとんど関心を示さなかったのと同じように、晩年の「東洋哲学」構想において、いわゆる「人格神」の信仰や思想はほとんど位置を占めていない。彼は晩年、ほとんど全く人格神の信仰や思想には関心を示さなかった。このことは、彼の「東洋哲学」の本質的特徴を明らかにするうえで注目すべき点である。

井筒はイスラーム研究についてみれば、晩年になるほど流出論的枠組みを中心に置く思想を重視するようになった。特にイブン・アラビーの「存在一性論」（waḥdat al-wujūd）に学的関心を限定し、その意味世界を読み解こうとした。存在（wujūd）の概念を中核とする哲学的思惟はギリシア哲学と結びついていた。イブン・アラビーの哲学的思惟をめぐって、井筒は存在を究極的「一者」として捉えたうえで、日常経験的世界のあらゆる存在者が「一者」の自己限定であるとし、その意味論的分析をおこなった。そのことは、彼が次第に自らの主体的な関心に沿って構築しようとした独自の「東洋哲学」の重要な側面をなしていた。井筒のこうしたイスラーム哲学研究は、鎌田も論じているように、彼独自の「東洋哲学」と連動していた。井筒は「流出論」と言われる思想を展開したプロティノスを代表とする新プラトン主義を高く評価した。新プラトン主義はすべての対立を越え、すべてを包摂する「一者」から段階的に現実の世界が現れることを説く。新プラトン主義の流出論に影響を受けたイスラーム哲学に井筒が強い関心をもっていたことは注目に値する。プロティノスの思想は、絶対未分節で無限定な実在が言語的「意味分節」によって、多様な現実の存在世界が有意味的存在単位として現出するという井筒の意味論的枠組みに通底するパースペクティヴ性をもっていたと言えるだろう(9)。

井筒は意味論的視座において、言語的「意味分節」(＝意味による存在の切り分け)を言語の本源的機能とみなし、実存的意識の深層をトポスとして、無数の有意味的存在単位がそれぞれ独自の言語的符丁(＝名前)を負って現出すると言う。「意味分節・即・存在分節」という命題によって特徴づけられる井筒の言語的意味分節論は、本質的に「存在＝空名」の立場に通底するパースペクティヴ性をもっている。エラノス講演において、井筒が東洋的思惟形態の一つの重要な特徴として強調したことは、東洋の哲人たちが日常的経験の世界に存在する事物を事物として成立させる境界線を取り外して、事物を見ることを知っていたという点であった。東洋の哲人は、いわば「複眼」で存在のリアリティを見ることを覚知していた。事物相互間を分別する存在論的境界線を、荘子は「封」とか「畛」(原義は、耕作地の間の道)と呼んだが、東洋の哲人たちは「畛」的枠をはずして見ながらはめて見る、はめて見ながらはずして見ることを実践した、と井筒は言う。そうした境位では、「多」が「多」でありながら「一」であり、「有」が「有」でありながら「無」である。伝統的な東洋思想の「読み」において、井筒が晩年、特に注目したのは禅思想ばかりでなく華厳思想であった。井筒によれば、華厳思想の存在論は、洋の東西を問わず、世界の哲学者たちの思想において中心的な役割を果たしてきた普遍的思想パラダイムであるという。具体的には、先に述べたイスラーム哲学者、イブン・アラビーの存在一性論がその典型的な一例であり、その他、中国の哲人、荘子の「渾沌」思想、後期ギリシアの新プラトン主義の始祖、プロティノスの神秘主義的体験の存在ヴィジョン、西洋近世のライプニッツのモナドロギーなどを井筒は挙げている。

井筒の哲学的視座からみれば、東西の哲学史に見られるこれらの思想は、具体的には様々に異なる表現形態や名称によって伝えられてはいるが、それらのいずれもが、華厳的な術語で言えば、「事事無礙」という一つの共通な根源的思惟パラダイムに属しているという。その考え方は、日常経験的世界における全ての事物事象が互いに浸透し合い、相即渾融するという存在論的思想である。華厳思想では、存在論的境界線によって互いに区別されたものは「事」と呼ばれる。私たちの日常的意識において、素朴実在論的な認識主体の目で見ると、日常経験的世界には、互いに相違する無数の事物事象が見えるだけである。こうした認識主体にとっては、「事」から「理」への通路は塞がれている。ところが、「事」は本来、絶対に無分節である「理」が一切の事物事象という形で、自己分節的に現象したものである。華厳の哲学的思惟によれば、素朴実在論的な意味における「事」の否定から出発して「理」に至り、そこから立ち戻って「事」の復活に至る。私たちがふつう「現実」とか日常経験的世界と呼んでいるものは「「理」の「事」的顕現」である。さらに井筒は言う、「「理」はなんの障礙もなしに「事」のなかに透入して、結局は「事」そのものであり、反対に「事」はなんの障礙もなしに「理」を体現し、結局は「理」そのものである」。このように「理」と「事」が互いに渾融している存在の実相を、華厳思想は「理事無礙」という術語で表現する。「理事無礙」の段階になると、そこでは、「事」の意味も自ずと柔軟になる。[10]

禅の思想では、限りのない存在の分別相が、一挙に無分別の空間へ転成する境位が自覚される。そのとき、その境位は「無」と呼ばれる。「廓然無聖」とか「無一物」という禅の言葉が示唆しているように、この「無」は「冥想の実践的極限状況に現成する体験的事態」、すなわち、意識と存在の分節以前という意味である。禅の思想でいう「無」は、華厳哲学によれば、「事」に対する「理」に当たる。中観思想でいえば、それは「空」(śūnyatā)に相当する。

このように井筒の東洋哲学的な思惟の特徴を考察するとき、彼の哲学的思惟を支える意味論的視座は、東洋の伝統的な諸思想に新たな「読み」の可能性を提示すると同時に、それらの諸思想を貫く哲学的思惟の根源的パターンを明らかにしている。

六　井筒「東洋哲学」における意識と存在の構造

イスラーム哲学を含む、東洋の伝統的な哲学思想全般にみられる重要な特徴として、井筒が強調したのは、東洋の哲人たちが伝統的な修行方法をとおして、深層意識の次元を体験的事実として拓き、その地平に身を据えながら、存在リアリティの多層的構造を眺めることができるという点にあった。井筒によれば、東洋の哲人たちは意識の表層と深層を二つでありながら、それら二つを同時に機能させることで、存在世界の表層と深層を、いわば「二重写しに観る」ことができる。この点について、井筒は次のように言う。

いわゆる東洋の哲人とは、深層意識が拓かれて、そこに身を据えている人である。表層意識の次元に現われる事物、そこに生起する様々の事態を、深層意識の地平に置いて、その見地から眺めることのできる人。表層、深層の両領域にわたる彼の意識の形而上的・形而下的地平には、絶対無分節の次元の「存在」と、千々に分節された「存在」とが同時にありのままに現われている。(「意識と本質」『全集』第六巻、一三頁／文庫版、一六頁)

つまり、東洋の哲人は「複眼」で世界を見る。たとえば、「空」の立場から「不空」を見る。「無」を見た目で、そのまま「有」を見る。すなわち、「無」と「有」を二重写しに見るという、いわゆる二重の「見」がここに現成する。また、「事」を見ていながら、それを透き通して、そのまま「理」を見ている。つまり、「複眼」で世界を見る主体にとっては、同じものが「事」であって「理」である、「理」でありながら「事」である、と言えるであろう。このように東洋思想の伝統では、意識と存在の重層構造がその哲学的思惟の本質を成している。

井筒「東洋哲学」では、表層意識を超えた深層意識を認めて、人間の認識主体の意識的深化を説く。東洋の思想伝統には、禅宗の坐禅とか、ヒンドゥー教のヨーガ、宋代儒者の静坐、『荘子』における坐忘など、いろいろな伝統的な修行形式があるが、それらは意識の深層を開くための修行方法である。井筒はイスラーム哲学をはじめ、東洋思想の原点の一つとして、神秘主義的な実在体験あるいは形而上学的体験と哲学的思惟の根源的な結びつきを考えた。神秘主義の視点から、東洋思想の構造を明らかにしようとする井筒は言う、「客観的現実の多層と、主観的意識の多層とのあいだに一対一の対応関係が成り立っている」。つまり、「浅い表面的意識では現実の浅い表面だけが見える。意識の深層には現実の深層が見える」[11]。このように井筒は、存在と意識が多層的に連関する東洋哲学の構造論を展開したのである。

エラノス講演の中で、井筒は意識と存在の密接不可分の構造を「意識と存在の構造モデル」として具体化した。その構造論における井筒の鍵概念は、すべての存在分節の根源である絶対無分節の状態を示す「意識のゼロ・ポイント」(the zero-point of consciousness) あるいは「心理のゼロ・ポイント」(a psychological zero-point) であった。それは「意識・即・存在」という形而上的体験の事実によって、同時に「世界のゼロ・ポイント」(a cosmic zero-point; the zero-point of the cosmos; the zero-point of the universe)、あるいは「存在のゼロ・ポイント」(the zero-point of Being) である、と井筒はエラノス講演の中で述べている。

たとえば、彼は一九七四年のエラノス講演「儒教の形而上学におけるリアリティの時間的次元と無時間的次元」(“The Temporal and A-temporal Dimensions of Reality in Confucian Metaphysics”)において、中国宋代の儒者たちが実践した意識訓練の方法、すなわち、「静坐」と「格物窮理」について論じた。井筒によれば、「静坐」とは心内のざわめきを鎮め、同時にそれと相関的に心外すなわち存在世界のざわめきを鎮める修行のことであり、「窮理」とは、静まり澄み切った心によって日常経験的世界の事物を見つめながら、それらの事物の根源的な「本質」の自覚に到達しようとする「本質」探求の道を意味する。その点について、井筒は『意識と本質』において、宋儒が実践した意識訓練の方法、すなわち、「格物窮理」が表層と深層の両方にわたる意識の認識能力を挙げて、表層から深層に及ぶ存在世界の真相を探究することであると論じている。「静坐」も「窮理」も理論的には、『中庸』の「未発」「已発」の概念に基礎を置く。ここで「未発」とは心の未発動状態、井筒の言う「意識のゼロ・ポイント」であって、それが同時に存在世界の未展開状態、彼の言う「存在のゼロ・ポイント」を意味する。したがって、「已発」は「意識のゼロ・ポイント」から、何らかの方向へ発動した状態の心であると同時に、「存在のゼロ・ポイント」から様々な事物事象として展開した存在世界のあり方を意味する。このように井筒の意味論的な視座によれば、「心と世界は全く同じものであり、両者のあいだには、存在論的な差異は存在しない」のである。(12)

「意識のゼロ・ポイント」と「存在のゼロ・ポイント」によって言説される意識および存在の構造モデルは、井筒「東洋哲学」の構想を意味論的に支える重要な枠組みを成している。これら意識と存在の「ゼロ・ポイント」の語は、エラノス会議における講演の中で、次第に鍵概念として錬磨されていった。すでに触れたように、一九七九年二月に帰国した直後の五月の夕方、井筒は岩波市民講座のプログラムの一環として、二回の講演「イスラーム哲学の原点」をおこなった。その講演録は『思想』の同年八月号と十月号に、「イスラーム哲学の原点」上・下として掲載された。その講演内容は、岩波新書『イスラーム哲学の原像』に収録されているが、その著書の中で、井筒は意識と存在の相関的構造を「意識零度・存在零度」や「意識と存在の構造モデル」という鍵概念によって論じている。井筒によれば、観想修行によって意識の深層が開示されるとき、そこに「意識のゼロ・ポイント」即「実在のゼロ・ポイント」の絶対無分節の状態が生起する。この点について、井筒は次のように言う。

それらすべてのものが錯綜し混じりあってできた全体が、ついにまったく内的に何もない完全な一になってしまう。もうそこではかつてあったものの痕跡すらありませんので、その意味で無であります。そこではもはや、見るものも見られるものもありません。主体も客体もなく、意識も世界も完全に消えて、無を無として意識する意識もありません。〔…〕主体的意識が観想状態の究極において完全に消滅して無となる、この意識のゼロ・ポイントに忽然として現われてくる実在のゼロ・ポイント、これを絶対無と見ることは、存在論的に申しますと、それを実在の絶対無分節の状態、内的にまったく分節されていない、区別されていない、まったく限定されていない状態としてみることであります。(「意識の形而上学」『全集』第五巻、四九三頁)

東洋思想の伝統では、「実在のゼロ・ポイント」は伝統的にさまざまに呼ばれてきたが、多くの場合、言語以前が存在の絶対究極的あるいは絶対無分節的な境位とされてきた。井筒は言う、その境位を肯定的に根源的「有」と措定するか、あるいは、否定的に根源的「無」と措定するかによって、東洋の形而上学は大きく二つに分かれる。すなわち、「有」の形而上学と「無」の形而上学である(「意識の形而上学」『全集』第十巻、三〇〇頁)。ただ、井筒・東洋哲学の視座において、存在の根源たる「実在のゼロ・ポイント」を絶対無分節の境位として捉えるとき、それら二つの形而上学は本質的に同じ意味論的構造をもつ。東洋思想において、「実在のゼロ・ポイント」は、井筒によれば、老荘思想の「道」、易の「太極」、大乗仏教の「真如」や「空」、禅仏教の「無」などのキータームによって表現される。

さらに「実在」、ハイデッガーのいう意味での「存在」(Sein) は「そのゼロ・ポイントにおいてのみ、真相を開示する」と井筒は言う。これらのキーターム群は、重々無尽の意味連関組織の網目構造を創り出す。井筒は『意識と本質』以後の著書の中で、常に「東洋哲学」的パースペクティヴを意識しながら、伝統的な東洋思想テクストを現代的視座から読みなおし、その「読み」によって、彼独自の哲学的思惟を掘り下げて展開することを試みたのである。

七　おわりに

この小論の中で、井筒の述懐などを踏まえて考察したように、井筒の「東洋哲学」構想は、十二回のエラノス講演をとおして、次第に醸成されていった。この点については、『エラノス会議——東洋哲学講演集』(慶應義塾大学出版会、近刊予定) に収載された井筒の十二篇のエラノス講演の中に、「東洋哲学」の構築へ向けて、井筒が精魂を傾けて展開した哲学的思惟の軌跡を読みとることができる。彼の構想は一九七九年にイラン革命のためにイランから帰国後、いっそう洗練化されていった。

彼は自らの「東洋哲学」構想を洗練させていく際、一つの確信をもっていた。それは「東洋哲学の諸伝統は、われわれ日本人によって、未来に向って新しく解釈学的に把握しなおされなければならない」というものであった。彼がそのように考えたのは、中近東・インド・中国にわたる東洋的文化圏の思想伝統が、西洋の文化圏に比べて「はるかに不統一、ほとんど混乱状態のままに放置されているといってもいいくらいで、しかもその一つ一つが長い歴史を背後に曳いている」からであった(「マーヤー的世界認識」『全集』第十巻、三九二頁)。つまり、井筒が晩年、構築をめざした「東洋哲学」構想は、東洋の伝統的な諸思想をただ文献学的に研究するばかりでなく、それを未来志向的に、新たな哲学的思惟の〈創造的原点〉となり得るような形に、東洋の諸思想を共時的構造化するという壮大な哲学的試みであった。その試みを支えたのは、「言語的意味分節論」と呼ぶことができる井筒独自の哲学的意味論を支える言語哲学的パースペクティヴであった。

井筒「東洋哲学」において、その思想構造の中核を成しているのは禅思想であった。彼が生涯にわたって実存的にも、また同時に学問的な対象としても関心を抱き続けた禅思想は、ただ単なる思想としての禅思想ではなかった。それは禅の悟りという形而上学的体験の言語化としての禅思想とその意味論的構造であった。井筒にとって、禅思想は言うまでもなく東洋哲学の根源的思惟パターンであったが、それと同時に、禅思想と重ね合わせるかたちで、華厳思想の「事事無礙」的存在論を意味論的な視座から、東洋哲学の根源的思惟パターンとみなした。『華厳経』も「光」のメタファーとその限りない連鎖に満たされているし、プロティノスのヴィジョンも「光」のメタファーの織り出す世界を説いている。井筒は『華厳経』における「光」の世界全体の中心点が毘盧遮那仏、すなわち「根源的「光」の人格化としての太陽仏」であることに注目した。彼はその事実に「イラン的なもの」、すなわちゾロアスター教の「光」の神、アフラ・マズダの面影を見た。井筒は華厳思想がプロティノスをとおして、イブン・アラビーなどのイスラーム哲学にも、タルムード期以後のユダヤ哲学の展開にも深く関わっていた可能性を見た。華厳思想とそれらの諸思想のあいだに思想構造的な対応性を意味論的に認めた井筒は、たとえば、具体的にイブン・アラビーの「存在一性論」を華厳的存在論によって読み替える試みもおこなったのだ（「事事無礙・理理無礙」『全集』第九巻、三―九六頁）。そうした東洋思想の創造的「読み」をとおして、華厳哲学そのものの意味論的構造をいっそう鮮明に読み解こうとしたのである。

井筒のこうした哲学的思惟は、『意識と本質』の副題にも記しているように、彼自らの「精神的東洋」を模索して、井筒「東洋哲学」の意義と構造を意味論的に明らかにしようとする試みであった。彼は東洋思想の諸伝統をいくつかの根源的思惟パターンに照らして解釈しなおし、そこに新たな地平を拓こうとした。つまり、井筒は東洋の伝統的な諸思想とそれらを特徴づける形而上学的体験の本質的特徴を共時的に構造化しようとしたのである。井筒「東洋哲学」の意図は、東洋の哲学的思惟を深層的に規制する根源的思惟パラダイムを明らかにし、東洋思想の伝統における意識と存在の有機的な意味連関性を意味論的に解明することにあった。井筒「東洋哲学」のこうした試みをさらに展開することによって、現代の宗教研究において、私たちは新たな知の地平を拓いていくことができるであろう。

注

（1）エラノス会議の具体的な内容については、『エラノスへの招待——回想と資料（エラノス叢書・別巻）』（平凡社、一九九五年）を参照。エラノス会議の起源などの詳しい内容については、R・リッツェマの次の論考を参照。Cf. Rudolf Ritsema, "The Origins and Opus of Eranos: Reflections at the 55th Conference," *Eranos Jahrbuch*, vol. 56/1987, Frankfurt am Main: Insel Verlag.

（2）井筒がエラノス会議で行なった十二回の講演は、「井筒ライブラリー・東洋哲学叢書」（慶應義塾大学出版会）の第四巻として、Toshihiko Izutsu, *The Structure of Oriental Philosophy: Collected Papers of the Eranos Conference*, 2 vols., Tokyo: Keio University Press, 2008 として出版されている。同書が収録している十二篇の論文は、『エラノス年報』（*Eranos Yearbook*）に掲載された井筒のエラノス講演ペーパーを、筆者が編集したものである。

井筒とエラノス会議との関わりについては、同書第二巻の巻末に掲載された拙論「編者のエッセイ」（Editor's Essay）を参照されたい。Cf. Yoshitsugu Sawai, "Izutsu's Creative 'Reading' of Oriental Thought and Its Development," in Toshihiko Izutsu, *The Structure of Oriental Philosophy*, vol. 2, 2008, pp. 215–223.

（3）同書の邦訳書は、井筒俊彦『禅仏教の哲学に向けて』（野平宗弘訳、ぷねうま舎、二〇一四年）として出版されている。

（4）拙稿「井筒俊彦先生ご夫妻との思い出」『全集月報』第九号、第九巻、五―六頁。

（5）詳しくは、Toshihiko Izutsu, *The Structure of Oriental Philosophy*, 2 vols. を参照されたい。

（6）井筒俊彦「哲学的意味論」『全集』第四巻、一三二頁。このエッセイは元々、『慶應義塾大学言語文化研究所所報』（六号、一九六七年六月）に掲載された。

（7）井筒は『クルアーンにおける神と人間』（*God and Man in the Koran*）を出版した一九六四年当時、「ヴァイスゲルバーなどに代表されるドイツ言語学系の意味論を展開させて、意味論的社会学、あるいはより一般的に文化の意味論的解釈学とでもいえるようなものを方法論的に作り出してみたいと考えていた」と記している。詳しくは、井筒俊彦「『イスラーム生誕』はしがき」一九七九年（『全集』第五巻、二三五頁）を参照されたい。

（8）「東洋思想」『全集』第十巻、二八五―二八七頁。井筒の「東洋哲学」構想の中で、特にインド哲学に関する解釈については、拙論「井筒俊彦とインド哲学」『道の手帖　井筒俊彦――言語の根源と哲学の発生』（増補新版、河出書房新社、二〇一七年）を参照されたい。

（9）鎌田繁「井筒のイスラーム理解と流出論」『宗教研究』八八巻別冊、二〇一五年、九四―九五頁。

（10）「事事無礙・理理無礙」『全集』第九巻、三八―四七頁。Cf. Toshihiko Izutsu, *The Structure of Oriental Philosophy*, vol. 2, pp. 151–186.

（11）「イスラーム哲学の原像」『全集』第五巻、四二一―四二五頁。筆者は井筒の「東洋哲学」の構造の中でも、特に存在の構造に焦点を絞って、井筒の哲学的思惟の特徴を論じたことがある。詳しくは次の拙論を参照されたい。Cf. Yoshitsugu Sawai, “The Structure of Reality in Izutsu's Oriental Philosophy,” in *Japanese Contribution to Islamic Studies: the Legacy of Toshihiko Izutsu Interpreted*, edited by Anis Malik Thoha, Kuala Lumpur: IIUM Press, 2010, pp. 1–15.

（12）Toshihiko Izutsu, *The Structure of Oriental Philosophy*, vol. 1, 255–262.

第十一章　井筒「東洋哲学」の現代的意義
――兼ねて郭店『老子』と『太一生水』を論ず

池澤　優

一　はじめに

本稿は井筒俊彦の「東洋哲学」構想のうち、中国思想を扱った部分について、その現代的な意味を評価することを試みる。ただ、最初に断っておきたいのは、井筒がどの程度、そしてどのように中国思想を理解したかを明らかにすることを本稿は目的としない。後述するように、井筒は中国思想に対して深い造詣を有していたが、その「東洋哲学」構想の中では、敢えて意図的にそれを「誤読」し、そこから何か「新しいもの」を生みだそうとしていた、というのが筆者の基本的な見解である。

私事になり恐縮だが、私は井筒の論稿を今まで殆ど読んでこなかった。もちろん、主著『意識と本質』を手に取ったことはあるのだが、その中での中国の諸典籍の読み方に私は納得できなかった。正確な読み方ではないと感じたのである。

今回、本稿執筆に当たって、改めて井筒の論稿を読んだ。読んだのは『意識と本質』（『全集』第六巻所収）のほか、「人間存在の現代的状況と東洋哲学」（一九七九年一二月に行われた慶應義塾大学主催国際シンポジウム「地球社会への展望」の第五セッション「地球社会の思想」における発表原稿“Oriental philosophy and the contemporary situation of human existence”の著者自身による日本語訳）、「文化と言語アラヤ識」（一九八四年の岩波書店創業七〇周年記念国際フォーラム『現代文明の危機と時代の精神』における講演。以上『全集』第八巻所収）、「コスモスとアンチコスモス――東洋哲学の立場から」（一九八六年一二月に天理大学で行われたシンポジウム「コスモス・生命・宗教」の公開講演。『全集』第九巻所収）である。

読後の印象は「驚愕」と言えるものであった。一九七〇年代末から八〇年代初頭の段階において、グローバル化という現代的思想状況を正確無比に理解しているだけではなく、それは「文明の衝突」にならざるを得ず、よって実際にはグローカル化になると予見していたことは驚異と言わざるを得ない。井筒の「東洋哲学」構想が現代的状況を踏まえた上で、ポストモダンの思想の構築を目指していたとするなら、それを純粋な比較文化論として評価することは適当ではあるまい。彼は伝統的な諸思想を再解釈する――ある意味では意図的に「誤読」する――ことで何か新しいものを創造しようとしていたのではないか、というのが筆者の直観であった。

そこで先ず、筆者が理解する限りでの井筒の「東洋哲学」構想をまとめ、その後に井筒が言及した中国思想の内、特に道家思想の特徴を抽出し、最後にそれを踏まえて、「東洋哲学」の現代的な意義について、生命倫理の分野に題材をとって論じるという順に進んでいきたい。

二　井筒俊彦が「東洋哲学」を通して見ていたものは何なのか？

筆者の考えるところでは、井筒の「東洋哲学」構想には五つのポイントが存在する。

①グローカリゼーション、文化的普遍者、文明の衝突

第一は、「東洋哲学」の構想、あるいは「西洋」対「東洋」という構想は、「地球社会化」「地球的統合」という状況の中で考えられていることである。「地球社会化」とは、言うまでもなく、グローバリゼーションであるが、そこでは均質化・一様化と多様化・対立の相反する方向が同時に存在するとされる。均質化・一様化とは「機械文明という名で知られる〔…〕ある特殊な型を至るところに作り出している」「人間の〔…〕存在様態の一様化」である（「人間存在の現代的状況と東洋哲学」『全集』第八巻、四六三頁）。一様化して広がっていくものを井筒は「文化的普遍者」と呼び、それは「科学技術文明は西欧の科学精神の典型的かつ独特の産物」であったにもかかわらず、「それがもはや〔…〕いろいろな地域文化のひとつではない」、「普遍的な、「地球社会」的な現象になっている」という現象、及び科学技術の基底にある思考法――即ち「歴史的には古代ギリシャの原子論者たちまで遡」り、「ニュートン力学に、その古典的なモデルが見られ」「デカルトの立場が典型的な形で提示する物心二元論」「現実を心と物質に分ける基礎的二分法」――が「人間の生活空間の技術的一様化という現象に対して強力な理論的基礎づけを提供する」現象に他ならない（『全集』第八巻、四六七―四六八頁）。

一方、「文化的普遍者」の普及は必然的に対立（今日的な言葉で言うなら、文明の衝突）に至らざるを得ない。そもそも文化はそれに所属する人間の認識を拘束するから、異なる文化間で真の意味でのダイアローグの可能性はない（不可共約性）。近代科学文明の考え方が特定文化から生じたものである以上、それが広がることは、文化

的な衝突を生んでいくことを意味する。グローバル化は必然的にそれに対抗するローカル化をもたらす。

ちなみに「文化的普遍者」には、現代において「一定の事物、事態、観念、価値などが〔…〕大多数の人に共有されると、画一化〔…〕された構造ができあがる」という側面以外に、人類の文化にもともと共通構造があるという側面（「人間が〔…〕本性的に備えている普遍者がたくさんある〔…〕物理的、生物学的、身体的、容貌的普遍者」）の両方がある（「人間存在の現代的状況と東洋哲学」『全集』第八巻、四六四—四六五頁）。この指摘は重要である。というのは、より良い生を生きたいのは人間に共通の願望であるが、現代的な一定の価値が普及すると、その価値とは合致しない生を質の劣ったものと見なし（内なる優生思想）、技術によってそれを改変する志向（エンハンスメント）が生まれるからである。

②「西洋」対「東洋」

第二に、従って、井筒の基本構想は、グローカリゼーションにおける一様化と対立という相矛盾する方向を見据えた上で、グローバル化しつつある「文化的普遍者」とは異なるものを「東洋」として設定し、それを活かすことで一様化と対立を共に乗り越える方向で設定されている。それが井筒における「西洋」と「東洋」という設定の意味なのであって、それを表すために以下のような二項対立が持ち出されるわけである。

（西洋近代）西洋	←→	東洋（非‐近代）
表層	←→	深層
（ロゴス中心主義）コスモス	←→	アンチコスモス
自我	←→	自己
分節　言語　名	←→	カオス　渾沌　無　分節以前

そこで目的とされるのは「西洋」を打倒して「東洋」が勝利することではない。異文化間の「不可共約性」自体は前提として認めつつ、その対立を新たな「創造」性の契機とし、より「高次の」「枠組み」を獲得する「東洋哲学と西洋哲学の「地平融合」」（『全集』第九巻、二九八頁）が最終目的であり、「二元論的統合主義に代って〔…〕多文化共存のビジョンに基づく多元論的文化相対主義」の「新しい文化パラダイム」（「エリアーデ哀悼」『全集』第九巻、二六八頁）が志向されるのである。

③自我《エゴ》と自己《セルフ》

第三のポイントは、井筒の人間観である。「西洋」（近代）のパラダイムがなぜ充分ではないかというと、それが表層的な分節を固定的なものとすることで、コスモスを抑圧のシステムにしてしまうからである。井筒は自己《セルフ》と自我《エゴ》を区別し、自我は人間存在の表層であるのに対し、自己は表層と深層を含めた全体であると捉える。自己は「人間実存の中心」であるだけでなく、他者との関係性、「間主観的統一体を成立させる原理」であり、「人間内部の〔…〕創造的エネルギー」であるとされる。もちろん自意識の主体としての自我は必要ではあるが、それが健全であるためには自己と直結している（「実存の深みに根を下して」）必要があるのであって、デカルト的二元論の世界観の普遍化は、自己を自我に矮小化し、「人間が自然（母なる大地）との内的な本来的一体性を失って自然から疎外されていくこと」、即ち人間疎外、人間の自己喪失をもたらしてしまう（「人間存在の現代的状況と東洋哲学」、『全集』第八巻、四六九頁）。従って、近代的な自我を「自己の多層構造全体のなかに定位しなおすことによって」「我々自身を作り変えていかなければならない」（『全集』第八巻、四九三頁）のであり、それが本当の意味でのグローバル化であるとされる。

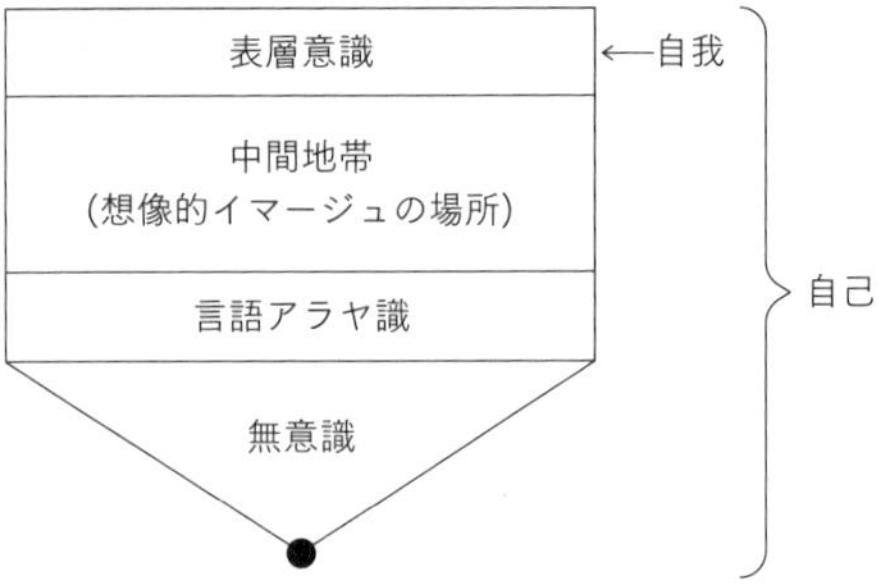

意識のゼロ・ポイント
（『意識と本質』、206頁を基に改作）

④存在《リアリティ》／言語／意識の重層構造

第四に問題になるのは、自我を「自己の多層構造全体のなかに定位しなおすこと」が如何なる事態であるのかである。これが井筒の議論で最も知られた部分であろうが（「意識と本質」『全集』第六巻、二〇六頁／文庫版、二一四頁の模式図参照）、存在《リアリティ》（言語／意識）を重層構造として捉え、表層においては文化ごとの分節とそれに付随する価値観が確立しているが、それは実は固定的ではなく、深層（アラヤ識）は水平的には個人の意識を超越し、垂直的には全人類の体験の総体につながる、集合的な下意識を構成している。この意識の深層構造に対応して、四種類の存在論もしくは「本質」論が「東洋哲学」の中には存在するとする（井筒自身の表現は、「本質」否定論と三種類の「本質」肯定論があるというものだが、ここではそれを四種類として整理しなおした）。即ち、

ⓐ「本質」は実在しない。人間の意識が個別の事物として把握するのは幻想に過ぎない。

ⓑ「本質」は深部における無分化の普遍的一者として実在する。

ⓒ「本質」は深層における（パターン化された）根源的イマージュとして実在する。

ⓓ「本質」は個別の事物として存在する。


意識の深層構造と対応させるなら、ⓓが表層意識、ⓒが想像的イマージュ、ⓑが言語アラヤ識、ⓐが無意識ということになろう。そして、存在に「本質」はないというⓐの立場は、無／無分節のままにとどまるのではなく、表層意識に固執せず、固定化されない新たな分節、相互浸透する自由な世界を生んでいく。一方、ⓒ想像的イマージュの場所には多様な可能性（「種子」）が沈潜しており、それが言葉（文化）を支えているのであって、一部

の「種子」が明瞭な形態を採った時に言葉ⓓになるのである（「文化と言語アラヤ識」『全集』第八巻、一七六―一七八頁）。「東洋哲学」は表層的分節を言語の意味分節作用によって形成された仮構（妄念、マーヤー）とし、根源的には渾沌（無）であると認識するので、表層的な分節に束縛されず、深層の「種子」に対して開かれた態度を採り、固定観念に捕らわれない新しい考え方を生むことが可能とされることになる。

⑤自由、主体性

最後のポイントは、「東洋哲学と西洋哲学の「地平融合」」により獲得される、新たなパラダイムである。異文化との接触（グローバル化）によって、表層言語が自明としている前提が揺らぎ、相対化する。それは危機であるが、同時に深層の「意味可能体」が活性化し、新しい、より開かれた「枠組み」が生まれる可能性がある。そのようにして生まれたものも一つの「枠組み」であることは逃れがたいが、元のものより視野が広く、より柔軟になるであろう。グローバル化の中に「東洋」を組み込むことによって、一定の分節体系に縛られない「無」中心的な「解体されたコスモス」を形成することができるのであって、それにより自由な意識（「新しい主体性」「コスモスとアンチコスモス」『全集』第九巻、三四三頁、下線部は引用者による）を獲得することができるとされる。

以上に基づいて、井筒の「東洋哲学」構想の意味と特徴を筆者の視点からまとめるなら、以下の四点を指摘することができよう。

先ず、井筒の議論の中で、「西洋」とは地理的・歴史的概念としての西洋（ユーラシア大陸の西）のことではなく、「近代」（西洋近代）を指している。従って、それに対置される「東洋」も地理的・歴史的実体のことではなく（「東洋哲学〔…〕を全体的に一つの「文化的枠組み」として捉えることは非常に難しいのですが、それを作業仮説的にあえて一つの統合体と見なして〔…〕」、「人間存在の現代的状況と東洋哲学」『全集』第八巻、四七九頁）、近代とは違うあり方、オルタナティヴを指している。

特徴的なのは、「近代」の根源が古代ギリシャにあることを根拠に、「近代」＝「西洋」と捉えることが正当化される点であろう。「近代」の根源が古代ギリシャにあるとすること自体は正しいが、「近代」と「古代」の連続性を重視し、「西洋」対「東洋」と問題を設定することは、比較文化論であると誤解される可能性があるように思われる。井筒が「東洋哲学」によって構想していたものは、事実レベルにおける比較文化ではなく、焦点はあくまでも近代批判であったと筆者は考える[1]。

第二に、もしそうであるなら、井筒の「東洋哲学」への言及を事実レベルで正しいか間違っているかを云々することは、全くのお門違いであることになる。志向されていたのは、「西洋」(＝「近代」)に対抗するオルタナティヴを構築するために「東洋」を自由に創造的に読み込むことなのであって(「東洋哲学の諸伝統を過去の貴重な文化遺産としてまつり上げておかないで、未来に向かってその新しい発展の可能性を探り〔…〕活性化し、国際化に向かう現在の世界文化の状況の中で、東洋哲学のために新しい進展の道をきり拓くため〔…〕」「コスモスとアンチコスモス」『全集』第九巻、二九九頁)、「東洋」の諸伝統は、それが「西洋」に対抗するのに有効か否かという視点から評価されることになる。

第三に、グローバル化する「西洋」として井筒が見ていたものの中核は、自我《エゴ》中心の価値観、霊肉二元論、機械論的自然観、即ち、価値の中心は自我(人間)にあり、物質(自然)は人間に利益をもたらす限りにおいて価値があり、従って人間は自然に介入・操作することで利益を最大化するべきであるというものの考え方(近代的価値観)にあると考えて、先ず間違いない。人間中心的価値観は人間を解放するどころか、逆に人間を拘束する檻になっているというのが、井筒の批判の焦点である。従って、彼の「東洋哲学」は、自／他(人間／自然)という表層的分節とその価値観を批判し、全体論的視点(holistic view, 人類全体、宇宙全体に通じる自己《セルフ》)の恢復を主張する方向に向かう。

但し、自我《エゴ》を価値の中心とすることは、近代的なものの考え方の特徴なのであって、そのような近代的価値観を批判するには、「西洋」対「東洋」という枠組みを採用するよりは、近代と古代の断絶を強調して、近代的枠組みが成立してくる文脈を問題にした方が、批判としては説得力が増すようにも思われる。

第四に、井筒の構想は、西洋近代批判、近代超克の主張として、王道である。但し、近代の超克が如何になしえるのかについては、かなり曖昧である。先述のように、人間の意識には、表層とは別に深層があり、表層での動きは深層に痕跡を残し、それが「種子」となり、異文化との接触によって表層が相対化されると、「種子」が活性化して新しい「枠組み」が生まれるとされるが、その状況が具体的にどのように成立するのか、新しい考え方が何になるのか、明瞭に論じていないという印象がある。井筒はⓒ元型イマージュは「強い「文化的枠組み」の制約を受けている」と明瞭に述べているので（「意識と本質」『全集』第六巻、二三七頁／文庫版、二四六頁）、それが文化的な思考枠組みの「元型」となり、それをベースに表層的な分節が成立するのであって、元型イマージュの場の中に異なる文化のイマージュが混在することによって、いわば攪拌される状況が生じるということなのかもしれないが、そうだとしても、それが具体的に如何なる状況なのかは不明である。但し、それは「東洋哲学」構想の欠点というよりも、我々が井筒を生産的に解釈することで展開していくべき領域というべきであろう。

三　郭店楚簡『太一生水』と『老子』丙篇

井筒は以上の構想を中国の思想には次のように適用している。先ず、ⓓの表層意識（個別の事物に「本質」があると認める）に相当するのが戦国儒家（孔子・孟子・荀子）の正名論であり、例えば、『論語』子路篇「子路曰く、『衛君、子を待して、政を為さしめれば、子は将に奚《なに》を先にす。』子曰く、『必ずや名を正さん。』」顔淵篇「斉の景公、孔子に政を問う。孔子、対えて曰く「君は君たり、臣は臣たり、父は父たり、子は子たり。」」などは、君には君としてのあり方（「本質」）、臣には臣としてのあり方があり、それを実現するのが道徳であるとする考え方と理解している。ⓒの元型としてのイマージュとしての思想を代表するのが『楚辞』と『易』である。井筒は『楚辞』をシャマニズムの文学として理解し、シャマンは神への接近によって表層的な現実の背後に現実とは別種のリアリティ（神話）を見いだすものとしている。但し、シャマニズムは直ちに思想になるのではなく、シャマニズム的体験を理知的に反省したものがイマージュとしての思想なのであって、それを表すのが中国の場合は『荘子』（特に逍遥游の冒頭部分）と『易』であるとされる。[2] いわば、表層的な森羅万象の背後にそれを成立させている別種のリアリティ（「元型」）を認識するのがⓒの考え方であり、『易』の六十四卦はそのような「元型」に他ならないとしたのである（なお、井筒は殆ど言及していないが、陰陽五行の考え方が典型的にⓒに属することは、それが多種多様な存在を五つの要素に還元し、その共鳴によって生成変化を説明することから明らかであろう）。万物を基礎づける唯一の「本質」が存在するⓑの考え方として井筒があげるのが宋明の理学であり、ⓐの「本質」否定論の事例が禅と道家思想ということになる。よって、儒家と道家は根本的に対立する中国思想ということになり、それを「縦の対立」「表層意識の存在感と深層意識の存在観の対峙」であると表現する（「意識と本質」『全集』第六巻、二九六頁／文庫版、三〇八頁）。

但し、この類型の相互の関係はやや複雑である。宋明理学がⓑに相当するとされるのは、「中庸」に言う「喜怒哀楽の未だ発さず、これを中と謂う。発して皆な節に中る、これを和と謂う」の未発を表層的な分節の背後にある深層心理と解し、宋儒の修養は未発（情動の動かない状態）を拡大することで、天により賦与されている「理」の自覚に至ることを目指すものとする解釈に基づく。個別具体的事物に内在する「理」は千差万別であるが、究極の「理」は唯一であり、分節化されていない「太極」である。そして「無極にして太極」という周敦頤の言葉が示すように、「太極」は上図の「意識のゼロポイント」に根源を持つ（「意識と本質」『全集』第六巻、八〇頁／文庫版、八五頁）。一方、個別的事物に内在する「理」はその事物の「本質」となるのだから、そのレベルでは孔子の正名論と同じになる（「意識と本質」『全集』第六巻、九一頁／文庫版、九六頁）。つまり、宋明理学がⓑ

に相当する事例として挙げられているとはいっても、ⓑからⓐを志向し、最終的にはⓓを基礎づけるという論理であるので、ⓐ～ⓓの全てにわたるものとして理解されていることになる。

『易』に関する理解についても、六十四卦が存在の元型的イマージュとされる一方で、家人の卦䷤の彖伝「女は位を内に正し、男は位を外に正す（家人卦下部☲（離卦）卦の中央が柔爻＝女、上部☴（巽卦）の中央が剛爻＝男になっているということ）。男女正しきは、天地の大義なり。家人に厳君あり、父母の謂なり。父は父たり、子は子たり、兄は兄たり、弟は弟たり、夫は夫たり、婦は婦たり、而して家道正し。家を正しくして、天下は定まる」を挙げて、「家庭内の人間関係の「本質」的あり方を教示したもの」と言っているので（「意識と本質」『全集』第六巻、二九一頁／文庫版、三〇二頁）、ⓒとⓓの両方にまたがることになる（そして言うまでもなく、繋辞伝の「易に太極あり」はⓑに相当する）。

道家思想についても荘子の万物斉同の思想を「根本的には、前に述べた禅の無「本質」的存在分節の立場と同じ型」（「意識と本質」『全集』第六巻、二九三頁／文庫版、三〇四頁）と言いつつ、「荘子の「渾敦」とは、三角形の頂点寸前のところで現成する存在体験」（「意識と本質」、『全集』第六巻、二九六頁／文庫版、三〇八頁）という微妙な表現を用いている。これは道家思想における「道」が両義的性格を持つ――存在の形而下的な根源としての「有」の側面と物質性を超越した「無」の側面の両方を持つ――ということと関わるため、以下、具体的にその点を論じたい。

井筒が読んだ『老子』のテキストは言うまでもなく、伝世本である（なお、伝世本にも王弼注、河上公注などの異なるテキストがあるが、今はそれには触れない）。井筒の生前においても湖南省長沙馬王堆三号墓から出土した前漢前期の帛書は利用可能であったが、それは『老子道徳経』ではなく『徳道経』になっていた点を除くと、大きな異同はなかった。しかし、一九九三年に湖北省荊門市郭店一号楚墓から出土した『老子』は全く状況が異なる。郭店墓は戦国中期偏晩（紀元前三〇〇年よりも少し前）のものと考えられているが、三種類の『老子』（甲・乙・丙篇と呼ばれている）が出土した。現在知られる最も古い『老子』テキストであるが、いずれも伝世本『老子』とは一致せず、その一部を含むに過ぎない(3)。そのため、郭店『老子』と伝世本『老子』の関係については、二つの説が並立している。一つは、郭店『老子』は『老子』完本からの抄写であると考えるもので、その場合は紀元前四世紀の時点で現行『老子』が既に存在したことになる。もう一つの考え方は紀元前四世紀の段階で現行『老子』はまだ存在しておらず、異なる何種類かのテキストが存在しており、郭店楚簡より後に編集されて現行『老子』が成立したとするものである。この両説のいずれが正しいか断言できないが、『老子』丙篇は同墓から出土した『太一生水』と呼ばれる竹簡文献と長さと綴り紐の位置が一致することから、元は同編であったと推測されている。ということは、郭店楚墓の段階で『太一生水』＋『老子』丙篇は一つのテキストであったが、『老子』編集の過程の中で『太一生水』は削除された可能性が高い。もちろん抄写とする立場からは、その竹簡の作成者がたまたま『老子』丙篇と『太一生水』を同じ編に書き記しただけで、単なる偶然であると論じることは可能だが、その場合でも、内容的に連続性があるから同じ編に記したのであろう。内容的に関係がないものを合わせて一つのテキストにした（つまり抄写者の気まぐれだった）とするのは、可能性が低いと思われる。確かに、『老子』丙篇と『太一生水』が出自が異なる文書であった可能性は残るが、少なくとも紀元前四世紀の段階で『老子』丙篇＋『太一生水』というテキストが存在しており、そのテキストの編纂者（もしくは抄写者）はそれを連続するものと考えていたとするべきであろう。

さて、『太一生水』は次のような文章である。

Ⅰ　大一は水を生じ、水は反りて大一を輔け、是を以て天を成す。天は反りて大一を輔け、是を以て地を成す。天地の復し相い輔くるや、是を以て神明を成す。神明の復し相い輔くるや、是を以て陰陽をなす。陰陽の復し相い輔くるや、是を以て四時を成す。四時の復し相い輔くるや、是を以て滄熱を成す。滄熱の復し相い輔くるや、是を以て湿燥を成す。湿燥の復し相い輔くるや、歳を成して止まる。

Ⅱ　故に歳は、湿燥の生じる所なり。湿燥は、滄熱の生じる所なり。滄熱は、四時の生じる所なり。四時は、陰陽の生じる所なり。陰陽は、神明の生じる所なり。神明は、天地の生じる所なり。天地は、大一の生じる所なり。

Ⅲ　是の故に、大一は水に蔵され、時に行し、周《めぐ》りて或（又）た［始まり］、己を以て万物の母と為す。一缺一盈し、己を以て万物の経と為す。此れ天の殺す能わざる所なり。地の埋める能わざる所なり。陰陽の成す能わざる所なり。君子これを知る、これを□と謂う。

Ⅳ　天道は弱きを貴ぶ。成る者を削り以て生を益す者なり、強きを伐ち、□を責む。

Ⅴ　下は土なり。而してこれを地と謂う。上は気なり。而してこれを天と謂う。道亦た其の字《あざな》なり。青（請）いて其の名を昏（問）う。道を以て事に従う者は、必ず其の名に託す、故に事成りて身長ず。聖人の事に従うや、亦た其の名に託す、故に功成りて身傷つかず。天地の名字並立し、故に其の方を過ぎ、相い当たるを思わず。

Ⅵ　天は西北に□せず、其の下は高く以て強し。地は東南に足らず、其の上は□にして以て□なり。上に□せざるものは、下に余り有り。下に足らざるものは、上に余り有り。

『太一生水』は一種の生成論の文献である。万物の根源は太一（「大一」と記されるが、同義である）であり、太一が水を生み、水が太一を助けることで天を生じ、天が太一を助けることで地を生じ、天と地が相互に助けあうことで、神明を生じ、以下、陰陽、四季、寒さと暑さ、乾燥と湿潤、一年の順で、時間が生成することを言う（以上、Ⅰ・Ⅱ段落）。Ⅲ段落では、水を生じた後、太一はその中に蔵せられることで、万物の中に太一の働きは内在しているとされる。太一は多義的な概念であるが、宇宙の本源を表す哲学的概念（「道」の同義語）、北極星、宇宙の至上神の三つの用法があることが、研究者によって指摘されている。(4)『太一生水』に則していれば、太一は反復（「周りて又た始める」「一欠一盈」）の宇宙法則に他ならない。それに対して、水は物質的な根源であり、始原の「一」である（後世の思想の「気」に相当する）。法則性としての太一が物質的根源としての「水」に内包されることで、万物は誕生、成長、老衰、死、そして再生という反復を可能にするエネルギーをそれ自体の中に内包していることになる。Ⅳ段落では、太一の反復の法則は、現実世界では「天道」として現れるが、反復であるが故に、完成したものを削り、弱いものを補う働きとなる。Ⅵ段落の大地が西北で高く、天が東南に高いという宇宙構造もその現れである。故にⅤ段落で「天地の名字並立し、故に其の方を過ぎ、相い当たるを思わず」と言うように、「道」の現実としての現れである天は地の名字は並立するが、平衡ではなく、相互に一方が縮減するところでは他方は超過する相補性を特徴とする。そして、人間に求められるのは、「道を以て事に従う者は必ず其の名に託す」とされるように、道の「名」（即ち本質）、宇宙法則に則って生きることであるが、これは太一の反復、相補ということと理解して良いであろう。

次に、『老子』丙篇であるが、次のようなテキストになっている。

Ⅰ　太上は、下、これあるを知る。其の次は、これに親しみ誉む。其の次は、これを畏る。其の次は、これを侮る。信、足らざれば、焉《すなわ》ち不信あり。猷乎（慎重）として其れ言を遺《わす》るれば、事を成し功を述べて、百姓は我は自然なりと曰わん。故に大道廃れて、焉《すなわ》ち仁義あり。六親和せずして、焉ち孝慈あり。邦家昏乱して、焉ち正臣あり。（現行一八章）

Ⅱ　君子居れば則ち左を貴び、兵を用いれば則ち右を貴ぶ。故に曰く、兵は不祥の器なり、已むを得ずしてこれを用いれば、銛（恬？）纕（憎？、懼れつつ落ち着いて）を上と為す、故に美とせず。これを美とするは、是れ人を殺すを楽しむなり。夫れ人を殺すを楽しめば、志を天下に得ず。故に吉事は左を上とし、喪事は右を上とす。是を以て偏将軍（副将軍）は左に居り、上将軍は右に居るは、喪禮を以てここに居るを言うなり。故に人を殺すこと衆《おお》ければ、則ち哀悲を以てこれに莅《のぞ》み、戦い勝って、則ち喪礼を以てこれに居る。（現行三一章）

Ⅲ　大象（大いなる形＝道）を執れば、天下は往く。往きて害さず、安、平、大なり。楽（音楽）と餌には、過客も止まる。故に道の言を出すや、淡乎として其れ味なく、これを視れども見るに足らず、これを聴けども聞くに足らず、而《しか》れども既《つ》きるべからざるなり。（現行三五章）

Ⅳ　これを為す者はこれを敗り、これを執る者はこれを失う。聖人は為すなく、故に敗るるなきなり。執るなく、故に失うなきなり。終わりを慎しむこと詞（始）めの如ければ、則ち事を敗るなし。人の敗るるや、恒《つね》に其の且《まさ》に成らんとするに於いて、これを敗る。是を以て聖人は不欲を欲し、得難きの貨を貴ばず。不学を学び、衆の過ぐるところに復す。是を以て能く万物の自然を輔けて敢えて為さず。（現行六四章）

丙篇Ⅰ段落は、最上の統治はその存在さえ気にならないとし、為政者が言を忘れる（無為自然）であることで、万民の生活は自ずから順調になることを言う。仁義・孝慈・正臣（忠）などの儒教的徳目は大道が失われたことの現れに他ならない。Ⅱ段落は軍事と喪礼が共通するのは、兵が不祥の器だからであるとしとし、兵を用いても、殺を楽しんではならないことを言う。Ⅲ段落は「道」は淡泊であるが、それに従うことで、「道」の力は自ずと顕現し、万事は順調になることを言う。Ⅳ段落は意図的に何かを為そうとすれば、その積極性のために、失敗すること、故に「万物の自然」の自然に委ねることで、自然と功績が成ることを言う。

一見明らかなように、『老子』丙篇は現実の生き方、特に為政に重点がある。『太一生水』と連続させるならば、太一（道）は万物に内在する反復・循環の法則であり、それは万物を作り上げる「水」（有）を通してあらゆる存在には内在している。だから、為政者が道の精神に則って無為により万物に介入しないことで、事物に内在する法則性が自然に働いて、生成変化が可能になることを言っているのである。

伝世本『老子』のテキストにおいても、例えば有名な四十二章「道は一を生じ、一は二を生じ、二は三を生じ、三は万物を生ず。万物は陰を負いて陽を抱き、沖気以て和を為す。」や一章「無名は天地の始めなり。有名は万物の母なり。」のように、宇宙生成論的文言は多く、そこでは「道」「無名」は太一に、「二」「有名」は水に相当すると考えることができる。但し、『太一生水』ほど明瞭ではない。郭店『老子』甲篇にも生成論は言及され、例えば三七簡（現行四〇章）の「返なる者は、道の動きなり。弱なる者は、道の用なり。天下の物は有に生じ、有は亡（無）に生ず。」でも、道の動きは「返」（反復）であるとされ、「有」という語で万物を構成する根源的一者（『太一生水』の水に相当）を、「無」という概念で道の法則性（『太一生水』の太一に相当）を指しているが、道が「有」と「無」のどちらであるのか不明になっている。おそらく道には万物を作り出す本体の意味とその中に内在する法則性の意味の両方があり、『太一生水』ではそれらを太一（無、反復という宇宙法則）と水（有＝万物の物質的根源）を明瞭に別のものとして区別して示したのだが、一方、法則性が物質性に付随（内在）するのであって、別に存在するものではないという感覚が根強く、『太一生水』は『老子』に採用されるに至らなかったのであろう[5]。

このような考え方の下では、原初的一者（水）に内在する法則（太一）の働きにより、個別の事物は成立し、個別の事物に法則性が内在しているから、それが直ちに否定的に捉えられるわけではない。確かに道家思想の中では、人間の人為的な価値や作為が否定されるが、それは作為が事物に内在する道を妨害するからなのであって、自然に委ねれば、道の力により自然と繁栄に至るはずなのである。『太一生水』がいみじくも「道を以て事に従う者は、必ず其の名に託す」と言うように、「名」は否定の対象ではない。重要なのは、事物の本質を表す正しい「名」を用いることなのである。

要約するなら、『老子』の道は、井筒のⓐ〝存在の「本質」は実在しない〟とⓑ〝「本質」は深部における無分化の普遍的一者として実在する〟の両面に渉ると言える。この両面を自覚的に区分したのが『老子』丙篇＋『太一生水』になる。そこでは、井筒のⓐⓑⓒⓓは相互に排他的なものではなく、連続するものととらえられる。ⓐは形而下的存在が実在しない（法則性のみ）レベルだが、それはⓑ万物の根源としての水を生み、それが万物に内在することで現象界の運動が可能になる。ⓒ原型としてのイマージュは『太一生水』の天地、神明、陰陽、四時、滄熱、湿燥に相当すると見ることができる。ⓓは「名」の世界であるが、既に述べたように、万物の中に法則性（道、太一）が内在している以上、それに即応、因循することが無為の意味であり、それにより万物の繁栄が可能になる。

井筒は『意識と本質』の中で禅について、表層的な分節Ⅰから無分節へと深化し、そこから再び分節（分節Ⅱ）へと戻って来ると述べた（「意識と本質」『全集』第六巻、一三六頁／文庫版、一四四頁）が、おそらく上述したことは同じことであろう。但し、井筒はその分節Ⅱのあり方を「無「本質」的存在分節」と述べているのであって、それは『老子』とは多少違うように思われる。『老子』は自然のままの事物のあり方（法則性）を一種の本質として捉えたというべきであろう。

とするなら、道家思想と儒家思想は事物に本質があるか否かで対立するのではない。むしろ両者の対立は、事物の何が本質であるのかに関する考え方が違っていた点に根源がある。儒家は社会的な秩序、君臣、親疎、物人という区別と階梯を本質（性）であると見なした（正名説）のに対し、道家はそのような価値や規範は、事物の自然のあり方（本質）に反すると考えた。「名」それ自体を否定したのではなく、「名」に特定の価値を賦与し、それに関する知識体系を構築して、人為的な作為をなすことを否定したのである。儒家と道家の対立は、いわば共同体主義と個人主義（及び自然主義）の対立であったと言えよう。

四　「東洋哲学」の現代的意義

1　生命倫理の成立、歴史、現状――要約

最後に、以上の議論を踏まえて、井筒の「東洋哲学」が現代的状況に対して持つ意義について論じておきたい。井筒の議論が具体的な問題状況に適用可能であるかを考えるため、生命倫理の分野を事例として考えたい。「東洋哲学」を論じるために生命倫理を扱うというのは突飛に聞こえるかもしれないが、時代性としては関連がある。冒頭で触れたように、「人間存在の現代的状況と東洋哲学」の基になる講演が行われた一九七九年は、アメリカで生命倫理確立の分水嶺となった「生命科学および行動科学研究における被験者保護のための国家委員会」（以下「国家委員会」と略称）の最終報告書『ベルモント・レポート』が発表された年であり、また、ハンス・ヨナスが『責任という原理』（後述）を出版した年でもある。

生命倫理という領域の成立、歴史、そしてその思考の特徴をまとめるなら、以下のように要約できる。「生命倫理」（bioethics）という語彙は、一九七〇年、分子生物学者であったファン・ポッターにより「環境破壊の危機を克服して人類が生き残るための科学」という意味で初めて用いられたが[6]、同年にはヘースティングス・センター、翌年にはケネディ倫理研究所が創設され、ポッターの意図とは異なり、医療と保健の領域における問題を、道徳的諸価値や倫理原理を応用することで検討する分野という意味で、医療専門職《メディカル・プロフェッション》内部の職業倫理であった従来の医療倫理に代わって急速に確立していった。それが急速に権威を獲得した理由は幾つかあるが、最も大きな要因は一九七四―一九七八年にアメリカで初めての国家レベルの委員会として「国家委員会」が設置され、その答申が速やかに法として実現されたことにある。「国家委員会」は医学の専門家だけでなく、哲学者、倫理学者、神学者、法学者などを幅広く含むもので、人文系諸学が医療分野に参入するという生命倫理の特徴を体現し

ていただけではなく、その最終報告書『ベルモント・レポート』はアメリカの生命倫理の原則を確立する上で大きく影響した。その原則が人格の尊重、善行、正義の三つであるが（通常、これに無危害を加えた四つが生命倫理の四大原則とされる）[7]、この四原則は全てが等しい重要性を持つのではなく、人格の尊厳、即ち患者の自律と自己決定の尊重――具体的にはインフォームド・コンセント（充分に情報を提供された上での同意）――が要の位置にあり、他の原則はその下に置かれることが、アメリカの生命倫理の最大の特徴になる。

アメリカの生命倫理がそのような特徴を帯びた一つの原因は、「国家委員会」が非人道的な人体実験（一九七二年七月二六日、タスキーギ事件）[8]が機縁となって設立されたことにある。人体実験においては被験者の自発的同意が何よりも重要だからである。同時期のアメリカでは人工妊娠中絶（ロウ対ウェイド判決、一九七三年）、尊厳死（カレン・クィンラン事件、一九七五年）など、多くの問題が起こっており、それらの出来事の起こる順序がずれていたら、全く異なる生命倫理が成立した可能性もある。ともあれ、人格の尊厳＝自律の尊重＝インフォームド・コンセントがアメリカの生命倫理の最大の原則となったことで、尊厳がある存在であるか否かは、その主体が自己意識と継続的な経験の意識を有する「人格」（person）であることによって判定されることになった。この論理を俗にパーソン論という。パーソン論は自律的思考能力もしくはコミュニケーション能力を判断基準とし[9]、その基準に基づいて生命の質（quality of life, QOL）が高いか低いか、線引きする論理であり、アメリカの標準的生命倫理として一九八〇年代に世界中に広まった。

しかし、人格の尊厳＝自己決定を主軸とする論理は、間もなく厳しい批判にさらされ、アメリカ的な意味での人格の尊厳とは別の原則が模索されることになった。日本もその例であるのだが[10]、ドイツの場合では、遺伝子の問題（遺伝子工学、エンハンスメント、ＥＳ細胞）が焦点になり、遺伝子の改変は後代に影響を及ぼすので、個人の自己決定だけでは充分ではない。そこで、ドイツの国家レベルの倫理委員会「現代医療の法と倫理審議会」は、尊厳を有する「人間性」とは種としての人間が有する可能性（理念）であり、そのような人間の理念的イメージ

（人間とは〇〇のようでなければならないというイメージ）が尊厳を有するのであって、個人の意思が直ちに尊厳を有するわけではないとし、そのような「人間の尊厳」の下に自由（自己決定）、平等、連帯などの諸権利が位置づけた。そして、人間のイメージには弱さ、傷つきやすさ、破滅性、可変性が含まれる。人間は自然により限定された弱い存在であるからこそ、自己を完全にしようとすると同時に、他者の運命に共感し、支え合う（ケア）責任感が生まれる。遺伝子技術により完全な存在となることを目指すエンハンスメントは、この人間社会を根底で支えている構造を破滅させるが故に、たとえ特定個人が自由意思によってそれを望んだとしても、容認できないという結論が導かれる。[11]

　このドイツの論理は、アメリカの標準的生命倫理の「人格の尊厳」という原則を踏まえた上で、意図的にそれとは異なるものを構築しようとしたものであって、それはハンス・ヨナスの先駆的な試みに遡り得るであろう。[12]ヨナスがやろうとしたことは、存在（自然、身体）の有する規範的な価値（有用性によってではなく、それ自体として価値を持つこと）を、宗教に回帰することなく、哲学的な論理のみで論証することであった。そのため、存在は存在し続ける限りにおいて可能性があるのだから、存在することは無条件的に肯定されるべきこと、人間は自分自身を改良する能力と自由を有するが、当のその能力を破壊するような改良は是認されないこと（改良者のパラドックス）、人間が自然を改変する能力を有することは、人間がそれを保持しケアする責任があることを意味するとして、自由意思に対抗する「責任という倫理」を主張したのであった。

　以上の生命倫理の流れが人類史の中で持つ意味は、ジェラルド・マッケニー[13]、ルートヴィヒ・ジープ[14]、トリストラム・エンゲルハート[15]などに基づくなら、次のようにまとめられよう。西洋文明は古代から理性のみによって普遍的な価値と倫理を獲得できると信じてきた。それはキリスト教の中においても例外ではなく、もちろん信仰が道徳性を保証していたものの、推論的理性によっても道徳性に到達することは可能であるとされていた。その世界観の中では、宇宙《コスモス》の中において万物はそれぞれの規範的な地位を有し、それと一致することが人間にとっての善であった（言うまでもなく、これは井筒の構想におけるⓓ表層的分節に相当する）。キリスト教による単一的な世界が崩壊したとき、理性のみによって共通の道徳性を獲得しようとする指向性は存続する一方で、自然と人間（理性）の間に根本的な分断が生じ、自然は無目的の法則によって動いており、道徳は宇宙（自然）の中に根拠を持たないと見なされるようになる。この状況に対し倫理学は対象として自然を扱うことを放棄し、専ら人間、特に人間どうしの関係において争いを回避することを目的とするようになった。それならば過大な世界観や人間像は必要なく、人間は常に自分の利益になるよう行為する理性的存在であると仮定するだけですむからである。倫理の基盤がそのような人間観であるとすれば、理性的存在としての人間（人格）を尊重することが最大の倫理になる。但し、人格を尊重するとは具体的にどうすることなのか、直ちに明らかではない。様々な価値観を持つ人々が共存する社会において人格を尊重するとは、具体的にはその意思を尊重すること、同意を得ることにならざるを得ず、個人の意思に最大の価値を賦与する考え方が成立することになる。そこに科学が加わることで、技術を用いて運命と自然への従属から人間を解放して意思を実現することが善なのであり、その意志を実現するために自然（人間の身体を含む）を道具あるいは操作すべき対象と位置づける考え方が成立する。

標準的な生命倫理の「人格の尊重」という原則は、そのような近代的な考え方の延長線上にある。問題は、この考え方はいかなる苦しみがどの程度除去されるべきか、どこまで自然が改変されるべきで、最終的にどのような自然が望ましいのかを語らないので、とにかく制約と感じられるものを無限に除去し改変し続けることになる。それは人間を死と運命から解放しようとするが、結果的に自然と人間身体を技術の制御下に置くことを容認する論理にしかならない。その状況を前にして、人格の意思を制約する論理が求められているわけであり、ヨナスが試みたことは、人間の意思ではなく、人間のあり方そのものに尊厳があるとする（以下、この考え方を「人間の尊厳」（human dignity）の原則と呼んでおきたい）ことで、それを達成しようとしていると言える。

一つ付け加えておくと、一九七〇年代にアメリカで「人格の尊厳」が提起されたとき、その提唱者は実は個人の自己決定の尊重とはかなり違う意味で使っていた。成立当初の生命倫理学者には相当多くの神学者、宗教学者が含まれており、彼ら（もちろん全員ではないが）は神および神に向かい合う者を人格と呼び、その尊厳は神に由来する（人は神に向かい合う存在であるから尊厳がある）と感じていた。[16] しかし、彼らはその感覚を信仰の言葉ではなく、世俗的な言葉で表現しようとしたのである。そのため生命倫理の内部で研究者がリクルートされ、神学との関連がうすれるにつれ、「人格の尊厳」は単なる他者危害原則と等しいものに矮小化されてしまった。しかし、人間は常に自律的に単独で決定を行う存在であり、その決定は他者に危害を加えない限り、何でも尊重されるというのは、明らかに我々の持つ道徳的感覚に反する。ドイツの生命倫理の試みはアメリカの生命倫理で抜け落ちてしまった感覚を言語化しようとしていると言えよう。

しかし、このオルタナティヴな試みは、一つの厄介な問題を内包している。それは「人格の尊厳」と「人間の尊厳」（あるいは「自然の尊厳」）をどう関係づけるのか、あるいは意思をどこまで尊重し、どこから制約するのか、という問題である。近代的な価値観を批判するといっても、それを完全に棄てることは、既に近代を経由した人間には耐えられない。とするなら、近代のすぐれた達成は維持し、問題点を修正していくことが、近代を乗り越えるということでなければならないわけだが、近代のどこがすぐれており、どこがそうではないのかについて、コンセンサスがあるわけではない。従って、どこまで個人の決定を尊重し、どこから自然や身体の尊厳を重んじるのか決定することは、「人格の尊厳」と「人間の尊厳」を奉ずる者たちの政治的なせめぎ合いの様相を呈することになる（これは近代が相対化されるに従い、現実に起こっていることである。自由や民主主義といった近代的価値観に対し、一部の非西欧の指導者たちはそれらが文化的にそぐわないという、文化的相対性に訴えることで、権威主義的な支配を維持しようとする）。[17]

一例として、二〇〇五年にユネスコで採択された「生命倫理と人権に関する世界宣言」を取り上げよう。この宣言は二〇〇一年にユネスコ総会において作成が提案され、二〇〇三年にユネスコ国際生命倫理委員会が原案の起草を開始、二〇〇五年一〇月一九日に総会で採択されたものだが、起草した国際生命倫理委員会の中核メンバーがヨーロッパの人間であったため、ヨーロッパの生命倫理の論理が色濃く反映されたものになっている。「世界宣言」の枢軸は一五の原則にあるのだが、その中の第一項目では「人間の尊厳（human dignity）と人権の尊重」という語が採用され、意思決定、インフォームド・コンセント[18]、プライバシーの尊重、無危害、公正の原則[19]がうたわれる他、第六項目では「人間の弱さ（vulnerability）と純粋さ（integrity）の尊重」が、第一四項目では未来世代への配慮が、第一五項目では環境、生物圏、生物多様性の保護が主張される。容易に見て取れるのは、「世界宣言」が「人格の尊厳」と「人間の尊厳」のバランスを取り、生命倫理と環境倫理を統合しようとしていることである。ただ、個人の自由意思を尊重することと、〝人間は〇〇でなければならない〟というイメージを尊重することは本質的には矛盾する側面があるので、両者をどう調停するのかが重要になるはずだが、宣言の中にそれに対する言及は見られず、その点で玉虫色と言わざるを得ない（つまり、「世界宣言」の「人間の尊厳」はどちらにも読める）。但し、第十項目「文化の多様性の尊重」の項では、文化の多様性の尊重は「人間の尊厳、人権及び基本的自由、並びに本宣言に定める原則を侵害し、その適用範囲を制限するために援用されない」とし、文化的伝統と近代的価値観が対立し、二者択一せざるを得ないような局面では、自由と基本的人権に与することに高い価値を与えている。しかし、それでは近代的価値観のグローバル化を抑えることにはならないのではないかという疑問が生じるし、現にそのような視点からの批判が存在する[20]。

まとめるなら、近代的価値観（人格の尊厳）の限界が明らかになってきており、それを乗り越えるための方向性（人間の尊厳）も明瞭になっているが、両者をどのように関連づけて、総合的な規範を確立していくのかは未だ見えていないというのが、現在の生命倫理の状況であると言える。

2 「東洋哲学」の可能性を考える

以上のような生命倫理の現状を踏まえ、井筒の「東洋哲学」構想は、その状況の課題に適用できるかを考えたい。もちろん井筒は生命倫理を論じたことはないから、以下に論じることは、井筒の構想のどこに可能性があるか、筆者が創造的に読み込んでいくという行為である。井筒が「東洋哲学」について創造的にその可能性を考えようとしていたのと同様、井筒思想の現代的可能性を考えていくという作業になる。

第二節で論じたように、井筒の基本構想は近代批判、近代とは異なる可能性を「東洋哲学」の名で呼んだアジアの諸伝統の中に探るということであったとして良いと思われる。その中で、表層意識で設定された分節とそれに付随する価値観が一種の〝牢獄〟と化してしまっており、人間を抑圧するものになってしまっているというのが、彼の批判の要諦であり、一度、深層心理的な無分節を通過することによって、より自由な枠組みを持つべきであるという主張であると言えよう。問題は、そのような立場に立つことによって、新たな規範を獲得できるかということになろう。

一見すると、井筒の主張はこの必要性を満たしていないように見える。というのは、彼は存在の規範的価値は、表層的文化によって設定されたマーヤーであり、根源的には無、渾沌であることを認識する必要性を論じているからである。例えば、〝人間とは○○でなければならない〟というイメージは幻想であり、本来的に価値の上下はない（「万物斉同」）とするなら、身体に対して如何なる加入を行い、恣意的に改変しても、それ自体は悪でも善でもないということになりかねないし[21]、現にそのような方向でハンス・キュングは井筒が称揚した禅を批判している。

空を認識したものはまた、善悪の彼岸にいるのか？　瞑想があまりにも異なった目的に使用され、実際、誤用されうるということは、徳川軍事独裁主義の武士が示しているが、その後、我々の世紀に、再び日本の軍国主義者たちが、そして今日、ついに多くの攻撃的ビジネスマンがそうしているのではないか。いかなる道徳的尺度が僧侶、管理者、軍人を止めるのか？　人は兵士として殺し、政治家として嘘をつき、ビジネスマンとして盗んでもよいのか？　実際、一切は「空」、全てはどうでもよいという理由で？　悟りの道にある者は、それにふさわしく生き、少なくとも、ブッダの四つの根本的義務に従わなくてよいのか？　自己批判的な禅の信奉者たちは、まさにこの問いをつきつけているのである。(22)

しかし、体感のレベルとしては、キュングの批判は的外れのように感じる。筆者は禅については云々する知識はないため、井筒が禅と同レベルのものとした道家思想に限定するが、第二節の議論から充分に明らかなように、道家思想は、キュングが言うように〝一切は「空」、全てはどうでもよい〟という方向には向かわない。むしろ全く逆だからである。道家思想は確かに儒家的な「本質」論——あらゆる存在は固有の価値を持ち、故にその価値により区別される——を否定したが、同時にあらゆる存在には道が内在しており、それ故に一種の生命力を内包し、その生命力を妨害することなく、自然に発現せしめることを主張したのであって、それはあるがままの人間、あるがままの自然をそのままで尊厳であるとする考えになる（従って、ヨナスの考えに近くなる）。

従って、井筒の場合にも、その思想から一定の倫理原則を導出するのは可能とすべきであろう。以下はそのためのラフスケッチである。第一に、井筒は、人間とは表層だけでなく、深層意識をも備えており、深層意識の中では既存の分節と価値観を相対化して、新たな価値を創出していく動態的な存在として捉えていた。ということは、そのような能力を有する人間のあり方は変更を加えることは許されないとするべきであろう。例えば、薬を用いて思考を一定の方向（専ら現実的な問題のみに有効に対応できるような方向）に導出するエンハンスメントは許容されないことになろう。第二に、井筒は自我《エゴ》ではなく自己《セルフ》に重点を置き、深層において個人の意識を越えて全人類の意識に通じているとするが、そこからは価値の中心を人類なり宇宙なり、全体に置くことが要請されるはずである。それと関連するが、第三に、表層的な分節を相対化し、「万物斉同」的視点を持つべきであるとする主張は、やはり人間中心的な価値を超えることを求めることになろう。ただ、ここで注意すべきは、人間中心主義の否定は井筒の場合、自然（人間の自然を含め）の価値を人間の利益に優越させる方向には向かわないことである。全ての存在の価値が深層的に斉同であるとするなら、人間の利益が自然に優越するとも、自然の価値が人間に優越するとも言えず、ただ総合的に判断することを求めることになるからである。むしろ井筒の理路を敷衍するなら、人間以外の存在の価値にセンシティヴな開かれた意識が求められることになろう。それは自然か人間かという二者択一的なトレードオフではなく、創造的に別の「枠組み」を模索することになるはずである。[23] この創造的であることが第四のポイントになる。既に要約したように、井筒が既存の分節と価値を批判するのは、それが人間の意識を拘束して、本来の自由さと主体性を喪失させているからであった。そこで深層的な無、渾沌に一度回帰することで、既存の枠組みを相対化し、それにより深層の「意味可能体」を活性化させて、別の枠組みを創造的に開拓していくことが主張されるわけである。それを敷衍するなら、自分の判断枠組みを絶えず問い直し、普段意識していないような深層に訴えて、自省していく態度が求められることになる。例えば技術を用いて人間の能力を優秀なものに改変していくエンハンスメントを例とするなら、現在の生命倫理の議論では、それが個人の自律的決定であるなら容認できるとするアメリカ的立場と、人間的なあり方（純粋さ integrity）を改変するのは容認できないとするヨーロッパ的立場に別れて争うことになるが、井筒の立場では、優秀な能力を求めること（内なる優生思想）が本当に自分の自律的決定であるのか、世間的な価値観に盲従して、そのような決定を強いられているのではないか、と問いかけていくことになると思われる。

　まとめるなら、ヨーロッパの生命倫理が採用した戦略が存在それ自体の尊厳の原則（人間もしくは自然が○○でなければならないというイメージ）をかかげてアメリカの「人格の尊厳」の原則（個人の自由意思）に対抗するというものであり、それは意図としてはもっとものであったにせよ、異なる原則を奉じる者たちの政治的争いという構図に帰着してしまう。それに対し、井筒の論理ではそもそも尊厳なる価値を「無」化し、今までとは違う考え方、やり方を創造していくということになる。この方法は、全てを政治的せめぎ合い（トレードオフ）に還元してしまうという問題を回避できる。たとえ殴り合いではなく、話し合い（どなりあい）により問題を解決するとしても、それは対立の構図（争い）にとどまるのであって、賢明な選択であるとは思われない。その意味で、井筒の論理の方が豊かな可能性を持つと言えるのではないか。

一方、井筒の論理は、創造的に開拓すべき新しい「枠組み」が何になるのかは、あらかじめ決定できないという問題を抱える。そもそも井筒の議論の中では、ロゴス中心的な「西洋哲学」と「無」中心的「東洋哲学」の「地平融合」により「新しい、より包括的でより豊富な、開かれた文化」（「文化と言語アラヤ識」『全集』第八巻、一八一頁）を生んでいくことが主張されるが、では、その新しい文化の内容が何になるのかは、あまり具体的な議論がないようである。よって、現代的な状況に適用していく場合の井筒思想の課題とは、創造性を発揮するとは具体的にどうすることであるのかを明らかにすること（既述のように、言語アラヤ識の「潜在態」「種子」が表層に浮かび上がるということの具体的イメージは曖昧であった）、新しい「枠組み」の具体的内容を個々の問題に即して提示していくことにあると思われる。

注

（1）発表者は、井筒が事実レベルの比較文化を目指していなかった（例えば、儒教文献の解釈の正確性はどうでも良いと考えていた）と断言する立場にない。しかし、少なくとも現在の我々が井筒の構想を評価する場合、それを事実レベルのものとして読むべきではないとは言えると思う。

（2）『楚辞』がシャマニズムに基づくことは、多くの論者が言うところであり、異論はないが、道家思想がシャマニズムの発展形態であるかどうかは、異論があるところであろう。確かに、『荘子』には「坐忘」の語があり（斉物論篇）、ある種の体験が基になっている可能性はあるが、それがシャマニズムという語でイメージするような人格神的な神霊への崇拝と想定できるのかは疑問である。『易』について、乾卦の爻辞「初九、潜龍、用いる勿れ」「九二、見龍、田に在り」「九四、或るいは躍りて淵に在り」「九五、飛龍、天に在り」「上九、亢龍、悔あり」に、断片的であっても「龍を主人公とする神話」である点に、井筒は神話形成性をみている（「意識と本質」『全集』第六巻、二四〇頁）。確かに『易』の謎めいた卦辞や爻辞が占い師の体験や直観に淵源がある可能性があるが、卦は基本的には算数の体系である（易筮は五十本の蓍のうち、一本除き、残りを無作為に左右に分け、それを四で割って、残りを足すことで作られる）。道家、『易』、陰陽五行いずれも、人格的な神霊ではなく、普遍的な宇宙法則により世界が動いているという世界観に基づいており、筆者が別稿（「中国における呪術に関する若干の考察――呪術という語の呪術的性格」、江川純一・久保田浩編『「呪術」の呪縛』リトン、二〇一五年、二六五―二五六頁）で指摘したように、これらの思想が現れた戦国時代は人格神を中心とする世界観から普遍的宇宙法則を中心とする世界観へと移行した時代なのであって、シャマニズム的宗教とは隔たりが大きすぎるというのが、筆者の意見である。但し、井筒がシャマニズムと原型的イマージュの思想の類似性を言ったのは、自由な想像により象徴的意義を生み出して行く点に共通性を見いだしたのだと考えることができるので、創造的に再解釈するという彼の立場すれば、重要な問題ではないであろう。

（3）『老子』甲篇は現行本の19、66、46後、30前、15、64後、37、63、2、32、25、5中、16前、64前、56、57、55、44、40、9章から、乙篇は59、48前、20前、13、41、52中、45、54章から、丙篇（後述）は17、18、31、35後、64後章から成る（前・中・後は現行テキストの該当章のうち、それぞれ前段、中段、後段のみということである）。なお、章立ての順序はオリジナルのテキストがそうであったということではない。これは竹簡には断簡があるので、完全に元の配列に復元するのは困難だからである。

（4）李零「〝太一〟崇拝的考古研究」『中国方術続考』二〇〇〇年。

（5）物質性と法則性が区別されないのか、されるのか、曖昧なのは『老子』だけでなく、中国の生成論全般について言える。班固『白虎通徳論』天地に引く『易緯乾鑿度』には太初（気）→太始（形）→太素（質（質量））の順で存在が形成され、最後にそれが陰陽に分かれることで万物が生まれるという生成論が説かれる。それに対し、張衡の『霊憲』では太初の前に太易という状態があり、それは「無」であり「道の根」であるとした上で、万物は「道の実」であると説明される（戸川芳郎「帝紀と生成論」、木村英一博士頌寿記念事業会編『中国哲学史の展望と模索』創文社、一九七六年参照）。法則性と物質性が不可分なのか、原理的には区別できるのか、歴史を通して揺れがあったのである。

（6）Van R. Potter, "Bioethics the science of survival," 1970. *Bioethics: Bridge to the Future*, 1971（『バイオエシックス――生存の科学』今堀和友・小泉仰・斎藤信彦訳、ダイヤモンド社、一九七四年）。

（7）Tom L. Beauchamp & James F. Childress, *Principles of Biomedical Ethics*, Oxford University Press, 1979（『生命医学倫理』永安幸正・立木教夫監訳、成文堂、一九九七年）。

（8）アラバマ州タスキーギで一九三二年以来行われていた、アメリカ公衆衛生局主導による梅毒研究が『ニューヨーク・タイムス』にリークされた事件。この研究では梅毒患者を全く治療することなく、告知も行わず、経過観察のみを行った。六〇〇人の被験者の殆どは黒人で、効果的な治療法が見つかった後も研究は変更されず、継続された。つまり、死んでいくのを黙ってみていたのである。折からの公民権運動の流れの中で、タスキーギ事件は一躍スキャンダルとなり、その追い風で「国家委員会」は設置された。

（9）正確には、人格の要件を思考能力とする場合とコミュニケーション能力とする場合では、どこまでかを人格とするか、相当の違いが出る。

（10）周知のように、日本で生命倫理が定着するきっかけになったのは脳死・臓器移植問題である（一九九〇―一九九二年、臨時脳死及び臓器移植調査会、一九九七年、「臓器の移植に関する法律」成立）。多くの国々では広範な議論を伴うことなく、脳死を人の死とする立法措置を講じてきたのに対し、日本は例外に属するが、脳死問題を通して日本の生命倫理に特徴的な言説が生まれてきたのも確かであり、その典型が小松美彦（『死は共鳴する――脳死・臓器移植の深みへ』、勁草書房、一九九六年）と森岡正博（『生命学に何ができるか』勁草書房、二〇〇一年）である。そこでの論理を簡単に要約するなら、自己決定という論理は、関係性（間主観性）の中に存在している人間のあり方を無視し、平板化するとする点にある。

(11)「現代医療の法と倫理審議会」は連邦議会の下に設置されるが、ＥＳ細胞研究の推進を主張したシュレイダー首相が政府直属の「国家倫理評議会」を二〇〇一年に立ち上げ、二つの国家レベルの委員会が併存する異常事態となった（二つの倫理委員会は、二〇〇七年にドイツ倫理審議会として統合された）。「国家倫理評議会」は同年中にＥＳ細胞輸入に関して賛否両論を併記する報告を行った。一方、「現代医療の法と倫理審議会」は二〇〇二年に連邦議会に最終報告書を提出した（ドイツ連邦議会現代医療の法と倫理審議会、『人間の尊厳と遺伝子情報』松田純監訳、二〇〇四年。『受精卵診断と生命政策の合意形成』、知泉書館、二〇〇六年）。なお訳者の松田純は『遺伝子技術の進展と人間の未来――ドイツ生命環境倫理学に学ぶ』（知泉書館、二〇〇五年）においてこの報告書を分析している。以下は松田の分析に依拠するものである。

(12) Hans Jonas, *Das Prinzip Verantwortung: Versuch einer Ethik für die technologische Zivilisation*, 1979.（『責任という原理――科学技術文明のための倫理学の試み』加藤尚武監訳、東信堂、二〇〇〇年）。

(13) McKenny, Gerald P. *To Relieve the Human Condition: Bioethics, Technology, and the Body*. State University of New York Press, Albany, 1997.

(14)『ドイツ応用倫理学の現在』山内廣隆・松井富美男訳、ナカニシヤ出版、二〇〇二年。

(15) H. Tristram Engelhardt Jr., *The Foundation of Christian Bioethics*, Swets & Zeitlinger Publishers, 2000.

(16) この点で典型的な例の一つがポール・ラムジー（メソディストの神学者）になる。アルバート・ジョンセンは言う。「ポール・ラムジーは、この中心的な教義を雄弁に説いた。〔…〕「人の威厳は、神が人を扱う仕方の結果でこそあれ、自分自身で何かであることの先取りというものでは基本的にあり得ない。かくて人は皆、神を崇めるための独自の二つとない機会となる。」〔…〕この神学的信念は、ほとんど「自律」とは言えるものではないだろう。というのも独自の人間存在は、神の法則の内に抱擁されてしまっているからである。〔…〕彼が神学的伝統を呼び込んだおかげで、自律の一つの本質的な要素が提供されたことになった。倫理の中心は、他に還元されず侵されない人格である、というのがそれである。」（『生命倫理学の誕生』細見博志訳、勁草書房、二〇〇九年、四一六―四二三頁。）もう一つの例はトリストラム・エンゲルハートである。彼は哲学者であるが、同時に敬虔なカトリックであり、「人間を被験者とする生医学・行動科学研究において基盤となる倫理原則」という論文（一九七八年）を国家委員会に提出し、それが『ベルモント・レポート』の人格の尊厳に大きな影響を与えた。しかし、彼は人間存在自体が価値であるというのが人格の尊厳の要であり、自己決定の自由はそこから派生すると考えていたのである。彼は一九九一年にアンティオケア正教会に改宗し、二〇〇九年の論文「正教の医療倫理言説」（Robert Baker & Laurence McCullough ed. *The Cambridge World History of Medical Ethics*, Cambridge University Press, 2009）の中で「真理とは人格的（personal）であると、即ち三位一体の神（Trinity）であると正教は認識する」と述べており、彼の「人格」（person）の基本的イメージは神、及びそのような神の応答を求める人であると言える。

（17）この点については、Nie Jing-Bao, *Medical Ethics in China: a Transcultural Interpretation*, Routledge, 2011 に厳しい批判がある。

（18）但し、第三項目では「意思決定を行う個人の自律は、当人がその決定につき責任を取り、かつ他者の自律を尊重する限り、尊重される」とされ、自律の尊重が権利であるという理路にはなっていない。「世界宣言」第1条を解説する Roberto Andorno "Human dignity and human rights," (Henk ten Havw & Bert Gordijn "Global Bioethics," Haw & Gordijn ed. *Handbook of Global Bioethics*, Springer, 2014) は、既に存在する個人の尊厳を守るだけでは充分ではなく、未来の世代を含めた種全体の純粋さが問題になっている状況では、権利ではなく、「人間の尊厳」を問題にする必要があるのだとし、但し、「人間の尊厳」は抽象的な理念であるため、それを現実に適用する時には権利の尊重という規範になるのだという。「世界宣言」では「人間の尊重」の下位に「人格の尊重」を位置づける構成になっていると言える。

（19）但し、第九項目において「個人及び集団は、いかなる理由によっても、人間の尊厳、人権及び基本的自由に反して差別され、偏見を持たれるべきでない」とされるように、公正から差別の禁止を導くという論理になっている。

（20）Tristram Engelhardt Jr., *Global Bioethics: The Collapse of Consensus*, M&M Scrivener, 2006.

（21）この問題はいわゆる文化的相対性の問題であるが、ドイツの生命倫理の場合、それに対抗する論理は、確かに人間と自然の規範的イメージは文化的に相対的なものであるが、それを尊厳と感じる意識がある限りは、それを無視するいわれはない、というものである。ジープ前掲書参照。

（22）ハンス・キューング、『世界諸宗教の道――平和を求めて』久保田浩・吉田収訳、世界聖典刊行協会、二〇〇一年、一五二頁。

(23) この方向性は環境倫理学者の鬼頭秀一が志向する方向性とも一致している。鬼頭は人間中心主義vs反人間中心主義という二項対立図式を超えて、新しい解決法を創造することを提唱しているからである。それは経済性と精神性、リスク管理と予防原則を適切に組み合わせるという、まさに〝創造性〟を志向することである。鬼頭秀一『自然保護を問いなおす――環境倫理とネットワーク』筑摩書房、一九九六年参照。

第十二章　東洋における言語の形而上学

ロペス・パソス　フアン・ホセ

一　はじめに

二〇世紀以降、「言葉」または「言語」が西洋哲学の中心概念になったと言っても過言ではない。ニヒリズムによる形而上学からの離脱、解釈学の再発見、モダン思考の克服などが二〇世紀の「言語論的転回」を導いた。ニヒリズムによって、西洋文化を支えてきた柱が脆くなり、古代ギリシャやキリスト教に根付いていた伝統が揺れ始めた。そのために、哲学者たちがこれまで踏み台にしていた根本概念が基盤を失い、かつて真実の源とされたそれらの概念の全てが虚無となったのである。ヴィトゲンシュタインをはじめとする西洋哲学界が徐々に形而上学の分野から離れていった。「世界が事実の総体」であり、言葉によって表現することができないものに関しては、「沈黙しなければならない」。こうした考え方が新たな哲学の柱となり、考察の基本となった。

芸術界においては、写真の発明によって、絵画が自分のレゾンデートルの大部分を失い、現代の「芸術のための芸術」という形で生まれ変わった。それと同様に、現代科学の進歩に対して、哲学が「世界」についての考察から退き、新たな思考対象を求めた。現象界が物理学の研究対象であるため、哲学は科学の理論を導くという役割に、その存在意義を見出すことになった。また芸術と同様に、「哲学のための哲学」、哲学が自らを研究対象とした。したがって、科学哲学、解釈学、言語哲学が哲学界の中心となった。東洋哲学においては、同様のプロセスが見られるであろうか。伝統的な東洋思想を踏まえて「東洋哲学」の構築をめざした井筒俊彦の哲学的思惟に従えば、「コトバ」が最初から東洋の思想の中心にあったために、そのようなプロセスがありえないのではなかろうか。

本論文では、こうした問題意識から、井筒の「東洋哲学」における「言語」の意味について考察したい。まず、井筒と言語の関係を分析し、さらに、井筒の言う「コトバ」の概念に関する構築のヒントを探ることにする。そのうえで、井筒のいわゆる「東洋哲学」の概念的枠組みについて検討し、東洋の思想伝統における「言語」の意味を探究する。その後、今日の哲学界における西洋と東洋の差異を克服するために、東洋における言語哲学の意義に言及し、グローバル化する現代世界に相応しい普遍的な哲学の展開への可能性を示唆したいと考えている。最後に、現代の西洋哲学における代表的な存在であるハイデガーの言語哲学を井筒の言語哲学の観点から読み解き、それら二つの哲学に関する比較考察を試みたい。

二　井筒俊彦と言語の研究

井筒俊彦の言語理解を探究するためには、まず、彼の生涯に少し言及する必要がある。井筒は幼少の頃から、禅思想に精通していた父親から、公案集を読まされたり、漢字を書かされたり、坐禅をさせられたりして、禅の修行や教えを学んだ。こうした修業の厳しさが、次第に彼を西洋哲学に向かわせたとも言われている。ともあれ、少年期に、井筒は言葉に関する禅思想の一端を理解した。そのことについて、彼は『神秘哲学』で次のように述懐している。

私はこの父から彼独特の内観法を教わった。というよりもむしろ無理やりに教えこまれた。彼の方法というのは、先ず墨痕淋漓たる「心」の一字を書き与え、一定の時間を限って来る日も来る日もそれを凝視させ、やがて機熟すと見るやその紙片を破棄し、「紙上に書かれた文字ではなく汝の心中に書かれた文字を視よ、二十四時間の間一瞬も休みなくそれを凝視して念慮の散乱を一点に集定せよ」と命じ、更に時を経て、「汝の心中に書かれた文字をもあますとこなく掃蕩し尽くせ。「心」の文字ではなく文字の背後に汝自身の生ける「心」を見よ」と命じ、なお一歩を進めると「汝の心を見るな、内外一切の錯乱を去ってひたすら無に帰没せよ。無に入って無をも見るな」といった具合であった。（『全集』第二巻、二三五―二三六頁）

中学校時代に、井筒は初めて聖書を読んだ。彼は大きなショックを受けた。特に新約聖書の「ヨハネによる福音書」の始まりが衝撃的だったと井筒は言う。

驚きとも感激ともつかぬ、実に異様な気分に圧倒されたことを、私はおぼえております。「コトバは神であった」。何という不思議なことだろう、と私は思いました。もちろん、その頃の私には、意味はわかりませんでした。しかし、意味不明のままに、しかも何となく底知らぬ深みを湛えた神秘的な言表として、この一文は、その後も永く消し難い余韻を私の心の奥に残したのでございます。（「言語哲学としての真言」『全集』第八巻、四四四頁）

慶應義塾大学の経済学部に入学した井筒は、西脇順三郎との出会いによって、文学部に編入し、英文学を学ぶようになった。この時期から、井筒は外国語の習得に励むようになり、さらに西洋哲学の研究を積極的に始めて、「言語学こそ、わが行くべき道、と思い定めるに至った」(「西脇先生と言語学と私」『全集』第八巻、七一頁)。卒業してから、さらに外国語を研究し続けた井筒は、三〇カ国語を自分のものにしたと言われている。こうした彼の外国語習得は、その後の彼の言語理解にも影響を与えたと考えられる。

井筒の初期の言語研究として、一九五六年に英語で発表した『言語と呪術』(*Language and Magic*)を取り上げることができる。この著書は、井筒の初めての英文著書であったばかりでなく、日本語でいまだに発表していなかった彼の言語論を示している。言語哲学や人類学の影響を強く受けている『言語と呪術』では、井筒は言語の呪術的あるいは形而上学的な働きについて考察している。全人類共通の信仰として、言語の呪術的な力がこの著書の中心的なテーマとなっている。[1]『言語と呪術』では、すでに言語を日常言語と聖なる言語の二種類に分けている。当時の井筒俊彦の研究に照らすとき、他の人類学者や哲学者にも見られるような分け方である。しかし、後の著書を読んだうえで、『言語と呪術』を読み返すと、井筒「東洋哲学」における日常的な「言葉」と形而上学的な「コトバ」の違いに関する根元的な段階としても捉えることができる。

ともあれ、『言語と呪術』は井筒が一九四九年から一九五六年まで、慶應義塾大学で行った講義「言語学概論」の内容を収録したものである。その後の井筒は、言語からイスラームへと研究活動の中心を変えるが、イスラーム研究に関する著書の中でも、井筒の言語への関心が絶えず表現されている。[2]さらに、エラノス会議への参加を機に、彼独自の「東洋哲学」の構想に励んだ井筒は、「東洋哲学」の諸概念を中心として、自らの言語論を展開していった。

三　井筒俊彦と「東洋哲学」の研究

前述したように、幼少時代に井筒は、禅の体験を通じて東洋思想を学んだ。しかし、そのためか、大学では西洋文化の研究を選んだ。東洋思想への関心は、彼がエラノス会議に参加した頃から確認することができる。禅思想で知られる鈴木大拙は、エラノス会議に参加して、禅思想について講演をおこなったが、その後、東洋思想に興味を持ったエラノス会議の主催者が、井筒俊彦にその禅のメッセージを明らかにしてほしいと頼んだ。鈴木大拙の講演の内容に何らかの深い意味を感じ取ることができたものの、その内容を理解することができなかったからだ。そのために、エラノス会議の主催者は、西洋哲学に精通しながらも禅思想を研究していた井筒俊彦に、禅思想の解明を依頼した。鈴木のエラノス会議への参加については、井筒は以下のように記している。

湖面を見晴らすテラスの食卓を中心点として、十人の思想家とその夫人たちが過ごす十日間。たゆたう水の遠いきらめき。誰かが尋ねた、「我々が神というところを、あなたは無という。無が神なのか」と。深い眉毛の奥で大拙の目がキラッと光り、彼は食卓のスプーンを取り上げて、いきなり前に突き出すと、「これだ。わかるかね」と言ったそうな。(「第一級の国際人」『全集』第六巻、四二〇頁)

東洋思想の基礎を知らない当時のヨーロッパの知識人にとっては、謎めいた表現を理解する術がなかった。それから一五年間にわたり、井筒はエラノス会議に参加し、東洋思想について一二回もの講演を行った。エラノス会議に参加することによって、井筒の東洋思想への関心がいっそう深まったばかりではなく、次第に彼独自の方法論である「共時的構造化」もこの時期に築かれたと考えられる。井筒「東洋哲学」の代表作である『意識と本質』も、エラノス会議における講演の成果と言っても過言ではないであろう。

それでは、井筒の「東洋哲学」とは具体的にどのようなものであるのかについて、『意識と本質』に記されている井筒の言葉を辿りながら考察することにしよう。井筒は次のように言う。


ヘレニズムとヘブライズムという二本の柱を立てれば、大ざっぱながら、一応は、一つの有機的一体の自己展開として全体を見通すことのできる西洋哲学とは違って、与えられたままの東洋哲学には全体統一もなければ、有機的構造性もない。部分的、断片的にならばいざしらず、全体的に西洋哲学と並置できるような纏まりは、そこにはない。東洋において我々が第一次的に見出す哲学は、具体的には、複雑に錯綜しつつ併存する複数の哲学伝統である。（『全集』第六巻、三〇六頁／文庫版、四一〇頁）

一言で「東洋哲学」と言ったとしても、井筒が言うこの概念には、無数の東洋思想の伝統が含まれており、西洋哲学との比較対象にはなり得ない。東洋思想には、文化の違いばかりでなく、時代の違いもある。そのために、それらをまとめて研究することは至難の業である。具体的に井筒の言う「東洋」とは、歴史上、アジア大陸において生まれた思想伝統だけではなく、イスラーム哲学、ギリシャの神秘主義、ロシア文学までも含むものである。これらの諸伝統の共通点を見出して、西洋哲学と対等に比較できるような東洋の形を、井筒は構築しようとしたのである。その哲学的な試みは決して容易ではなかったが、井筒は独自の方法論に依拠しながら、概念としての「東洋哲学」の構築に成功したと言えるであろう。

井筒独自の方法論、すなわち「共時的構造化」に関しては、さまざまな議論がされてきたが、それは彼の哲学的な試みを実現するために必要不可欠なものであると考えられる。簡単に言えば、この方法論は東洋の諸伝統を時間軸（歴史文化的な背景）から外し考察するものである。この人為的な操作によって共通点が見出されるとき、これが「東洋哲学」の理論的枠組になる。井筒の言葉を借りれば、東洋思想は「一つの共時的構造テクストとして定立される」のである。東洋に存在する思想伝統の個々の特徴を研究するためには、歴史と文化の背景の研究が必要である。このことを井筒も銘記していた。しかし、哲学の分野に「東洋哲学」を配置させるためには、それらの背景を取り除くのは必要な操作であった。井筒は次のように言う。

こういう知的操作を通したうえで、はじめてわれわれは東洋思想を、全人類的思想の普遍性の地平において論じることができるようになるのではないか。（「東洋思想」『全集』第十巻、二八五頁）

この知的操作の結果は、東洋哲学者としての井筒俊彦の代表的著書『意識と本質』の中に記されている。『意識と本質』では、井筒は東洋の様々な思想伝統を比較することによって、「東洋哲学」の概念を構築したばかりでなく、彼が構想した「東洋哲学」の概念を西洋の哲学伝統と比較しながら捉えなおしている。さらに、西洋哲学の代表的な概念を用いて比較しながら東洋思想の基礎概念を説明している。いくつかの例を取り上げると、サルトルの「嘔吐」の概念やマラルメの作品の分析、中世哲学のクイディタスなどの考察をとおして、読者は「東洋哲学」から「西洋哲学」へと思考を行き来させることになる。

なお、井筒は西洋の哲学伝統と対等に対話することができるように「東洋哲学」の概念を構築しようとしたが、西洋哲学と東洋哲学の差異の克服への第一歩も踏み出した。そのことによって、東洋と西洋のジンテーゼの一つの形となったと言えるであろう。井筒俊彦以前に他の思想家がこのようなジンテーゼを目指したが、「東洋哲学」の概念は構築されなかった。そのために、いつも東洋から西洋へと一方的な操作しかできなかった。井筒が提案した「東洋哲学」は西洋から東洋への動きを可能にし、今後の哲学界に大きく影響を与えることであろう。

四　「東洋哲学」における言語（コトバ）の意味

井筒は「共時的構造化」のほかに、意味論を一つの方法論として用いた。澤井義次が言うように、「一般的に意味論は言葉あるいはテクストの「意味」を研究対象とするものである」[3]。しかし、井筒が利用する意味論は一般的な言語学の方法とは異なる。言葉あるいはテクストを対象とはするが、井筒は「東洋的言語論を代表する唯識学の伝統に従って、意味なるものを、コトバの表層における社会制度的固定性に限定せずむしろ下意識的あるいは無意識的深層における浮動性の生成的ゆれのうちにこそ真相を把握しようとする」（「意味論序説」『全集』第十巻、四四九頁）。このように井筒は、言語とリアリティの関連性を強調した。

言語あるいはコトバには、意味分節機能が含まれている。それは現象界のみならずリアリティそのものを理解するとともに創造する。冒頭でも述べたように、西洋哲学では、この考え方が二〇世紀の言語論的転回以降、よく見られるようになったが、東洋の思想伝統においては、古くから伝統的に継承されてきた。

日常的に使用している言語は五感の情報を整理し、それに存在論的に「形」を与えるものである。従って、「モノ」の「形」あるいは「本質」はコトバ以前に存在しない。名づけと同時に顕れる。老子の言葉にあるように、「無名天地之始、有名万物之母」。名前のない天地の始まりに名付けることによって、全ての「モノ」が顕現する。言い換えれば、混沌状態の世界にコトバが「形」を与え、「本質」を生み出す。この意味分節機能は二つのプロセスから成り立っている。一つ目は「モノ」の統一性の表現（これはAである）。もう一つは「モノ」の相対性の表現（AはBではない）。これらのプロセスを通して、「モノ」の「本質」が創造と同時に認知される。相対性の表現が特に深い意味を持つ。自己自身を知るためには、他人の存在がなければならない。デカルトのコギトを中心に進展した西洋哲学の独我論の否定として理解することができる。

Xが一定の名を得ることによって、一定のものとして固定され凝固するためには、それをそのものとして他の一切から識別させ、他の一切と矛盾律的に（つまりXは非Xではないという形で）対立させるような何か、つまりXの「本質」の認知あるいは「本質」の了解がなければならないのだ。（「意識と本質」『全集』第六巻、一一頁／文庫版、一三頁）

コトバを使用するだけで、「本質」が認知される。すなわち、コトバによってリアリティが把持される。コトバは現象界の始まりであり、それを支配するものでもある。しかし、現象とコトバの関連性を考えると、二つの問題が存在する。一つ目の問題は、「丸い四角」のように実態が存在し得ない言葉があるということである。井筒はこの問題を「言語的ニヒリズム」と名づけている。これとは逆に現象界において、コトバで表現できないものが存在する。井筒が指摘したように、この二つ目の問題はサルトルの『嘔吐』の体験で表現されている。従って、コトバは常に実在を完全に表現しているわけではない。そのために、言語の不完全さが明らかである。西洋哲学において、言語についての考察、さらに言語の考察にもとづくニヒリズムの考察が、人間を嘔吐の体験へと追い込む。しかし、東洋思想においては、このような嘔吐の体験がみられない。その理由として、井筒は次のように述べている。

これに反して東洋の精神的伝統では、少くとも原則的には、人はこのような場合「嘔吐」に追い込まれはしない。絶対無分節の「存在」に直面しても狼狽しないだけの準備が始めから方法的、組織的になされているからだ。いわゆる東洋の哲人とは、深層意識が拓かれて、そこに身を据えている人である。表層意識の次元に現れる事物、そこに生起する様々の事態を、深層意識の地平に置いて、その見地から眺めることのできる人。表層、深層の両領域にわたる彼の意識の形而上的・形而下的地平には、絶対無分節の次元の「存在」と、千々に分節された「存在」とが同時にありのままに現れている。(「意識と本質」『全集』第六巻、一三頁／文庫版、十五—十六頁)

東洋の哲人は、同時に表層意識と深層意識でもって世界を見渡している。深層意識から見れば、全ての「モノ」の「本質」は存在しない。「本質」がコトバとともに顕れ、表層意識の世界を創造する。前述したように、名づけのプロセスによって、人間は「モノ」の「本質」を創造するばかりではなく、それを理解する。「花」と「石」という単語を区別すると同時に、「花」の本質、あるいは「石」の本質を理解してしまう。これらの事象の「本質」を理解するのは表層意識においてである。一方、深層意識によって、言語以前の存在、無「本質」的の世界を見ることができる。しかし、東洋哲学において、二つの違った意味の「本質」を確認することができる。一方は、人が「見出すままの事物の、濃密な個体的実在性の結晶点」(「意識と本質」『全集』第六巻、三五—三六頁／文庫版、三九頁)。他方は、コトバによって創造された「本質」。思想伝統によって、これらの二つの「本質」が個々別々の言葉で表現されている。西洋哲学とは全く別の意味を持つこの「本質」の理解が、東洋哲学を理解するうえで必要不可欠であろう。

コトバによって創られた「本質」の創造プロセスを理解するために、荘子の「渾沌」の話が有名な例えである。「渾沌」の顔に目や鼻、口、耳がなかったために、人々は彼のことを心配し次々とその顔に穴をあけた。世界を見渡せるように目を作り、音や香りを感ずるために、耳や鼻を作ってあげた。最後に話せるように口を作り、「渾沌」の顔を完成させた。ところが完成した途端に、「渾沌」が死んでしまったという。ありのままの「存在」を整理しようとすると、「存在」そのものから遠ざかっていく。コトバを利用して、「存在」そのものを表現しようとすると全く違うものになってしまう。

東洋の思想伝統においては、深層意識を拓くために修行が必要である。修行を通じて言語脱落を起こし、コトバ以前の世界を見渡せるようになる。井筒は禅の老師の話を取り上げている。

老師が手にした杖を高々と振り上げて、さあこれをなんと呼ぶか、言ってみろという。杖であるといえば、「空」が凝結してしまう。杖でないと言えば、経験的事実に背く。現に老師に杖でなぐられればたしかに身にこたえがある。ということは、杖でないことはない、つまり杖であるということだ。ここに至って切羽詰まった学人は「転語」を発せざるを得ない。つまり、自ら「本質」の影もない境位に身心を置いて、「本質」的でない仕方で杖を分節し出さなければならない。（「意識と本質」『全集』第六巻、二二三頁／文庫版、二二五―二二六頁）

この老師は「杖」の語をとおして、弟子の言語脱落を引き起こそうとしている。東洋の哲人は、修行をとおして、弟子をコトバ以前の世界へといざなう。東洋の哲人にとっては、「真相」とは知的に習得されるものではなく、あくまでも自らの体験によってのみ得られるのである。

この言語脱落のプロセスによって、「すべての存在者から「本質」を消去し、すべての意識対象を無化し、全存在世界をカオス化してしまう」（「意識と本質」『全集』第六巻、一一三頁／文庫版、一一九頁）。西洋の思想伝統では、このような体験をすれば、ニヒリズムに陥ってしまう。ところが、東洋の思想伝統においては、言語脱落を起こした後、哲人は再び現象界に戻ってくる。「存在」の真相（本質が存在しないこと）を体験した後、深層意識を拓いた東洋の哲人は、現象界を新たな眼で見渡すことができるのである。現象界における個々の事物を見ながら、それらに「本質」がないことを知って、全てが同じ「存在」の一部に過ぎないことを理解していると言えるであろう。

無化された花がまた花として蘇る。だが、また花としてといっても、花の「本質」を取り戻して、という意味ではない。あくまで無「本質」的に、である。だから、新しく秩序付けられたこの世界において、すべての事物は互いに区別されつつも、しかも「本質」的に固定されず、互いに透明である。「花」は「花」でありながら「鳥」に融入し、「鳥」は「鳥」でありながら「花」に融入する。(「意識と本質」『全集』第六巻、一一三頁/文庫版、一一九頁)

東洋思想において、「本質」の問題が一つの大きな前提となっている。そのために直接、「無」と向かっていたとしても、「嘔吐」は起きない。東洋の哲人は修行によって深層意識の境地に立った後、再び現象界に戻ってくる。しかし、その現象界の見方がそれ以前とまるで別物になっている。現象界では、事物が相互に区別されているが、深層意識を拓く前は、それぞれに「本質」があるように見える。ところが、深層意識を拓いた後は、全ての事物が無「本質」であることを理解することになる。深層意識を拓いていても、それと同時に表層意識を使うこともできる。このように同時に、二つの見方ができるのは、東洋の哲人の特徴である。[4] この意識状態において、「一」が「多」となり、「有」が「無」となる。すなわち、「有」が「存在」の表層レベルで捉えられる「本質」であるならば、「無」は「存在」の深層レベルで把握される「本質」であるとも言えよう。

従って、東洋の思想伝統では、いわば二重眼を利用して、東洋の哲人は現象界および本質の世界がコトバの意味分節作用の結果に過ぎないと理解する。本質はコトバにより成り立ち、現象界もまたコトバで創造される。井筒俊彦が言う「存在はコトバ」、また「神はコトバ」という言説はこのような意味を表現したものである。前述したように、まだ中学生であった井筒は、ヨハネによる福音書の冒頭に記されている世界の創造に感動を覚えた。新約聖書のこの部分に、東洋の諸思想伝統と同じ考え、同じメッセージが含まれていたからである。井筒がその後、ギリシャの神秘思想やイスラーム思想を研究し、それらが「東洋」に含まれると言ったのも、一つには、このような事実からの発言であると思われる。西洋哲学の一つの柱に、「東洋哲学」の根本概念が含まれているのであれば、二つの思想伝統の対話は案外、安易になるかもしれない。

五　グローバルの視座から見た井筒「東洋哲学」における言語理論

これまで井筒俊彦が言語を存在論的な中心に据えて規定した「東洋哲学」の概念をめぐって、その意味内容を分析してきた。ここでは、論考の焦点を未来に当てながら、東洋の言語哲学の意義について考察してみたい。前述したように、井筒が「東洋哲学」の概念を定義したのは、「西洋哲学」の対象となり得る思考の踏み台を構築するためであった。しかしながら、井筒の最終目標は、古代ギリシャに建設された「西洋哲学」の建物を視察するために、「東洋哲学」という構築物を建設するだけではない。弁証法的な考え方からすれば、「東洋哲学」の概念が「西洋哲学」に対するアンチテーゼとして成立し、最終的に両方のジンテーゼを可能にする。この弁証法的動きの結果として、新たなる普遍的な哲学が生まれる。東洋と西洋の対立を克服するという試みは決して新しいものではないが、井筒は東洋の諸伝統の共通点を見出して、いわゆる「東洋哲学」の定義に成功したと言えるであろう。西洋との比較を可能にするには、東洋思想の諸伝統を「共時的構造化」によって人為的に纏めなおす必要があった。彼はそれらの諸伝統を意味論的に分析し、「言語」の形而上学的な役割を中心に「東洋哲学」という概念に纏め上げたと言えるであろう。

冒頭で述べたように、現代西洋哲学においては、「言語」が中心的な概念である。さらに、井筒が指摘したように（「言語哲学としての真言」『全集』第八巻、四三三頁）、東洋思想においては、古来、「言語」が思想の諸伝統を支えてきた。「言語」が東洋思想の柱の一つであった。存在論的な原理としての「言語」は、現代西洋思想においても珍しくない考えである。しかし、同じ考え方がアジア大陸において展開された哲学諸伝統にも見られる。「詩と宗教と哲学を繋ぐのは言語」[5]であれば、東洋と西洋を繋ぐのも「コトバ」である。

今日まで、井筒俊彦の研究は、彼のイスラーム哲学研究があまりに有名であったこともあり、おもに宗教学的視座から高く評価されてきた。ところが、彼の「東洋哲学」の概念に依拠して、現代の哲学領域において、新たな展開を生み出していくことが可能である。「言語」の形而上学的な役割に焦点を当てるとき、西洋思想と東洋思想のあいだに、共通の場を用意することができる。その場を思想の「差異」を克服するための踏み台として、普遍的な哲学を展開することができると思われる。東洋思想と西洋思想の「差異」を「差延」と読み解くとき、最終的に、それらの自己統一を目指す可能性が拓かれていく。井筒「東洋哲学」はまさに哲学の未来を拓く思想であると言えるであろう。

異文化の接触、異文化の衝突が、世界の至るところで惹起しつつある現代世界の混迷状態を、人間文化の危機《クライシス》として受けとめる人がいる。たしかに危機には違いない、それが進んでいく方向によっては。だが、それはまた、個別文化の新生へのチャンスでもあるのだ。(「文化と言語アラヤ識」『全集』第八巻、一八一頁)

六　おわりに

井筒哲学における言葉とその意味についての考察の最後に、井筒の言語哲学の視座から、ハイデガーの言語哲学を再考する試みを提案したい。ただ、その際、言語に関するハイデガーの思想を取り扱うとなれば、何冊もの著作が出版されているので、それらの著作を読み解く必要がある。ここでは、二、三の点に絞って焦点を当てることで、ハイデガーの言語論の特徴を明らかにしたい。つまり、二十世紀の西洋哲学における代表的な哲学者であったハイデガーを、どのように井筒俊彦の言語哲学的視座から再読することができるのかを考えてみたい。

ハイデガーの言語哲学を理解するうえで、まず、最初に言及すべきことは、人間の存在自体についての彼の考察である。ハイデガーの哲学によれば、人間は「現存在」(Dasein)として理解される。つまり、人間は存在の世界に投げ出された存在者である。「世界に投げ出された存在者」という概念は、人間が基本的に世界に対して無防備な存在であることを印象づける。しかし、存在の世界を生きるために、人間は言語によって世界を自分のものにする。実用主義的な言い方をすれば、元の存在の世界は言語によって人間の手が届くものとなる。ところが、ハイデガーの言う人間とは、存在の世界を支配するのではなく、言語によって存在に形を与え、存在を導くものである。存在が完全に人間の支配下にはないということは、存在の世界の一部は人間の手の届かないところにあるということを意味する。ハイデガーの真理の概念をめぐって、ハイデガーはこの点を明らかにする。真理について語る時、ハイデガーはその語源に遡って考察する。ギリシャ語で真理は「アレーテイア」(alētheia)という。それは否定辞「ア」(非)と「レーテイア」(隠されていること)が組み合わさった語であり、文字通り、ものが隠されておらず、顕わになった顕現状態を指す。つまり、真理は「顕わになっているもの」を意味する。人間の眼前に顕れる個々の存在者が「アレーテイア」の概念が示す真理である。一方、「アレーテイア」の概念には「隠れている」もの、完全なる存在も示唆されている。言語によって、人間は個々の存在者を顕わにし、導くことができるが、完全なる存在は隠れたままで、人間の言葉ではそれに届くことができない。言語の本質がそのようにさせているからである。

『ヒューマニズムについて[6]』では、ハイデガーは言語を「存在の家」と定義する。前述したように、言語によって個々の存在者が顕わになって、現象界が構築される。言語はまさに存在者の家である。人間も「現存在」として言語の住居者であり、心地よく言語に住み着いている。それは日常の平穏とも呼ぶべきものであろう。考えるという行為も、ハイデガーの言語哲学によれば、「存在を聞く」と言い換えられる。つまり、存在は言語を利用して人間に話しかけ、自ら姿を見せるとも考えられる。「存在の家」である言語の外には、永遠に広がる完全なる存在しかないのである。しかし、言葉で顕すことができないために、完全なる存在は完全なる無とも捉えられる。ハイデガーが説く家の比喩は、プラトンの洞窟の比喩と似ている。つまり、平穏に言語の家に暮らす現存在は、どことなく洞窟に縛られた人間が影を見て、それが世界の全てであると思い込む様子を想起させる。

それでは、これらのハイデガーの考えをどのように井筒哲学から読み解くことができるのだろうか。まず、「存在の家」としての言語は、コトバの分節機能という井筒の視座から捉えなおすことができる。「存在の家」は本質の世界であり、「存在を聞く」行為によって構築される個々の存在者の世界は、井筒が言う「表層意識」の世界である。強引にこの家から追い出されるとき、人間の平穏な日常は突然に消えてしまう。それは、サルトルの『嘔吐』の主人公のように、完全なる存在及び完全なる無と立ち向かわなければならないからである。さらに、深層意識の次元で把握される本質の世界は「アレーテイア」の世界である。ハイデガーの哲学では届くことのない隠された真理は、井筒の「東洋哲学」における「深層意識」によって拓かれる。井筒の言う二重眼とは、両方の真理を同時に見ることのできる東洋の哲人の見方である。従って、人間は世界に投げ出された存在者ではあるが、「存在の家」(本質の世界)から出られるし、その外(無本質の世界)でも生きることができる。日常生活において、言語は存在者を導く(本質を創造する)ための必要不可欠な道具である。しかし、それと同時に、「存在の家」の外に完全なる存在(無本質の世界)があり、たまに人間は「存在の家」の窓からその様子を垣間見ることができる存在である。

西洋哲学において、ハイデガーの傑作ともいうべき著書『存在と時間』[7]は、「存在への問い」の必要性の訴えから始まっている。また、二十世紀の西洋哲学における「言語論的転回」は「言語への問い」の必要性を訴えてきた。西洋哲学におけるこれら二つの問いを井筒「東洋哲学」の視座から捉えなおすとき、これら二つの問いは、本来的に同一のものであることが明らかになるであろう。

注

（1）Toshihiko Izutsu, *Language and Magic: Studies in the Magical Function of Speech*, Tokyo: Keio University Press, 2011 (the original printing, 1956), p. 1.

（2）安藤礼二「呪術と神秘——井筒俊彦の言語論素描」『道の手帖　井筒俊彦』八一頁。

（3）澤井義次『天理教人間学の地平』天理大学出版部、二〇〇七年、一八頁。

（4）Yoshitsugu Sawai, "Editor's Essay: Izutsu's Creative 'Reading' of Oriental Thought and Its Development" in Toshihiko Izutsu, *The Structure of Oriental Philosophy: Collected Papers of the Eranos Conference*, Vol. 2, Tokyo: Keio University Press, 2008, p. 222.

（5）鎌田東二「詩と宗教と哲学の間——言語と身心変容技法」『道の手帖　井筒俊彦』一八九頁。

（6）ハイデガー『ヒューマニズムについて』桑木務訳、角川文庫、一九五八年。

（7）ハイデガー『存在と時間』熊野純彦訳、岩波文庫、二〇一三年。

第十三章　根源現象から意味場へ
――思考を生む知性の仕組みを辿る

小野　純一

一　はじめに

井筒俊彦はイブン・アラビーの直観を「存在は花する」（「イスラーム哲学の原像」『全集』第五巻、四九五―四九六頁）に定式化した。この直観を部分と全体とが絶対無を通して一致すると記述する構えは、井筒思想を貫き、その核心と重なる。しかし、それが井筒の「東洋哲学」に基礎を与えると言うだけでは誤解を呼ぼう。両者のこの直観は主観性の水準において通底するのであり、井筒の独創はこの主観を人間知性の本性へと普遍化し、あるいは客観化し、この直観知がいかに多義的形象を産むか考えたことではなかろうか。その観点から東洋哲学、意味論、言語哲学を問い直したい。

そこで次の手順を取る。第一に、全体の部分集約は存在一性論に限定される直観ではなく、体験の実相である点を確認する。第二に、この直観が言語化される以前の、つまり概念が直観に結び付いて理解される以前の、形象が潜在的多義性として繰り広げられる前意味的事態を考察する。第三に、潜在的形象が顕在化・外在化される事態を根源的直観からの分岐過程として検討する。このように共時化の意義を捉え直すことで、井筒の東洋哲学・意味論・言語哲学が一貫して人間知性そのものの働きを問い、新たな思考を求める営みであったと示したい。

ところで、なぜ支配と差別を正当化する仕組みとしてのオリエンタリズムを想起させる行為が、サイードの後になお正当化できるのかとの批判もありえよう。これに対しては、そもそも井筒の共時化とはサイードが示した歴史化の陥穽を回避する手立てであると応じよう。共時化が人間知性の本性へ還元する試みであるなら、不意に介在しかねない地政学的他者化をもこの理論はもとより避けうるのではなかろうか。またこれは共時化が西洋哲学を含む非東洋以外の全てを排除しないことをも意味する。つまり、共時化論は東洋哲学・意味論・言語哲学が地政学的他者化、ないし東西の差異化、さらに他者性の排除による全体性の思考を理論として克服し、直観体験の実相を示そうとするものであると考えられる。

存在一性論的直観は自己のうちなる絶対的他者を自覚する。この直観に基づく井筒の意味論は、概念によって捉えきれぬ意味の豊穣さを絶対性の水準にも形象化の水準にも多義性として見いだす。重要なのは、井筒が形象化の事態を集合の形成として正しく理解していることである。ただ、井筒は意味生成としての集合の形成を主題とせず、前提とする。根源形象が意味的集合としての形象へと転じ、意味場となり、言語的意味を基礎づけているると彼が考えていたことが推察されよう。この全過程がさまざまに展開し、歴史的思想が具現化されていると彼は考えるのだ。それが共時化によっておよそ提示されていたということを私は提示したい。その意味で本章はこの考察が思想の歴史研究ではなく、人間の心、あるいは意識の研究へ布石となることを願っている。

二　存在は花する

今ここに咲く花を花としてではなく「「存在」の特殊な限定的顕現形態として」捉えて「花という現われの形のかげにひそむ唯一の真実在、「存在」の姿をそこに見なければならない」と井筒は言う（「意識と本質」『全集』第六巻、二七頁／文庫版、三〇頁）。個物は不変的実体ではなく、つねに無から存在への転換にあって、各々は存在界全体を含みつつ、具体的体験として主体性に映じる。「存在は花する」はその直観を指す。純粋絶対の存在が具体的特殊者として今ここで「花」と化すとは、全体が部分に集約し、部分に「存在が存在する」という自己再帰的同一性が保持されることを意味している。井筒はこの体験がいかにして言語化されると考えるのか、およびその言語の仕組みをどのように記述するのか、見てゆきたい。

言語化の過程を主体性に映じる体験の具体相まで遡ると、各相は全存在界を含むさまを見せる。特にこの事態を「存在は花する」は示すが、この体験的現実をめぐり井筒はイブン・アラビー分析よりも芭蕉解釈に言葉を多く費やす。類型論ではイブン・アラビーと芭蕉は別の類型に帰すが、体験的現実そのものに見いだされる境位は外在化した枠を超えて普遍的である。そこで本節では、芭蕉を枕として、イブン・アラビー分析へと進みたい。

概念的思惟は体験に与えられる事物事象の現れを実体的なものとする（「意識と本質」『全集』第六巻、二六頁／文庫版、二九頁）。体験のさなか存在は絶対相（存在そのもの）ではなく特殊相（存在するもの）でただちに把捉され、概念化も共に働く。体験の本来的な実相は今ここで存在が花として自らを現すことなのに、人はこの体験を理解すべく、そこに現れ与えられている存在に花という名を付してもの化する。しかも名づけがもの化、実体化だと気づかないゆえ、名づけは名づけられたものを具体的脈絡から切り離し、一般化を強化してしまう。こうして「花を花として」捉えることによって、今ここの体験に関わるありとあらゆる時機から独自性・個別性・特殊性が奪われてしまう。
ものとの出会い、その状況、時間、状態はみな刻々と移り、徹底的に個別的で繰り返しえない。それはものが人との出会いの機微として一般化されず現成し本来の姿で佇む場である。あらゆる動きは止めえないのに、ひとたび名によって特殊性が普遍性に転じると、一般概念は異なる脈絡を超えて存在を射止め固定化する。具体的存在は一般者にすげ替えられ、一般化は「今まで意識されていなかった存在の一側面」（「「気づく」」『全集』第九巻、二八九頁）という場の機微を非本来的にしてしまい、志向性の外を閉ざす。逆に志向性がこの場の中心に消えれば、ものの本来性が自己開示する。この機微、体験の本来性を井筒は「主客を共に含む」場の生起と考える（「「気づく」」『全集』第九巻、二九〇頁）。

宣長は個別性としての実相、体験の具体相の直観的把握を「物の心をしる」「物の哀をしる」「あはれと情《こころ》の感《うご》く」と呼ぶ（「意識と本質」『全集』第六巻、三三頁／文庫版、三六頁）。芭蕉にとって体験の実相は「生々しい感覚性」に「永遠不変の「本質」」が瞬間的に転換した「普遍的「本質」」であり、「感覚的なものが、その時、その場におけるそのものの個体的リアリティー」を十全に示すあり方と換言される（「意識と本質」『全集』第六巻、五五頁／文庫版、五九頁）。芭蕉は「本情」「物の実《まこと》」「そ（物）の微《び》の顕われ」「物の見えたる光」を言い表そうとする（「いひとむべし」）ことを「風雅の誠」「風雅に情《こころ》ある」と言う（「意識と本質」『全集』第六巻、五四―五六頁／文庫版、五八―六〇頁）。宣長がものの「心」「哀」「情《こころ》」を概念化しない段階を重視して一般者を虚構とするのに対し、芭蕉は「実《まこと》」「微《び》」「本情」の言語的意味という一般者への転換を説く点が違いとされる。

志向性の外、志向性の消尽する場でものの「心」「哀」「情《こころ》」「実《まこと》」「微《び》」「本情」、体験の本来性・十全性が開示される。[1]「物の見えたる光」という意義の現れは「人とものとの、ただ一回かぎりの、緊迫した実存的邂逅の場《フィールド》」の生起である（「意識と本質」『全集』第六巻、五五―五六頁／文庫版、五九―六〇頁）。そこでは概念的一般者（言語的概念的意味）とものの本情＝本性とが一致し、つまり言語的概念的意味としての志向性へと体験の意義

〈本情〉は分化せず、概念化する思惟は働かない。志向性の外では概念が感覚化され、感覚や感情が概念に妨げられず十全に働く（「あはれと情《こころ》の感《うご》く」）。

ものがその本来の意義を晒す場、取り替えようのない姿として個物が人に与えられる場が体験の実相であることを、井筒は「老梅樹の忽開華のとき、華開世界起なり」（道元）を引いて、「空に舞う一塵の中に全宇宙が舞い、一花開いて世界開く」と説く（「創造不断」『全集』第九巻、一七二頁）。細部が壺中天のように全世界を収める問題は後述することにして、主客を連関から切り離して実体視すると有意性が分断される点から始めたい。ここで主客分化を阻止すべく「世界は世界する（Welt weltet）」（HW, S. 30）と自己再帰的言及がなされる[2]。世界とは生きられる「周囲世界」（Umwelt）であり、地政的・物理的世界ではなく、主体と客体との有意義的連関、体験成立の場であろう。

存在一性論も体験が概念により実体化され偶像化される場合の虚構性を指摘する。これは一般化を難じるのではない。名づけが個の具体相・個別性をほぼ消し、体験の生きた水準（体験を体験たらしめる水準）を希薄化するという警告である。そのつどの体験を一般概念で指示することでその体験の理解を無批判に終える素朴で粗雑な思惟を精密な思索へ向けるためである。イブン・アラビーは、体験ごとの状況依存性を相対的依存性から依存性そのもの、そして絶対的あり方へと追うことで、芭蕉よりも緻密に普遍と特殊の転換を問う（F.H, pp. 105–106）。

> 最も偉大な依存は真実在の〔自己〕依存性であり、真実在に〔他者への〕依存性はなく、世界が依存性を、すなわち諸神名を必要とする。各神名が諸神名であり、各神名を世界は必要とし、世界は各神名に、その似姿の世界に、つまり真実在そのものに帰属する。

イブン・アラビーは、絶対相における依存性（「最も偉大な依存は真実在の〔自己〕依存性」）が絶対相の自らに依存するさまを問う。神話や神学において神名は、神からの世界への関与の仕方、関係性を表わす。神名に対して神が自由に慈愛を与えた結果、私たちの成す世界が出来《しゅったい》する。慈愛を受容した名は存在者のもといとなる似姿として神名的関係性をあらしめ、その関係性が今ここに有意義連関として開く世界を構成する。主体にとっての意義の核は特定の名（花）であるが、その名は連関、つまり名全体（あらゆる意義）を背負う、もしくは含むことがこの引用で述べられている。世界は各々の神名に、全神名に依存する似姿の世界に、ひいては真実在自体に依存する。その消息を「存在は花する」が伝える。

つまり、絶対相が絶対相である所以に触れねば、花する（＝特殊化する）存在（＝絶対相）を真に把握したことにならない。だが、事物事象はそれが成り立つ相互連関的依存状況から切り離されては意義を失う。しかし、絶対相を絶対相で捉えつつ特殊相を見るのは可能なのか。それは不可能であるとしつつも、心砕いてそのさまが描かれる。知的思弁（al-naẓar al-aqlī）も感覚も絶対相を形象（ṣūra）として精確に捉えるが、意識と感覚与件の依存性（sababīya）の直観（shāhid）がここでは重要である。世界の事物事象の如実なありさまとしての世界の名（asmāʾ al-ʿālam）を基づける神名的連関（nisbat al-asmāʾ）へ溯源すると、一つの意義＝名が意義連関の全体を含み、具体化された意義＝名において全体が集約的に現れ、われわれ（の意識と感覚）の絶対相への依存が露現する(FH, pp. 104–105)。つまり、各神名が全神名を含む部分即全体が指摘され、自己包摂集合のすべてを包摂する集合として真実在が直観される。すると、ものという世界の部分が、体験に与えられる意義として、相互連関の全体における特定要素の突出として自らを現す。

こうして、「あはれと情《こころ》の感《うご》く」「物の見えたる光」の機微、「実存的邂逅の場《フィールド》」、そのつどの世界（の見方《パースペクティヴ》）の構成が明らかとなる。この場《フィールド》では、絶対相の存在と特殊相の花との間に似姿の世界（意義全体）の生起を可能にする転換が露わとなる。そして、絶対相が特殊相に転換する機微を見逃せば、絶対相の存在と意義全体たる元型的意味世界との区別は消えよう。だが、イブン・アラビーは存在の集約における差異なき区別を説く。無と存在の根源的差異に多言を費やすわけがある。彼は有の無化と存在の存在化のあわいに無限の重なり合いを見いだし、転換の機微を無即存在の機前における無の無化とすることで、存在の集約における差異なき区別を語る。この無限の重なり合いは後に扱う意味の問題に関係する点でも重要である。

三　無の無化、そして無限へ

以上を纏める。「存在が花する」の「存在」は神名全体、「花」は部分たる一つの神名にあたる。体験という個体化では、ものが意識の鏡に映るとき、神名全体がつねに関わる。ここにあるこの花の体験が花という名に優先性を与え、意義全体が一つの名に集約され代表され、花一般として外在化の過程で概念的に措定されるとき、多義的関係性の運動は意味記号化される。主体性がその時その場の体験＝花として主体と客体をともに含む境位を成すとき、潜在的集合から特定の要素が顕在化し、意味の限定が生じる（「「気づく」」『全集』第九巻、二八九—二九〇頁）と言われる。この生起が新たな意味連関の構成要素どうしの働き合う磁場と言えよう。これが意味するのは、主体性が意味場のみならず存在フィールド、時間フィールド、そして時空を表象する意識のフィールド化も伴うということである。（「創造不断」『全集』第九巻、一五七頁）。

井筒は部分集合をフィールド、全体集合をトポスとする（両者は分け難く関わる）と思える。ここでは意味場《フィールド》を成す部分集合を要素、全体集合を全体としておく。意味場は意味集合であり、その要素どうしの関係性から見て特定要素の優先性が明らかなのに対し、意味の塊は特定の名の優先性が不明であり、優先的な名によって代表されない意義全体と言えようか。これを井筒は意味可能体とし、可能の代わりに隠在的、潜勢的、潜在的意味とも呼ぶ。概念的一般者として働く定義的意味＝表層的意味場に隠れ下支えする働きがつねにあり、部分が顕在し優勢となり全体が隠在し劣勢となる。それが潜在的意味の集合としての言語アラヤ識であり、その場所《トポス》に潜在する個々の「集合体」は部分集合という内部分節構造を持つ「意味構成要素群の有機的拡がり」である（「意味論序説」『全集』第十巻、四六〇頁）。内部分節は寄木細工（配列が異なれば別物）のような並列ではない。それは対称的でありつつも差異がない（要素の一致のみを意味し、配列的組合せの一致を意味しない）が、優勢と劣勢の違いが集合の違いを作る。本節はこの事情をイブン・アラビーの言葉で示す[3]。

存在分節が無化された絶対性は非顕現であり、意識の認識能力を超えた超越性、意識以前の無は無「意味」の世界である。この超越に至る過程が存在「無」化であり、超越的絶対無の「有」化の後、現象的多に戻る前に、個々の有「意味」＝全神名の集合が潜在的に生起する。これを井筒は意味生成の場＝言語アラヤ識、無と有、非現象と現象、無意識と意識、無分節と分節の転換の場とする（「意識の形而上学」『全集』第十巻、四九三頁）。だが、実際、それは全体が部分に集約する形での有の限定として現に働く。本来の存在生起・意義生起を指す意味分節が意義集約であると解するなら、ある程度は図式的誤解を回避できよう。この集約をイブン・アラビーは対融合、二重化、重ね合わせ（zawjīya）と呼ぶ（F.H., p. 200）。分節の仕組み（能動と受動、神話的には神の両手、神内部の女性性と男性性）を二つに実体化しないということを含意させるために、同一性における向きの異なる働き、つまり対運動と捉えるべく、対融合と呼ぶのであろう。さらに絶対相に溯源してゆくと、絶対者の自己への働きかけ、影響を与える働きの自己再帰的二重化が見えてくる。唯一の全体による自己への自己の重ね合わせが個別性の生起である旨はこう説かれる（F.H., p. 65）。

たとえ神名が神名の母型、あるいは現出という有限の諸原理であっても、神名から生じるものによって神名は知られ、神名から生じるものは無際限であるゆえ、神名は無限である。現実には、神名にあたる関係性および付加性の全体を受容する一なる実在の他には何もない。無限に現れる各神名が実在自らによって他の名から区別されるという実相を持つことを実在は受け入れる。実在自らによって区別されるこの実在は名そのものであるが、この名に一般性は生起しない。〔…〕この神的現出においては、諸神名の〔無限の〕拡張（ittisā'）ゆえに、繰り返すものは何もないのである。

神名は無数と言うものの一般に九九、または三、四、七のごとく、より原理的な属性としての名に縮減される（SPK p. 42; p. 387n16）。これは知性の仕組みが有限な知性原理による無限の生成であると述べることである、とも理解できよう。これがある種の無限論であることに加え、無限数となるものがどんな性質を持つかという質的分化の基準が言及されることにも注目したい。唯一の実在たる名そのものは概念的一般者のようには共有されず、またその拡張は加算的増殖でなく、無限の自己差異化であると述べられるのだ。これは分節が内部分裂ではなく、一者の「多様な鏡においてさまざまに自己を映し出す唯一の形象」（FH, p. 78）であることを指す。その限定化形式での自己無限化が時間・空間形式のあらゆる限定を超えることを基礎にして、以下ではイブン・アラビーの一即多への取り組みへ議論を進めたい。

無から有への転換が経験界の特殊相から語られるとき、次の点に注目したい（FH, p. 54）。絶対相は唯一性であるゆえ、特殊相に先立つ無とは存在の概念的実体的二元論をもたらす区別・対立の不在であり、無際限の可能性が無限に開かれている（それは体験の瞬間の一点に全体を「重ね合わせ」ることである）。しかしイブン・アラビーの洞察は時空をめぐり無限の矛盾を正確に突く。つまり、無限は本来涯なく完了しない連続であるから、決して私たちのような属性、非本質的で付随的な経験的可能存在に現前することはありえず、時空で限定される特殊相に無限は存在しないことになる。属性が無限であること、すなわち無限を特定の座標系においてではなく、すべての座標系を俯瞰することは、絶対相からしか措定できないからである。

換言しよう。一つ一つの神名は全神名を含むから各神名は自己を含む集合であり、全神名を自らの内なる鏡に映し出す神は無限集合の無限集合である。しかも部分集合の水準とそれを包摂する全体集合の水準とで異なる時空を措定する必要がある。その結果、絶対相の究極では無数の時空の座標系が現前しているという事柄は、特殊相の観念では無限が完結することとして思い浮べられ、理解されるという矛盾状況を呈する事態になっている。つまり特殊態はあらゆる座標系の限定性の外に超出できず、真実在は世界という限定の帳の向こうに留まる。帳は上がらず、真実在の認識そのもの（全座標系を俯瞰）は人には叶わない。絶対相にとって「帳」の内部（bāṭin）は特殊相にとって絶対的外部であり不可視（ghayb）となる（FḤ, pp. 54–55）。絶対と特殊の一致は、このように時空の問題として捉え返される（『無限』、一〇六―一〇七頁）。

非本質的被造物の生起、「無から存在を開始すること」（FḤ, p. 54）に先立ち、経験界の外たる創造以前の無が有へ転化するとき、無と有のあわいには有として差異化されずに無限に内部が区別される機微がある。「真実在（ḥaqq）の内でわれわれの各部分は互いに現し合う。各部分は互いを知り尽くし、しかも互いに区別されている」（FḤ, p. 82）。この無から有への転換を映し合いと見て、イブン・アラビーは矛盾回避を試みる。

「あなたは、ある一つの神名を神名の全体でもって名づけ特徴づける」（FḤ, p. 153）とも言うように、各神名はみな自己を含む全神名を包摂するゆえ、どれを見ても互いに同一である。映し合いはこの相互に対称的であるさまを指す。映し合いは「真実在の秘密が自己において自己を通して直観する」（FḤ, p. 48）と言われるように、部分集合が相互に対称的である全体集合は自己に再帰することとして形象化される。その構成要素がみな同一である部分集合を無数に持った全体集合が自己を自己に対称させている。この対称性は、不可視で無である絶対的外部が自己を再帰の場として自己に自己を重ねて成る。つまり無が無に重なる運動は無から有の転換に先立つ（FM2, p. 310）。ここには無の無化が無限の対称性を引き起こすという直観がある。無限の無限化（映し合い）に先立って無の無化（重ね合わせ）が見られ、しかもこの働きは個々を無化せずに区別する。

「あらゆる部分それぞれが、それからなる世界すべてが持つさまざまな区別の如実なありさまを受容している」のは「神名の全体は、それら部分が互いに優先性をもとめて競い合うことからなる序列にもとづく」からである。

つまり花の存在体験に際して存在意義を花という名で代表させることとは、神名論に基づけば「優先性を与えるものすべての対応性が被造界にある」場合に「あなたがある神名により高い序列を優先させる」(FH, p. 153) ことである。体験ごとに「アラヤ識にひそむ無数の「意味種子」の流動的絡み合いに微妙な変化が起こるのだ。「意味」機能磁場としての意識深層におけるこの変化が〔…〕新しい「意味」の連鎖連関を、存在体験の現象的現場に喚起し結晶させてゆく」(「「気づく」」『全集』第九巻、二九〇頁)。体験に与えられた意義が意義連関全体を一つの意義、全連関を背負って一つの名へ集約する。これに概念的一般者としての名が付加される。無の無化という非実体的存在化が起きると、内包全体の相互射影が無限に続く。意識が現実を経験し事物を認知する段階にあたり、無限の現れ（無数の神名）はそれぞれ経験に対応する名に集約され、意識に映じる事物事象として像を結ぶ。

纏めよう。体験を示す命題「花が存在する」を溯源すると、「存在＝世界」が「花する」風光に至る。これは「存在＝世界」が「存在＝世界する」という対称的映し合いが体験によって一つの名に集約されることである。集約という個別化の基礎には個別性を等し並にする水準で「存在＝世界」を「無化する」働きが措定される。特殊相における不断の体験生起を、「存在の無化」の機前において「無化が無化する」働きとして捉え直すのである。その機微は働きのみの現れであり、働きの現れは働き自体の自己再帰として捉えうる。これが主語と述語に分断できない唯一性の運動であり、本来は「(存在が）存在する」としか言えない。この絶対有が触発されて個別化「存在が花する」が成り、実体化「花が存在する」は阻止されるのである。

四　無限の一義化、機前の多義性

部分の全体包摂は概念的包摂関係と異なる。外在化された意味・概念は論理的包摂関係によって秩序づけられるが、名（＝元型的本質）が見せる元型（＝潜在的意味）はその志向性が類比性・近似性によって類別的に秩序化される。概念やそれに基づく論理関係によって理知的に思考する意識からは元型的意識の水準における意味が融通無礙に振る舞うと見える。ゆえにスフラワルディーは元型を脱質料的と呼ぶ（「意識と本質」『全集』第六巻、一九六頁／文庫版、二〇四頁）。これはたんに形相であるとか物理的法則性に支配されないという意味ではない。神名、潜在的意味、元型形象は花のような即物的形象に結びつくであろうが、「優先性を与えるものすべての対応性」が経験界になければ遊離することもあり、物質的事物はいずれも象徴性を帯びる。無限が象徴となる水準がここにある。

神名はカバラーのセフィーロートのように神の内面を表す関係性であって概念的属性ではなく、イスラームの天使のように神に侍って互いに対話し物語を紡ぐ神話的形象でもある。存在一性論も示すように、神名、潜在的意味、元型形象は類比的関係性にもとづく物語的展開をみせる（FM1, p. 322ff）。また、スフラワルディーも、元型がペルシアおよびイスラームの神話をとおして特殊化・具体化されて物語をつむぐ天使の形象を示す。この元型的本質の特徴的意義に井筒は哲学のみならず想像力、神話や詩歌、芸術的創造性などの根拠を見る。その融通無礙な様相を想像的形象と見なし、特有の「論理」が想像界にて展開されることを重要視する。なお、融通無礙とはいえ一定の論理があり、無秩序に想像力のおもむくままに形象は生まれないようである。

例えばカバラーは潜在的意味の核として一〇の形象を元型とし、その伝統に基づく神話的物語世界を展開する。第四セフィーラー「慈悲」は存在付与、生命の歓びを表す（「意識と本質」『全集』第六巻、二五三頁／文庫版、二六三頁）。慈悲体験は意味表層なら情け深さや優しさと連関しようが、元型という根源的水準では「子供、生命、肯定的命令、善、水、アブラハム」の言葉が慈悲にあてがわれる。まず存在体験の意義に慈悲という名があてがわれる。慈悲の意義が「人間の宗教的生活を規定する規律」へ向かうと、産出という生命の肯定、肯定的命令になる。人間の性質としては善への傾向、物質界の元素としては水、理想的人間としてはアブラハムへと慈悲は限定される。水は生命の基礎として自然界に生命をもたらす必須要素であり、物質としての水は慈悲とされ、アブラハムは「人間の宗教的生活」の理想を体現した善なる人を象徴する。しかしこの体験の意義が言語化されると、概念的一般者がこの多義的潜勢態に与えられ、一義的になる。つまり外在的には慈悲が優先的に「子供」や「水」として自己開示することはなく、情け深さや優しさという共有可能な一般性を持つことになる。

「存在が花する」が示唆する根源現象の多義的振る舞いは一つの名が花も山も表すだけではない。歴史によって文脈化された文化的背景が、部分の全体対応に基づく多義性とその類比的秩序を、あるいは象徴的物語性の展開を緩やかに方向づける。しかし、多義的振る舞いは特定の知的歴史にでなく、知の本性として普遍的に潜在する点に意義があると井筒は考えるようである。根源現象という意義の全体にその時々の適切な名（本質、言葉）があてがわれるにしても、その宛先たる根源現象はもとより多義的である。花という名のあてられる存在体験は、命名以前はあらゆる名を受容しうる意義の塊であるからだ。この意義の塊が名により花に限定されても、この名は深層意識ではあらゆる名つまり意義の全体を指したままであり、概念的外在化の過程で名は多義性を排除することになる。次節では、意味の一義化に先立って、知性が体験を意義づける過程について検討する。

五　語られぬ連関――本質措定の類型と設定値分布

世界構成を最も根源的・普遍的に方向づけるのは本質の実在性をめぐる直観である。この直観を知性がどう意義づけるかに従って一義化されつつ外在化する類型が確定され、思考が形成される。本節ではその過程の記述が論考「意識と本質」であり、共時構造であるとの立場から、この多義性の一義化を体験の言語的外在化と考え、その仕組みを設定値分布（本書三二六頁参照）として考察したい。(4)

まず根源的直観を本質措定の初期段階（設定値①「本質の実在性」）とする。この根源的直観において花の存在体験を示す名（＝本質）は実在的（設定値②「本質のあり方」）か非実在的（設定値②「経験界のあり方」）かに別れる。本質の実在性が否定されると、第二段階では、本質の実在をとり、経験される世界のあり方を構成する思惟が方向づけられ、その経験界のあり方は否定されるべきか肯定されるべきかの選択が来る（本質の存在が外在的か内在的かは「意識と本質」で議論されないようである）。経験界の実在性を否定する思惟が選択されると（設定②で「否定」を選択）、中観思想のような思惟へと外在化が進む。

般若思想の本質虚妄説は中観を経て唯識へと歴史的に展開すると言うものの、井筒は中観や唯識への外在化をこれ以上は記述せず、仏教における本質否定の決定的傾向性のみを強調する。本質否定を軽視して細分化しないのではなく、本質肯定の持つ複雑さに取り組む必要を考えたゆえである。おそらく否定へ傾斜していく設定方向にも詳らかにすべき余地はあろうが、中観に代表される本質実在性の否定傾向が形而上的絶対無に至るとの指摘に留まる。禅もこの結論を共有するが、経験界の肯定によって形而上的一者の肯定に近づく。外在化直前まで不二一元論は禅と同傾向であるが、形而上的絶対無の否定で別れる（設定値④の分岐に井筒は触れない）。

本質実在性を否定し経験界の実在を肯定すると、禅、不二一元論、存在一性論などへ外在化する前の段階で世界の現れ方を設定する必要がある。経験界の実在を肯定すると（設定値②で「肯定」を選択）、肯定される経験界の立ち現れ方（設定値③「顕現の仕方」）を知性は先概念的に判断することになる。設定の第三段階で世界を本質を持つ多様な多者と見る思惟傾向が選ばれると（仮現説・直接的顕現）、禅や不二一元論が外在化してゆく。ただ、不二一元論は外在化された段階では形而上的絶対有を説く点で存在一性論に近い。ゆえに設定分布の樹形図では中観と禅が絶対無のもとに、不二一元論と存在一性論が隣りに配される。

なお、形而上的絶対有の肯定を設定と認める立場を独立した傾向とする考察もできようが、その設定可能性を井筒は記さない。形而上的絶対者を有とするか無とするかを、彼は思惟が外在化した段階で概念的に構成されると考えて、思考多様化の初期段階の設定から外したのかもしれない。体験の原初に直観する絶対無的契機という究極を存在一性論が絶対無とするか絶対有とするかに単純化できないことは、すでに第三節で扱っている。

思惟が設定の第三段階で世界の媒介的展開の方向に進むと（展開説・媒介的顕現）、存在一性論が代表する思惟が外在化する。本質否定傾向のうち経験を肯定し展開・媒介を選ぶものは、内的機構の中途で本質を象徴的元型とする傾向に合流する。この合流は展開・媒介が本質肯定論と本質否定論の中間にあることを示す。本質を実在と捉え象徴的元型として展開する思惟は経験の現れを元型の流出と捉える。この流出は展開と傾向を同じくするとされるようである。

井筒の記述は存在一性論のみが本質を否定し、照明哲学やカバラーは本質実在性を肯定するとも理解しうる。だが、樹形図で私は本質の実在性否定を経て経験界の肯定から展開・媒介的顕現へ至る傾向を存在一性論のみに直結させず、照明哲学やカバラーにも繋がるとした（再考の余地があろう）。以上が「意識と本質」第一章の扱う「本質否定の型」である。続いて本質の実在性を肯定する傾向に移る。この傾向はどれも形而上的一者を肯定する。すなわち本質はその究極的実在との関係で位置づけられる。井筒は本質肯定を第一の型、第二の型、第三の型に三分する。

第一は、肯定する普遍的本質の実在は深層意識に現れるとする類型である。宋学の格物窮理、マラルメ、芭蕉、宣長、リルケ、中期プラトンなど、この型は深層意識を開き、本質認知を自覚化する。第二は、肯定する普遍的本質の実在が形象、象徴、元型として深層意識に現れるとする類型である。同じく普遍的本質といっても、その「体験的に生起する場所」（「意識と本質」『全集』第六巻、六八頁／文庫版、七二―七三頁）が深層意識の別の特定領域であり、その働きは第一の型と異なる。この型はシャーマニズム、老荘、楚辞、易学、密教、カバラー、照明哲学、存在一性論などを含む。第三は感覚世界を超越する形而上的一者の実在を認めるが、形而上的体験とは別に普遍的本質が感覚世界で認知されるという立場をとる。表層意識が知覚し概念を当て、普遍的本質は認知対象と一致する。つまり存在者の本質と概念的一般者が対応する。倫理道徳へと展開する孔子の正名論、古代インドのニヤーヤ・ヴァイシェーシカ派が代表する存在範疇論などがこの型である。プラトン中期の観照的直観という

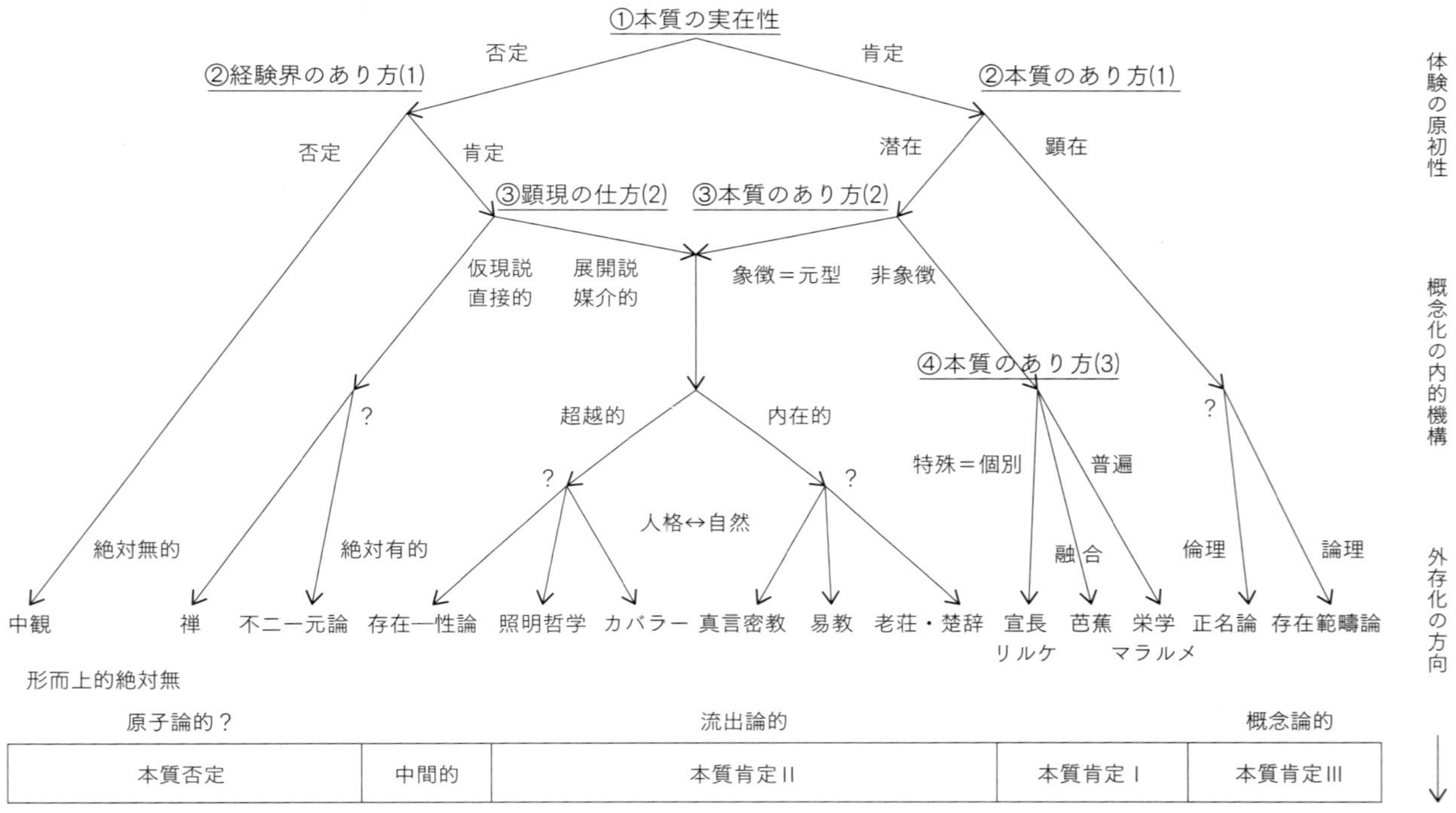

『意識と本質』に基づく思考類型の分岐設定の分布図（大きな設定値は①から④まで）

イデア把握は第一の型に、後期プラトンのイデアは概念化される傾向を強めるゆえ第三型に分類される。これらを次のように同位値ごとに構造化してみたい。

第三の型は本質の実在否定論と対になろうが、本質の実在否定論と同じく詳論されない。本質の実在性を肯定する第三の型は本質のあり方を「顕在的」とする。この型は人間が「個別者に内在する普遍者を、個別者とともに知覚する」（「意識と本質」『全集』第六巻、二九九頁／文庫版、三一一頁）と考え、外的実在の体験（語の指示対象）と指示語とを同定する（「意識と本質」『全集』第六巻、二八六頁／文庫版、二九八頁）。概念的普遍者は感覚器官と個別的事物とを媒介しない。外的実在たる個物は外界で本質と個物とが融合しているとされ、そこに内在する普遍的本質ゆえに感覚器官は直接無媒介に個物を認識する。これが第十二章で説かれる。以下では第一と第二の型が生起する仕組みを同位的設定値に基づいて階層化する。ただし、井筒が言及しない分岐の設定は、ここでは議論せず、樹形図に疑問符を記入するに留めた。

第一の型は本質措定の初期段階で本質の実在性を肯定し（設定値①）、その本質のあり方は潜在的である（設定値②）。客体化的概念作用を沈め、感覚を開き、そのとき開示される潜在的本質は形象、象徴、元型ではないとの措定を経る（設定値③）。本質が第三の型のような概念でも象徴的でもなく、しかし体験の深層に実在するなら、その場合の本質は次の三つのどれかである（設定値④）。すなわち、個物を個物たらしめる形而上的一者としての究極理念から限定された理念、何性、普遍性（宋学、マラルメなど）、個物そのものの特殊性、個体性、このものの性（宣長、リルケなど）、何性とこのもの性との融合（芭蕉）である。このうちの何性を選択する傾向は何性を概念的普遍者へ展開する可能性を持ち、正名論との親和性が確認できる。これを井筒は第二章から第七章までの全六章で論じる。

第二の型は本質を形象、象徴、元型とする。本質の実在性を肯定し（設定値①）、本質のあり方は潜在的で（設定値②）、体験において直接認知されない。第一の型と同様、その実在を認識するには意識の深層を拓く必要がある。この本質は意識の特殊領域で形象化され、象徴的な物語を形成する（設定値③）。この本質は物語的・説話的・神話的に展開する特徴がある。形而上的一者がこの特殊領域で自然に内在的な性格を現すなら（設定値④）、シャーマニズム、老荘、楚辞、易、あるいは密教のような大乗仏教として展開される。密教の形而上的一者は人格性や超越性がひときわ濃厚であるゆえ、人格神的な思想傾向と隣接させた。形而上的一者が人格的でありかつ超越的であると方向づけられるなら（設定値④）、本質をめぐる思考はカバラー、照明哲学、存在一性論などへ外在化する。この第二の型に井筒は第八章から第十一章までの全四章を割く。

普遍的本質を象徴とする傾向のなかで最も抽象度の高い易学は概念化の傾向と親和性が高いかもしれない。第一の型と第二の型では、体験の原初性にある形而上的絶対が概念によって隠されるため、顕現化させる必要がある。非顕現の絶対性が顕現され、現働化し、認識されて初めて、体験は概念によらずに現実化されるからである。第一の型は非顕現から顕現への転換を直接的とするのに対し、第二の型は媒介的とする。

纏めよう。東洋哲学という「思想連関的空間」が「多極的重層的構造」（「意識と本質」『全集』第六巻、三〇七頁／文庫版、四一一頁）であるには、内在性から外在性への段階設定が要る。多極重層をなす思想空間は分岐し多様化するための設定要素を「同位的」に秩序づけて階層化されている。「構造的構成要素の同位的相互連関性」に基づく「多極的重層構造」が「共時的構造テクスト」としての「東洋哲学」をかたちづくる（「東洋思想」『全集』第十巻、二八五頁）、と井筒が言及するものを具体化してみた。この同位性を私は設定値として①から④まで段階づけた。設定の初期条件は最下層たる体験の原初性である。設定値が上がるにつれ本質措定は外在化へと向かう。外在化に転じるにつれ、分岐点は複数化して「多極的」となり言語化される。それぞれの分岐点は具体化されていく志向性の相互連関をなしている。分岐点でいくつかの傾向が連関し合っていることは、同じ道を辿ってきた思惟がなにかの契機（設定値）で別の道へ進むことを示す。

諸思想をさらに精査すれば分岐点がより細かく設定できよう。禅と不二一元論を分ける設定値④は形而上的絶対者を有とするか無とするかである。「宋学・マラルメ」「芭蕉」「宣長・リルケ」を分ける設定値④は本質を普遍、個別、両者の融合と捉える。私は本質肯定第二の型の設定値④を形而上的絶対者の位置づけから考えた。設定値④を過ぎると形而上的絶対者は人格的一者の形象化を受け、超越的か内在的か（内在的超越も設定可能か）に別れる（設定⑤か）。超越者はさらに人格的か非人格的（自然的か）の形象化に至る（設定⑥か）。本節における設定値の措定は暫定的であり、老荘、易、真言などへ分岐点（設定値⑤か）する契機の検討も今後の課題である。

六　潜在性の顕在的融合へ

無の再帰により存在が現象し、その再帰性は存在の自己言及性つまり部分の全体との一致として直観される。花を体験するとき花という名が優先され、言語的外在化によって花一般が措定される。概念化された反省の水準では概念的排他性のゆえに部分の全体との一致は矛盾と見なされるが、潜在的水準では意義の全体が一つの徴に集約されるので、その徴が概念的排他性とそりが合わずとも矛盾とならない。体験で与えられる集約は根源現象として、先概念的元型、意味形象、多義的な名・徴・符牒となる。潜在的振る舞いは概念措定と異なり、個的実在は、この時この場で無の無化した存在として、観点「花」を採用し、その名に体験の意義が集約される事態が生起する。

井筒は、名の集約という体験の場を主体性と捉え、反省的には知られず概念的には語られぬ水準が主体性の自己認識に潜むことを示し、これを普遍的な経験の実相とする。その時々の事物事象を志向して名全体を集約する意味化は本性にとって普遍的であっても、意味化が個的実在を指すか普遍者を指すかは歴史的に論定される。歴史的産物である議論から本質措定の有限の類型を析出するのは、意味化も、そして知性が体験の意義をどう反省するかという本質措定の外在化の多様性もまた、知性にもとより備わっていると井筒は見るからであろう。歴史において本質措定の特定の観点が顕在化して、思考を外在化し、思想が形成されるとする考察が共時化操作の前提にある、と考えられよう。

井筒は、諸思想の研究を通時態から共時態へ、地政学的水平方向から意識の普遍性という水平方向へ発想を転じる。それは時空を特定点で輪切りにしたり座標にするためでも、彼の範型探求が類型分類を到達点とするためでもない。歴史的事実を絶対化も相対化もせず、それを人間知性の具体的、個別的現れである、と考えるからに他ならない。彼は東洋思想の事例研究を普遍的人間性の探求へ転じ、人間知性を歴史性ではなく「全人類的思想の普遍性の地平」（『全集』第十巻、二八五頁）で論じる。こうして共時化された有機的構造を分析して、顕在化した根源的範型を意識化し、さらに再内在化・主体化・内面化して、新たな知的地平から哲学しようとする（「意識と本質」『全集』第六巻、三〇七頁／文庫版、四一一頁）。

思惟が「人間知性の正しい行使」によって歴史的に表出したものしか分析しないなら知の根拠は明かされない。語り出されたものはそれを成立させる仕組みそのものではない。ゆえに語られるに至る仕組みを解くには語られるものを境界づけ設定している語られぬものとの相依相関のさまを見極めねばならない。ソクラテスの思惟が知らしめた観念を、自己認識を、その前段階の語られるものと語られぬものとの潜在的相克を見定めるまで深めるべく、井筒はさしあたり人間知性の「最も基礎的な部分」の一つとして事物認識と関わる本質措定に取り組んだ。本質措定は「言語の意味機能」と「人間意識の階層的構造」と本性的にかかわり、「人間意識の様々に異るあり方」が成り立つ根拠、原理に直結する（「意識と本質」『全集』第六巻、五―六頁／文庫版、七―八頁）。ゆえに本質をめぐるあらゆる思考の型を主題とし、意識され言葉となったものから井筒は内的機構に迫る。それは意識されず言葉とならずに心に潜むすべてを含む。こうして思考の外在化、現実化の原理を階層構造として彼は捉えた。

井筒は意識され思考され語られたものからその根本的要素を、世界観の核、哲学素として抽出し、世界観を要素命題からなる命題として定式化する。要素命題の組み合わせの秩序を知れば、要素命題が個別的に現実化された特定の世界観の命題へと選択的に至る過程が判明する。これは特定の道筋が選ばれる方向づけを可能にする原理が知性には範型連関として備わると彼が考えるゆえの方法論である。つまり語られるものを通して語られぬものを含む知の仕組みを明かすのである。

意識の内的機構は本質措定の初期状態すなわち認知の根底から言語的に差異化され概念として画定され外在化するまでの諸段階すべてを可能態として潜在化させている。外在化のための選択肢として思考が無意識的に受容しない選択肢も別の契機に採られうるものとして人間知性は潜在的にもとより常備する。外在化に至る道筋、どの要素が選ばれれば次にどの要素が選ばれうるかの範型は大筋として秩序を持つ。要素命題の連関は一般的なものから特殊的なものへ展開する差異化の度合いごとに段階づけられており、段階の設定値は要素どうしの連関的分岐を画す。

内的機構の階層構造はあくまで要素命題どうしの論理的関係であり、思索の伝統の成果に至る歴史的発展段階ではない。井筒は、古代世界から現代西洋までの議論を踏まえて東洋の諸思想（の歴史）を範型に解きほぐすことで、知の成立過程を歴史の事実としてではなく意識の事実として問う。諸思想が歴史的現実として具体化されるときに各々の状況下で範型は選択され差異化される。それら範型のうち、歴史的な状況や偶然により顕在化のきっかけが与えられ、具体相をともない外在化されるもののみが、世界観を表す命題として概念的に把握される。観察される事象としての思索の痕跡がたまたま時代や地域や文化を超えて類似性を示すのではない。この類似性は意識構成の本性的根拠を反映する。意識下で範型的選択がなされた結果が諸思想であるゆえにそれらは類型を示すのであって逆ではない。ゆえに類似性ではなく範型の探求である。

七　おわりに

本章を要約しよう。体験を概念化以前の直観に溯源すれば、根源現象としての「存在は花する」は人間知性にとって普遍的であり、また概念が自然言語や論理式を問わず特定言語で表出される前段階において、それは集合論的に振る舞うことを表している。言語的意味が多義性にある段階、つまり集合形成的な段階が多義性の基礎である。本来性における直観は意味集合の全体という根源形象として現象する。この根源形象は決して固定されているのではなく、言語的意味へ具体化、限定化する過程そのものである。井筒は、言語的意味の限定過程を言語化として論じる意味論を念頭に置きつつ、意味の全体がどのように根源現象を概念化するかという形で考察したと言えよう。つまり、概念化する際に何を基準にするかによって表出される思想に多様性が生じるという観念が井筒の共時化にはある。この基準の取り方を歴史資料から採取するなら、幾つかの類型に分類できる。類型化すると、概念化以前の直観から概念的外在化としての歴史的な思想に至るまでには、明確な道筋があることが分かる。その道筋を設定する尺度を水準ごとに整理し、構造にすることが井筒の試みであった。

井筒は、無の無化が意義として与えられて多義的に振る舞う意味生成の過程に標準を当てた。彼は体験を実体化させない思惟を、存在の存在化が花の存在へ至る機前の局面「存在が花する」として展開した。共時的構造化において、存在一性論は照明哲学、カバラー、真言、易、老荘、部分的に朱子学・新儒学などと同型とされ、共時性の一つの様相を代表する位置をえた。井筒は本質措定の同位性を探り、いわば哲学的ポリフォニーをヘテロフォニーへ転じる観点を導入したのである。存在の花化は多義的振る舞いを根拠づける原旋律と言えよう。意味は概念的一般者として顕在化した水準において一義的に振る舞うが、体験は潜在的水準において元型的象徴として現れる。これは根源現象から元型の多義性へ転じる意味現象の全体も超えて人間知性に普遍的な経験である。

これは人間本性に普遍的に与えられつつも語られることまれな水準である。発見されるべき元型や設定値はまだあろう。意味生成の各同位を私は設定値分布として粗描したにすぎない。

近代哲学を代表するヘーゲルが溯源と検証と構成で一元化された過去の総体を西洋すなわち歴史として仮構し肯定したのに対し、現代哲学の源流としてニーチェはその仮構を否定し、世界観の多元化を図った。非西洋に繰り広げられる多様性を西洋化に至る中途段階、近代に至る過渡段階とする欺瞞をニーチェが、フーコーが、サイードが指摘した。それによれば、東洋思想という観念を持つこともまた、自らを西洋思想の鏡像、歴史・文化・意識の外として語り、東洋を歴史の客体に貶め、東洋を自認する主体は図らずも主体性の側から自らを隷属化させかねない。つまり、東洋を語ることは、言葉を費やすほどに精密に他者を構築し、知るものと知られるものの間の溝を深め、外側からと内側からの支配機構としてのオリエンタリズムを強化させかねない。これを避けつつ、井筒の問いは知の営まれる仕組みへ導かれ、構成的働きを記述する。彼は、本質を究めようとして擬似問題に惑わされる兆候をいわばソクラテス症候群と診断し、精神的東洋の探求として対処法を模索したと言えよう。

井筒の東洋哲学はその名称に反して、西洋と東洋の近代的区分といった擬似問題も、近代主義的な歴史意識に基づく東洋の構成も超える試みだった。東洋と言わざるをえなかったのは、これまで語られることのなかった東洋に、歴史の形成に主体として関与していなかったという理解で支配構造に落とし込まれた東洋に、語られぬものに、光をあてる作業仮説としての方便と言えよう。なぜなら、東洋思想が理念化した対象を前提とするような歴史を仮構せずに、理念が体験のさなかにどう構成されるかを問う姿勢が貫かれるのだから。彼は知性一般がもとより兼ね備える諸相の発露と捉え、あたうかぎりの変異・変差を集めてその本源を変動の仕組みを含めて描こうとするのであるから。

井筒が文献研究を歴史学へではなく、認知、思惟、知性の仕組みの研究へ転換した意義は稀有であろう。歴史化された西洋哲学（文化、意識）を視野に入れつつ、語られずにきた東洋諸思想（野生、無意識）を共時的に操作する段階までが「東西二座標軸的意識」の射程である。東西座標軸から解放された普遍的座標系たる主体の確立は「ことさら東と西を比較しなくとも」「ひとりでに成立してしまう」ほどたやすくない（「意識と本質」『全集』第六巻、三一〇―三一一頁／文庫版、四一四―四一五頁）。なぜなら、井筒の企図は東洋思想研究を歴史研究から体系研究へ移行させたに留まらないからだ。言葉を尽くして果てに隠されたのは東洋の諸思想の歴史的生成ではなく、その生成を可能にする人間知性の仕組み自体であったからである。

ゲーテの詩的直観が根源現象を捉えていることを含め、井筒はしばしばこの世界文学の人文主義者を引用する。周知の通り、ゲーテはクルアーンの本質を見抜き、イブン・アラビーの存在一性論に少なくとも間接的に触れている。その洞察力にサイードもオリエンタリズム批判で賛嘆を隠さない。その世界意識に東西の区別がないからであろう。世界意識、知的地平の拡大に言及する井筒の観点に立てば、ゲーテの文学活動とは人間本性を見極めるものであったと言えよう。ゲーテは言うまでもなく、そして井筒においてもまた、地政学的区別も自然科学や精神科学という制度的区分も意味をなさない意識地平が拓かれているように思われる。この地平には、言語と思考とが生成する仕組みがすでに立ち現れているのではなかろうか。

注

※本論稿中で使用されている略号については、以下の通りである。

「無限」＝小野純一「無限と超越――無を無化する唯一性の直観について」『専修人文論集』第一〇一号、九一―一一七頁。

SPK ＝W. Chittick, *The Sufi Path of Knowledge*, SUNY Press: Albany, 1989.

HW ＝M. Heidegger, *Holzwege*, Frankfurt am Main: Vittorio Klostermann, 1980.

FḤ ＝Ibn al-ʻArabī, *Fuṣūṣ al-ḥikam*, ed. Abū al-ʻAlā ʻAfīfī, al-Qāhira: ʻĪsā al-Bābī al-Ḥalabī, 1946.

FM1-2＝Ibn al-ʻArabī, *al-Futūḥāt al-makkīya*, Bayrūt: Dār Ṣādir, n.d., Vol. I-II.

（1）以降、「こころ」「あはれ」「まこと」は体験で示される「意義」とみなして、この語を用いる。

（2）「存在が花する」「世界が世界する」、そして次節の「無の無化」（ハイデガーのみならずイブン・アラビーも言う）は、無謀にも前概念的事態を言語化している。これを概念的思惟で論理もしくは記号的意味を解くべく、カルナップ流に検討するなら、範疇の混同となろう。

（3）存在一性論的無限は井筒の先行研究を批判的に論じつつイブン・アラビー研究として提示した（「無限」）。本節はその主旨を井筒意味論に基礎を与えるものに限って援用し検討する。

（4）言語不信（「中世ユダヤ哲学史における啓示と理性」『全集』第十巻、六四頁）、自己や主体性の探求（「人間存在の現代的状況と東洋哲学」『全集』第八巻、四八〇頁）も、本質措定、何を実在とするかに収斂。「意識と本質」（『全集』第六巻、五—三一三頁）を追う本節は、二〇一六年九月一〇日、日本宗教学会第七五回学術大会パネル「井筒俊彦の「東洋哲学」における宗教と言語」で「宗教体験における根源現象から意味場の生成へ」と題し「意識と本質」の解釈を示した図に基づく。便宜上、値を樹状で示すが、この関連構造の全体も各部分も、集合として働くと考えられる。つまり、すべての選択肢が根源的直観に含まれていると考える。

あとがき

　本書『井筒俊彦の東洋哲学』は、井筒俊彦の構想した「東洋哲学」の思想構造を比較宗教学の視座から解明することによって、井筒が言う「東洋哲学」とは何かを探究することを意図したものである。本書は、国の内外で活躍する一三名の、広い意味での宗教研究者による井筒論を収録した最初の本格的な井筒研究書である。井筒の東洋思想の「読み」に関するこれらの諸論考は、井筒の意味論的視座をとおして、現代世界における宗教のあり方、あるいは、東洋思想が内包する知のパラダイムを比較宗教学的に読み解こうとする試みともいえるだろう。

　井筒俊彦は少年時代、父親の影響もあって禅的体験をもっていた。彼はイスラーム学者として知られていたが、エラノス会議で、禅思想を中心に講演をおこなうようになった時期から、彼の関心は実存的にも学問的にも、とりわけ、東洋思想に向かうようになった。そうした意味でも、エラノス会議は井筒が「東洋哲学」構想を練りあげていくうえで重要な契機になったと言えるであろう。本書に収録されている諸論考も明らかにしているように、東洋思想は、西洋思想とちがって、それぞれの文化的な精神伝統において独自の歴史的展開を遂げてきた。そういう歴史的な経緯もあって、東洋の思想伝統には全体としての統一性を欠いている。そうした状況において、井筒は中東、インドさらに中国など、東洋思想の意味論的な構造化の必要性を確信するようになった。こうした着想から井筒は、現代世界の思想状況の中で、東洋思想の諸伝統を有機的統一体へと纏め上げようとして、いわゆる「東洋哲学」の構築を目指したのだ。

本書の中でも論じられているように、井筒「東洋哲学」のおもな特徴は、彼が編み出した意味論的視座にある。それによれば、すべての存在論的な境界線は、言語によって意味論的に分節されたものであり、存在論的な経験の深みでは、そのうわべだけの区別は意味分節の皮相的な固定性を失ってしまう。井筒は日常経験的世界におけるすべての事物事象を、言語的意味分節によって構築された存在の意味単位として捉えた。客観的な実在と主体的な意識には、一対一の対応関係が存在すると井筒は言う。そうした意味論的視座から捉えられる井筒「東洋哲学」の構造は、存在論的な境界線によって意味分節される表層次元と絶対的に無区別で未分節の深層次元という両次元において、すべての事物事象を捉える、いわゆる「複眼視」的視座によって特徴づけられる。つまり、表層と深層の両次元にわたる意識の形而上的・形而下的な地平には、絶対無分節の次元の「存在」と多様に意味分節された「存在」とが同時に、あるがままに現われるのだ。

本書に収録している諸論文は全て、井筒が構想したこうした「東洋哲学」とその意味論的考察をめぐって、比較宗教学的なパースペクティヴから批判的に検討した意欲的な論考である。ここでは、本書の構成と各論考の意図およびおもな論点について簡潔に記しておきたい。本書全体は三部構成で一三章から成る。

まず第I部「セム系宗教思想と「東洋哲学」——イスラーム、ユダヤ教、キリスト教」は、五つの論考から構成されている。第一章「「東洋哲学」とイスラーム研究」（鎌田繁）は、本書全体の序論的な意味をもつ。それは井筒の学問全体を射程に据えて、井筒の方法論的視座としての意味論が彼の学問全体を貫いており、彼のイスラーム研究が「東洋哲学」と分かちがたく結びついていることを、特に英語と日本語で行われた井筒のクルアーン研究の分析をとおして明らかにしている。第二章「井筒俊彦とカトリックの霊性」（若松英輔）は、井筒とキリスト教との接点を明らかにするために、中学時代におけるキリスト教的霊性との出会い、カトリック哲学者吉満義彦、カトリックのイスラーム学者ルイ・マシニョン、批評家の越知保夫などに言及しながら論じる。また、井筒のクローデル論や聖ベルナール論、さらに初期のイスラーム論における発言を確認すると、井筒のキリスト教への関心の深さと確かさが明らかになると指摘している。第三章「近代ユダヤ教正統主義におけるコスモスとアンチコスモス」（市川裕）は、戒律遵守を根本とするユダヤ教正統主義において、井筒の言う「アンチコスモス」的発想の入る余地があるのかという問題意識から考察を進める。その結果、ユダヤ教正統主義は、思想の根源に「アンチコスモス」を置く老荘思想やイブン・アラビーの存在一性論とちがって、アンチコスモス的ではないとの結論を提示している。

さらに第四章「「神秘哲学」から「東洋哲学」へ」（島田勝巳）は、井筒哲学の第一期における「神秘哲学」構想の頓挫と第三期における「東洋哲学の共時的構造化」の構想に、どのような理論内在的な要因があるのかを検討している。井筒の意味分節理論は、プロティノス的流出論を基盤に据えているが、井筒の「東洋哲学」は、人格的一神教における「神秘主義のエロス的形態」をあえて外部に放擲することによって可能になったと結論づけている。そのことは井筒「東洋哲学」の限界と同時に、その独自性を示唆している。第五章「イスマーイール・シーア派思想と井筒俊彦」（野元晋）は、井筒のシーア派研究の一例として、イスマーイール派解釈を取り上げる。井筒はイスマーイール派におけるイマームや創造の言葉を、いわゆる「存在のゼロ・ポイント」を究極の発出点とする形而上的存在の一つの顕現として捉えているとし、周期的歴史観や否定神学を重要な要素として含むイスマーイール派の思想と彼のイスマーイール派理解の間に微妙なずれを見て取っている。

次に第Ⅱ部「形而上学と東洋思想」は四つの論考から構成されている。まず、第六章「形而上学的体験の極所――「精神的東洋」とは何か」（氣多雅子）は、井筒において、「形而上学的体験」とその極所の思惟がどのような意味と特徴をもつのかを探究している。いわゆる「意識・存在のゼロ・ポイント」こそが形而上学的体験の「極所」であるが、その極所に、すでに存在世界の意味的「種子《ビージャ》」が形成される「言語アラヤ識」が存在している。その深層意識が「文化的無意識」として、意味分節の基盤を成している、と井筒の意識構造論を論じている。第七章「井筒俊彦と華厳的世界——東洋哲学樹立に向けて」（安藤礼二）は、井筒が初期の『神秘哲学』から遺著『意識の形而上学』に至るまで、一貫してプロティノスの哲学を哲学的思惟の中軸に据えたことに注目している。『神秘哲学』では、プロティノスの哲学を西洋哲学の基盤として捉え、晩年の「東洋哲学」構想でも、華厳的世界との意味連関を強調している。さらに空海の思想にも、そうした哲学的展開の可能性を見て取っている。また、第八章「井筒俊彦における禅解釈とその枠組み」（金子奈央）は、井筒の中で中核的な位置を占める禅思想をめぐって、その解釈に見られる共同体の問題を考察している。井筒が修行の深化によって個人の意識が転換することを説くとき、そこには個人の意識の深化と転換を基盤としたコスモス的秩序や共同体の姿を構想していたのであろうと論じている。第九章「井筒俊彦が開顕する仏教思想——比較宗教思想的地平から如来蔵思想をみる」（下田正弘）は、井筒が『大乗起信論』を取り上げた遺著『意識の形而上学』に注目し、『大乗起信論』が依拠する如来蔵思想をめぐって、井筒形而上学の特徴を論じている。如来蔵思想は仏を中心とする救済論あるいは神義論であり、その思想的な意義は他思想との比較研究によって明らかになるが、井筒はその仏教思想の可能性を開顕したと論じている。

さらに第Ⅲ部「未来へ向けて——「東洋哲学」の展開」は、四つの論考から構成されている。第十章「東洋思想の共時的構造化へ——エラノス会議と「精神的東洋」」（澤井義次）は、井筒がエラノス講演をとおして展開した東洋思想の創造的な「読み」とその特徴を、いわゆる「共時的構造化」という方法論の形成過程を辿りながら考察している。それは今後の井筒研究の展開へ向けて、井筒「東洋哲学」の構造とその特徴を明らかにしようとする試みである。第十一章「井筒「東洋哲学」の現代的意義——兼ねて郭店『老子』と『太一生水』を論ず」（池澤優）は、井筒の「東洋哲学」構想の中で、特に中国思想を扱っている部分を取り上げ、その現代的意義の評価を試みている。とりわけ、井筒の議論が具体的な問題状況に適用可能であるかを考えるために、生命倫理の分野を事例として検討している。また第十二章「東洋における言語の形而上学」（ロペス・パソス　フアン・ホセ）は、井筒「東洋哲学」の概念的枠組みにおける言語の意味を検討している。そのことによって、井筒哲学がグローバル化する現代世界に相応しい普遍的な哲学の展開への可能性を示唆していることを論じている。さらに第十三章「根源現象から意味場へ――思考を生む知性の仕組みを辿る」（小野純一）は、井筒がイブン・アラビーの存在一性論を単純化して、根源現象を特に「存在は花する」と表現したことに注目して、絶対無限定な存在そのものの自己分節として存在者の世界が展開する、根源現象の本質措定の類型化を論じている。

井筒の「東洋哲学」は、彼が異なる言語で展開された多くの思想伝統について英語と日本語で思索を進めたこともあり、これまで著作が利用可能なかたちで十分に整備されてこなかった。近年、井筒俊彦全集や英文著作の邦訳書の出版によって、ようやく整備されて日本語での研究に活用できるようになってきた。国内でも井筒についての著作や論文が著されるようになり、海外でも、井筒に関する国際会議が開催されるなど、井筒の研究業績全体、あるいはその一つの重要な局面である「東洋哲学」、がこれまで以上に識者の関心を集め、積極的に研究され始めている。こうした研究動向の中で刊行される本書は、三年間の科学研究費プロジェクト（二〇一四―二〇一六年度）による井筒「東洋哲学」に関する共同研究の成果も踏まえて執筆された諸論考を有機的に取り込んでおり、現代の宗教研究や哲学研究の進展に大きく寄与するものであることを確信している。また本書には、井筒俊彦についてこれまで発表された研究の文献リストを附録として収載した。これは長岡徹郎さんの労作である。井筒の学問のグローバルな拡がりを考えれば決して完全なものの要求はできないであろうが、今後の研究の足がかりとして大いに参照されんことを期待する。

最後に、本書の刊行にあたって、多くの方々のお力添えをいただいたことを記しておきたい。まず、昨年（二〇一七年）の四月に逝去された井筒俊彦夫人、豊子さんには、編者の私たちが中心となって進めてきた科学研究費による井筒「東洋哲学」の共同研究の成果を大変期待してくださっていた。本書の出版を心待ちにしてくださっていただけに、豊子夫人に本書を手に取っていただけないことは残念であるが、きっと陰ながら、お喜びくださっていることと思う。また、井筒俊彦全集および英文著作翻訳コレクションの出版をこれまで積極的に推進してくださってきた慶應義塾大学出版会の元会長の坂上弘さんからは、お会いするたびに、絶えず励ましのお言葉をいただいてきた。心よりお礼の言葉を申し述べたい。さらに本書の編集のうえで、絶えず適確な助言をいただき、本書の刊行へと導いてくださった慶應義塾大学出版会の片原良子さんと平原友輔さんにも、心よりお礼を申し上げたい。なお、本書の刊行に当たっては、日本学術振興会の平成三十年度科学研究費補助金（研究成果公開促進費「学術図書」課題番号 18HP5012）の助成を受けたことを付記させていただく。

二〇一八年八月

編　者

井筒俊彦の東洋哲学

2018年9月15日　初版第1刷発行

編　者————澤井義次・鎌田　繁
発行者————古屋正博
発行所————慶應義塾大学出版会株式会社
〒108-8346　東京都港区三田2-19-30
TEL〔編集部〕03-3451-0931
〔営業部〕03-3451-3584〈ご注文〉
〔　〃　〕03-3451-6926
FAX〔営業部〕03-3451-3122
振替　00190-8-155497
http://www.keio-up.co.jp/
装　丁————中垣信夫＋冨木　愛［中垣デザイン事務所］
印刷・製本——萩原印刷株式会社
カバー印刷——株式会社太平印刷社

Printed in Japan　ISBN 978-4-7664-2539-0

編者・執筆者紹介

編者

澤井義次（さわい　よしつぐ）
1951年生まれ。ハーバード大学大学院博士課程（宗教学）修了（Ph.D.）。博士（文学）（東北大学）。天理大学人間学部教授。専門は宗教学・インド学・天理教学。『シャンカラ派の思想と信仰』（慶應義塾大学出版会、2016年）、『宗教學的省思――澤井義次的觀點』（增補版、台灣宗教與社會協會、2017年）など。

鎌田　繁（かまだ　しげる）
1951年生まれ。東京大学大学院人文科学研究科（宗教学宗教史学）博士課程単位取得退学。東京大学名誉教授。専門はイスラーム思想、シーア派研究。『イスラームの深層』（NHKブックス、2015年）、*An Anthology of Philosophy in Persia*, vol.5（共著 I. B. Tauris, 2015）など。

執筆者（掲載順）

若松英輔（わかまつ　えいすけ）
1968年生まれ。慶應義塾大学文学部仏文科卒。批評家。近代日本精神史を研究。『井筒俊彦　叡知の哲学』（慶應義塾大学出版会、2011年）、『叡知の詩学　小林秀雄と井筒俊彦』（慶應義塾大学出版会、2015年）など。

市川　裕（いちかわ　ひろし）
1953年生まれ。東京大学大学院人文科学研究科博士課程単位取得満期退学。東京大学大学院人文社会系研究科・文学部教授。専門は宗教史学・ユダヤ教。『ユダヤ教の精神構造』（東京大学出版会、2004年）、『ユダヤ教の歴史』（山川出版社、2009年）など。

島田勝巳（しまだ　かつみ）
1965年生まれ。東京大学大学院人文科学研究科博士課程単位取得退学。天理大学人間学部教授。専門は中世キリスト教思想。“The Icon and the Gaze in Nicholas of Cusa’s *De visione Dei,*” in S. S. Morishita (Ed.), *Materiality in Religion and Culture*, LIT, 2017.「クザーヌスの『知ある無知』における二つの「否定神学」」『中世思想研究』、第60号、2018年（近刊）など。

野元　晋（のもと　しん）
1961年生まれ。マギル大学（カナダ）大学院博士課程修了（Ph.D.）。専門はイスラーム思想史。慶應義塾大学言語文化研究所教授。“Early Ismāʿīlī Thought on Prophecy According to the *Kitāb al-Iṣlāḥ* by Abū Ḥātim al-Rāzī (d. ca. 322/934-5)”（Ph. D. 論文 , McGill University, Montréal, 1999)、『断絶と新生――中近世ヨーロッパとイスラームの信仰・思想・統治』（共著、慶應義塾大学言語文化研究所、2016年）など。

編者・執筆者紹介

氣多雅子（けた　まさこ）
1953年生まれ。京都大学大学院文学研究科博士課程単位取得退学。博士（文学）。京都大学名誉教授。専門は宗教哲学。『ニヒリズムの思索』（創文社、1999年）、『西田幾多郎『善の研究』』（晃洋書房、2011年）など。

安藤礼二（あんどう　れいじ）
1967年生まれ。早稲田大学第一文学部卒業。多摩美術大学教授、東京大学客員教授。専門は文芸批評。『折口信夫』（講談社、2014年）、『光の曼陀羅　日本文学論』（講談社文芸文庫、2016年）など。

金子奈央（かねこ　なお）
1969年生まれ。東京大学大学院人文科学研究科博士課程単位取得退学。博士（文学）。公益財団法人中村元東方研究所・専任研究員。専門は宗教学。「宗教共同体における死と私有財産——禅清規における唱衣法の記述から」（『宗教研究』91(2)、2017年）、「日本における唱衣法の継承と変容の一端——『喪記集』における記述を中心に」（『日本仏教綜合研究』第15号、2017年）など。

下田正弘（しもだ　まさひろ）
1957年生まれ。東京大学大学院人文科学研究科博士課程単位取得退学。東京大学大学院人文社会系研究科教授。専門は仏教思想史。『涅槃経の研究——大乗経典の研究方法試論』（春秋社、1997年）、『シリーズ大乗仏教』全10巻（2011年—2014年、春秋社）など。

池澤　優（いけざわ　まさる）
1958年生まれ。ブリティッシュ・コロンビア大学大学院アジア学科博士課程博士取得（Ph.D.）。東京大学大学院人文社会系研究科教授。専門は中国宗教史・死生学・生命倫理。『「孝」思想の宗教学的研究——古代中国における祖先崇拝の思想的発展』（東京大学出版会、2002年）、『非業の死の記憶——大量の死者をめぐる表象のポリティックス』（共編著、秋山書店、2009年）など。

ロペス・パソス　フアン・ホセ
1985年生まれ。サンティアゴ・デ・コンポステラ大学（スペイン）大学院哲学研究科博士課程哲学専攻修了（Ph.D.）。天理大学国際学部講師。専門は現代哲学。『西谷啓治と井筒俊彦における本質と空について』（スペイン語、サンティアゴ・デ・コンポステラ大学出版局、2013年）、「内戦期におけるスペイン哲学界の諸相」（『スペイン内戦と現在』、ぱる出版、2018年）など。

小野純一（おの　じゅんいち）
1975年生まれ。東京大学大学院人文科学研究科博士課程単位取得退学。専修大学非常勤講師。専門はイスラーム思想・哲学。「イブン＝アラビーにおける非概念的認識と存在化の香り」『専修人文論集』100号（2017）、「無限と超越——無を無化する唯一性の直観について」『専修人文論集』101号（2017）など。

長岡徹郎（ながおか　てつろう）
1987年生まれ。京都大学大学院文学研究科博士課程単位取得退学。京都大学非常勤講師。専門は日本哲学・宗教哲学。「西谷啓治における宗教哲学の展開――宗教と哲学とを問い直す視座の追求」（『文明と哲学』第8号、2018年）、「西谷啓治における悪の問題の深化について」（『宗教学研究室紀要』第12号、2015年）など。

井筒俊彦研究文献一覧

凡　例

1. 「井筒俊彦研究文献一覧」は、2018年6月時点における井筒俊彦に関する日本語研究文献（単著・論文集・雑誌論文・紀要論文・書評・解説・対談・月報・新聞記事・目録）、井筒俊彦に関する欧文研究文献（論文集・翻訳・雑誌論文・紀要論文・書評・解説）より成っている。
2. 井筒俊彦に関する研究文献の書誌情報を刊行年月の編年体で記載する。
3. 井筒俊彦の著作や翻訳、対談集などは採録していない。
4. 井筒俊彦に関する独立した文献だけでなく、他の研究対象を主テーマとする単行本の章や節において井筒俊彦について論じているものも作成者の判断によって採録した。この場合、井筒俊彦について述べられている箇所の章題とその頁数とを記す。
5. 雑誌論文・紀要論文の場合、執筆者、「論文題名」、『掲載誌名』（通号数）あるいは（巻数号数）、発行年月、掲載頁、注の順で記す。単行本の場合、執筆者、（「論文題目あるいは章題」）、『書名』、出版社、発行年月、（掲載頁）、注の順に記す。欧文著作における単行本の表題と雑誌名はイタリック体で示した。また欧文の論文題目は“ ”で括った。
6. 新聞は朝日新聞、読売新聞、毎日新聞、日本経済新聞を収録の対象として、地方新聞などは除外した。
7. 井筒俊彦研究文献一覧のデータベースは天理大学宗教学科HPで公開している。
   http://www.tenri-u.ac.jp/topics/q3tncs00001diyeb.html
   今後も作成者が管理して情報を更新していく予定である。
8. 関連著作著者名索引（p. 35）に執筆者と執筆年を示した。同年に複数の論考を発表している場合、括弧内にその数を記載した。

作成＝長岡徹郎

1951 年

前嶋信次「書評　井筒俊彦著，アラビア語入門（慶應義塾大学語学研究所，語学論叢，1950 年 9 月、慶應出版社）」『史学』第 25 巻第 1 号、三田史学会、1951 年 7 月、pp. 114–118.

1960 年

Bannerth, Ernst, "Toshihiko Izutsu: *The Structure of the Ethical Terms in the Koran*. 275 pp. Tokyo 1959", *Anthropos,* Vol. 55, Freiburg: Paulusdruckerei, 1960, p. 630.

1961 年

Robson, James, "Izutsu, T. *The Structure of the Ethical Terms in the Koran*", *Journal of Semitic Studies,* Vol. 6, Oxford: Oxford University Press, 1961, p. 285.

1962 年

al-Faruqi, Isma'il R., "Reviewed Work: *THE STRUCTURE OF THE ETHICAL TERMS IN THE KORAN* by Toshihiko Izutsu", *Islamic Studies*, Vol. 1–2, Islamabad: Islamic Research Institute, International Islamic University, 1962, pp. 148–154.

Paret, Rudi, "Toshihiko Izutsu, *The Structure of the Ethical Terms in the Koran*", *Die Welt des Islams*, Vol. 8, Leiden: E.J. Brill, 1962, p. 60.

1964 年

Watt, W. Montgomery, "T. IZUTSU: *The Structure of the Ethical Terms in the Koran*", *Der Islam; Zeitschrift für Geschichte und Kultur des Islamischen Orients*, Vol. 39, Berlin: Walter de Gruyter, 1964, pp. 272–273.

1966 年

Rahman, Fazlur, "Toshihiko Izutsu's *God and Man in the Koran*", *Islamic Studies*, Vol. 5, No. 2, Islamabad: Islamic Research Institute, 1966, p. 221.

1967 年

Katakura, Motoko, "Toshihiko Izutsu, *Ethico-Religious Concepts in the Qur'ān*", *Contemporary Religions in Japan*, Vol. 8, No. 2, Tokyo: International Institute for the Study of Religions, 1967, p. 186.

Marmura, Michael E., "Toshihiko Izutsu, *Ethico-Religious Concepts in the Qur'ān*", *Dialogue*, Vol. 6, No. 2, Quebec: Canadian Philosophical Association, 1967, p. 246.

Paret, R[udi], "Toshihiko Izutsu, *Ethico-Religious Concepts in the Qur'ān*", *Die Welt des Islams*, Vol. 11, Leiden: E.J. Brill, 1967, p. 234.

Watt, W. Montgomery, "Izutsu, T., *God and Man in the Koran*, and *The Concept of Belief in Islamic Theology*", *Journal of Semitic Studies*, Vol. 12, Oxford: Oxford University Press, 1967, p. 155.

1968 年

Burton, John, "Toshihiko Izutsu.: *Ethico-Religious Concepts in the Qur'ān*", *Bulletin of the School of Oriental and African Studies*, Vol. 31, No. 2, London: University of London, 1968, p. 391.

Ritchie, J. M., "Toshihiko Izutsu: *Ethico-Religious Concepts in the Qur'ān*", *Scottish Journal of Theology*, Vol. 21, No. 4, Edinburgh: Scottish Academic Press, 1968, p. 492.

1970 年

黒田壽郎「意味論的分析の道——井筒俊彦教授の場合」『慶應義塾大学言語文化研究所紀要』第 1 号、慶應義塾大学言語文化研究所、1970 年 2 月、pp. 103–125.

Partin, Harry B., "Semantics of the Qur'ān: A consideration of Izutsu's studies", *History of Religions*, Vol. 9, No. 4, Chicago: University of Chicago Press, 1970, p. 358.

1973 年

Ahmad, Aziz, "Book Review: Toshihiko Izutsu. *Ethico-Religious Concepts in the Qur'ān*. Montreal", *International Journal of Comparative Sociology*, Vol. 14, No. 3, Leiden: E. J. Brill, 1973, p. 288.

1975 年

黒田壽郎「第二の大拙を目指す思想家——井筒俊彦君」『三田評論』第 74 号、慶應義塾大学出版会、1975 年 1 月、pp. 13–14.

1976 年

中村廣治郎「[ブック・スタンド] 井筒俊彦著『イスラーム思想史』」『読売新聞』(朝)、1976 年 1 月 5 日、p. 8.

今道友信「イスラームへの知的誘ひ——井筒俊彦『イスラーム思想史』」『思想』第 621 号、岩波書店、1976 年 3 月、pp. 425–434.

柏木英彦「書評　井筒俊彦著『イスラーム思想史』」『中世思想研究』第 18 号、中世哲学学会、1976 年 10 月、pp. 180–184.

1978 年

[anonymous], "*Towards a Philosophy of Zen Buddhism*, Toshihiko Izutsu", *The Middle Way*, Vol. 50, London: Buddhist Society UK, 1978, p. 90.

1979 年

伊東俊太郎「書評　井筒俊彦著 『神秘哲学』第一・二部——えつらん室」『朝日新聞東京』(朝)、1979 年 2 月 11 日、p. 9.

増永俊一「イスラム学者　井筒俊彦さんと 1 時間　イラン革命をめぐって」『読売新聞』(夕)、1979 年 3 月 12 日、p. 9.

1980 年

Kolb, David A, "Toshihiko Izutsu, *Toward a Philosophy of Zen Buddhism*", *Philosophy East and West*, Vol. 30, No. 4, Honolulu: University Press of Hawaii, 1980, pp. 537–540.

1981 年

竹下肥潤「『イスラーム哲学の原像』井筒俊彦著――こころの書から」『朝日新聞東京』（夕)、1981 年 1 月 13 日、p. 11.

池田彌三郎「井筒俊彦君との交際」『手紙のたのしみ』文藝春秋、1981 年 9 月、pp. 32–43.

1982 年

［無署名］「井筒俊彦の大きさ発見　安易な復古ムードに知性」『読売新聞』（夕)、1982 年 2 月 22 日、p. 9.

1983 年

［無署名］「東西の哲学を視野に」『朝日新聞東京』（朝)、1983 年 1 月 4 日、p. 11.

荒川幾男「ポスト・ブックレビュー　東洋哲学を構造的に図式化して解明　井筒俊彦『意識と本質　精神的東洋を索めて』岩波書店」『週刊ポスト』710 号、小学館、1983 年 7 月、p. 88.

1984 年

［鎌田繁］「［新刊紹介］井筒俊彦『イスラーム哲学の原像』、井筒俊彦『コーランを読む』」『東京大学宗教学年報』第 1 号、1984 年 2 月、pp. 102–103.

竹下政孝「書評『コーランを読む』井筒俊彦著」『文明』第 41 号、東海大学文明研究所、1984 年 6 月、pp. 84–91.

Eaton, Hasan, “Reflections on Izutsu’s *Sufism and Taoism*”, *Islamic Quarterly*, Vol. 28, No. 4, London: Islamic Cultural Centre, 1984, pp. 250–256.

1985 年

小林敬和「［精神世界の旅］＝ 33　東洋思想に可能性（連載)」『読売新聞』（夕)、1985 年 5 月 1 日、p. 8.

小林敬和「［精神世界の旅］＝ 34 完　東洋思想読み直す（連載)」『読売新聞』（夕)、1985 年 5 月 2 日、p. 5.

増永俊一「［Front5］越境する思想家＝ 3　井筒俊彦さん（連載)」『読売新聞』（夕)、1985 年 11 月 27 日、p. 7.

1986 年

五十嵐一「書評　『意味の深みへ――東洋哲学の水位』井筒俊彦」『文明』第 48 号、東海大学文明研究所、1986 年 1 月、pp. 85–92.

鎌田繁「［新刊紹介］井筒俊彦『意味の深みへ――東洋哲学の水位』」『東京大学宗教学年報』第 4 号、1986 年 2 月、p. 118.

鎌田繁「［新刊紹介］井筒俊彦『イスマイル派「暗殺団」――アラムート城砦のミュトスと神話』上・下」『東京大学宗教学年報』第 4 号、1986 年 2 月、p. 136.

鶴岡賀雄「［新刊紹介］井筒俊彦対談集『叡知の台座』」『東京大学宗教学年報』第 4 号、1986 年 2 月、pp. 117–118.

Wu, Kuang-Ming, "Toshihiko Izutsu, *Sufism and Taoism: A Comparative Study of Key Philosophical Concepts*", *Journal of Religion*, Vol. 66, No. 3, Chicago: University of Chicago Press, 1986, p. 358.

1987 年

神谷幹夫「井筒俊彦の「ことば」について——ことばは経験だろうか」『北星学園大学文学部北星論集』第 25 号、北星学園大学、1987 年 3 月、pp. 308–301.

丸山圭三郎『生命と過剰』河出書房新社、1987 年 11 月。

Takeshita, Masataka, "Japanese Works of Toshihiko Izutsu with Special Reference to *Reading the Koran*", *Annals of Japan Association for Middle East Studies*, Vol. 2, Kyoto: Japan Association for Middle East Studies, 1987, pp. 491–503.

1989 年

牧野信也「井筒イスラーム学の全体像と『マホメット』」『マホメット』講談社、1989 年 5 月、pp. 118–141.

1990 年

黒田壽郎「井筒俊彦——意味論的分析の可能性」『理想』第 646 号、理想社、1990 年 7 月、pp. 13–20.

細萱秀太郎「東洋の深層から——井筒俊彦」『魂の原景をもとめて——宗教を現代に問う』朝日新聞社、1990 年 12 月、pp. 261–296.

1991 年

牧野信也「解説」『イスラーム思想史』中央公論社、1991 年 3 月、pp. 493–500.

大江健三郎「井筒宇宙の周縁で　『超越のことば』井筒俊彦を読む」『新潮』第 88 巻第 8 号、新潮社、1991 年 8 月、pp. 178–185.

川村湊「書評　文庫の地平線『イスラーム文化』岩波文庫」『東京人』第 47 号、都市出版、1991 年 9 月、pp. 148–149.

砂山清「AERA リポート　宮崎市定・井筒俊彦　全集になる「最後の大学者」2 人　活字離れ時代に挑戦する世界的スケールの東洋学」『AERA』第 45 号、朝日新聞社、1991 年 10 月、p. 73.

関根正雄「井筒俊彦氏のこと」『井筒俊彦著作集』第 1 巻月報第 1 回、中央公論社、1991 年 10 月、pp. 1–4.

中沢新一「創造の出発点」『井筒俊彦著作集』第 1 巻月報第 1 回、中央公論社、1991 年 10 月、pp. 5–8.

丸山圭三郎「書評　本　井筒哲学における東西の出会い『井筒俊彦著作集　第 1 巻』中央公論社」『新潮』第 88 巻第 12 号、新潮社、1991 年 12 月、pp. 268–271.

安岡章太郎「あの頃の井筒先生」『井筒俊彦著作集』第 8 巻月報第 2 回、中央公論社、1991 年 12 月、pp. 1–2.

日野啓三「言い難く豊かな砂漠の人」『井筒俊彦著作集』第 8 巻月報第 2 回、中央公論社、1991 年 12 月、pp. 3–5.

丸山圭三郎「〈読む〉ということ」『井筒俊彦著作集』第 8 巻月報第 2 回、中央公論社、1991 年 12 月、pp. 5–8.

1992 年

丸山圭三郎「二十一世紀の〈知〉にむけて」『生の円環運動』紀伊國屋書店、1992 年 2 月、pp. 214–273.
中村廣治郎「コーランと翻訳」『井筒俊彦著作集』第 7 巻月報第 3 回、中央公論社、1992 年 2 月、pp. 1–5.
立花隆「職業選択を誤らなかった話」『井筒俊彦著作集』第 7 巻月報第 3 回、中央公論社、1992 年 2 月、pp. 5–8.
森本和夫「書評　『神秘哲学』を読んで　『井筒俊彦著作集（1）神秘哲学』（デュアル・クリティック）」『早稲田文学』第 190 号、早稲田文学会、1992 年 3 月、pp. 62–66.
丹生谷貴志「書評　約束された往還　『井筒俊彦著作集（1）神秘哲学』（デュアル・クリティック）」『早稲田文学』第 190 号、早稲田文学会、1992 年 3 月、pp. 67–71.
河合隼雄「井筒哲学と心理療法」『井筒俊彦著作集』第 4 巻月報第 4 回、中央公論社、1992 年 4 月、pp. 1–2.
牧野信也「師としての井筒俊彦先生」『井筒俊彦著作集』第 4 巻月報第 4 回、中央公論社、1992 年 4 月、pp. 3–6.
村上博子「朝にも夕にも感謝を」『井筒俊彦著作集』第 4 巻月報第 4 回、中央公論社、1992 年 4 月、pp. 7–8.
江藤淳「井筒先生の言語学概論」『井筒俊彦著作集』第 3 巻月報第 5 回、中央公論社、1992 年 6 月 pp. 1–4.
白井浩司「時代への批判者」『井筒俊彦著作集』第 3 巻月報第 5 回、中央公論社、1992 年 6 月、pp. 5–7.
伊東俊太郎「井筒俊彦先生のこと」『井筒俊彦著作集』第 3 巻月報第 5 回、中央公論社、1992 年 6 月、pp. 7–8.
大橋良介「井筒哲学をどう読むか」『井筒俊彦著作集』第 9 巻月報第 6 回、中央公論社、1992 年 8 月、pp. 1–4.
山折哲雄「井筒訳『コーラン』の文体」『井筒俊彦著作集』第 9 巻月報第 6 回、中央公論社、1992 年 8 月、pp. 4–6.
松原秀一「つかずはなれず四十年」『井筒俊彦著作集』第 9 巻月報第 6 回、中央公論社、1992 年 8 月、pp. 7–8.
池田晶子「『意識と本質』を読む」『井筒俊彦著作集』第 6 巻月報第 7 回、中央公論社、1992 年 10 月、pp. 1–5.
矢島文夫「二つの切っ掛け」『井筒俊彦著作集』第 6 巻月報第 7 回、中央公論社、1992 年 10 月、pp. 5–6.
松長有慶「井筒のマンダラ学の炯眼」『井筒俊彦著作集』第 6 巻月報第 7 回、中央公論社、1992 年 10 月、pp. 6–8.
牧野信也「井筒哲学の特質をめぐって——その主題と方法」『慶應義塾大学言語文化研究所紀要』第 24 号、慶應義塾大学言語文化研究所、1992 年 12 月、pp. 49–57.
佐々木力「科学の深層構造」『井筒俊彦著作集』第 5 巻月報第 8 回、中央公論社、1992

年12月、pp. 1–5.
細萱秀太郎「「光源」としての井筒東洋哲学」『井筒俊彦著作集』第5巻月報第8回、中央公論社、1992年12月、pp. 5–7.
松本耿郎「井筒先生と『アラビア思想史』」『井筒俊彦著作集』第5巻月報第8回、中央公論社、1992年12月、pp. 7–8.

1993年

丸山圭三郎「今世紀の偉大な哲人——井筒俊彦先生を悼む」『朝日新聞東京』(朝)、1993年1月9日、p. 5.
河合隼雄「その碩学　筋金入りだった　井筒俊彦先生を悼む」『読売新聞東京』(夕)、1993年1月11日、p. 12.
砂山清「AERAリポート・追悼　イスラム学者逝く　30余国語駆使し東西の哲学を体系化　世界的碩学が7日、世を去った。78歳。その思想が求められる中で」『AERA』朝日新聞社、1993年1月19日、p. 62.
大江健三郎「(上) 東洋・西洋の統合　井筒俊彦氏　「森のバロック」」『朝日新聞東京』(夕)、1993年1月26日、p. 15.
井筒豊子「あとがきに代えて」『意識の形而上学——『大乗起信論』の哲学　東洋哲学覚書』中央公論社、1993年3月、pp. 186–197.
司馬遼太郎「アラベスク　　井筒俊彦氏を悼む」『中央公論』第108巻第4号、中央公論社、1993年3月、pp. 238–248.
中沢新一「歴史とトランス——井筒俊彦先生のしぐさの記憶」『中央公論 文芸特集』第10巻第1号、中央公論社、1993年3月、pp. 208–215.
牧野信也「師よ、永遠に生き給わんことを」『三田評論』第946号、慶應義塾大学出版会、1993年4月。
山内昌之「書評　意識の形而上学——『大乗起信論』の哲学　井筒俊彦著」『朝日新聞東京』(朝)、1993年4月11日、p. 10.
黒田壽郎「井筒先生のアラブ・イスラーム研究」『井筒俊彦著作集』第2巻月報第9回、中央公論社、1993年4月、pp. 1–4.
門脇佳吉「井筒先生の風貌と思想の源泉」『井筒俊彦著作集』第2巻月報第9回、中央公論社、1993年4月、pp. 5–7.
丸山圭三郎「追悼　井筒俊彦先生」『井筒俊彦著作集』第2巻月報第9回、中央公論社、1993年4月、pp. 7–8.
司馬遼太郎「アラベスク——井筒俊彦氏を悼む」『井筒俊彦著作集』第2巻月報特別付録、中央公論社、1993年4月、pp. 1–9.
柏木英彦「遠い日の井筒先生」『井筒俊彦著作集』第10巻月報第10回、中央公論社、1993年4月、pp. 1–2.
高木訷元「乾坤は經籍の箱」『井筒俊彦著作集』第10巻月報第10回、中央公論社、1993年4月、pp. 2–4.
今道友信「少年時からの展景の中で」『井筒俊彦著作集』第10巻月報第10回、中央公論社、1993年4月、pp. 4–6.
佐伯彰一「求む、井筒俊彦伝——ポリグロットの素顔」『井筒俊彦著作集』第10巻月報

第 10 回、中央公論社、1993 年 4 月、pp. 6–8.
柏木弘雄「意味分節理論と仏教学――井筒俊彦『意識の形而上学』を巡って」『日本仏教学会年報』第 59 号、日本仏教学会西部事務所、1993 年 5 月、pp. 297–308.
柳瀬睦男「井筒氏の思い出」『井筒俊彦著作集』第 11 巻月報第 11 回、中央公論社、1993 年 6 月、pp. 1–2.
プールジャヴァーディー、ナスロッラー「井筒先生との最後の会見（1）」岩見隆・松本耿郎共訳、『井筒俊彦著作集』第 11 巻月報第 11 回、中央公論社、1993 年 6 月、pp. 2–8.
長尾雅人「井筒さんの『起信論』哲学」『井筒俊彦著作集』別巻月報第 12 回、中央公論社、1993 年 8 月、pp. 1–5.
福永光司「井筒俊彦先生とわたくし」『井筒俊彦著作集』別巻月報第 12 回、中央公論社、1993 年 8 月、pp. 5–7.
森本公誠「井筒先生を東大寺にお迎えして」『井筒俊彦著作集』別巻月報第 12 回、中央公論社、1993 年 8 月、pp. 7–9.
プールジャヴァーディー、ナスロッラー「井筒先生との最後の会見（2）」岩見隆・松本耿郎共訳、『井筒俊彦著作集』別巻月報第 12 回、中央公論社、1993 年 8 月、pp. 9–12.
岩見隆編「著作目録」『井筒俊彦著作集』別巻、中央公論社、1993 年 8 月、pp. 401–414.
海野厚「書評『意識の形而上学――『大乗起信論』の哲学』井筒俊彦」『教養論叢』第 94 号、慶應義塾大学法学部法学研究会、1993 年 9 月、pp. 9–14.
松本健一「書評　日本がわかる 100 冊　近代日本の「知の遺産」　その国の言語を読むことから　井筒俊彦『イスラーム思想史』中央公論社」『月刊 ASAHI』朝日新聞社、1993 年 10 月、pp. 270–271.
竹下政孝「井筒俊彦のイスラーム学における業績」『イスラム世界』第 42 号、日本イスラム協会、1993 年 12 月、pp. 159–164.

1995 年

牧野信也「井筒俊彦」『AERA　MOOK　哲学がわかる』朝日新聞社、1995 年 2 月、pp. 154–155.
Aḥmad Ārām, "Muqaddimah-yi mutarjim", Tūshīhīkū Īzūtsū [Toshihiko Izutsu], *Khudā wa insān dar Qur'ān - Ma'nīshināsī-yi jahānbīnī-yi Qur'ānī*, Tihrān: Daftar-i Nashr-i Farhang-i Islāmī, 1374AHs[1995CE], pp. ix–xii.

1996 年

前田保「滝沢克己と井筒俊彦――その言語哲学の比較」『比較思想研究』第 23 号、大正大学、1996 年 3 月、pp. 91–97.

1998 年

鎌田繁「井筒俊彦」『岩波哲学・思想事典』廣松渉他編、岩波書店、1998 年 3 月、pp. 84–85.
松本耿郎「〈書評・新刊紹介〉*Consciousness and Reality, Studies in Memory of Toshihiko Izutsu.*

Edited by Sayyid Jalāl al-Dīn Āshtiyānī, Hideichi Matsubara, Takashi Iwami, Akiro Matsumoto. Iwanami Shoten, Publishers, Tokyo, 1998, p. 472：『意識と実在・井筒俊彦記念論集』」『キリスト教文化研究所紀要』第 14 巻第 1 号、英知大学、1998 年 3 月、pp. 219–223.

Lawson, Todd, "*Creation and the Timeless Order of Things: Essays in Islamic Mystical Philosophy*", *Journal of Ecumenical Studies*, Vol. 35, No. 1, Pennsylvania: University of Pennsylvania Press, 1998, p. 543.

Sayyid Jalāl al-Dīn Āshtiyānī, Hideichi Matsubara, Takashi Iwami, and Akiro Matsumoto (editors), *Consciousness and Reality : Studies in Memory of Toshihiko Izutsu*, Tokyo: Iwanami Shoten, 1998.

Nasr, Seyyed Hossein, "The Quranic Commentaries of Mullā Ṣadrā", *Consciousness and Reality: Studies in Memory of Toshihiko Izutsu*, Tokyo: Iwanami Shoten, 1998, pp. 45–58.

Ardalan, Nader, "The Paradise Garden Paradigm", *Consciousness and Reality: Studies in Memory of Toshihiko Izutsu*, Tokyo: Iwanami Shoten, 1998, pp. 97–127.

Jahanbakhsh, Forough, "The Pīr-Murīd Relationship in the Thought of 'Ayn al-Quḍāt Hamadānī ", *Consciousness and Reality: Studies in Memory of Toshihiko Izutsu*, Tokyo: Iwanami Shoten, 1998, pp. 129–147.

Taylor, Mark C., "Refiguring Postmodern Times", *Consciousness and Reality: Studies in Memory of Toshihiko Izutsu*, Tokyo: Iwanami Shoten, 1998, pp. 149–173.

Hillman, James, "In the Gardens : a Psychological Memoir", *Consciousness and Reality: Studies in Memory of Toshihiko Izutsu*, Tokyo: Iwanami Shoten, 1998, pp. 175–182.

Makino, Shinya, "On the Originality of 'IZUTSU' Oriental Philosophy", *Consciousness and Reality: Studies in Memory of Toshihiko Izutsu*, Tokyo: Iwanami Shoten, 1998, pp. 251–258.

Jambet, Christian, "Le Soufisme entre Louis Massignon et Henry Corbin", *Consciousness and Reality: Studies in Memory of Toshihiko Izutsu*, Tokyo: Iwanami Shoten, 1998, pp. 259–272.

Kamiya, Mikio, "La Révélation coranique et la Gnose islamique", *Consciousness and Reality: Studies in Memory of Toshihiko Izutsu*, Tokyo: Iwanami Shoten, 1998, pp. 273–283.

Pourjavady, Nasrollah, "Ḥallāj dar *Sawāniḥ*-i Aḥmad-i Ghazālī (Hallāj in the Sawānih of Ahmad Ghazālī)", *Consciousness and Reality: Studies in Memory of Toshihiko Izutsu*, Tokyo: Iwanami Shoten, 1998, pp. 285–294.

Sawai, Yoshitsugu, "The Structure of Consciousness in Śaṅkara's Philosophy", *Consciousness and Reality: Studies in Memory of Toshihiko Izutsu*, Tokyo: Iwanami Shoten, 1998, pp. 323–340.

Chittick, William C., "On Sufi Psychology: a Debate between the Soul and the Spirit", *Consciousness and Reality: Studies in Memory of Toshihiko Izutsu*, Tokyo: Iwanami Shoten, 1998, pp. 341–366.

Matsumoto, Akiro, "Unity of Ontology and Epistemology in Qaiṣarii's Philosophy", *Consciousness and Reality: Studies in Memory of Toshihiko Izutsu*, Tokyo: Iwanami Shoten, 1998, pp. 367–386.

Landolt, Hermann, "'Azīz-i Nasafī and the Essence-Existence Debate", *Consciousness and Reality: Studies in Memory of Toshihiko Izutsu*, Tokyo: Iwanami Shoten, 1998, pp. 387–395.

Kaviani, Shiva, "Suhrawardi, Philosopher or Mystic?: Golden Triangle of his Worldview", *Consciousness and Reality: Studies in Memory of Toshihiko Izutsu*, Tokyo: Iwanami Shoten, 1998, pp. 423–437.

Iwami,Takashi, "Bibliography of Toshihiko Izutsu's Writings", *Consciousness and Reality : Studies in Memory of Toshihiko Izutsu*, Iwanami Shoten, 1998, pp. 441–449.

Iwami,Takashi, "[Appendix] Catalogue of Lithographed Books of Iran in the Library of Toshihiko Izutsu", *Consciousness and Reality: Studies in Memory of Toshihiko Izutsu*, Iwanami Shoten, 1998, pp. 451–469.

1999 年

松原秀一「〈随筆〉井筒先生の書斎」『三田文学』第 78 巻第 59 号、三田文学会、1999 年 11 月、pp. 162–164.

2000 年

Muḥammad Jawād Gauharī, "Pīshguftār-i mutarjim", Tushihiku Izutsu [Toshihiko Izutsu], *Ṣūfīsm wa-tā'ū'īsm*, Tihrān: Intishārāt-i Rūzina, 1379 (First ed.1378) AHs [2000CE], pp. 11–16.

Sayyid Jalāl al-Dīn Āshtiyānī, Hideichi Matsubara, Takashi Iwami, and Akiro Matsumoto (editors), *Consciousness and Reality: Studies in Memory of Toshihiko Izutsu Studies*, (Islamic Philosophy, Theology and Science, Vol. 38), Leiden, The Netherlands: Brill, 2000. ※ 1998 年の井筒追悼論文集と同内容。

2001 年

池田晶子「情熱の形而上学」『意識の形而上学――東洋哲学覚書 『大乗起信論』の哲学』中央公論新社、2001 年 9 月、pp. 161–168.

西平直「東洋思想と人間形成――井筒俊彦の理論地平から」『教育哲学研究』第 84 号、教育哲学会、2001 年 11 月、pp. 19–37.

[Anjuman-i Āthār va Mafākhir-i Farhangī], *Zindigīnāmah va khidmāt-i 'ilmī va farhangī-yi Prūfisūr Tūshīhīkū Īzūtsū*, Tihrān: Anjuman-i Āthār va Mafākhir-i Farhangī, 20 Isfandmāh 1379AHs. (*Biography and Academic Life of the Late Toshihiko Izutsu 1914-1993*, Tehran: Society for the Appreciation of Cultural Works and Dignitaries, March 2001)

Muḥaqqiq, Mahdī [Mehdi Mohaghegh], "Āftāb-i khāvarī: Tūshīhīkū Īzūtsū, *Zindigīnāmah va khidmāt-i 'ilmī va farhangī-yi PrūfisūrTūshīhīkū Īzūtsū*, Tihrān: Anjuman-i Āthār va Mafākhir-i Farhangī, 20 Isfandmāh 1379AHs, 1914–1993", pp. 7–32.

Pūrjavādī, Naṣrullāh [Nasrollah Pourjavady], "Ākharīn dīdār bā Prūfisūr Īzūtsū", *Zindigīnāmah va khidmāt-i 'ilmī va farhangī-yi PrūfisūrTūshīhīkū Īzūtsū*, Tihrān: Anjuman-i Āthār va Mafākhir-i Farhangī, 20 Isfandmāh 1379AHs, pp. 33–58.

Khurramshāhī, Bahā' al-Dīn, "Darguzasht-i Prūfisūr Īzūtsū", *Zindigīnāmah va khidmāt-i 'ilmī va farhangī-yi PrūfisūrTūshīhīkū Īzūtsū*, Tihrān: Anjuman-i Āthār va Mafākhir-i Farhangī, 20 Isfandmāh 1379AHs, pp. 59–64.

Anṣārī, Nūshāfarīn, "Dar sūk-i islāmshinās-i purāvāza-yi sharq: Tūshīhīkū Īzūtsū ,191–1993", *Zindigīnāmah va khidmāt-i 'ilmī va farhangī-yi PrūfisūrTūshīhīkū Īzūtsū*, Tihrān: Anjuman-i Āthār va Mafākhir-i Farhangī, 20 Isfandmāh 1379AHs, pp. 65–74.

[anonymous], "Īzūtsū ham raft", *Zindigīnāmah va khidmāt-i 'ilmī va farhangī-yi PrūfisūrTūshīhīkū Īzūtsū*, Tihrān: Anjuman-i Āthār va Mafākhir-i Farhangī, 20 Isfandmāh 1379AHs., pp. 75–88.

[anonymous], "Kitābshināsī-yi āthār-i Prūfisūr Tūshīhīkū Īzūtsū", *Zindigīnāmah va khidmāt-i 'ilmī va farhangī-yi PrūfisūrTūshīhīkū Īzūtsū*, Tihrān: Anjuman-i Āthār va Mafākhir-i Farhangī, 20 Isfandmāh 1379AHs., pp. 89–97.

Landolt, Hermann, "Remembering Toshihiko Izutsu", *Zindigīnāmah va khidmāt-i 'ilmī va farhangī-yi PrūfisūrTūshīhīkū Īzūtsū*, Tihrān: Anjuman-i Āthār va Mafākhir-i Farhangī, 20 Isfandmāh 1379AHs, pp. 1–11.

2002年

山内昌之「東洋哲学の視座を得る」『読売新聞東京』(朝)、2002年4月22日、p. 9.

山内継祐「「もう一つの一神教」理解のヒント——コーラン邦語訳で知られる泰斗・井筒俊彦氏の遺作に学ぶ勉強会サブノートから」『福音と社会』第41巻第3号、カトリック社会問題研究所、2002年6月、pp. 14–29.

松原秀一・澤井義次「〈KEIO Report〉井筒俊彦『老子』(英訳)の出版——「井筒ライブラリー・東洋哲学」第一巻の刊行に寄せて」『三田評論』第1048号、慶應義塾大学出版会、2002年7月、pp. 106–107.

［無署名］「BOOKS 熟読・斜読・積読『マホメット』井筒俊彦著——世界を揺るがし続ける沙漠の宗教の誕生」『ベルダ』第8巻第8号、ベストブック、2002年8月、p. 73.

慶應義塾図書館編『井筒俊彦文庫目録 アラビア語・ペルシア語図書の部』／『和漢書・洋書の部』慶應義塾図書館、2002年10月。

2003年

西平直「「無の思想」と子ども——「無の思想」を「教育の問い」の前に連れ出す試み ("No–Boundary" and "Childhood")」『近代教育フォーラム』第12巻、教育思想史学会、2003年9月、pp. 1–12. ※報告論文 Forum 1 人間形成における垂直軸の問題。

岡部美香「「非有」という視座」『近代教育フォーラム』第12巻、教育思想史学会、2003年9月、pp. 21–28. ※コメント論文 Forum 1 人間形成における垂直軸の問題。

江島宏隆「言語脱落と本質言語——井筒俊彦の「東洋哲学」とマラルメ」『奥羽大学文学部紀要』第15号、奥羽大学文学部、2003年12月、pp. 77–88.

Keio University Library, ed., *Catalog of the Arabic and Persian books in the Library of Toshihiko Izutsu*, Tokyo: Keio University Library, 2003.

2004年

野元晋「『井筒俊彦文庫目録 アラビア語・ペルシア語図書の部』の出版」『オリエント』第47巻第1号、日本オリエント学会、2004年9月、pp. 164–169.

平尾行藏「資料紹介 慶應義塾図書館編・刊(非売品)『井筒俊彦文庫目録 和漢書・洋書の部(稿)』(2002年3月,[6], 313p)『井筒俊彦文庫目録 アラビア語・ペルシア語の部』(2003年10月, 19,470p)」『Medianet』第11号、慶應義塾大学メディアセンター本部、2004年10月、p. 74.

新田義弘「知の自証性と世界の開現性——西田と井筒」『思想』第968号、岩波書店、2004年12月、pp. 4–22.

永井晋「イマジナルの現象学」『思想』第 968 号、岩波書店、2004 年 12 月、pp. 23–39.
Schmidtke, Sabine, "*Consciousness and Reality: Studies in Memory of Toshihiko Izutsu*", *Der Islam*, Vol. 81, No. 2, Berlin: Walter de Gruyter GmbH, 2004, pp. 380–381.

2005 年

鎌田繁「井筒俊彦」、『現代宗教事典』井上順孝編、弘文堂、2005 年 1 月、pp. 30–31.
安藤礼二「『意識と本質』(1983) 井筒俊彦 (1914–1993)——意味の深みへの探究」『現代思想』第 33 巻第 7 号、青土社、2005 年 6 月、pp. 210–213.
安藤礼二「イデアの戦争——イラン革命から第二次世界大戦へ」『インターコミュニケーション』第 54 号、インターコミュニケーション、2005 年 8 月、pp. 70–76.

2006 年

西村正身「井筒俊彦『アラビア語入門』のための付録」『作新学院大学紀要』第 16 号、作新学院大学、2006 年 3 月、pp. 21–119.
安藤礼二「大東亜共栄圏の哲学——大川周明と井筒俊彦」『アソシエ = Associé』第 17 号、御茶の水書房、2006 年 6 月、pp. 111–125.
安藤礼二「光の思想誌　第 1 回　百年の孤独」『大航海』第 59 号、新書館、2006 年 6 月、pp. 18–26.
安藤礼二「光の思想誌　第 2 回　元素のディオニュソス」『大航海』第 60 号、新書館、2006 年 9 月、pp. 172–184.
澤井義次「新たな生命倫理への宗教学的視座」『宗教研究』第 80 巻第 2 号、日本宗教学会、2006 年 9 月、pp. 247–266.

2007 年

安藤礼二「光の思想誌　第 3 回　東方哲学 (1)」『大航海』第 61 号、新書館、2007 年 1 月、pp. 23–29.
永井晋「イマジナルの現象学」『現象学の転回——「顕現しないもの」に向けて』知泉書館、2007 年 3 月、pp. 157–184.
安藤礼二「光の思想誌　第 4 回　東方哲学 (2)」『大航海』第 62 号、新書館、2007 年 4 月、pp. 201–207.
木田元「学び直す人のための教養案内　哲学の醍醐味が味わえる 20 冊」『中央公論』第 122 巻第 5 号、中央公論新社、2007 年 5 月、pp. 184–197.
安藤礼二「光の思想誌　第 5 回　光と精霊の神学」『大航海』第 63 号、新書館、2007 年 7 月、pp. 22–28.
池内恵「井筒俊彦の主要著作に見る日本的イスラーム理解」『日本研究』第 36 号、国際日本文化研究センター、2007 年 9 月、pp. 109–120.
安藤礼二「光の思想誌　第 6 回　黙示録の獣 (1)」『大航海』第 64 号、新書館、2007 年 10 月、pp. 188–195.
池内恵「井筒俊彦のイスラーム思想史叙述の特徴——日本的イスラーム理解に及ぼした影響」『Cairo Conference on Japanese Studies　カイロ・シンポジウム (2006)』国際日本文化研究センター、2007 年 12 月、pp. 173–181.

al-Jihād, Hilāl Muḥammad, “Muqaddima al-mutarjim”, Tūshīhīkū Īzūtsū, *Allāh wa-al-insān fī al-Qur'ān - 'Ilm dalāla al-ru'ya al-Qur'āniyya li-al-'ālam*, Bayrūt: al-Manẓama al-'Arabiyya li-al-Tarjama, 2007, pp. 9–18.

Arif, Syamsuddin, “Preserving the Semantic Structure of Islamic Key Terms and Concepts: Izutsu, al-Attas, and al-Raghib al-Isfahani”, *Islam & Science*, Vol. 5, No. 2, Pakistan: Center for Islam & Science, 2007, p. 107.

2008 年

安藤礼二「第 5 章 戦争——井筒俊彦論」『近代論——危機の時代のアルシーヴ』NTT 出版、2008 年 1 月、pp. 239–285.

安藤礼二「光の思想誌　第 7 回　黙示録の獣（2）」『大航海』第 65 号、新書館、2008 年 1 月、pp. 167–173.

鈴木孝夫・田中克彦「第 1 章 回想の言語学者たち」『言語学が輝いていた時代』岩波書店、2008 年 1 月、pp. 1–68.

安藤礼二「光の思想誌　第 8 回　預言者的実存（1）」『大航海』第 66 号、新書館、2008 年 4 月、pp. 205–211.

安藤礼二「光の思想誌　第 9 回　預言者的実存（2）」『大航海』第 67 号、新書館、2008 年 7 月、pp. 191–197.

松原秀一「東洋哲学と西洋哲学の統合」『交詢雑誌』No.520、2008 年 9 月、pp. 6 27.

若松英輔「小林秀雄と井筒俊彦——神秘的人間とその系譜」『三田文学』第 87 巻第 95 号、三田文学会、2008 年 10 月、pp. 76–138.

Sawai, Yoshitsugu, “Editor's Essay: Izutsu's Creative ‘Reading’ of Oriental Thought and Its Development”, *The Structure of Oriental Philosophy : Collected Papers of the Eranos Conference*, Vol. 2, Tokyo: Keio University Press, 2008, pp. 215–223.

2009 年

安藤礼二「光の思想誌　第 10 回　光の高原（Ⅰ）」『大航海』第 69 号、新書館、2009 年 1 月、pp. 170–177.

若松英輔「井筒俊彦——東洋への道程（イチネラリウム）」『三田文学』第 88 巻第 96 号、三田文学会、2009 年 1 月、pp. 104–122.

安藤礼二「井筒俊彦の起源——西脇順三郎と折口信夫」『三田文学』第 88 巻第 96 号、三田文学会、2009 年 1 月、pp. 124–131.

神谷幹夫「井筒俊彦の「ことば」とともに——「現実」は一つのテクストだ」『三田文学』第 88 巻第 96 号、三田文学会、2009 年 1 月、pp. 154–162.

山折哲雄「「ラカン」変奏」『三田文学』第 88 巻第 96 号、三田文学会、2009 年 1 月、pp. 164–166.

高橋巖「井筒俊彦先生のこと」『三田文学』第 88 巻第 96 号、三田文学会、2009 年 1 月、pp. 166–168.

松原秀一「井筒さんの渋い顔」『三田文学』第 88 巻第 96 号、三田文学会、2009 年 1 月、pp. 168–173.

湯川豊「井筒「伝説」に魅せられて」『三田文学』第 88 巻第 96 号、三田文学会、2009

年 1 月、pp. 173–175.
高山鉄男「パリの井筒先生」『三田文学』第 88 巻第 96 号、三田文学会、2009 年 1 月、pp. 175–177.
澤井真「井筒俊彦のクルアーン解釈における “din” の概念」『文化』第 72 巻第 3–4 号、東北大学文学会、2009 年 3 月、pp. 153–171.
安藤礼二「光の思想誌　第 11 回　光の光原（II）」『大航海』第 70 号、新書館、2009 年 4 月、pp. 169–175.
池内恵「井筒俊彦の日本的イスラーム論」『アステイオン』第 70 号、阪急コミュニケーションズ、2009 年 4 月、pp. 172–179.
鈴木孝夫「日本人は本が好き　読書と翻訳の罠」『文藝春秋 special』第 3 巻第 2 号、文藝春秋、2009 年 4 月、pp. 118–123.
若松英輔「井筒俊彦——存在と神秘の形而上学（新連載・第 1 回）詩人哲学者の誕生」『三田文学』第 88 巻第 97 号、三田文学会、2009 年 4 月、pp. 174–194.
安藤礼二「光の思想誌　第 12 回・最終回　意味の深みへ」『大航海』第 71 号、新書館、2009 年 7 月、pp. 164–173.
小野純一「無底の底：顕現と非顕現の根拠をめぐって」『知のエクスプロージョン——東洋と西洋の交差』司馬春英・渡辺明照編、北樹出版、2009 年 8 月、pp. 52–62.
若松英輔「井筒俊彦——存在とコトバの神秘哲学（第 3 回）」『三田文学』第 88 巻第 99 号、三田文学会、2009 年 10 月、pp. 190–215.
若松英輔「解説　詩と哲学の間——井筒俊彦の境涯」『読むと書く 井筒俊彦エッセイ集』慶應義塾大学出版会、2009 年 10 月、pp. 605–622.
小杉泰「書評『読むと書く　井筒俊彦エッセイ集』井筒俊彦著　古今の哲学者と語った知的遍歴」『朝日新聞』(朝)、2009 年 11 月 22 日、p. 15.
新田義弘「知の自証性と世界の開現性——西田幾多郎と井筒俊彦」『思惟の道としての現象学——超越論的媒体性と哲学の新たな方向』トランスビュー、2009 年 12 月、pp. 143–176.
満原健「意味の発生の理論としての井筒俊彦分節理論」『日本の哲学』第 10 号、昭和堂、2009 年 12 月、pp. 103–116.
Sawai, Yoshitsugu, “The Structure of Reality in Izutsu's Oriental Philosophy”, *Intellectual Discourse*, Vol. 17, No. 2, Malaysia: International Islamic University Malaysia Research Centre, 2009, pp. 129–145.
Nakamura, Kojiro, “The Significance of Toshihiko Izutsu's Legacy for Comparative Religion”, *Intellectual Discourse*, Vol. 17, No. 2, Malaysia: International Islamic University Malaysia Research Centre, 2009, pp. 147–158.
Kamada, Shigeru, “The Place of Mullā Sadrā's *Kitāb Al-Mashā'ir* in Izutsu's Philosophy”, *Intellectual Discourse*, Vol. 17, No. 2, Malaysia: International Islamic University Malaysia Research Centre, 2009, pp. 159–172.
Mohamed Aslam Haneef and Hafas Furqani, “Developing the Ethical Foundations of Islamic Economics: Benefitting from Toshihiko Izutsu”, *Intellectual Discourse*, Vol. 17, No. 2, Malaysia: International Islamic University Malaysia Research Centre, 2009, pp. 173–199.

2010年

若松英輔「井筒俊彦――存在とコトバの神秘哲学（第4回）ある同時代人と預言者論」『三田文学』第89巻第100号、三田文学会、2010年1月、pp. 134–155.

六光寺弦「書評　書物の森　井筒俊彦『読むと書く　井筒俊彦エッセイ集』慶應義塾大学出版会　視野の幅広さと先見性」『新潮45』第29巻第2号、新潮社、2010年2月、pp. 238–239.

中村廣治郎「フリッチョフ・シュオンと井筒俊彦」『宗教研究』第83巻第4号、日本宗教学会、2010年3月、pp. 1422–1423.

若松英輔「井筒俊彦――存在とコトバの神秘哲学（第5回）聖なるもの」『三田文学』第89巻第102号、三田文学会、2010年7月、pp. 186–208.

若松英輔「井筒俊彦と白川静 コトバ、あるいは文字」『月刊百科』第574号、平凡社、2010年8月、pp. 4–9.

若松英輔「井筒俊彦――存在とコトバの神秘哲学（最終回）言語学概論」『三田文学』第89巻第103号、三田文学会、2010年10月、pp. 118–139.

堀江聡「解題」『神秘哲学　ギリシアの部』慶應義塾大学出版会、2010年12月、pp. 527–537.

坂本勉「イスラーム学事始めの頃の井筒俊彦」『史学』第79巻第4号、三田史学会、2010年12月、pp. 422–438.

杉田英明「前嶋信次『アラビアン・ナイト』原典訳への道」『史学』第79巻第4号、三田史学会、2010年12月、pp. 439–452.

家島彦一「いま、なぜ前嶋信次と井筒俊彦か」『史学』第79巻第4号、三田史学会、2010年12月、pp. 453–461.

Ueno, Toshiya, "The Theory of Semantic Articulation in Izutsu Toshihiko's Philosophy", *The Bulletin of the Faculty of Representational Studies*, Vol. 11, Tokyo: Wako University. Faculty of Representational Studies, 2010, pp. 23–40.

Thoha, Anis Malik, and others, *Japanese Contribution to Islamic Studies: The legacy of Toshihiko Izutsu Interpreted*, Kuala Lumpur: International Islamic University Malaysia Press, 2010.

Sawai, Yoshitsugu, "The Structure of Reality in Izutsu's Oriental Philosophy", *Japanese Contribution to Islamic Studies: The Legacy of Toshihiko Izutsu Interpreted*, Kuala Lumpur: International Islamic University Malaysia Press, 2010, pp. 1–16.

Abdul Kabir Hussain Solihu, "The Linguistic Construction of Reality: Izutsu's Semantic Hermeneutics of the Qur'ānic *Weltanschauung*", *Japanese Contribution to Islamic Studies: The legacy of Toshihiko Izutsu Interpreted*, Kuala Lumpur: International Islamic University Malaysia Press, 2010, pp. 17–40.

Kamada, Shigeru, "The Place of Mullā Sadrā's *Kitāb Al-Mashā'ir* in Izutsu's Philosophy", *Japanese Contribution to Islamic Studies: The legacy of Toshihiko Izutsu Interpreted*, Kuala Lumpur: International Islamic University Malaysia Press, 2010, pp. 41–52.

Halil Rahman Açar, "Qur'ānic Worldview Deserves More Research", *Japanese Contribution to Islamic Studies: The legacy of Toshihiko Izutsu Interpreted*, Kuala Lumpur: International Islamic University Malaysia Press, 2010, pp. 53–62.

Janan Izadi and Ahad Faramarz Gharamaleki, "Reconsidering Izutsu in a Post-Postmodern

Framework", *Japanese Contribution to Islamic Studies: The legacy of Toshihiko Izutsu Interpreted*, Kuala Lumpur: International Islamic University Malaysia Press, 2010, pp. 63–76.

Muḥammad ibn Naṣr [Mohamed Ben Nasr], "Manhaj al-baḥth al-dalālī fī dirāsāt Īzūtsū al-Qur'āniyya wa al-ṣūfiyya (Semantic Methodology in Izutsu's Qur'anic and Sufistic Studies)", *Japanese Contribution to Islamic Studies: The legacy of Toshihiko Izutsu Interpreted*, Kuala Lumpur: International Islamic University Malaysia Press, 2010, pp. 77–98.

Sawai, Makoto, "Izutsu's Hermeneutical Perspectives of the Qur'ānic Interpretation", *Japanese Contribution to Islamic Studies: The legacy of Toshihiko Izutsu Interpreted*, Kuala Lumpur: International Islamic University Malaysia Press, 2010, pp. 99–110.

'Aliyya Riḍā Dād[Aliyya Reza Dad], "Ẓāhirat al-tarāduf bayn al-mufradāt al-Qur'āniyya fī ārā'i Tūshīhīkū Īzūtsū (The Phenomenon of Synonymy between the Qur'anic Vocabularies in Toshihiko Izutsu's Thoughts)", *Japanese Contribution to Islamic Studies: The legacy of Toshihiko Izutsu Interpreted*, Kuala Lumpur: International Islamic University Malaysia Press, 2010, pp. 111–136.

Ibrahim Abu Bakar, "God and Man in the Works of Toshihiko Izutsu", *Japanese Contribution to Islamic Studies: The legacy of Toshihiko Izutsu Interpreted*, Kuala Lumpur: International Islamic University Malaysia Press, 2010, pp. 137–156.

Rizvi, Sajjad H., "Communicating Pure Consciousness Events: Using Izutsu to Address a Problem in the Philosophy of Mysticism", *Japanese Contribution to Islamic Studies: The legacy of Toshihiko Izutsu Interpreted*, Kuala Lumpur: International Islamic University Malaysia Press, 2010, pp. 157–170.

Nakamura, Kojiro, "The Significance of Izutsu's Legacy for Comparative Religion", *Japanese Contribution to Islamic Studies: The legacy of Toshihiko Izutsu Interpreted*, Kuala Lumpur: International Islamic University Malaysia Press, 2010, pp. 171–180.

Thoha, Anis Malik, "Izutsu's Approach to the Comparative Study of Religions: An Assessment of His Sufism and Taoism", *Japanese Contribution to Islamic Studies: The legacy of Toshihiko Izutsu Interpreted*, Kuala Lumpur: International Islamic University Malaysia Press, 2010, pp. 181–190.

Ibrahim Shogar, "Ethical Discourse in the Qur'ān: An Analytical Study of the Term Hudā in Izutsu's Conceptualization", *Japanese Contribution to Islamic Studies: The legacy of Toshihiko Izutsu Interpreted*, Kuala Lumpur: International Islamic University Malaysia Press, 2010, pp. 191–206.

Hafas Furqani and Mohamed Aslam Haneef, "Developing the Ethical Foundations of Islamic Economics: Toshihiko Izutsu's Approach and Contribution", *Japanese Contribution to Islamic Studies: The legacy of Toshihiko Izutsu Interpreted*, Kuala Lumpur: International Islamic University Malaysia Press, 2010, pp. 207–228.

al-'Ākūb, 'Īsā 'Alī [Eisa Ali Al-Akoub], "Marji'iyyāt taqrīr al-mafhūm 'ind al-Ustādh Īzūtsū: Mafhūm "Allāh" namūdhajan (References of Establishing the Concept according to Professor Izutsu: The Concept "Allāh" as an Example)", *Japanese Contribution to Islamic Studies: The legacy of Toshihiko Izutsu Interpreted*, Kuala Lumpur: International Islamic University Malaysia Press, 2010, pp. 229–250.

Ahmad Moyi Gada and Isa Muhammad Maishanu, "An Assessment of Izutsu's Understanding of

the Concept of Allāh in His *God and Man in the Qur'an*", *Japanese Contribution to Islamic Studies: The legacy of Toshihiko Izutsu Interpreted*, Kuala Lumpur: International Islamic University Malaysia Press, 2010, pp. 251–262.

Atalay, Mehmet, "Between Orientalism and Islam: Shortcomings of Toshihiko Izutsu", *Japanese Contribution to Islamic Studies: The legacy of Toshihiko Izutsu Interpreted*, Kuala Lumpur: International Islamic University Malaysia Press, 2010, pp. 263–276.

Hussain Othman, "Unveiling the Concept of Man and Universe in the Classical Malay Islamic Texts. Using Izutsu's Approach", *Japanese Contribution to Islamic Studies: The legacy of Toshihiko Izutsu Interpreted*, Kuala Lumpur: International Islamic University Malaysia Press, 2010, pp. 277–292.

Gökkir, Necmettin, "The Legacy of Toshihiko Izutsu in Turkey: Application of Semantics in Contemporary Qur'anic Studies", *Japanese Contribution to Islamic Studies: The legacy of Toshihiko Izutsu Interpreted*, Kuala Lumpur: International Islamic University Malaysia Press, 2010, pp. 293–306.

2011年

東アジア出版人会議編「書評　井筒俊彦『意識と本質――精神的東洋を求めて』」『東アジア人文書100』みすず書房、2011年1月、pp. 262–263.

鎌田繁「解題」『アラビア哲学　回教哲学』慶應義塾大学出版会、2011年2月、pp. 247–264.

満原健「井筒の意識論」『北陸宗教文化』第24号、北陸宗教文化学会、2011年3月、pp. 73–89.

安藤礼二「雑報　5回　偶然」『文学界』第65巻第5号、文藝春秋、2011年5月、pp. 250–258.

六光寺弦「書評　書物の森　井筒俊彦『アラビア哲学　回教哲学』慶應義塾大学出版会　初期イスラム思想の発展を辿る」『新潮45』第30巻第5号、新潮社、2011年5月、pp. 194–195.

若松英輔『井筒俊彦　叡知の哲学』慶應義塾大学出版会、2011年5月。

中島岳志「書評　井筒俊彦　叡知の哲学　若松英輔著　思想界の巨人、「神」への対話」『朝日新聞』(朝)、2011年6月19日、p. 15.

安藤礼二「書評　井筒俊彦、徹底的に「読む」人の創造的営為――若松英輔著」『日本経済新聞』(朝)、2011年7月3日、p. 20.

神谷幹夫「書評　若松英輔『井筒俊彦――叡知の哲学』」『三田文学』第90巻第106号、三田文学会、2011年7月、pp. 236–238.

亀山郁夫「解題」『露西亜文学』慶應義塾大学出版会、2011年7月、pp. 243–261.

中西寛「書評　Book Review　若松英輔『井筒俊彦　叡知の哲学』慶應義塾大学出版会　知られざる知の巨人、初の本格評伝」『週刊エコノミスト』2011年8月9日号、毎日新聞社、2011年8月、p. 58.

若松英輔「実在論――越知保夫と井筒俊彦」『神秘の夜の旅』トランスビュー、2011年8月、pp. 110–144.

安藤礼二「大いなる森の人――大江健三郎論」『早稲田文学』第4号、早稲田文学会、

2011年9月、pp. 230–239.

2012年

高橋巖・若松英輔「対談　死者、この不可視な実在——井筒俊彦をめぐって」『三田文学』第91巻第108号、三田文学会、2012年1月、pp. 100–120.

葛西賢太「井筒俊彦の瞑想体験と東西思想の比較研究」『宗教研究』第85巻第4号、日本宗教学会、2012年3月、pp. 962–964.

澤井義次「井筒俊彦の神秘主義論とその意味構造」『宗教研究』第85巻第4号、日本宗教学会、2012年3月、pp. 1159–1160.

安藤礼二「表現のゼロ地点へ　三島由紀夫、大江健三郎、村上春樹と神秘哲学」『文学界』第66巻第7号、文藝春秋、2012年7月、pp. 160–197.

得丸公明「井筒俊彦「分節」概念の誤り訂正と鈴木言語学の発展的継承」『鈴木孝夫の世界——ことば・文化・自然』第4集、鈴木孝夫研究会編、冨山房インターナショナル、2012年10月。

坂本勉・松原秀一編『井筒俊彦とイスラーム——回想と書評』慶應義塾大学出版会、2012年10月。

坂本勉「序——イスラーム学事始めの頃の井筒俊彦」『井筒俊彦とイスラーム——回想と書評』、慶應義塾大学出版会、2012年10月、pp. 1–44.

黒田壽郎・インタビュアー：湯川武「多元的文化への偏見のない関心——井筒俊彦を引き継ぐために」『井筒俊彦とイスラーム——回想と書評』慶應義塾大学出版会、2012年10月、pp. 47–80.

岩見隆・インタビュアー：高田康一・尾崎貴久子「鎌倉、軽井沢、テヘラン」『井筒俊彦とイスラーム——回想と書評』、慶應義塾大学出版会、2012年10月、pp. 81–136.

松本耿郎・インタビュアー：野元晋「共生の思想を模索する　」『井筒俊彦とイスラーム——回想と書評』慶應義塾大学出版会、2012年10月、pp. 137–187.

ランドルト、ヘルマン、インタビュアー・翻訳：野元晋「井筒俊彦の知を求める旅——モントリオール、エラノス会議、そしてテヘラン」『井筒俊彦とイスラーム——回想と書評』、慶應義塾大学出版会、2012年10月、pp. 189–239.

鈴木孝夫・インタビュアー：松原秀一「井筒俊彦の本質直観」『井筒俊彦とイスラーム——回想と書評』、慶應義塾大学出版会、2012年10月、pp. 241–293.

大河原知樹「『アラビア語入門』——「井筒言語学」の曙光」『井筒俊彦とイスラーム——回想と書評』慶應義塾大学出版会、2012年10月、pp. 297–309.

後藤明「『イスラーム生誕』——ムハンマド伝をめぐって」『井筒俊彦とイスラーム——回想と書評』慶應義塾大学出版会、2012年10月、pp. 311–320.

大川玲子「『コーラン』と『コーランを読む』——コトバの深奥へ」『井筒俊彦とイスラーム——回想と書評』慶應義塾大学出版会、2012年10月、pp. 321–331.

牧野信也「『意味の構造』——意味論的分析によるクルアーン読解」『井筒俊彦とイスラーム——回想と書評』慶應義塾大学出版会、2012年10月、pp. 332–342.

長谷部史彦「『イスラーム文化』——雄弁な啓蒙と呑み込まれた言葉」『井筒俊彦とイスラーム——回想と書評』慶應義塾大学出版会、2012年10月、pp. 343–348.

塩尻和子「『イスラーム思想史』——沙漠の思想か共生の思想か」『井筒俊彦とイスラー

ム――回想と書評』慶應義塾大学出版会、2012年10月、pp. 349–360.
野元晋「『イスラーム哲学の原像』――神秘主義と哲学の融合、そして「東洋」をめぐって」『井筒俊彦とイスラーム――回想と書評』慶應義塾大学出版会、2012年10月、pp. 361–377.
鎌田繁「『存在認識の道』井筒東洋哲学を支えるもの」『井筒俊彦とイスラーム――回想と書評』慶應義塾大学出版会、2012年10月、pp. 379–388.
藤井守男「『ルーミー語録』――その意義をめぐって」『井筒俊彦とイスラーム――回想と書評』慶應義塾大学出版会、2012年10月、pp. 389–398.
谷寿美「『ロシア的人間』――全一的双面性の洞見者」『井筒俊彦とイスラーム――回想と書評』慶應義塾大学出版会、2012年10月、pp. 399–414.
市川裕「『超越のことば』――自我滅却の哲学のゆくえ」『井筒俊彦とイスラーム――回想と書評』慶應義塾大学出版会、2012年10月、pp. 415–424.
若松英輔「『神秘哲学』と『意識と本質』――二つの主著」『井筒俊彦とイスラーム――回想と書評』慶應義塾大学出版会、2012年10月、pp. 425–441.
若松英輔「「死者論」を読む」『死者との対話』、トランスビュー、2012年11月、pp. 88–91.
内記洸「表現についての試論――井筒俊彦『意識と本質』から見る親鸞」『現代と親鸞』第25号、親鸞仏教センター、2012年12月、pp. 31–66.
Albayrak, İsmail, “The Reception of Toshihiko Izutsu's Qur'anic Studies in the Muslim World: With Special Reference to Turkish Qur'anic Scholarship”, *Journal of Qur'anic Studies*, Vol. 14, No. 1, Edinburgh: Edinburgh University Press, 2012, pp. 73–76.
Ueno, Toshiya, “Toward a Trans-Local Encounter within Philosophy: Gilles Deleuze and Toshihiko Izutsu”, *The Bulletin of the Faculty of Representational Studies*, Vol. 13, Tokyo: Wako University. Faculty of Representational Studies, 2012, pp. 27–40.

2013年

濵田恂子「第四章　第二世代・理性から感性へ　第1節　比較哲学の試み――川田熊太郎、中村元、井筒俊彦」『入門近代日本思想史』筑摩書房、2013年2月、pp. 258–272.
若松英輔「解説　「読む」という秘儀――内的テクストの顕現」『『コーラン』を読む』、岩波書店、2013年2月、pp. 401–412。
北尾克三郎「井筒俊彦と空海――言語哲学の接点」『密教メッセージ』第18号、密教21フォーラム事務局、2013年3月、pp. 41–53.
ロペス・パソス、ファン・ホセ「井筒俊彦においての禅思想とその理解」『宗教研究』第86巻第4号、日本宗教学会、2013年3月、pp. 1061–1062.
師茂樹「井筒俊彦の「深層意識的言語哲学」をめぐって」『Samgha Japan』第13号、サンガ、2013年3月、pp. 129–139.
若松英輔「東洋論――中村元と井筒俊彦」『比較思想研究』第40号、比較思想学会、2013年3月、pp. 18–27.
山村修「アラビア語とイスラームとの切っても切れぬ関係――井筒俊彦『イスラーム生誕』」『〈狐〉が選んだ入門書』筑摩書房、2013年7月、pp. 172–179.
立花隆「回教という宗教の秘密＝音楽性 」『井筒俊彦全集』第1巻月報第1号、慶應義

塾大学出版会、2013 年 9 月、pp. 1–3.
中沢新一「馬上の若武者」『井筒俊彦全集』第 1 巻月報第 1 号、慶應義塾大学出版会、2013 年 9 月、pp. 4–5.
中村廣治郎「私の井筒俊彦先生」『井筒俊彦全集』第 1 巻月報第 1 号、慶應義塾大学出版会、2013 年 9 月、pp. 6–8.
若松英輔「中東の動乱×井筒俊彦」『読売新聞東京』(朝)、2013 年 10 月 8 日、文化欄。
安藤礼二「ディオニュソス的人間の肖像 」『井筒俊彦全集』第 2 巻月報第 2 号、慶應義塾大学出版会、2013 年 10 月、pp. 1–3.
高橋巖「向上道と向下道」『井筒俊彦全集』第 2 巻月報第 2 号、慶應義塾大学出版会、2013 年 10 月、pp. 4–6.
納富信留「プラトンの神秘道――井筒の「東洋」発見」『井筒俊彦全集』第 2 巻月報第 2 号、慶應義塾大学出版会、2013 年 10 月、pp. 6–8.
若松英輔「さまざまなる「東洋」――岡倉天心と井筒俊彦」『岡倉天心『茶の本』を読む』岩波書店、2013 年 12 月、pp. 163–192.

2014 年

西平直「II 禅の無心　第五章　井筒俊彦の禅哲学――禅の無心の哲学的検討」『無心のダイナミズム――「しなやかさ」の系譜』岩波書店、2014 年 1 月、pp. 58–108.
野平宗弘「解題」『禅仏教の哲学に向けて』ぷねうま舎、2014 年 1 月、pp. 343–357.
野元晋「井筒俊彦の歿後二十年と生誕百年に――『井筒俊彦全集』の刊行に寄せて」『三田評論』第 1174 号、慶應義塾大学出版会、2014 年 1 月、pp. 98–109.
頼住光子「解説　井筒俊彦と禅仏教の思想」『禅仏教の哲学に向けて』ぷねうま舎、2014 年 1 月、pp. 359–370.
山城むつみ「人が死ぬ、そこに草が生える、それだけ」『井筒俊彦全集』第 3 巻月報第 3 号、慶應義塾大学出版会、2014 年 1 月、pp. 1–3.
沼野充義「ロシア文学に憑かれた人」『井筒俊彦全集』第 3 巻月報第 3 号、慶應義塾大学出版会、2014 年 1 月、pp. 4–6.
谷寿美「井筒先生とロシア的全一性」『井筒俊彦全集』第 3 巻月報第 3 号、慶應義塾大学出版会、2014 年 1 月、pp. 6–8.
安藤礼二「すばるクリティーク「神秘哲学」から空海へ――井筒俊彦の未来」『すばる』第 36 巻第 2 号、集英社、2014 年 2 月、pp. 202–217.
牧野信也「哲学の骨、詩の肉 (9) 西脇詩学、井筒哲学」『現代詩手帖』第 57 巻第 2 号、思潮社、2014 年 2 月、pp. 178–182.
小西達也「「『一』→『多』」的人間観・世界観に基づいたスピリチュアルケア序論――井筒哲学に依拠して」『武蔵野大学教養教育リサーチセンター紀要』第 4 号、武蔵野大学教養教育リサーチセンター、2014 年 3 月、pp. 133–153.
前田英樹「書評　『禅仏教の哲学に向けて』井筒俊彦著　あえて英文で語る困難」『読売新聞東京』(朝)、2014 年 3 月 2 日、p. 10.
瀬戸内寂聴「豪華な学者夫妻」『井筒俊彦全集』第 4 巻月報第 4 号、慶應義塾大学出版会、2014 年 3 月、pp. 1–4.
小杉泰「井筒イスラーム学と私」『井筒俊彦全集』第 4 巻月報第 4 号、慶應義塾大学出

版会、2014 年 3 月、pp. 4–6.
合庭惇「『イスラーム思想史』の頃」『井筒俊彦全集』第 4 巻月報第 4 号、慶應義塾大学出版会、2014 年 3 月、pp. 7–9.
鎌田繁「イスラーム思想と井筒「東洋哲学」」『宗教研究』第 87 巻別冊、日本宗教学会、2014 年 3 月、pp. 36–37.
河東仁「井筒俊彦における東洋の宗教理解――宗教心理学の視点から」『宗教研究』第 87 巻別冊、日本宗教学会、2014 年 3 月、pp. 37–38.
若松英輔「日本文学と井筒俊彦」『宗教研究』第 87 巻別冊、日本宗教学会、2014 年 3 月、pp. 39–40.
澤井義次「井筒「東洋哲学」におけるインド宗教思想」『宗教研究』第 87 巻別冊、日本宗教学会、2014 年 3 月、pp. 40–41.
澤井義次「パネルの主旨とまとめ」『宗教研究』第 87 巻別冊、日本宗教学会、2014 年 3 月、pp. 41–42. ※第 72 回日本宗教学会学術大会「東洋の宗教思想と井筒俊彦」パネル発表より。
池内恵・澤井義次・若松英輔「座談会 生誕一〇〇年 イスラーム、禅、東洋哲学……我々にとっての井筒俊彦はこれから始まる」『中央公論』第 129 巻 4 号、中央公論新社、2014 年 4 月、pp. 156–168.
安藤礼二「井筒俊彦のエラノス――シャマニズム、禅、華厳」『三田文学』第 93 巻第 117 号、三田文学会、2014 年 4 月、pp. 114–125.
山本芳久「井筒俊彦とキリスト教――存在論的原理としての愛」『三田文学』第 93 巻第 117 号、三田文学会、2014 年 4 月、pp. 126–151.
河合俊雄「河合隼雄と井筒俊彦」『三田文学』第 93 巻第 117 号、三田文学会、2014 年 4 月、pp. 152–156.
新倉俊一「表層から深層へ――西脇順三郎と井筒俊彦」『三田文学』第 93 巻第 117 号、三田文学会、2014 年 4 月、pp. 156–161.
納富信留「神秘を歩む言葉――井筒俊彦の暗夜」『三田文学』第 93 巻第 117 号、三田文学会、2014 年 4 月、pp. 161–167.
鏡リュウジ「『神秘哲学』との再会に向けて」『三田文学』第 93 巻第 117 号、三田文学会、2014 年 4 月、pp. 167–172.
西平直「易と元型――井筒俊彦『意識と本質』における「易経」」『三田文学』第 93 巻第 117 号、三田文学会、2014 年 4 月、pp. 172–177.
中島岳志「井筒俊彦との出会い」『三田文学』第 93 巻第 117 号、三田文学会、2014 年 4 月、pp. 177–181.
田口ランディ・若松英輔「対談 架橋するコトバ――井筒俊彦の詩学」『三田文学』第 93 巻第 117 号、三田文学会、2014 年 4 月、pp. 182–201.
三田文学編集部編「井筒俊彦のススメ」『三田文学』第 93 巻第 117 号、三田文学会、2014 年 4 月、pp. 202–205.
吉村萬壱「書評 幾何学的美を湛えた灯台――井筒俊彦著／野平宗弘訳『禅仏教の哲学に向けて』」『三田文学』第 93 巻第 117 号、三田文学会、2014 年 4 月、pp. 282–284.
池澤夏樹「翻訳者としての井筒俊彦」『井筒俊彦全集』第 5 巻月報第 5 号、慶應義塾大学出版会、2014 年 5 月、pp. 1–3.

山内志郎「西洋中世哲学から見た井筒俊彦」『井筒俊彦全集』第5巻月報第5号、慶應義塾大学出版会、2014年5月、pp. 3–5.
合庭惇「『イスラーム思想史』出版後のこと」『井筒俊彦全集』第5巻月報第5号、慶應義塾大学出版会、2014年5月、pp. 6–8.
安藤礼二・若松英輔編『井筒俊彦　言語の根源と哲学の発生　KAWADE道の手帖』河出書房新社、2014年6月。
安藤礼二・若松英輔「コトバの形而上学　井筒俊彦の生涯と思想」『井筒俊彦　言語の根源と哲学の発生』河出書房新社、2014年6月、pp. 2–21.
高橋巖（聞き手＝安藤礼二・若松英輔）「エラノスで会った〈非〉学問の人」『井筒俊彦　言語の根源と哲学の発生』河出書房新社、2014年6月、pp. 22–34.
大江健三郎「井筒宇宙の周縁で」『井筒俊彦　言語の根源と哲学の発生』河出書房新社、2014年6月、pp. 35–42.
田口ランディ「『意識の形而上学――「大乗起信論」の哲学』を読む」『井筒俊彦　言語の根源と哲学の発生』河出書房新社、2014年6月、pp. 43–49.
吉村萬壱「下から」『井筒俊彦　言語の根源と哲学の発生』河出書房新社、2014年6月、pp. 50–55.
池田晶子「『意識と本質』を読む」『井筒俊彦　言語の根源と哲学の発生』河出書房新社、2014年6月、pp. 56–60.
日野啓三「言い難く豊かな砂漠の人」『井筒俊彦　言語の根源と哲学の発生』河出書房新社、2014年6月、pp. 61–63.
コーネル・ホフ、ジャン「井筒哲学を翻訳する」野口良次訳、『井筒俊彦　言語の根源と哲学の発生』河出書房新社、2014年6月、pp. 64–67.
中沢新一「創造の出発点」『井筒俊彦　言語の根源と哲学の発生』河出書房新社、2014年6月、pp. 76–80.
安藤礼二「呪術と神秘」『井筒俊彦　言語の根源と哲学の発生』河出書房新社、2014年6月、pp. 81–88.
若松英輔「光と意識の形而上学」『井筒俊彦　言語の根源と哲学の発生』河出書房新社、2014年6月、pp. 89–101.
中島岳志「東洋の理想」の行方」『井筒俊彦　言語の根源と哲学の発生』河出書房新社、2014年6月、pp. 102–111.
山城むつみ「井筒俊彦とロシアと文字と戦争と」『井筒俊彦　言語の根源と哲学の発生』河出書房新社、2014年6月、pp. 114–123.
上野俊哉「スピリチュアル・アナキズムに向かって」『井筒俊彦　言語の根源と哲学の発生』河出書房新社、2014年6月、pp. 124–135.
河合俊雄「井筒俊彦とエラノス精神」『井筒俊彦　言語の根源と哲学の発生』河出書房新社、2014年6月、pp. 136–143.
末木文美士「禅から井筒哲学を考える」『井筒俊彦　言語の根源と哲学の発生』河出書房新社、2014年6月、pp. 144–145.
頼住光子「井筒俊彦と道元」『井筒俊彦　言語の根源と哲学の発生』河出書房新社、2014年6月、pp. 153–161.
池内恵「井筒俊彦の主要著作に見る日本的イスラーム理解」『井筒俊彦　言語の根源と

哲学の発生』河出書房新社、2014年6月、pp. 162–171.
納富信留「井筒俊彦とプロティノス」『井筒俊彦　言語の根源と哲学の発生』河出書房新社、2014年6月、pp. 172–179.
澤井義次「井筒俊彦とインド哲学」『井筒俊彦　言語の根源と哲学の発生』河出書房新社、2014年6月、pp. 180–187.
鎌田東二「詩と宗教と哲学の間」『井筒俊彦　言語の根源と哲学の発生』河出書房新社、2014年6月、pp. 188–196.
野平宗弘「地球社会化時代の東洋哲学」『井筒俊彦　言語の根源と哲学の発生』河出書房新社、2014年6月、pp. 197–203.
松枝到「「読む」ことの教え」『井筒俊彦　言語の根源と哲学の発生』河出書房新社、2014年6月、pp. 204–211.
永井晋「精神的東洋を索めて」『井筒俊彦　言語の根源と哲学の発生』河出書房新社、2014年6月、pp. 212–219.
三浦雅士「宗教と文芸批評」『井筒俊彦全集』第6巻月報第6号、慶應義塾大学出版会、2014年7月、pp. 1–3.
中根千枝「井筒夫人・豊子さんの友人として」『井筒俊彦全集』第6巻月報第6号、慶應義塾大学出版会、2014年7月、pp. 4–6.
合庭惇「テヘランから鎌倉へ」『井筒俊彦全集』第6巻月報第6号、慶應義塾大学出版会、2014年7月、pp. 6–8.
若松英輔「講演録 コトバの形而上学――詩人哲学者井筒俊彦の起源」『三田評論』第1181号、慶應義塾大学出版会、2014年8月、pp. 52–65.
ランドルト、ヘルマン「井筒俊彦を回想して」野元晋訳、『井筒俊彦全集』第7巻月報第7号、慶應義塾大学出版会、2014年9月、pp. 1–7.
河合俊雄「経験と哲学、イメージとことば――井筒俊彦からの学び」『井筒俊彦全集』第7巻月報第7号、慶應義塾大学出版会、2014年9月、pp. 8–10.
湯川豊「読むということ」『井筒俊彦全集』第7巻月報第7号、慶應義塾大学出版会、2014年9月、pp. 10–12.
若松英輔「書く――井筒俊彦と「生きる哲学」」『生きる哲学』文藝春秋、2014年11月、pp. 253–265.
若松英輔「編集者が語るこの叢書・このシリーズ（4）秘められた叡知――『井筒俊彦全集』を読む」『人文会news』第119号、人文会、2014年12月、pp. 31–37.
玄侑宗久「井筒病」『井筒俊彦全集』第8巻月報第8号、慶應義塾大学出版会、2014年12月、pp. 1–3.
野村喜和夫「存在論的流動――井筒哲学と私」『井筒俊彦全集』第8巻月報第8号、慶應義塾大学出版会、2014年12月、pp. 3–6.
島薗進「多様性と一元性の間」『井筒俊彦全集』第8巻月報第8号、慶應義塾大学出版会、2014年12月、pp. 6–8.
Eisuke Wakamatsu, *Toshihiko Izutsu and the Philosophy of Word : in Search of the Spiritual Orient*, translated by Jean Connell Hoff, Tokyo: International House of Japan, 2014. ※若松英輔『井筒俊彦　叡知の哲学』（慶應義塾大学出版会、2011年5月）の翻訳。

2015年

若松英輔「コトバはどこへ行くのか　井筒俊彦を「読みなおす」意義」『毎日新聞東京』(夕)、2015年2月16日、p. 4.
岡本行夫「Book　必読本　わたしの一冊　わかりやすくイスラムの本質を解説　井筒俊彦『イスラーム文化　その根底にあるもの』岩波文庫」『財界』2月24日号、財界研究所、2015年2月24日、p. 103.
吉村萬壱「本当の事」『井筒俊彦全集』第9巻月報第9号、慶應義塾大学出版会、2015年2月、pp. 1–3.
澤井義次「井筒俊彦先生ご夫妻との思い出」『井筒俊彦全集』第9巻月報第9号、慶應義塾大学出版会、2015年2月、pp. 3–6.
山本芳久「文人哲学者　井筒俊彦」『井筒俊彦全集』第9巻月報第9号、慶應義塾大学出版会、2015年2月、pp. 6–8.
水野善文「書評　現代の訳経僧　井筒俊彦著／野平宗弘訳『禅仏教の哲学にむけて』」『総合文化研究』第18号、東京外国語大学総合文化研究所、2015年3月、pp. 110–113.
若松英輔「第5章 コトバの形而上学――詩人哲学者・井筒俊彦の起源」『霊性の哲学』Kadokawa、2015年3月、pp. 167–197.
野元晋「序文（故井筒俊彦名誉教授生誕100年記念小特集 井筒俊彦と「西洋」の思想）」『慶應義塾大学言語文化研究所紀要』第46号、慶應義塾大学言語文化研究所、2015年3月、pp. 1–6.
納富信留「ギリシア神秘哲学の可能性――井筒俊彦『神秘哲学』のプラトン論」『慶應義塾大学言語文化研究所紀要』第46号、慶應義塾大学言語文化研究所、2015年3月、pp. 7–29.
山内志朗「井筒俊彦と中世スコラ哲学」『慶應義塾大学言語文化研究所紀要』第46号、慶應義塾大学言語文化研究所、2015年3月、pp. 31–48.
市川裕「井筒俊彦とユダヤ思想：哲学者マイモニデスをめぐって」『慶應義塾大学言語文化研究所紀要』第46号、慶應義塾大学言語文化研究所、2015年3月、pp. 49–69.
氣多雅子「井筒「東洋哲学」の哲学的視座」『宗教研究』第88巻別冊、日本宗教学会、2015年3月、pp. 90–91.
ロペス・パソス、ファン・ホセ「井筒「東洋哲学」における言語とその意味」『宗教研究』第88巻別冊、日本宗教学会、2015年3月、pp. 91–93.
安藤礼二「井筒の思索における華厳的な世界」『宗教研究』第88巻別冊、日本宗教学会、2015年3月、pp. 93–94.
鎌田繁「井筒のイスラーム理解と流出論」『宗教研究』第88巻別冊、日本宗教学会、2015年3月、pp. 94–95.
澤井義次「パネルの主旨とまとめ」『宗教研究』第88巻別冊、日本宗教学会、2015年3月、pp. 96–97. ※第73回日本宗教学会学術大会「井筒俊彦の「東洋哲学」への宗教学的視座」パネル発表より。
太田俊寛「井筒俊彦『イスラーム文化　その根底にあるもの』イスラームの体系を形成する法と精神のダイナミズム」『宗教学　ブックガイドシリーズ　基本の31冊』みすず書房、2015年4月、pp. 92–97.

鎌田繁「「垂幕のうしろから」学んだ井筒俊彦」『井筒俊彦全集』第 10 巻月報第 10 号、慶應義塾大学出版会、2015 年 5 月、pp. 1–3.

鏡リョウジ「Seeing with Different Eyes——井筒俊彦と「占い」」『井筒俊彦全集』第 10 巻月報第 10 号、慶應義塾大学出版会、2015 年 5 月、pp. 3–6.

駒野欽一「モハッゲグ博士を通じて見た井筒先生」『井筒俊彦全集』第 10 巻月報第 10 号、慶應義塾大学出版会、2015 年 5 月、pp. 6–8.

山内志朗「形而上学的桂米朝論　桂米朝と井筒俊彦」『ユリイカ』第 47 巻第 8 号、青土社、2015 年 6 月、pp. 206–212.

若松英輔「全集から読み解く井筒俊彦」『Kotoba　多様性を考える言論誌』第 20 号、集英社、2015 年 6 月、pp. 76–81.

安藤礼二「「反知性主義」に陥らないための必読 50 冊　井筒俊彦『神秘哲学』慶應義塾大学出版会」『文学界』第 69 巻第 7 号、文藝春秋、2015 年 7 月、pp. 166–167.

ナスル、サイイド・ホセイン「井筒俊彦の思い出」澤井真訳、『井筒俊彦全集』第 11 巻月報第 11 号、慶應義塾大学出版会、2015 年 7 月、pp. 1–6.

宇野重規「井筒俊彦の奇跡の数年」『井筒俊彦全集』第 11 巻月報第 11 号、慶應義塾大学出版会、2015 年 7 月、pp. 6–8.

島多代「井筒俊彦先生と父・松本正夫」『井筒俊彦全集』第 11 巻月報第 11 号、慶應義塾大学出版会、2015 年 7 月、pp. 9–11.

松本耿郎「講演 井筒哲学と新プラトン主義」『新プラトン主義研究』第 14 号、新プラトン主義協会、2015 年 8 月、pp. 1–11.

若松英輔『叡知の詩学　小林秀雄と井筒俊彦』慶應義塾大学出版会、2015 年 10 月。

西平直「西田哲学と「事事無礙」——井筒俊彦の華厳哲学理解を介して」『思想』第 1099 号、岩波書店、2015 年 11 月、pp. 27–51.

阿部眞司「『意識と本質』（井筒俊彦）を読むためのノート」『群馬の思想・文学・教育』、「思想文化方法論」の会、2015 年 12 月、pp. 18–69.

西平直「井筒俊彦の「分節」と「無分節」　華厳思想の「事」と「理」」『比較思想から見た日本仏教』山喜房佛書林、2015 年 12 月。

Nishihira, Tadashi, “Subjectivity of ‘Mu-shin’ (No-mind-ness): Zen Philosophy as Interpreted by Toshihiko Izutsu”, *Journal of Integrated Creative Studies*, Kyoto: Kyoto University International Research Unit of Future, 2015, pp. 1–5.

López Pazos, Juan José, “Language as a Model of Reality: Toshihiko Izutsu’s “Oriental Philosophy” and Its Structure”, *Agora: Journal of International Center for Regional Studies*, Vol. 12, Tenri: Tenri University. International Center for Regional Studies, 2015, pp. 41–59.

Ono, Junichi, “Maʿnā-yi aṣlī-yi falsafah-yi Īzūtsū”, *Iṭṭilāʿāt-i ḥikmat va maʻrifat*, Vol. 11, 2015, pp. 13–16.

Ono, Junichi, “The Genealogy of Takeuchi Yoshimi’s Notion of ‘Multiple Asias’ and the Significance of the Asia Discourses by Mizoguchi, Chen and Izutsu”, *Crossroads*, Vol. 10, Illinois: Northern Illinois University. Center for Southeast Asian Studies, 2015, pp. 211–234.

2016 年

安藤礼二「ロシア的人間——井筒俊彦とドストエフスキー」『ドストエフスキー　カラ

マーゾフの予言』河出書房新社、2016 年 1 月。
平山周吉「書評　精神の同族だった「詩人」二人」『新潮 45』第 405 号、新潮社、2016 年 1 月、pp. 330–331. ※『叡知の詩学　小林秀雄と井筒俊彦』書評
シャリーアティー、エフサン「現代の「イラン的イスラム」哲学におけるコルバンと井筒の役割に関する導入的比較研究――ハイデガーからマシニョンまで」景山洋平訳、『国際哲学研究』第 7 号別冊、東洋大学国際哲学研究センター、2016 年 2 月、pp. 50–57.
プールジャヴァーディー、ナスロッラー「井筒俊彦のイラン神秘主義哲学に対する関心」諫早庸一訳、『国際哲学研究』第 7 号別冊、東洋大学国際哲学研究センター、2016 年 2 月、pp. 68–77.
竹下政孝「イスラム学者としての井筒俊彦」『国際哲学研究』第 7 号別冊、東洋大学国際哲学研究センター、2016 年 2 月、pp. 82–85.
小野純一「井筒哲学における言語論の問題と意義」『国際哲学研究』第 7 号別冊、東洋大学国際哲学研究センター、2016 年 2 月、pp. 86–105.
小野純一「井筒俊彦の思索を再考する――場の哲学に向けて」『国際哲学研究』第 5 号、東洋大学国際哲学研究センター、2016 年 3 月、pp. 161–173.
小野純一「言語文化は相対的か――アラビア語教育へむけて」『専修大学外国語教育論集』第 44 号、専修大学外国語教育研究室、2016 年 3 月、pp. 105–125.
上田閑照「井筒俊彦先生のこと」『井筒俊彦全集』第 12 巻月報第 12 号、慶應義塾大学出版会、2016 年 3 月、pp. 1–2.
斎藤慶典「井筒哲学への対応」『井筒俊彦全集』第 12 巻月報第 12 号、慶應義塾大学出版会、2016 年 3 月、pp. 2–5.
池内恵「言語的現象としての宗教」『井筒俊彦全集』第 12 巻月報第 12 号、慶應義塾大学出版会、2016 年 3 月、pp. 5–8.
河東仁「西洋における metapsychisches Wesen の探究と記憶術」『宗教研究』第 89 巻別冊、日本宗教学会、2016 年 3 月、pp. 99–100.
池澤優「井筒俊彦と道家思想――郭店楚簡『老子』『太一生水』から考える」『宗教研究』第 89 巻別冊、日本宗教学会、2016 年 3 月、pp. 100–101.
金子奈央「井筒俊彦における禅解釈とその枠組み」『宗教研究』第 89 巻別冊、日本宗教学会、2016 年 3 月、pp. 101–103.
下田正弘「井筒俊彦の仏教思想理解の特質」『宗教研究』第 89 巻別冊、日本宗教学会、2016 年 3 月、pp. 103–104.
鎌田繁「パネルの主旨とまとめ」『宗教研究』第 89 巻別冊、日本宗教学会、2016 年 3 月、pp. 104–105. ※第 74 回日本宗教学会学術大会「東洋の宗教思想と井筒俊彦の哲学的思惟」パネル発表より
澤井義次「井筒俊彦のオットー理解とその特徴」『宗教研究』第 89 巻別冊、日本宗教学会、2016 年 3 月、pp. 155–156.
ザキプール、バフマン「井筒俊彦の東洋哲学とスフラワルディー哲学」『宗教哲学研究』第 33 号、宗教哲学会、2016 年 4 月、pp. 82–89.
小沼純一「書評（129）井筒俊彦『意識と本質――精神的東洋を索めて』」『UP』第 45 巻第 7 号、東京大学出版会、2016 年 7 月、pp. 60–71.

西平直「道元「水、水を見る」――井筒俊彦の『正法眼蔵』理解の一断面」『禅からみた日本中世の文化と社会』天野文雄監修、ぺりかん社、2016 年 7 月、pp. 230–246.

西平直「西田哲学と『大乗起信論』――井筒俊彦『意識の形而上学』を介して（上）」『思想』第 1108 号、岩波書店、2016 年 8 月、pp. 97–116.

アルダラン、ナダール「ことばに尽くせぬ思い出」足立康訳、『井筒俊彦全集』別巻月報第 13 号、慶應義塾大学出版会、2016 年 8 月、pp. 1–3.

黒田壽郎「フィロソフィカル・セマンティクスの射程」『井筒俊彦全集』別巻月報第 13 号、慶應義塾大学出版会、2016 年 8 月、pp. 4–6.

互盛央「井筒俊彦と丸山圭三郎――出会い、交錯した二人は、どこに向かったか」『井筒俊彦全集』別巻月報第 13 号、慶應義塾大学出版会、2016 年 8 月、pp. 6–12.

若松英輔「井筒俊彦年譜」『井筒俊彦全集』別巻、慶應義塾大学出版会、2016 年 8 月、pp. 113–139.

［無署名］「著作目録」『井筒俊彦全集』別巻、慶應義塾大学出版会、2016 年 8 月、pp. 141–186.

西平直「西田哲学と『大乗起信論』――井筒俊彦『意識の形而上学』を介して（中）」『思想』第 1110 号、岩波書店、2016 年 10 月、pp. 90–111.

湯川豊「書評――井筒俊彦全集　別巻（講演音声 CD 付き）」『毎日新聞』（朝）、2016 年 12 月 18 日。

Takeshita, Masataka, “Toshihiko Izutsu’s Contribution to Islamic Studies”, *Journal of International Philosophy*, Vol. 7, Tokyo: Toyo University. International Research Center for Philosophy, 2016, pp. 78–81.

2017 年

西平直「西田哲学と『大乗起信論』――井筒俊彦『意識の形而上学』を介して（下）」『思想』第 1113 号、岩波書店、2017 年 1 月、pp. 103–123.

中田考「近代日本のイスラーム理解 2 井筒俊彦」『イスラーム入門　文明の共存を考えるための 99 の扉』集英社、2017 年 2 月、pp. 233–237.

小野純一「範型と多様性の探求――井筒俊彦の言語文化論の射程」『専修大学外国語教育論集』第 45 号、専修大学外国語教育研究室、2017 年 3 月、pp. 65–84.

松村力「井筒俊彦の真言密教解釈について――「存在はコトバである」か」『智山学報』第 66 号、智山勧学会、2017 年 3 月、pp. 47–57

山崎達也「イスラーム哲学と仏教との存在論的連関――井筒俊彦『意識の形而上学』の思想をもとに」『通信教育部論集』第 20 号、創価大学通信教育部学会、2017 年 3 月、pp. 115–133.

鎌田繁「井筒俊彦とイスラーム」『井筒・東洋哲学の構築とその思想構造に関する比較宗教学的検討　平成 26 年度～平成 28 年度科学研究費助成事業・基盤研究（B）研究活動報告書（課題番号 JP26284013）』代表者澤井義次、2017 年 3 月、pp. 1–7.

澤井義次「井筒俊彦とインド宗教思想」『井筒・東洋哲学の構築とその思想構造に関する比較宗教学的検討　平成 26 年度～平成 28 年度科学研究費助成事業・基盤研究（B）研究活動報告書（課題番号 JP26284013）』代表者澤井義次、2017 年 3 月、pp. 8–9.

氣多雅子「井筒俊彦における哲学と体験」『井筒・東洋哲学の構築とその思想構造に関する比較宗教学的検討　平成 26 年度〜平成 28 年度科学研究費助成事業・基盤研究（B）研究活動報告書（課題番号 JP26284013）』代表者澤井義次、2017 年 3 月、pp. 10–22.

市川裕「井筒俊彦とユダヤ思想——哲学者マイモニデスを中心に」『井筒・東洋哲学の構築とその思想構造に関する比較宗教学的検討　平成 26 年度〜平成 28 年度科学研究費助成事業・基盤研究（B）研究活動報告書（課題番号 JP26284013）』代表者澤井義次、2017 年 3 月、pp. 22–24.

池澤優「現代的状況に対する井筒思想の適用可能性——生命倫理の状況を中心に」『井筒・東洋哲学の構築とその思想構造に関する比較宗教学的検討　平成 26 年度〜平成 28 年度科学研究費助成事業・基盤研究（B）研究活動報告書（課題番号 JP26284013）』代表者澤井義次、2017 年 3 月、pp. 25–46.

下田正弘「言語、意識、存在　井筒俊彦が会見する仏教思想の深遠——インド仏教における如来蔵思想に注目して」『井筒・東洋哲学の構築とその思想構造に関する比較宗教学的検討　平成 26 年度〜平成 28 年度科学研究費助成事業・基盤研究（B）研究活動報告書（課題番号 JP26284013）』代表者澤井義次、2017 年 3 月、pp. 46–54.

野元晋「イスマーイール・シーア派思想と井筒俊彦」『井筒・東洋哲学の構築とその思想構造に関する比較宗教学的検討　平成 26 年度〜平成 28 年度科学研究費助成事業・基盤研究（B）研究活動報告書（課題番号 JP26284013）』代表者澤井義次、2017 年 3 月、pp. 59–67.

鎌田繁「井筒俊彦のイスラーム研究とその「東洋哲学」への展開」『井筒・東洋哲学の構築とその思想構造に関する比較宗教学的検討　平成 26 年度〜平成 28 年度科学研究費助成事業・基盤研究（B）研究活動報告書（課題番号 JP26284013）』代表者澤井義次、2017 年 3 月、pp. 75–77.

アッレス、グレゴリー・D「宗教研究の源としての井筒俊彦——北米からの視点」『井筒・東洋哲学の構築とその思想構造に関する比較宗教学的検討　平成 26 年度〜平成 28 年度科学研究費助成事業・基盤研究（B）研究活動報告書（課題番号 JP26284013）』代表者澤井義次、2017 年 3 月、pp. 77–79.

トーハ、アニス・マリク「メタ・ヒストリカルな対話——井筒の宗教間対話への試み」『井筒・東洋哲学の構築とその思想構造に関する比較宗教学的検討　平成 26 年度〜平成 28 年度科学研究費助成事業・基盤研究（B）研究活動報告書（課題番号 JP26284013）』代表者澤井義次、2017 年 3 月、pp. 80–82.

氣多雅子「形而上学的体験の極所——井筒の「精神的東洋」についての一考察」『井筒・東洋哲学の構築とその思想構造に関する比較宗教学的検討　平成 26 年度〜平成 28 年度科学研究費助成事業・基盤研究（B）研究活動報告書（課題番号 JP26284013）』代表者澤井義次、2017 年 3 月、pp. 82–84.

鎌田繁「井筒のイスラーム研究と意味論」『宗教研究』第 90 号別冊、2017 年 3 月、pp. 35–36.

島田勝巳「井筒「東洋哲学」とその外部」『宗教研究』第 90 号別冊、2017 円 3 月、pp. 36–37.

小野純一「宗教体験における根源現象から意味場の生成へ」『宗教研究』第 90 号別冊、

2017年3月、pp. 38–39.
澤井義次「井筒・東洋哲学におけるインド宗教思想と言語」『宗教研究』第90号別冊、2017年3月、pp. 39–40.
氣多雅子「コメント」『宗教研究』第90号別冊、2017年3月、pp. 40–41. ※第74回日本宗教学会学術大会「井筒俊彦の「東洋哲学」における宗教と言語」に対するコメント。
澤井義次「パネルの主旨とまとめ」『宗教研究』第90号別冊、2017年3月、pp. 41–42. ※第74回日本宗教学会学術大会「井筒俊彦の「東洋哲学」における宗教と言語」パネル発表より。
古勝隆一「訳者解説」『井筒俊彦英文著作翻訳コレクション　老子道徳経』古勝隆一訳、慶應義塾大学出版会、2017年4月、pp. 231–252.
平山周吉「江藤淳は甦える（21）埴谷雄高と井筒俊彦に導かれ」『新潮45』第36巻第4号、新潮社、2017年4月、pp. 282–291.
安藤礼二・若松英輔編『井筒俊彦　言語の根源と哲学の発生』（増補新版）河出書房新社、2017年6月。
大澤真幸「（古典百名山：6）井筒俊彦『意識と本質』　大澤真幸が読む」『朝日新聞』（朝）、2017年6月11日、p. 14.
鎌田繁「解説」『井筒俊彦英文著作翻訳コレクション　クルアーンにおける神と人間　クルアーンの世界観の意味論』鎌田繁監訳・仁子寿晴訳、慶應義塾大学出版会、2017年6月、pp. 351–366.
山内志朗「井筒俊彦と中世スコラ哲学」『井筒俊彦　言語の根源と哲学の発生』（増補新版）河出書房新社、2017年6月、pp. 220–233.
山本芳久「井筒俊彦とキリスト教　存在論的原理としての愛」『井筒俊彦　言語の根源と哲学の発生』（増補新版）河出書房新社、2017年6月、pp. 234–251.
山折哲雄「書評　『中央公論』から生まれた本10　井筒俊彦『東洋哲学覚書　意識の形而上学『大乗起信論』の哲学』中公文庫」『中央公論』第131巻第7号、2017年7月、pp. 172–173.
井筒豊子『井筒俊彦の学問遍路——同行二人半』慶應義塾大学出版会、2017年9月。
澤井義次「解説　豊子夫人が語る井筒俊彦先生」『井筒俊彦の学問遍路——同行二人半』慶應義塾大学出版会、2017年9月、pp. 199–203.
小嶋洋介「本質と自己——自然の存在学のために：井筒俊彦における〈マーヤー〉——」『人文研紀要』第86号、人文科学研究所、2017年9月、pp. 227–256.
鎌田繁「解説」『井筒俊彦英文著作翻訳コレクション　存在概念と実在性』鎌田繁監訳・仁子寿晴訳、慶應義塾大学出版会、2017年10月、pp. 243–254.
al-ʻĀkūb, ʻĪsā ʻAlī [Eisa Ali Al-Akoub], “Muqaddima al-mutarjim”, Tūshīhīkū Īzūtsū, *Bayn Allāh wa-al-insān fī al-Qur’ān - Dirāsa dalāliyya li-naẓra al-Qur’ān ilā al-ʻālam,* Dimashq: Dār Nīnawā, 2017, pp. 9–24.
——, “Muqaddima al-mutarjim”, Tūshīhīkū Īzūtsū, *al-Mafhūmāt al-akhlāqiyya al-dīniyya fi al-Qur’ān,* Dimashq: Dār Nīnawā, 2017, pp. 3–32.
——, “Muqaddima al-mutarjim ilā al-ʻarabiyya”, Tūshīhīkū Īzūtsū, *al-Mafhūm al-īmān fi ʻilm al-kalām al-islāmī - Taḥlīl dalālī li-al-īmān wa-al-islām,* Dimashq: Dār Nīnawā, 2017, pp. 7–15.

2018 年

鎌田繁「解説」『井筒俊彦英文著作翻訳コレクション　イスラーム神学における信の構造　イーマーンとイスラームの意味論的分析』鎌田繁監訳・仁子寿晴・橋爪烈訳、2018 年 2 月、pp. 401–414.

斎藤慶典『「東洋」哲学の根本問題 あるいは井筒俊彦』講談社、2018 年 2 月。

池澤優「応用倫理の領域における井筒「東洋哲学」の可能性」『宗教研究』第 91 巻別冊、日本宗教学会、2018 年 3 月、pp. 39–40.

長岡徹郎「西谷啓治と井筒俊彦における「意識」に関する比較」『宗教研究』第 91 巻別冊、日本宗教学会、2018 年 3 月、pp. 40–42.

金子奈央「東洋的芸術を通した井筒俊彦の東洋思想・哲学観」『宗教研究』第 91 巻別冊、日本宗教学会、2018 年 3 月、pp. 42–43.

島薗進「井筒俊彦の「東洋哲学」観と宗教理解の特質」『宗教研究』第 91 巻別冊、日本宗教学会、2018 年 3 月、pp. 43–44.

澤井義次「パネルの主旨とまとめ」『宗教研究』第 91 巻別冊、日本宗教学会、2018 年 3 月、pp. 45–46. ※第 75 回日本宗教学会学術大会「井筒「東洋哲学」のパースペクティブと宗教研究」パネル発表より。

鎌田繁「井筒「東洋哲学」とイスラーム研究」『宗教研究』第 91 巻別冊、2018 年 3 月、pp. 273–274.

関連著作著者名索引